北京大学"双一流"建设成果

北京大学人文学科文库 | 北大中国语言学研究丛书

汉语名词和动词向形容词转变的历史考察

A Historical Study of Denominal Adjectives and Deverbal Adjectives

宋亚云 著

图书在版编目 (CIP) 数据

汉语名词和动词向形容词转变的历史考察 / 宋亚云著 . -- 北京：北京大学出版社，2024.10. -- (北京大学人文学科文库). -- ISBN 978-7-301-35570-1

Ⅰ．H146.2

中国国家版本馆 CIP 数据核字第 2024YQ3250 号

书　　　名	汉语名词和动词向形容词转变的历史考察 HANYU MINGCI HE DONGCI XIANG XINGRONGCI ZHUANBIAN DE LISHI KAOCHA
著作责任者	宋亚云　著
责 任 编 辑	宋思佳
标 准 书 号	ISBN 978-7-301-35570-1
出 版 发 行	北京大学出版社
地　　　址	北京市海淀区成府路 205 号　100871
网　　　址	http://www.pup.cn　　新浪微博：@北京大学出版社
电 子 邮 箱	zpup@pup.cn
电　　　话	邮购部 010-62752015　发行部 010-62750672 编辑部 010-62753027
印 　刷 　者	北京中科印刷有限公司
经 　销 　者	新华书店
	650 毫米 ×980 毫米　16 开本　24.5 印张　387 千字 2024 年 10 月第 1 版　2024 年 10 月第 1 次印刷
定　　　价	108.00 元

未经许可，不得以任何方式复制或抄袭本书之部分或全部内容。
版权所有，侵权必究
举报电话：010-62752024　电子邮箱：fd@pup.cn
图书如有印装质量问题，请与出版部联系，电话：010-62756370

总 序

袁行霈

　　人文学科是北京大学的传统优势学科。早在京师大学堂建立之初,就设立了经学科、文学科,预科学生必须在五种外语中选修一种。京师大学堂于1912年改为现名,1917年,蔡元培先生出任北京大学校长,他"循思想自由原则,取兼容并包主义",促进了思想解放和学术繁荣。1921年北大成立了四个全校性的研究所,下设自然科学、社会科学、国学和外国文学四门,人文学科仍然居于重要地位,广受社会的关注。这个传统一直沿袭下来,中华人民共和国成立后,1952年北京大学与清华大学、燕京大学三校的文、理科合并为现在的北京大学,大师云集,人文荟萃,成果斐然。改革开放后,北京大学的历史翻开了新的一页。

　　近十几年来,人文学科在学科建设、人才培养、师资队伍建设、教学科研等各方面改善了条件,取得了显著成绩。北大的人文学科门类齐全,在国内整体上居于优势地位,在世界上也占有引人瞩目的地位,相继出版了《中华文明史》《世界文明史》《世界现代化历程》《中国儒学史》《中国美学通史》《欧洲文学史》等高水平的著作,并主持了许多重大的考古项目,这些成果发挥着引领学术前进的作用。目前北大还承担着《儒藏》《中华文明探源》《北京大学藏西汉竹书》的整理与研究工作,以及《新编新注十三经》等重要项目。

与此同时,我们也清醒地看到,北大人文学科整体的绝对优势正在减弱,有的学科只具备相对优势了;有的成果规模优势明显,高度优势还有待提升。北大出了许多成果,但还要出思想,要产生影响人类命运和前途的思想理论。我们距离理想的目标还有相当长的距离,需要人文学科的老师和同学们加倍努力。

我曾经说过:与自然科学或社会科学相比,人文学科的成果,难以直接转化为生产力,给社会带来财富,人们或以为无用。其实,人文学科力求揭示人生的意义和价值,塑造理想的人格,指点人生趋向完美的境地。它能丰富人的精神,美化人的心灵,提升人的品德,协调人和自然的关系以及人和人的关系,促使人把自己掌握的知识和技术用到造福于人类的正道上来,这是人文无用之大用!试想,如果我们的心灵中没有诗意,我们的记忆中没有历史,我们的思考中没有哲理,我们的生活将成为什么样子?国家的强盛与否,将来不仅要看经济实力、国防实力,也要看国民的精神世界是否丰富,活得充实不充实,愉快不愉快,自在不自在,美不美。

一个民族,如果从根本上丧失了对人文学科的热情,丧失了对人文精神的追求和坚守,这个民族就丧失了进步的精神源泉。文化是一个民族的标志,是一个民族的根,在经济全球化的大趋势中,拥有几千年文化传统的中华民族,必须自觉维护自己的根,并以开放的态度吸取世界上其他民族的优秀文化,以跟上世界的潮流。站在这样的高度看待人文学科,我们深感责任之重大与紧迫。

北大人文学科的老师们蕴藏着巨大的潜力和创造性。我相信,只要使老师们的潜力充分发挥出来,北大人文学科便能克服种种障碍,在国内外开辟出一片新天地。

人文学科的研究主要是著书立说,以个体撰写著作为一大特点。除了需要协同研究的集体大项目外,我们还希望为教师独立探索,撰写、出版专著搭建平台,形成既具个体思想,又汇聚集体智慧的系列研究成果。为此,北京大学人文学部决定编辑出版"北京大学人文学科文库",旨在汇集新时代北大人文学科的优秀成果,弘扬北大人文学科的学术传统,展示北大人文学科的整体实力和研究特色,为推动北大世界一流大学建设、促进人文学术发展作出贡献。

我们需要努力营造宽松的学术环境、浓厚的研究气氛。既要提倡教师根据国家的需要选择研究课题,集中人力物力进行研究,也鼓励教师按照自己的兴趣自由地选择课题。鼓励自由选题是"北京大学人文学科文库"的一个特点。

我们不可满足于泛泛的议论,也不可追求热闹,而应沉潜下来,认真钻研,将切实的成果贡献给社会。学术质量是"北京大学人文学科文库"的一大追求。文库的撰稿者会力求通过自己潜心研究、多年积累而成的优秀成果,来展示自己的学术水平。

我们要保持优良的学风,进一步突出北大的个性与特色。北大人要有大志气、大眼光、大手笔、大格局、大气象,做一些符合北大地位的事,做一些开风气之先的事。北大不能随波逐流,不能甘于平庸,不能跟在别人后面小打小闹。北大的学者要有与北大相称的气质、气节、气派、气势、气宇、气度、气韵和气象。北大的学者要致力于弘扬民族精神和时代精神,以提升国民的人文素质为己任。而承担这样的使命,首先要有谦逊的态度,向人民群众学习,向兄弟院校学习。切不可妄自尊大,目空一切。这也是"北京大学人文学科文库"力求展现的北大的人文素质。

这个文库目前有以下 17 套丛书:
"北大中国文学研究丛书"
"北大中国语言学研究丛书"
"北大比较文学与世界文学研究丛书"
"北大中国史研究丛书"
"北大世界史研究丛书"
"北大考古学研究丛书"
"北大马克思主义哲学研究丛书"
"北大中国哲学研究丛书"

"北大外国哲学研究丛书"
"北大东方文学研究丛书"
"北大欧美文学研究丛书"
"北大外国语言学研究丛书"
"北大艺术学研究丛书"
"北大对外汉语研究丛书"
"北大古典学研究丛书"
"北大人文学古今融通研究丛书"
"北大人文跨学科研究丛书"[①]

  这17套丛书仅收入学术新作,涵盖了北大人文学科的多个领域,它们的推出有利于读者整体了解当下北大人文学者的科研动态、学术实力和研究特色。这一文库将持续编辑出版,我们相信通过老中青年学者的不断努力,其影响会越来越大,并将对北大人文学科的建设和北大创建世界一流大学起到积极作用,进而引起国际学术界的瞩目。

---

① 本文库中获得国家社科基金后期资助或入选国家哲学社会科学成果文库的专著,因出版设计另有要求,因此加星号注标,在文库中存目。

丛书序言

北京大学的中国语言学研究可以追溯到京师大学堂所设国文门，新文化运动时期的新旧两派人物胡适、钱玄同、刘复、黄侃等，同时也是语言学研究者。刘复《四声实验录》(1924)更是开中国实验语音学之先河。此后，罗常培、白涤洲、唐兰、何容、陆宗达、俞敏、李荣等学者先后在老北大任教。1952年院系调整后，北京大学中文系大师云集，如王力、袁家骅、魏建功、岑麒祥、杨伯峻、高名凯、周祖谟等名家，朱德熙、林焘等年轻一代也崭露头角，北大中文系成为全国语言学研究的重镇。20世纪70年代末改革开放后，王力、朱德熙、林焘等老一辈学者迎来语言学研究的高峰，唐作藩、郭锡良、曹先擢、裘锡圭、何九盈、蒋绍愚、石安石、贾彦德、徐通锵、叶蜚声、陈松岑、索振羽、吴竞存、王福堂、王理嘉、陆俭明、侯学超、符淮青、马真、苏培成等中年学者和沈炯、张双棣、李家浩、张联荣、宋绍年、张卫东、刘勋宁等青年学者也大放异彩，成为中国语言学界的中坚力量。从20世纪80年代末开始，恢复高考后培养的新一代语言学者逐步成熟，担负起北大中文系语言学教学科研的重任。本丛书即是北大中文系新一代语言学者的最新研究成果。

放入丛书的，是作者几年甚至十几年的研究心血。目前收入丛书的专著，内容涉及汉语方言学、汉语语法史、汉语语音史、现代汉语语法、汉语语义和语用、语言学史、少数民族语言等不同方面，基本囊括了北大中文系语言学教研室、古代汉语教研室、现代汉语教研室和语音实验室的所有研究领域。随着研究的继续，还将有新的成果入选。

北大中文系的语言学研究者，其实成果并不算多，但却独具个性。这也许与老北大的学风有关。前人有云："北大的学风仿佛有点迂阔似的，有些犿其道不计其功的气概，肯冒点险却并不想获益。""北大该走他自己的路，去做人家所不做的而不做人家所做的事。北大的学风宁可迂阔一点，不要太漂亮，太聪明。"朱德熙师也说，"以中国之大，在北大这样的学校里，让一部分愿意并且也习惯于坐冷板凳的人去钻研一些不急之务，是合理的，也是必要的"。学风大概是可以遗传的，当代北大的语言学者大抵也是如此。做研究，凭的是自己的兴趣和好奇心，绝无功利之想。这样的学风，在当今的环境下，有些不识时务。但是正是这种只顾耕耘、不问收获的境界，如小孩玩泥巴一般的乐趣，让北大中文系的语言学研究，多了一点为学术而学术的纯粹，少了一些为论文而论文的庸俗。

不过，既然付出了耕耘之苦，收获的思想之光也理应传之于世。北大要做的，应该是把那些冷板凳上的语言学者的成果尽入彀中，促成其发表出版，推动中国语言学的进步。这应该也是北大设立"北京大学人文学科文库"的初衷吧。

郭　锐　王洪君

2020 年 11 月 12 日

目 录

第一章　汉语名动转形研究概况 ·· 1
　1.1　古代汉语名动转形研究 ·· 1
　1.2　现代汉语名动转形研究 ·· 3
　1.3　古代汉语名动转形研究的意义 ································ 4

第二章　类型学视野下的形容词研究 ·································· 6
　2.1　有关形容词的类型学研究概述 ································ 6
　2.2　汉语形容词的词类地位及鉴别标准 ···························· 20

第三章　上古汉语的形容词及其演变趋势 ····························· 39
　3.1　上古汉语的形容词 ··· 39
　3.2　上古汉语形容词到中古、近代的演变趋势 ·················· 63
　附　录　上古汉语中的单音形容词 ··································· 126

第四章　名词向形容词的转变 ··· 161
　4.1　转变个案 ·· 161
　4.2　名转形的途径 ·· 232
　4.3　名转形的认知解释 ··· 241
　4.4　名转形的意义 ·· 251

第五章　动词向形容词的转变 ··· 258
　5.1　转变个案 ·· 258

5.2　动转形的途径及其认知解释 …………………………… 306
　　5.3　动转形的意义 …………………………………………… 317

第六章　现代汉语中的名动转形现象考察 …………………… 319
　　6.1　概说 ……………………………………………………… 319
　　6.2　单音节名动转形 ………………………………………… 320
　　6.3　双音节名动转形 ………………………………………… 334
　　6.4　单双音节名动转形之比较 ……………………………… 345

第七章　结　语 ………………………………………………… 348

征引文献 ………………………………………………………… 354

参考文献 ………………………………………………………… 364

致　谢 …………………………………………………………… 379

第一章

汉语名动转形研究概况

1.1 古代汉语名动转形研究

目前,各种古汉语语法教材及大量研究论著经常讲到的词类活用类型有:1.动词、形容词活用为名词;2.名词、形容词活用为一般动词;3.动词、形容词、名词的使动用法;4.动词、形容词、名词的意动用法(可参郭锡良 2000)。由以上各种类型的活用可知,活用主要发生在名、动、形这三种词类中,它们三者之间的活用情况可以图示如下:

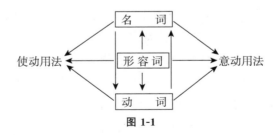

图 1-1

从上图可以看出,形容词可以活用为动词(包括一般动词、使动和意动)、名词等,但是,动词、名词却不能活用为形容词,也就是说,形容词只是活用为他类词,他类词却从不活用为形容词。这就意味着在汉语词类的历史演变中,形容词不断地向其他词类转化，而其他词类却从来不向形容词转化。如果真是如此，那么形容词在词类发展过程中就是一个只出不进的类，其发展势必停滞不前，其成员也将逐渐减少；即便不减少，至少也会是相当封闭。这似乎是不可能的。

为此，我们初步调查了古汉语学界相关研究成果，发现目前的研究基础还比较薄弱。

研究古汉语名词用如形容词或名词向形容词转变的论著主要有：杨树达(1983)《积微居小学述林·释畐》、张传启(1983)《从古汉语两个名词连用的考查中看名词活用为形容词》、王前进(1983)《试论古汉语名词活用为形容词》、黄巽斋(1986)《名词用如形容词》、王力(1990:585)《汉语词汇史》第三章"滋生词"、林延君(1997)《"名词用如形容词"摭谈》、张玉金(2004:56—58)《西周汉语语法研究》等。

关于动词转变为形容词，只有王力(1990:591)《汉语词汇史》第三章"滋生词"、徐丹(2005)《谈"破"——汉语某些动词的类型转变》和张玉金(2004:58)《西周汉语语法研究》等少数论著。王力(1990)只列举了"超～卓""知～智"两对有同源关系的滋生词，徐丹(2005)只是研究了一个动词"破"转变为形容词，张玉金(2004)也只是研究了一个动词"回"转变为形容词。值得一提的是，殷国光(1997:108—109)《〈吕氏春秋〉词类研究》涉及名动转形①，作者举到的由名词引申出形容词词义的例子有"尊、轻、野、精、神"，由动词引申出形容词词义的例子有"贼、通、至、秀"等。作者还认为形容词一词多义以及由此导致的一词多类现象比名词、动词更为普遍，这正是周秦之交汉语的特点之一。

不过，无论是从数量上还是从质量上看，古汉语学界研究动词和名词向形容词转变的论著很少，远远比不上大量有关形容词活用或转变为其他词类的研究成果，当然更比不上研究名动活用或名动互相转化的论著。这是一种十分特别、极不对称的研究局面。

---

① 作者说："我们认为，无论从历史的来源看，还是从共时的功能看，名词和动词都是两个最基本的词类，犹如两极，而形容词正处在两极之间，既有与名词相通的功能，如直接充当定语，又有与动词相通的功能，如充当谓语中心语。因此，在汉语的历史演变中，在词义的发展中，处于两极的名词、动词，其词义易于向中间地带引申，引申出形容词词义。"

1.2 现代汉语名动转形研究

研究现代汉语动词转变为形容词的文章很少,张国宪(2006)《现代汉语形容词功能与认知研究》"动词的形容词化"一节探讨了"挤、散、飘、挑剔、凝固、腐朽、革命"等少数几个动词向形容词的转变,但研究没有全面展开。

研究现代汉语名词向形容词转化或名词用如形容词的文章可以分为三类:

1. 研究名形兼类或名转形。如谭景春(1998)《名形词类转变的语义基础及相关问题》明确提出了名词向形容词转化的语义基础、语义变化的两种方式和名转形的三种途径;谭景春(2001)《关于由名词转变成的形容词的释义问题》则进一步归纳了由名词转变来的形容词释义的四种方法。王冬梅(2001)《现代汉语名动互转的认知研究》第六章"名词转用作动词"将名转动分为十一类,其中第十一类"事物转指具有事物的特性"就是本书所说的名词转变为形容词,作者用转喻模型解释了名动互转的种种不对称现象。不过,作者将名转形归入了名转动的范围,没有独立出来进行研究,这是一个遗憾。王冬梅(2003)再次解释了动名互转的不对称现象及其成因。董为光(2004:199-200)《汉语词义发展的基本类型》认为"油、皮、肉、麻、面、铁、柴、菜、苕、毛、帅"等十几个名词的词义演变出形容词义,并指出:"许多事例显示,名词义向形容词义的过渡是现代汉语的能产模式,而形容词义向名词义的转变的情况越来越少。"董为光的这一观点很重要。

2. 研究"副+名"组合。此类文章主要是以名词为研究中心,研究"很淑女""很青春""很性感"之类的结构及其中名词的语义特征,如邢福义(1962)《关于副词修饰名词》,张谊生(1990)《副名结构新探》,于根元(1991)《副+名》,桂诗春(1995)《从"这个地方很郊区"谈起》,邢福义(1997)《"很淑女"之类说法语言文化背景的思考》,储泽祥、刘街生(1997)《"细节显现"与"副+名"》,张谊生(1996;1997)《名词的语义基础及功转化与副词修饰名词》,杨永林(2000)《试析现代汉语中"程度性副词＋非程度性形容词化名词短语"结构》,邵桂珍(2000)《语法的"副＋名"和修辞的"副＋名"》,施春宏(2001)《名词的描述性语义特征与副名组合的可能性》,施春宏(2002)《试析名词的语义结构》,等等。

3. 研究现代汉语的非谓形容词(或称区别词、属性词)。如吕叔湘、饶长溶(1981)《试论非谓形容词》,朱德熙(1982)《语法讲义》,李宇明(1996)《非谓形容词的词类地位》,等等。不过,他们研究的主要是非谓形容词,重点不在研究由非谓形容词进一步发展而来的、可以做谓语的形容词。

总之,研究名词活用为形容词或向形容词转变的文章相对较少,研究动词活用为形容词或者向形容词转变的文章则少之又少。是因为名词和动词很难活用为形容词或很难向形容词转变,导致活用或转变的现象比较少见,进而导致相应的研究偏少吗？还是因为研究这些现象的价值不大？

1.3 古代汉语名动转形研究的意义

经过考察,我们发现,除了本来就存在的形容词之外,汉语形容词还有两个重要来源[①]:1.来源于动词;2.来源于名词。部分动词经由状态动词或者通过其他途径发展为动、形兼类词,部分名词通过性状的独立成词或其他途径发展为名、形兼类词,这是汉语形容词的两个重要来源,这也是各种古汉语教材及论著很少提及的语法规律。其中来源于名词的形容词尤为多见,其演变规律很值得研究。

探讨动词和名词向形容词转变的意义在于：

1. 可以使我们弄清一批汉语形容词的来源,完善和深化我们对汉语词类转变类型和机制的认识。据杨逢彬(2001:63－69)和杨逢彬(2003:

[①] 汉语单音形容词的来源,主要是这两条途径,但是复合形容词的来源,途径则较多,动、名、形互相组合,都可以产生形容词。此外,"量词＋量词"也可以产生形容词,如"寻常"(参王宁《汉语双音合成词结构的非句法特征》,载《江苏大学学报》2008年第1期)。

21—192)的研究,甲骨文中可以认定为形容词的一共只有"幽、黄、黑、白、赤、大、小、多、少、新、旧"11个,而动词有242个,名词有745个,形容词只占三者总数(998个)的1%。由此可见,形容词在远古汉语时期非常少,可以说形容词是一个后起的词类。既然如此,我们觉得有必要把汉语形容词的来源一一弄清楚,而且大量形容词都是殷商以后产生的,而汉语自殷商以后,文献材料十分丰富,这给我们考察形容词的来源提供了丰富的语料。在弄清形容词来源的基础上,我们会更加全面地总结出汉语词类转变的类型,整理出汉语词类转变机制和规律。

2. 有助于我们从整体上把握汉语词汇系统的发展和变化,并从新的角度回答汉语词汇之所以走上双音化道路的根本原因所在。

3. 通过揭示动、名转形所导致的句法后果,可以帮助我们解释一些新的语法现象(比如动结式)产生的动因,帮助我们进一步认识和研究汉语从综合到分析的演变趋势。

第二章

类型学视野下的形容词研究

2.1 有关形容词的类型学研究概述

形容词是当今类型学研究中的一个重要方面,这不仅因为"是否存在独立的形容词、形容词的功能更接近哪类词、形容词词项是开放性的还是封闭性的,这些已被类型学家列入调查一种语言的词类时先要关心的问题"(刘丹青 2005a),而且因为"综观语序现象,形容词定语跟核心名词的顺序是最不稳定的,或者说,跟其他语序因素的相关度最低,对其他语序因素的预测性最低"(陆丙甫 2005)。关于后者,刘丹青(2002)曾指出:"形容词定语和核心名词的语序……这种参项对于划分语言类型没有大的帮助,但通过对其不稳定性的研究,包括与其他参项的比较,也能帮助认识语言的某些重要特点。"形容词在这两方面的特殊性都引起了不少学者的关注。

关于第一个问题,目前国外主要有三种意见。第一种意见认为形容词是一个普遍的词类,每一种语言都存在形容词类,但各种语言中形容词的语法表现不尽相同。第二种认为形容词并不是一个普遍的词类,有的语言有形容词,有的语言没有形容词;在没有形容词的语言中,属性概念或者由名词来表达,或者由动词来表达,或者二者兼有。第三种意见认为,与名词或动词这两个主要词类相比,形容词从来没有独立的词类地位,所有形容词都可以归入名词性的形容词性成分(nouny adjectivals)和动词性的形容词性成分(verby adjectivals)。下面分别介绍。

2.1.1 形容词是一个普遍的词类范畴

持这种观点的代表人物是 Dixon(2004)。Dixon 早年并不认为形容词是一个普遍的词类范畴。Dixon(1977)《形容词都哪儿去了》(Where have all the adjectives gone?)将英语形容词类的基本成员分为七个普遍的"语义"类型,分别是度量(如 big, small, long),物质属性(如 hard, soft, heavy),色彩(如 black, white, red),人类好恶(如 jealous, happy, kind),年龄(如 new, young, old),价值(如 good, bad, delicious),速度(如 fast, quick, slow)。

Dixon 接着调查了在那些形容词比较贫乏的语言中,这些语义概念分别隶属于哪些词类。他调查的主要结论可以概括如下:

1. 如果一种语言在语言内部的形态句法的基础上可以鉴别出有形容词类,这个类可能至少包括表示年龄、度量、价值和色彩四个语义概念的成员,无论这个类包括的成员有多少。在没有区别性的形容词类的语言中,这四种语义类型通常属于同一个词类,即,或者是(形容词性的)动词,或者是(形容词性的)名词。

2. Dixon 所罗列的其他三种语义类型,即物质属性、人类好恶和速度所隶属的词类则稍有不同。即,如果一种语言有开放的形容词类,那么这三种语义类型和前面四种语义类型在多数情况下总是属于同一词类;如果一种语言的形容词类小而且封闭,那么这三种语义类型可能不一定属于同一词类,具体如下:

(1)表达物质属性的概念常常被编码为动词;

(2)表达人类好恶的概念则常常被编码为名词;

(3)表示速度概念的编码则随表达物质属性的概念的编码而定,即如果后者被编码为形容词,那么前者就编码为形容词;如果后者被编码为动词,那么前者就被编码为副词。

　　Dixon(1977)认为有的语言没有形容词,但是后来观点发生了一些改变。Dixon 和 Aikhenvald 在 2004 年主编的一本论文集《形容词类——跨语言的类型学》(*Adjective Classes : A Cross-Linguistic Typology*),第一篇导言就是 Dixon(2004)的长文《类型学视野下的形容词类》(Adjectives classes in typological perspective)。Dixon(2004)的主要观点是:

　　1. 所有的人类语言都能区分出形容词这个词类。在有些语言中,形容词和名词具有相似的语法特征;在有些语言中,形容词和动词具有相似的语法特征;在有些语言中,形容词和名词、动词都具有相似的语法特征;在有些语言中,形容词和名词、动词都没有相似的语法特征。他认为总能找到一些语法标准将形容词与其他词类区分开来,尽管有时寻找这些标准比较困难。针对有的学者将形容词看成是名词或者动词的一个次类的观点,Dixon(2004:43)提出了批评,他认为,如果因为形容词和名词的语法特征相似,就把形容词归为名词的一个次类;或者因为形容词和动词的语法特征相似,就把形容词归为动词的一个次类,这种处理办法实际上遗漏了两小类语言,即形容词与名词、动词都有相似语法特征的语言以及形容词与二者都没有相似语法特征的语言。

　　2. 由于在不同类型的语言中,形容词的语法表现不尽相同,因此 Dixon 在鉴别形容词时,根据形容词在不同语言的不同特征,分别采用了主体相同、略有差异的系列标准。比如,有的语言中,形容词与动词相似,都能充当不及物谓语(intransitive predicate),区分这两个词类时,Dixon 就采用了五条标准:(1)充当谓语时的差别;(2)及物性的差别;(3)作为名词短语中修饰语时的差别;(4)比较结构中的差别;(5)构成副词(就是说,修饰动词)时的差别。有的语言中,形容词与名词相似,都能充当修饰语,都有相同或相似的形态变化,区分这两个词类时,Dixon 就采用了四条标准:(1)名词短语的内部句法差别;(2)形态差别;(3)用于比较结构的差别;(4)副词用法的差别。此外,Dixon 还提到了有的语言中形容词只能做定语,不能做不及物谓语或系词补语;有的语言中形容词只能做系词补语,不能做定语;有的语言中形容词只能做不及物谓语,不能做定语;有的语言有两种形容词类（如日语）；等等。总之，通过 Dixon 的描述我们得知，在不同的语言中，形容词的功能变异比较大，其表现并不是整齐划一，但是在某一具体语言中，如果形容词可以独立出来，总可以找到区分的标准，而这些标准往往是一束语法特征。

3. Dixon 指出，在形容词类和核心论元句法功能标记机制之间存在一种关联。即，如果一种语言属于从属标记（Dependent-marking）语言，那么这种语言的形容词常常是"不像动词的形容词"；如果一种语言属于核心标记（Head-marking）语言或者既非核心标记语言也非从属标记语言，那么这种语言的形容词常常是"像动词的形容词"。在从属标记语言中，形容词倾向于与名词一致，而在核心标记语言中，形容词倾向于与动词一致。很可能一种语言从"不像动词的形容词"向"像动词的形容词"转换是为了重建上述关联，即符合由从属标记到核心标记的转变。

此外，Dixon 还讨论了不同语言间名词、动词和形容词三大主要词类的语义重叠（Semantic Overlapping）问题，此从略。

Dixon and Aikhenvald（2004）论文集从第二至第九章依次描述了存在独立的形容词类的八种语言：日语、Manange 语、Tariana 语、Mam 语、Papantla Totonac 语、Jarawara 语、俄语和朝鲜语。第十至第十四章分别描写了另外五种语言（东北安巴语 North-East Ambae，老语 Lao，羌语 Qiang，塞默来语 Semelai，沃洛夫语 Wolof），这五篇的作者都认为这些语言中的形容词是动词的一个次类。如 Fiona Mc Laughlin 在第十章《Wolof 语有形容词吗》中指出，尽管能够根据关系从句的表现给 Wolof 语安置一个形容词类，但是最好把它视为动词的一个次类；Catriona Hyslop 在第十一章《东北安巴语的形容词》中指出，安巴语的形容词可以称为形容性动词（adjectival verbs），或像动词的形容词（verb-like adjectives），或形容词，叫什么名称并不重要，重要的是必须把这个词类视为动词的一个独立的次类；Nicole Kruspe 在第十二章《塞默来语中的形容词》中，根据塞默来语的形容词在形态和句法方面表现出强烈的像动词的特征，指出不应该把它视为一个像名词和动词或者象声词那样的主要词类,而应该看作动词性成分的一个次类;Randy J. LaPolla 和 Chenglong Huang 在第十三章《羌语中的形容词》中,指出羌语中经常与形容词概念相联系的那个词类是动词的一个次类,它们其实就是不及物状态动词;N. J. Enfield 在第十四章《老语的形容词》中,指出从形态句法的角度看,老语中的确存在一个应该称之为"形容词"的区别性词类,这个词类不能同动词区别开来,它们可以同动词的其他次类相区别,因而是动词的一个次类。

在第十五章《形容词类:我们能作何结论》一文中,John Hajek 结合上面的十三种语言的材料,分析了鉴别潜在形容词的一系列不同语法标准的跨语言模式,这些标准涉及形容词在充当不及物谓语和系词补语,否定,比较,强调,重叠,充当名词短语的核心,充当名词短语中的修饰语七个方面与名词、动词的区别,并论述了每一标准在将形容词同名词和动词区分开来的过程中的作用。作者还讨论了形容词类的数量和开放程度、核心标记和从属标记与形容词类型的关联,最后还指出由于不少语言(如汉语、日语、朝鲜语、Mam 语、Manange 语、东北安巴语和羌语)中都存在唯定形容词,这就为支持这些语言中存在独立的形容词类的观点提供了最好的证据。此章和第一章首尾呼应,都认为形容词是一个普遍的词类范畴。

2.1.2 形容词不是一个普遍的词类范畴

持这种观点的代表性研究是 Bhat(1994;2000)。Bhat(1994)认为,无论是使用意义标准、形态句法标准,还是句法篇章功能标准,在鉴别形容词的过程中都有局限性。根据意义标准,形容词表示属性或者品质,名词表示人物、处所和事物,动词表示事件或者行为,三者似乎能区分开来,但是英语中诸如"whiteness"或者"height"之类的名词也可以表示属性,诸如"like"之类的动词跟诸如"fond"之类的形容词在语义上并没有很大的不同。形态句法标准面临的困难是,并不是形容词类的所有成员都显示出这些形态句法特征(如受程度副词修饰),也并不是所有语言的形容词都表现出这些形态句法特征。句法篇章功能(the function in syntax or discourse)标准也存在困难,即有些词兼有修饰、指称、陈述这三种功能中的两种甚至三种;有的语言中,被看作形容词的词语却不能出现在主要的修饰功能中,如英语中的"ablaze";还有一些语言中,修饰、指称、陈述这三种功能的区分并不十分清晰。如在曼尼普尔语(Manipuri)中,修饰和陈述两种功能之间并没有清晰的界限,在梵语(Sanskrit)中,修饰和指称功能也难以分开,这样,种种困难使得句法篇章功能标准就无能为力。

为了解决形容词在不同语言中存在较大变异而导致鉴别困难的问题,以及鉴别标准不能充分运用于所有语言的问题,Bhat(1994)引进了原型范畴理论以解决第一个问题,运用多重标准及建立这些标准之间的关联来解决第二个问题。下面分别介绍。

先看第一个问题。Bhat(1994)同意 Lakoff(1987:39)的观点,认为在界定名词、动词和形容词等词类范畴时,应该抛弃传统的经典范畴理论,并代之以"原型理论"(Prototype Theory)。"原型理论"由 Eleanor Rosch 及其研究认知心理学的同事创立,并经 Givon(1979)、Dixon(1982)、Hopper and Thompson(1984)、Lakoff(1987)、Taylor(1989)和 Croft(1991)等的进一步阐发,越来越为研究者们所重视。大家普遍认为,在语言中界定和描写词汇范畴时,"原型理论"比传统经典范畴理论更为合适。目前,"原型理论"已经为学界所熟知,此不赘述。Bhat 从不同的角度、在不同的层面都运用了这种原型理论。

首先,假定原型语言类型的存在。Bhat 假定存在两类原型的语言类型:第一类即形容词形成了一个区别性范畴的语言;第二类即形容词没有形成一个区别性范畴的语言。二者都是理想的语言状态,其他的语言或者接近前者,或者接近后者,或者介于二者之间,自然语言在这方面显示出一个等级序列。针对第一类语言,作者试图建立一套识别形容词的标准,并将形容词从其他范畴如名词、动词和副词中区分出来;针对第二类语言,作者也建立了一套标准,以决定形容词(属性词)与属于其他范畴的词(如名词或者动词或二者兼有)的同一性或者非同一性。第二类语言又可以分为三类理想的语言类型:(1)形容词性成分认同于名词(即与名词不可区分)的语言;(2)形容词性成分认同于动词(即与动词不可区分)的语言;(3)形容词性成分同名词和动词都不好区分的语言。这三类也是原型范畴。根据形容词性成分的表现,那些形容词没有独立成类的自然语言分别接近于这三类原型语言类型。而且,属于某一词汇范畴的词语表现出来的区别性特征的数量和类型也随着语言的不同而有着显著的不同。比如,在那些形容词没有形成一个独立范畴的语言中,有的语言如梵语,实际上不存在区分形容词和名词的区别性特征,而另外一些语言则显示出少数或者多数的区别性特征。这就存在一个等级性问题,有的语言一点也不表现出形名区别,有的语言则显示出较多的形名区别,其他语言则介于二者之间。

其次,假定原型词类范畴的存在。Bhat指出,在第一类语言中,作为区别性范畴的形容词类也是一个原型范畴,即属于这个范畴(或者其他范畴)的词语并不总是整齐一致地显示出所有相关的区别性语法特征;有些词比其他的词显示出更多的区别性特征,有些词语则比别的词语显示出更少的区别性特征。换言之,在某一词类范畴(包括形容词)中,有些词语的原型性不如其他词语。为了解释这种等级性,当描述词汇范畴时有必要佣用原型理论。

再次,假定原型功能的存在。Bhat指出,每一词类都有主要功能和次要功能,比如名词的功能是指称,动词的功能是陈述,形容词的功能是修饰,但是属于某一词类范畴的词只有当其用于自身的范畴功能也即主要功能时才显示出最大量的区别性特征,当用于别的词类范畴的功能时,它们就显示出较少的属于原来范畴的特征,同时显示出属于其他范畴的特征,显示的程度高低依其担当其他范畴功能的效果而定。

再看第二个问题。针对没有一条鉴别形容词的标准能够覆盖所有语言的问题,Bhat借鉴了Lakoff(1987)、Hopper and Thompson(1984)、Croft(1991)等的观点,主张词汇范畴是从句法、语义、功能等角度区分出来的,这些标准之间是相互关联的,其中功能标准最为根本,词汇范畴的功能决定了其语义属性,并表现在形态句法方面,换言之,形态句法特征来源于语义因素,二者又都受功能的促动。Bhat(2000)认为,词类和功能之间存在着一种关联,每一词类都具有自身的区别性句法功能,其成员用于这些功能时表现出来的特征被认为是源自那些功能的需要。无论是在形容词独立成类的语言中,还是在形容词没有独立成类的语言中,这种功能解释都有用武之地。下面分述之。

在形容词独立成类的语言(如英语)中,如果假定这类语言在构造名词短语时是将修饰作为一种句法策略,那么修饰功能就是形容词的范畴功能,形容词在名词短语中作为修饰语时体现出来的特征就是源自这种修饰功能。类似地,名词和动词在用于范畴功能时体现出来的特征分别源自指称和陈述功能的需要。形容词为了满足修饰功能的需要,在语义上体现出来的特征就是表示单一的属性,以帮助名词确认其所指。程度词语一次只能修饰一种属性,而名词是一系列属性的集合,所以不能受程度词语的修饰。正因为形容词表示单一属性,所以才能受程度词语修饰。正因为形容词的功能是修饰,所以它要紧贴被修饰的名词并从属于这个名词,不能显示性-数的区别,不能被话题化和焦点化,不能携带自己的补语成分,等等。因为形容词的功能是帮助名词确定能参与几个事件中的参与者,因而表示的是恒定的属性而不是短暂的属性,这也体现了是功能决定着语义属性。而一旦形容词离开定语位置,做谓语充当陈述功能时,便失去其依存地位,表现出动词的系列特征,如携带一致标记和补语成分,常常表示短暂的而非恒定的属性,等等。当形容词用于指称功能时,常常失去一些范畴功能,如表示单一属性、受程度词修饰、依从于名词;同时,它们表现出名词的特征,如携带格标记和定指标记,等等。前者是去范畴化(decategorization),后者就是重新范畴化(recategorization)。

在形容词没有独立成类的语言中,之所以缺乏鉴别形容词类的区别性特征,是因为这些语言缺乏相应的范畴功能——修饰。例如,在梵语(Sanskrit)中,可以假定其构造名词短语的策略是一种意合(juxtaposition)而非修饰(modification)。这种意合法并列使用两个指称性的名词,修饰功能在这种语言的名词短语构造过程中找不到立足之地。又如在曼尼普尔语(Manipuri)中,可以假定它使用的策略是一种预设谓语(presupposed predicate),修饰功能没有地位。鉴于此,Bhat(2000:54)认为,在一种语言中,缺乏作为句法策略的修饰功能是造成该语言缺乏独立的形容词类的原因。

Rijkhoff(2000)也认为不是每一种语言都有一个区别性的形容词类。他认为形容词作为一个主要的、区别性的词类存在与否取决于该语言的名词的语义(词汇)属性。如果一种语言的名词在词汇特点上详述其形状特征(feature[＋shape])，这意味着由这些名词标明的属性具有空间界限(spatial boundary)的特征，只有这样的语言才有形容词。也就是说一种语言的名词是否具有[＋shape]特征是该语言是否拥有形容词类的必要条件。作者给出的理由是，因为形容词具有[－shape]特征，如果一种语言的名词也具有[－shape]特征，就不好将形容词同名词区分开来。这有四种情况，分述如下：

1. 如果一种语言有形容词类，则该语言的名词一般具有[＋shape]特征。此类语言的数词和名词可以直接组合，不需要量词。如巴斯克语(Basque)、荷兰语(Dutch)、匈牙利语(Hungarian)、奥罗莫语(Oromo)，等等。作者认为这是一条无例外的蕴涵共性。其他三种情况可以由此推导而来。

2. 有的语言没有形容词类，但是名词也具有[＋shape]特征。此类语言不能归入第一种类型，也不使用量词，如萨摩亚语(Samoan)、Hurrian语、Imbabura语、盖丘亚语(Quechua)、班巴拉语(Bambara)，等等。

3. 如果一种语言的名词具有[－shape]特征，那么这种语言就没有形容词类，这样的语言中，数词和名词不能直接组合，常常使用量词，如汉语、缅甸语(Burmese)、朝鲜语(Korean)、怒语(Nung)、越南语(Vietnamese)，等等。

4. 不可能出现的情况是，某种语言拥有形容词类，但名词却不具有[＋shape]特征。Hmong Njua 语是唯一的例外，这种语言有形容词，也使用量词。但是与其他使用量词的语言不同，Hmong Njua 语的名词具有集合名词的[＋shape]特征，这使得该语言有一个区别性的形容词类。

2.1.3　形容词没有独立的词类地位

持这种观点的代表人物是 Wetzer(1996)。他先以 Schachter(1985)

为代表，对 Dixon(1977)、Givon(1979；1984)、Lehmann(1990)、Bhat(1994)等学者的观点进行了总结和反思，提出了与将形容词性成分三分的传统观点相对的两分观点。就形容词性概念(adjectival meaning)在语言中如何编码(encode)的方式，Schachter(1985)区分了三种类型的语言（转引自 Wetzer 1996)：

1. 有一个区别性的、开放的形容词类的语言。这类语言代表了一种常见的形容词性成分编码的模式，它包括了所有印欧系语言。

2. 有一个小的、封闭的形容词类的语言。组成这个形容词类的词汇项的数量通常在7～50个之间。如班图(Bantu)语族的 Nkore-kiga 语只有不到20个的真正的形容词，乍得(Chadic)语族的豪萨语(Hausa)有一个封闭的形容词类，包括12个形容词。此类语言中，尽管有的属性概念被编码为形容词，但另外一些则通过名词或者是动词来表达。

3. 没有一个区别性的形容词类的语言。这类语言可以分为两组，即形－名(adjectival-noun)类语言和形－动(adjectival-verb)类语言。前者的属性概念主要通过名词(的一个次类)来表达，如盖丘亚语(Quechua)(使用于厄瓜多尔北部 Imbabura 省)。后者以汉语为代表，表达属性概念的词通常属于状态动词的范畴(Li and Thompson 1981)。

总之，在上述三种类型的语言中，形容词性概念在形式上被编码为：(1)形容词；(2)(形容词性的)名词；或者(3)(形容词性的)动词。Wetzer认为 Schachter 的分类反映了关于形容词性成分在语言中编码的传统三分观点，可以认为是有关属性概念如何表达的跨语言的类型学。其他学者的观点大多与之类似。

Wetzer 还介绍了"连续统假设"(continuum hypothesis)，并在这种假设的背景下来讨论三分观点。"连续统假设"是由 Ross(1972)、Comrie(1975)等学者提出并利用跨语言的材料加以证明的。这种假设认为，在某一语言中，形容词占据着词汇连续统或者由动词到名词的范畴领域的中间位置。动词类的原型成员和名词类的原型成员分别占据这个连续统的两端，其他词汇成员位于这两端中间的某个位置。词汇成员由左到右伴随着名词属性的增加和动词属性的减弱。如图 2-1 所示：

```
VERBS ─────── ADJECTIVALS ─────── NOUNS
            decreasing  verbality
──────────────────────────────────▶
            increasing  nominality
```
图 2-1

每一语言中,在动一名连续统上的词汇成员汇聚成一些词汇范畴,连续统也因此被分割成不同的次范畴,每个次范畴都覆盖着该语言的某一词类。就连续统的划分而言,各种语言在各自所作出的词类区分的数量、词类之间的分界线划分在范畴领域的具体哪一位置这两方面都存在差异。属性概念词语在范畴化过程中表现出来的跨语言的变异被认为是不同的语言在分割动一名连续统时做出了不同的选择。这种"连续统假设"明确反对认为词类是离散的、互不关联的范畴的传统观点。在"连续统假设"的背景之下,关于形容词性成分在语言中编码的传统三分观点可以表述为下面图 2-2 中的三种模式(符号//表示词类界限):

```
    VERBS ─────── ADJECTIVALS ─────── NOUNS
a.  Verbs            Adjectival verbs      //    Nouns
b.  Verbs    //      Adjectival nouns            Nouns
c.  Verbs    //      Adjectives         //       Nouns
```
图 2-2

模式(a)和(b)分别代表"形－动"类语言和"形－名"类语言,它们都缺乏独立的形容词类,属性概念通过动词或者名词来表达。从连续统的角度说,词类空间被分割成两个主要部分——动词和名词,分别代表连续统的两端。居于中间的形容词性成分(笔者按:Wetzer 这里所说的形容词性成分不是指形容词,而是仅仅指表示属性概念的词语)或者构成动词的一个次类,或者构成名词的一个次类,依据的是在连续统的哪一位置划分动词和名词的分界线。模式(a)代表的"形－动"类语言把分界线划在形容词性成分和名词之间,形容词性成分归入动词,尽管在各方面形容词性成分与核心动词都不尽相同;模式(b)代表的"形－名"类语言把分界线划在形容词性成分和动词之间,形容词性成分归入名词,尽管形容词性成分表现出一些不为核心名词所拥有的区别性特征。模式(c)代表那些有独立的、开放的形容词类的语言,与前两类语言不同,此类语言的词汇连续统被分割成三部分而不是两部分。

根据上面的三种模式,表示属性概念的词语被分为三部分:形容词性动词(adjectival verbs)、形容词性名词(adjectival nouns)和形容词(adjectives)。Wetzer 对这种三分的观点提出质疑,他指出,即便是一种语言能够区分出一个独立的形容词类,这个词类的成员总是倾向于表现出和名词或者动词近似的形态或句法特征。如,Nkore-kiga 语[一种班图语系(Bantu language)的语言]就有一个大约 20 个真正的封闭的形容词类,Egyptian Arabic 语中的形容词也能清楚地同名词区分开来,但这两种语言中,形容词和名词拥有较多相同的语法特征。又如,在 Tigak 语(南岛语系的一种语言)和日语中,虽然形容词是一个区别性的词类,但形容词又具有动词性特征。总之,跨语言的材料表明,即便是在形容词能够独立成类的语言中,形容词也总是倾向于分为两个主要的次类,即"像名词的"(noun-like)和"像动词的"(verb-like)。

Wetzer 同时也指出,在那些没有区别性的形容词类的语言中,表达形容词性概念的名词和动词却拥有核心名词和动词所不具备的区别性语法特征。例如,盖丘亚语(Quechua)属于"形—名"类语言,属性概念主要通过名词来表达,不存在独立的形容词类。不过,尽管形容词性成分非常近似于名词,但它们在许多方面都不像核心名词。又如,班图语系的 Lonkundo 语也被描述为没有独立的形容词类,属性概念大多数编码为抽象名词,但是,尽管这种语言中大多数形容词性名词的表现如同别的名词一样,形容词性名词仍然存在一个有着区别性语法特征的次类。也就是说,尽管形容词性成分在几方面明显地与(别的)名词近似,整体上来说,它们通常在名词类中占据一个比较边缘的位置。

Wetzer 指出,在"形—动"类语言中,也存在类似现象,即,尽管形容词性成分归入动词,但它们通常属于动词的一个形式上能够区分的边缘的次类。如塔诺语族(Tanona)的 Kiowa 语和使用于肯尼亚(Kenya)西北的 Turkana 语,都属于"形—动"类语言,属性概念都通过不及物状态动词

(intransitve stative verbs)来表达,但是这些不及物状态动词在标记TAM(tense,aspect,mood)的词形变化(paradigm)方面存在缺陷。不仅如此,形容词性动词在标记主语一致方面也显示出区别性特征,如Turkana语和Yurok语。最后,形容词性动词在做定语的用法方面也与其他动词有语法上的区别。例如在Mojave语中,形容词性动词与其他不及物动词做谓语时不可区分,但是做修饰语时,二者能够区分开来:动词强制性地出现在使用前缀k^w-的关系化形式中,而形容词性动词对这个前缀的使用是选择性的(optional)。又如,在著名的"形—动"语言的代表——汉语中,形容词性成分和动词做谓语表现一样(如"他好"和"他跑"),但是做定语时表现不一样,形容词可以带标记"的",也可以不带(如"好人"和"好的人"),动词做定语时则一定要带"的"(如"跑的人"成立,"跑人"不合语法)。

总之,Wetzer 的核心观点就是,从跨语言的角度看,在形容词性成分能够独立成类的语言中,尽管形容词与名词或者动词有区别性语法特征,但是**异中有同**,形容词并没有形成一个同质的词类范畴;在形容词性成分不能独立成类的语言中,尽管形容词性成分或者归入名词,或者归入动词,但是**同中有异**。也就是说,形容词性成分总是或与名词拥有一些相同的语法特征,或与动词拥有一些相同的语法特征,而且,不管是否存在独立的形容词类,表示属性概念的词语总是表现出一些不为核心名词或者动词所拥有的语法特征。

鉴于以上一些原因,Wetzer 认为虽然传统的三分观点和连续统假设存在一些合理之处,但是从表达属性概念词语的词类地位的角度进行描述,会导致扭曲形容词性成分的跨语言表现,传统的三分观点实际上仅仅反映了对形容词性成分进行语言学分析的不同,并没有反映它们实际语法特征的不同。因此,Wetzer 放弃了传统的三分观点,而代之以将形容词性成分两分的观点,即分为:**名词性的形容词性成分**和**动词性的形容词性成分**,前者由**像名词的形容词**和**形容词性名词**组成,后者由**像动词的形容词**和**形容词性动词**组成。作者认为,这种两分的观点不但不会影响上面提到的从动词到名词的词汇连续统的基本观点,而且它反映了语言中存在于形容词性系统和动词或者名词系统之间的更为真实的关系。按照连续统假设,上面图示的三种基本模式可以用下面图2-3中两种更为概括的模式来代替(?? 表示边界模糊):

```
        VERBS ——————— ADJECTIVALS ——————— NOUNS
a.      Verbs     ??      Verby Adjectivals     //      Nouns
b.      Verbs     //      Nouny Adjectivals     ??      Nouns
```

图 2-3

上图中的模式(a)代替了图 2-2 中的模式(a)和(c),也就是说,形容词性动词和像动词的形容词合为一类,称为动词性形容词性成分(verby adjectivals);模式(b)代替了图 2-2 中的模式(b)和(c),也就是说,形容词性名词和像名词的形容词合为一类,称为名词性形容词性成分(nouny adjectivals)。总之,传统观点认为可以独立成类的形容词在两分系统中没有独立的词类地位,被分为两支,一支属于**动词性的形容词性成分**(verby adjectivals),另一支属于**名词性的形容词性成分**(nouny adjectivals)。不管形容词是否能够独立成类,表示属性概念的词语总能分为两个主要的跨语言范畴,它们或与名词共享某些语法特征,或与动词共享某些语法特征。

2.1.4　其他学者的观点

形式学派和类型学派的共同目标就是探讨人类语言的共性,这两派中有不少学者都发表过关于词类的观点,大多数学者都承认名词和动词都是普遍的词类范畴,对于形容词则存在一些分歧意见。其中有的学者主张形容词范畴是语言共性,有的学者主张形容词是一个普遍的词类范畴。代表学者是 Croft 和 Baker。

Croft(1990)指出,从跨语言的角度看,"形容词"比"名词"和"动词"存在更多的变异。他从标记关联的角度对这三个词类语义和功能之间的标记关联模式进行了阐述,大意是:形容词概念和做修饰语或者做定语的功能是无标记关联;当形容词用来表示指称、充当名词功能或者表示陈述、充当动词功能时,形式上常常有标记。如在英语中,形容词性名词如果用来指称它们表示的一种属性,就需要一个名词化后缀,如:leng-th,red-ness。形容词做谓语时,需要一个系词,如:Emma is tall。表示人或者自然客体的基本名词概念需要添加标记才能充当名词谓语,在英语和其他一些语言中需要系词。表示过程或者行为的基本动词概念也需要添加标记才能用作指称(名词化、做补足语)或者用作修饰语(分词、关系小句)。Croft 也指出,有的语言可以使用零形式来标记派生关系,如英语中除了非零形式的动词名词化之外,还有大量的零形式名词化,比如 march,fall 和 split。然而类型学的模式表明,找不到这样的一种语言:表示行为的词语充当谓语时需要派生词缀,而表示客体或者属性的词语充当谓语时却不需要词缀。Croft(2000)则认为主要词类(名词、动词、形容词)不是特定语言的范畴,而是语言共性,也就是说,名词、动词和形容词是类型学上的原型。Baker(2003)也认为名词、动词、形容词是语言共性。

2.2 汉语形容词的词类地位及鉴别标准

2.2.1 汉语形容词的词类地位

程工(1999:145)说:"当我们把目光转到汉语的时候,不难看出对形容词是否存在这一问题的看法实际上是国际语言学界争论的一个缩影。"的确如此,关于现代汉语形容词的词类地位,国内外也有三种不同的意见,简要分述如下:

1. 认为现代汉语的形容词是动词的一个次类。持这种观点的主要有:Hockett(1958:223)、Lyons(1968)、赵元任(Chao 1968)、Schachter(1985)、Li and Thompson(1989:826—827)、Wetzer(1996:17;270)等。

2. 认为汉语的形容词根本不是一个独立的词类,它们只不过是动词而已。代表人物是 McCawley(1992):

> 显然,没有一条普遍特征能够确认汉语中存在一个确实体现形容词特点的词类。据此,我得出了一个初步的结论,汉语里可以说根

本没有形容词这样的范畴,也谈不上 Li 和 Thompson 称为"形容词性的动词"那样的动词次类:那些各种各样的公认为形容词的动词并没有特殊的类身份,全都是动词而已。(翻译据张伯江 1994)

卢英顺(1999)主张将动词和形容词合为一类,他说:

> 如果我们在汉语的词类划分上,真正像方光焘说的那样,从表现形态出发,凭形态而建立范畴,那么我们就不会在汉语中分出这样的动词和形容词来,因为汉语中的动词和形容词在形态的表现上有较多的共性。……因此,从更抽象的角度讲,汉语中的动词和形容词也应看作同一范畴的成员。……综上所述,我们有理由把汉语中的动词和形容词合为一类。

3. 认为汉语的形容词是一个独立的词类范畴。持这种观点的国内学者有:马建忠(1898)、黎锦熙(1924)、吕叔湘(1942)、王力(1984)、朱德熙(1956)、程工(1999)、张国宪(2006c)等,境外学者有:Xu(1988)、Deng et al.(1996)、Dixon(2004)、Hajek(2004)等。

程工(1999:157)说:

> 把汉语中的形容词看成是一个独立的词类的观点是成立的,证据是充足的。认为汉语没有形容词的观点则缺乏可靠的证据,无论是对汉语事实的解释还是对跨语言的比较研究都是不利的。

Dixon(2004)也指出:

> 有一种传统的说法认为汉语中没有形容词,下面的论述将会看到,清晰而明确地把形容词鉴别为一个大的词类的标准在汉语中是显而易见的。

Hajek(2004:348—361)说:

> 汉语也许是最著名的、也是最频繁被提到的例子,这种语言据说是不能区分动词和形容词。但是中国一些语言学家已经发现存在独立的形容词类。正如 Dixon 指出的,Xu(1988)的详细调查解释了汉

语中用来区分形容词和动词的一系列形态句法差异。最近更多的关于形容词的调查已经确定了汉语中存在一些鲜为人知但是数量相当大的非谓形容词(数量估计在 200 到 400 之间, Deng et al. 1996)。

张国宪(2006c:411—414)认为性质形容词是汉语形容词家族的典型成员,做定语和做谓语是性质形容词的基本句法功能,并指出:"我们可以说正是汉语形容词迥异于名词和动词的复合句法功能为其词类地位奠定了坚实的基础。"

尽管持这种观点的学者所提出的理由或者证据不尽相同,但是无疑都认为现代汉语中存在形容词这个词类范畴。我们同意这种观点。

2.2.2 鉴别汉语形容词的功能标准之回顾

2.2.2.1 单一功能标准

朱德熙(1982)《语法讲义》使用的区分动词和形容词的功能标准是:(1)前边能不能加"很";(2)后边能不能带宾语。这是一条单一的合取性标准。根据这样的划类标准,朱先生把形容词和动词分别定义为:(1)凡受"很"修饰而不能带宾语的谓词是形容词;(2)凡不受"很"修饰或能带宾语的谓词是动词。此外,朱先生还考虑到了三种特殊情况:(1)有的形容词可以带宾语,朱先生认为它转化为了动词,如"端正、宽大";(2)有的词既可以受"很"修饰,又能带宾语,如"委曲",朱先生认为它带宾语的时候是动词,不带宾语的时候是形容词;(3)有的词有多个意思,在某一个意思上不受"很"修饰,在另一个意思上可以受"很"修饰,如"死",朱先生认为前者是动词,后者是形容词。郭锐(2002:192)《现代汉语词类研究》吸收了朱德熙先生的鉴别标准。

张伯江、方梅(1996:217—227)《汉语功能语法研究》明确反对朱先生的标准,认为:"依此划出的'形容词'范畴,除了能受程度副词修饰和后面不能带宾语这规定性的两条以外,还有什么共同特征呢?……事实上,若像这样把两条标准随意放在一起划出一个词类,则汉语里哪个下位的小类(如动词的次类)都有理由成为独立的词类了。如果我们全面罗列出程度副词所能修饰的成分,可以看出那并不是一个词类的范围,而是一种谓语成分的范围。"既然这两条标准都不管用,作者主张的标准是什么呢?作者认为靠形式特征来判别形容词是最为有效的办法,汉语恰恰没有这个。既然没有可靠的形态标志,程度副词又不能作为形式标准,就只有概念意义跟句法功能两项了。而作者又认为凭意义划分词类被认为是不可靠的,这样,作者就认为划分形容词的标准就是句法功能标准。张伯江(1997)认为汉语形容词的基本句法功能是做定语,既然如此,就可以根据做定语是否自由来界定形容词。根据这条标准,形容词主要有两类:一是"大""小""黑""白""老""少""好""坏""高""低""快""慢""硬""软"等表示基本度量、色彩、方位、速度、年纪、价值、属性等意义的一组词,以单音节的为主;另一类是"初级""袖珍""微型""额外"等所谓"非谓形容词"。这两组词共同的特点有二:一是都能自由地做定语,二是语义上都表示属性意义。它们都典型地具备形容词的语法特征。根据这条标准,作者还排除了一些过去被认为是典型的形容词的词,如"大方""单纯""孤独"等,因为它们不能自由地做定语,应该算做不及物动词里的一类。

刘丹青(2005a)《形容词和形容词短语的研究框架》说:"正如张伯江(1997)的分析显示的,汉语中还是存在一批无需'的'就可以直接修饰名词的属性词,这一条正是类型学用来鉴别形容词的最重要标准。张伯江据此认为汉语存在独立于动词的形容词词类。同时,他也指出汉语形容词的范围虽然不像 Igbo 语的 8 个那么小,但比通常认为的小,一大批不能自由地充当定语的词被排除在外,需要划入状态动词,如'安静、诚实、孤立'等,而形容词中最典型的成员则是'大小黑白老少高低好坏'等表示最基本属性的单音节词。从类型学的角度,张伯江的观点是比较公允和符合实际的。"文章还说:"张伯江(1997)就是建立形容词操作性定义的一个努力。张文结合了有关形容词的普遍性研究和对汉语形容词的专门研究,确定以能否自由地(即无需'的'一类标记)充当名词的定语作为汉语形容词的标准。这就是一个使形容词区别于动词的操作性定义(当然还需要使之区别于名词,这在汉语中不困难)。其他语言在确立形容词的词类时也要给出这种操作性定义,并使操作性定义尽可能与形容词的普遍性原型特征相符或相近。张文的定义是符合普遍性特征的,因为做定语是形容词最基本的功能(名词是做主宾语、动词是做谓语)。"

我们认为,仅仅根据一条"能否自由做定语"并不能准确地把形容词鉴别出来,有三方面的原因使我们对仅使用这条标准来鉴别形容词产生怀疑:

第一,虽然形容词最重要的语法功能是做定语,但能自由做定语的并不都是形容词,因为有的名词也能自由做定语,有的动词也能自由做定语。不少研究论著已经指出汉语里存在大量的名词或者动词做定语的现象。如朱德熙(1956)指出:"在汉语里,名词修饰名词的确是非常自由的。第一,我们可以随便把两个名词凑在一块儿造成向心结构。例如'纸老虎''稻草人''狐狸尾巴''肥皂盒儿''蓝布包袱''电灯开关''暖气设备''土地政策''心理状态''中国人民'等等,……在现代汉语里,最宜于修饰名词的不是形容词(指甲类成分),而是名词。这是汉语的一个显著的特点。"

张敏(1998:312—315)列举了不少名词做定语和动词做定语的例子,抄录几例如下:

　　名词做定语:木头桌子、胡桃夹子、石油工人、日本电器、生物化学、煤气炉子……

　　动词做定语:剩饭、病猪、活鱼、死兔子、炒西红柿、煎鸡蛋、冻豆腐、烂苹果、飞行时间、实验设备、办公桌子、研究资料、学习文件、伪造证件、考试成绩、理发工具……

此外,王光全(1993a)《动词直接做定语时的语法位置》、李晋霞(2002)《现代汉语定中"V双+N双"结构研究》、崔应贤等(2002:91—116;182—197)《现代汉语定语的语序认知研究》、齐沪扬等(2004:71—117;165—212)《与名词动词相关的短语研究》等论著都列举了大量的名词或动词直接做定语的例证。这些能够直接修饰名词的名词或者动词,我们不能说它们都是形容词。

王惠(2004)《现代汉语名词词义组合分析》以义位为单位,对4343个可以单独成词的名词义位的语法分布进行了考察,发现74.4%的名词可以做定语(直接修饰名词),能够受名词直接修饰的名词占 76.7%,可以受动词直接修饰的名词占 22.5%。显然,这 74.4%的名词(3231 个)不能看成是形容词,那些能够直接修饰 977 个名词(占 22.5%)的动词也不能看成是形容词。

第二,什么叫"自由做定语"比较模糊。如果说自由仅仅指不加标记,上面列举的例子就构成了无数的反例;如果说自由不仅指不加标记,而且还指能够类推,属于造句格式,那么即便是张伯江先生列举的那些能够自由做定语的形容词,如"大""小""黑""白""老""少""好""坏""高""低""快""慢""硬""软"等,这些典型形容词做定语也并非完全是自由的。朱德熙(1956)指出:"在甲 1 式(按:即"白纸"类定中式)里,定语和中心语是互相选择的,二者不能任意替换。譬如可以说'白纸''白头发',但是不能说'白手''白家具'。下面是同样的例子(例略)……以上的事实说明甲 1 是一种具有强烈的凝固趋势的结构,它的结构原则不是自由的造句原则。如果跟别种语言比较,这一点就显得非常突出,外国人学习汉语的时候,往往不能理解为什么'白手''贵手绢儿'一类格式是不能说的。"

第三,即便是能够自由做定语的形容词,也远远不止张伯江先生所说的那两类形容词。韩玉国(2004)《现代汉语形容词再分类》按义项考察了 2809 个形容词(来源于《现代汉语词典》《形容词用法词典》《实用汉语形容词词典》),发现有 796 个形容词既能受"很"修饰,也能够直接做定语,占形容词总数的 28.3%。其中既有单音节的,也有双音节的,数量远远多于张伯江列举的那些形容词。王改改(2004)《关于形容词修饰名词的自由度的考察》的结论与韩玉国相同。另外,崔艳蕾(2004)《性质形容词再分类》也按义项考察了 1351 个性质形容词(来源于《现代汉语词典》《形容词用法词典》《实用汉语形容词词典》),发现有 835 个形容词可以直接做定语,占 61.8%。

总之,鉴别形容词不能只用"能否自由做定语"一条标准,否则会把大量的名词和动词都混杂进来。程工(1999:144)说:"实践证明,任何一个单一的标准都难以对每个词的归类做出准确的判断,它总有难以确定的部分。"张国宪(2006c:384)指出:"按照范畴的典型理论,一两条必要的和充分的条件并不能确立一个范畴,而要凭借通常聚集在一起的一束特征。"这些意见都是很有见地的。

2.2.2.2 多项功能标准

刘丹青(2005b)《语言类型学与汉语研究》也认为朱德熙先生的标准值得商榷,他说:"然而,从类型学的角度看,这两条标准的合理性和分类结果都还可商榷。带宾语是负面标准,本身不能反映形容词的本质特征,因为不能带(真)宾语的词类和词类成员很多,包括许多动词。可带程度副词是正面标准,可是很多动词也能带程度副词,如'很感谢、很喜欢'等。可见,能带程度副词这一条也不反映形容词的本质特征。"作者然后肯定了张伯江的观点,他说:"该文基于类型学的成果讨论汉语是否存在符合形容词的跨语言的原型(本质)特征同时又区别于动词的词类。他所用的鉴定标准是符合形容词原型特征和普遍性功能基础的——就是能否不加标记直接充当定语。"刘丹青认为张伯江划分出来的形容词范围是一个理想的分类结果,因为最符合张文标准的形容词恰恰是表示基本属性的在跨语言比较中最原型的那些成员,如"大小黑白老少高低好坏"等。不过,刘丹青也认为受程度副词修饰虽然不反映形容词的本质特征,但毕竟可以作为一条对内普遍、对外不排斥的辅助特征。因为单纯按不带"的"做定语的标准,还是容易与能自由作性质定语的名词(如"学生食堂、木头桌子、问题解答、个性差异"中的定语)发生纠葛,还容易与能直接做定语的动词发生纠葛(如"处理原则、调查方案、销售合同"中的定语)。

据此,我们认为,刘丹青先生的观点其实是部分地结合了朱德熙和张伯江的观点,即鉴别形容词应该根据以下两条标准:(1)能否不加标记直接充当定语;(2)能否受程度副词修饰。

张国宪(2006a;2006b)给出了性质形容词的形式鉴别标准,即三个判定性质形容词的基本句法槽:

  I. {最・很・比较・稍}＋_____
  II. NP1＋比 NP2＋_____
  III. _____$_{定}$＋NP$_{中}$

句法槽Ⅰ可以识别典型性质形容词,句法槽Ⅱ既可以过滤非性质形容词,还可以囊括非典型性质形容词,能够进入句法槽Ⅲ构成定中关系的是性质形容词,否则是非性质形容词。这三个句法槽实际上相当于三条标准:(1)能否受程度副词修饰;(2)能否用于比较句;(3)能否直接做定语。

袁毓林(1995)《词类范畴的家族相似性》一文运用原型理论来考察汉语词类的范畴性质,指出汉语词类是一种原型范畴,是根据词与词之间在分布上的家族相似性而聚集成类的。袁毓林(2005)《基于隶属度的汉语词类的模糊划分》设计了一个汉语词类模糊划分的基本步骤,具体的工作步骤是:首先,根据每类词的典型成员的语法表现,来选定一组分布特征;并按照这些不同的分布特征对于相关词类的重要性,根据经验给其中的每个特征设定权值(weight),其中有正分(即加分),也有负分(即扣分)。然后,计算总分,典型成员应该得100分或接近100分,非典型成员则小于100分、但一般大于50分。最后,折合成介于区间[0,1]中的不同的值来描写词类归属模糊的词对于有关词类的隶属度(degree of membership),从而从量上确定这些词的词类归属。比如,某个词相对于某种词类的隶属度越趋近1,那么就越趋近该词类的典型成员。这时,根据实际的测试,借鉴利用模糊关系进行聚类的方法中的λ值设定法,通过设定不同的λ值,来确定不同的词从属于某个词类的典型性等级。比如,隶属度0.8以上为典型成员,0.6以上为一般成员,0.6以下为非典型成员。当一个词从属于不同的词类的最高得分相同或相近时,就说明该词兼属于这些词类(即一词多类)。简单地说,袁毓林先生的思路和方法是:先给每一类词选定一组分布特征,每一特征设定其权值,有的为20分,有的为10分,总分为100分。再看某个待确定其词类归属的词符合其中的几项特征,并根据每项特征的权值计算其权值总和。所谓隶属度,其实就是实际权值总分数除以总分的结果值。如果得100分,则其隶属度就是1;如果得80分,隶属度就是0.8;如果得60分,隶属度就是0.6,其余类推。越是典型成员,隶属度越大,接近于1;越是非典型成员,隶属度越小,接近于0。

袁毓林给形容词选定的一组分布特征是:

(1)可以受"很"等程度副词修饰。权值分为 20 分。

(2)不能直接带单宾语。权值分为 20 分。

(3)可以做谓语或谓语核心,可以受状语和补语修饰。权值分为 10 分。

(4)可以直接修饰名词性成分。权值分为 10 分。

(5)可以独立或者造成复杂形式(如:前加"很、更"等副词,后加"地")修饰动词性成分。权值分为 10 分。

(6)可以做补语,或者可以带"得很、极了"等补语形式。权值分为 10 分。

(7)可以做"比"字句的谓语核心,可以用在"越来越……"格式中。权值分为 10 分。

(8)可以跟在"多"之后,对性质的程度进行提问;可以跟在"这么、这样、那么、那样"之后,用以作出相应的回答;还可以跟在"多么"之后,表示感叹。权值分为 10 分。

王仁强(2006:99)采用袁毓林(2005)的方法,对"危险"一词的词类归属进行了计算:以形容词的分布特征量表对"危险"进行测试,结果显示"危险"满足全部 8 项典型形容词的分布特征,得分为 100 分,因而可以判断"危险"是形容词;以名词的分布特征量表对"危险"进行了测试,结果显示"危险"满足典型名词 8 项分布特征中的 6 项,只计正分积分为 70 分,但因兼形容词的两项特征而被倒扣 30 分,最后得分为 40 分,由此可以判断"危险"还兼属名词,只不过不是典型的名词。结合"危险"的个案,王仁强指出,语义标准(即语义原型性)和句法功能标准(即句法标记性)在词类判断中可以进行有效结合:通过语义标准容易判断某个词类的核心成员的词类或者多义词最常见义项的词类,但不易准确判断边缘成员的词类或者多义词非常见义项的词类,而通过句法标准不仅能够有效解决核心成员的词类归属问题,也能有效解决边缘成员的词类归属问题,因而句法功能标准对于汉语的词类判断相对于语义标准而言更为全面准确。

综合以上单一功能标准和多项功能标准,我们发现,随着研究的深入,鉴别现代汉语形容词的标准在不断丰富和完善,逐渐从单一标准过渡到多项标准。即：

朱德熙(1982)的标准(受"很"修饰而不能带宾语)→张伯江(1997)的标准(做定语是否自由)→刘丹青(2005b)的标准(能否不加标记直接充当定语;能否受程度副词修饰)→张国宪(2006a;2006b)的标准(能否受程度副词修饰;能否用于比较句;能否直接做定语)→袁毓林(2005)的8项标准。

刘丹青综合了朱德熙和张伯江的标准,张国宪又在刘丹青的基础上增加了"能否用于比较句"这条标准,袁毓林的标准最为全面,但归纳起来主要还是四个方面的标准：1.能否受程度副词修饰而且不带宾语;2.能否直接做定语;3.能否用于比较句;4.能否做谓语。这与Quirk et al. (1972:402—403)对英语形容词的界定时运用的四条标准基本吻合,即：

1.形容词能够自由地做定语。

2.形容词能够自由地做谓语。

3.形容词能够受强调词very修饰。

4.形容词能够用于曲折型比较级和最高级,或用于迂回型比较级或最高级。

我们认为,这四个方面的功能可能是形容词的跨语言共性,尽管有的形容词具备所有四方面的功能,有的形容词可能只具备其中三条,有的可能只具备其中两条或者一条,但这可以这样来解释：在同一语言中,形容词的成员的典型性不同,有的是典型成员,有的是边缘成员;或者在不同语言之间,形容词的典型性也存在一些差异,有的语言中形容词比较典型,而在另外一些语言中,形容词还不那么典型,同名词或者动词区分起来困难更大。

2.2.3 鉴别汉语形容词的两个相关问题

2.2.3.1 关于程度副词的认定问题

由于是否受程度副词修饰是区分动词和形容词的一条重要标准,所以找到一批具有鉴别作用的典型程度副词就十分重要。但是有些副词(包括很多的程度副词)和形容词难以分清楚。吕叔湘(1965)说："动词前面的形容词,是形容词还是副词,现在还无定论。"有人说,副词是只能做状语的词,形容词除了能做状语之外,还能充当其他成分,据此可以将二者分开。我们认为,这种说法是模糊的,因为上古汉语中有很多一字多词的现象,即一个字代表两个词,一个是形容词,一个是副词。而很多副词正是由形容词用法进一步发展而来的。我们的任务就是要分清哪个是形容词,哪个是副词。这种看法说"副词是只能做状语的词",除非那些由形容词发展而来的副词从此不再兼有形容词的用法,变为单功能的副词,否则孰为形容词孰为副词依然难办。如:

(1)邱成子之观右宰谷臣也,**深**矣妙矣。(吕氏春秋·观表)
(2)圣人**深**虑天下,莫贵于生。(吕氏春秋·贵生)

前一例中的"深"无疑是形容词,后一例中的"深"是什么词呢?若按上述方法,则其判断逻辑是:因为这个"深"只能做状语,所以是程度副词。问题是,我们怎么知道这个"深"只能做状语呢?换言之,怎么证明两例中的"深"不是同一个词而是两个不同的词呢?除非例(1)之类的用法消失了,剩下的全是例(2)之类的用法,我们才可以说"深"是副词。这个问题还可以作专门的讨论,我们在此不深究。详见 3.1.3.1 "关于形容词和名词、动词的区分"。

我们使用了 30 多个争议较小的程度副词或表示程度的词组来鉴别形容词:甚①、愈、益、兹、滋、至、最、孔、弥、极、绝、过、颇、尤、稍、微、更、加、太、少、较、很、略、粗、越、转、愈益、十分、何其、若此、如是其。这并不

---

① "甚"在上古究竟是形容词还是程度副词,还存在较大争议,如李杰群(1986)、杨荣祥(2005)、姚振武(2005)等都认为"甚"在上古汉语中是形容词,不是副词。李杰群认为"甚"在先秦文献中不但用做状语,而且更多的是用做谓语,此外还有其他功能,如做补语、定语和宾语,这个局面一直持续到魏晋南北朝时期才发生改变,"甚"主要做状语,这才变为真正的程度副词。我们认为,如果将那些做谓语、定语、补语和宾语的"甚"看成形容词未尝不可,但是这个形容词"甚"和做状语的"甚"可以分为两个义项,后者只能做状语,是真正的副词。这样处理的话,李杰群列举的困难将不复存在。至于"甚"后来主要做状语,其他用法逐渐减少,可以认为其形容词用法减少,副词用法占主流。实际上,更多的学者都认为上古的"甚"就是程度副词。我们吸收了何乐士等(1979:228—229)的观点,认为"甚"在上古汉语中兼有二者的用法,一个是形容词"甚'",一个是副词"甚"。

意味着我们认为程度副词只有这30多个,而是使用这30多个词,再加上其他的标准,就可以鉴别出一大批形容词。

2.2.3.2 汉语形容词鉴别标准的跨时代性

杨荣祥(2005)《近代汉语副词研究》认为在近代汉语时期,能否受程度副词修饰不能作为区分动作动词和形容词的标准,因为这一时期除了修饰形容词之外,大量的程度副词也可以修饰动作动词及其构成的述宾结构,因此这一标准是无效的。

作者说:

> 近代汉语中,程度副词的组合功能有很多不同于现代汉语的特点。如可以修饰非表心理活动的普通动作性动词和述宾结构,可以比较自由地修饰述补结构,可以有"(副+形)+名"的组合形式等等。(219页)

> ……这种现象(按:指程度副词修饰动词和述宾结构)到近代汉语晚期逐渐消失,如《金》中除程度副词修饰"是……"还比较常见外,其他上举现象都很少见了。但这种语言事实说明,不同的共时平面,程度副词的组合功能是不同的。现代汉语中,可以用能否受程度副词"很"修饰来作为区分动作动词和形容词的重要标准之一(朱德熙,1982),而在近代汉语中,这一标准是无效的。(222页)

在222页注释中,作者又说:

> 程度副词"很"产生于元代,但《金瓶梅》《水浒传》中未见用例。不过,大量的程度副词修饰动作动词及其构成的述宾结构足以说明,近代汉语中,能否受程度副词修饰不能作为区分动作动词和形容词的标准。

我们认为,无论在汉语史的哪一时期,程度副词都是区分动词和形容词的一条重要标准。尽管有的程度副词在近代汉语时期也可以修饰动作动词及其构成的述宾结构,但并非是"大量的程度副词"都可以修饰动作动词及其构成的述宾结构,与程度副词修饰形容词及形容词性成分相比,前者只是占很小的比例。这一点,需要统计数据来证明。陈群(2006)《近代汉语程度副词研究》一书详尽的统计数据正好给我们提供了极好的证据。该书收集了 30 余部明清白话小说,对 20 多个程度副词修饰形容词、动词、名词、动词性成分、名词性成分、动宾短语、状中短语、中补短语、联合短语、主谓短语、定中短语、连谓短语、兼语短语及"的"字短语的数量分别进行了统计,我们将该书散见于各章各节的统计数据汇集在下面的同一个表格中,并对数据进行再分析,以此来比较一下程度副词修饰形容词和动词各占的比重。

表 2-1 程度副词修饰各类成分数据统计表①

程度副词	程度副词所修饰的成分											
	形容词	动词	名词	代词	VP	NP	动宾短语	状中短语	中补短语	联合短语	主谓短语	其他短语
太	49						6	8	5		1	
过	39	14					6					
过于	63	25	1	1			18	8	6	4	3	
更加	53	11					2	4	13	2	2	连动 1
最	90				58	5						
极	113				51	3						
极其	120	17	4				8	4		6	1	
极为	24	2					2					
很	191	20					34		4			
挺	11											
怪	55	5					9	5	3			兼语 1
颇	8						39	11	1			
颇颇	3	1					6	5	2			

---

① "越""越 A 越 B""最为""最是""极是""颇为""稍""稍微""稍稍""略""略微""略略"等词或短语性质比较复杂,相关数据没有统计在内。

续表

程度副词	程度副词所修饰的成分											
	形容词	动词	名词	代词	VP	NP	动宾短语	状中短语	中补短语	联合短语	主谓短语	其他短语
甚	228	22	2				21	43				
甚是	110	18	2				26	25	3	4	2	
甚为	50	15					4	6				
十分	206	13	9				26	16	2	3	8	定中 2
非常	46	6					1			2		
好	49	5					7	16		3	1	兼语 1
有点(儿/子)	42	19					15	36	30	2	6	
总计(2420)	1550	193	18	1	109	8	230	187	69	26	24	5
百分比(100%)	64.1%	8.0%	0.7%	不计	4.5%	0.3%	9.5%	7.7%	2.9%	1.1%	1.0%	0.2%

由上表可知,以上20个程度副词修饰形容词占所有用例的百分比是64.1%,程度副词修饰动词占8.0%,修饰动宾短语占9.5%,后两者相加,占所有用例的17.5%,约占前者的四分之一。而且,程度副词所修饰的动词和动宾短语,有很多是心理动词和心理动词构成的短语,如(以下例子均摘自陈群2006):

修饰心理动词:

很喜欢、很明白、很愿意、过于爱惜、过于惦记、过于尊重、更加喜欢、更加敬重、更加佩服、最疼、最喜、最恼、最很、最怕、极怕、极其爱惜、极其眷恋、极为佩服、怪怕、甚思量、甚爱惜、甚在意、甚解、甚了了、甚懂、甚妒、甚是感激、甚是怜爱、甚是爱慕、甚为感激、甚为喜欢、甚为钦佩、十分小心、十分畏惧、十分敬重、十分伤损、十分尊重、非常留意、非常满意、非常得意、有点怕惧儿、有点懂得、有点忘记了……

修饰由心理动词组成的动宾短语：

过信朱注、过于为我操心、更加怜惜他、更加恨他、最疼这个丫鬟、极其喜欢你、极其怕人、极其仰慕徐大人、极为感激梁裁缝、很惦记你、很爱素净、怪想他的、怪觉得没趣的、怪舍不得奴才太太、颇惧孤之法度、颇觉得有点出息儿、甚爱我们两女、甚抱怨他、甚是爱他、甚是想他、有点讨厌他……

如果除去这些组合形式，程度副词修饰动作动词和动宾短语所占的比例会更低，将会远远低于17.5%。

另外，程度副词所修饰的动宾短语、主谓短语、联合短语、状中短语、中补短语中，有很多属于形容词性短语或以形容词为中心的短语，如（以下例子均摘自陈群2006）：

修饰动宾短语：

太不对眼、太费心、太费事、过沽名、过泥古、过于费心、极为有理、很有意味、甚有善心、甚是有理、甚为有理、十分尽心、十分有理、十分无礼、非常刺鼻、好没意思……

修饰主谓短语：

太性急、极其脸厚、好眼亮、有点腿酸、有点子眼儿热、有点儿头疼、十分胆大、十分性急、十分面善、甚是胆大、过于脸厚、过于年老……

修饰中补短语：

太起早了、过于生得好了、过于说得急了、更加亲热异常、甚是摆的整齐、怪掐得慌、怪涨得慌、太早些、过于伶俐些、过于忠厚些、更加茂盛些……

修饰联合短语：

过于小心精细、过于颓败凄楚、过于清奇诡谲、更加琐碎细腻、更加心痛难禁、极其和蔼可亲、极其势利刻薄、好胆大无礼、非常慷慨动人、甚是聪明伶俐、十分疼痛难忍、甚是华艳动人、甚是标格出尘……

修饰状中短语：

极能伏怪、甚能延寿、有点小能干、最能降蜈蚣、甚是难走、十分难进、甚为难制、极善降妖、极其相合、极其好认、怪不方便、颇不寂寞、甚是不好、好不知足、有点不高兴、更加不乐、十分好呆、有点不好、有点微甜……

程度副词修饰的以上五种类型的短语，都属于形容词性的短语，如果把它们和程度副词修饰的形容词合在一起，则程度副词修饰形容词和形容词性成分所占的比例会更高，将会远远高于 64.1%。因此，我们可以认为，在近代汉语时期，程度副词仍然以修饰形容词和形容词性成分为主要功能。

下面，让我们再来看看现代汉语中程度副词修饰动词和动词性短语的情况。根据张谊生（2004）《现代汉语副词探索》的研究，现代汉语程度副词既可以修饰心理动词，也可以修饰非心理动词，还可以修饰动宾短语、动补短语、兼语短语、偏正短语和数量短语。程度副词修饰心理动词的例子自不必说，下面列举程度副词修饰非心理动词和各类短语的例子（例子均摘自张谊生 2004，只出示"程度副词＋V/VP"部分）

修饰非心理动词：

最擅长、非常贴近、很接近、很勇于、很乐于、很遵从、很讲究、非常需要、太缺乏、太放纵、很失败、很健谈、挺巴结、太浪费、最配、最流行……

修饰动宾短语：

很讲道理、很开眼界、很够朋友、很感兴趣、很摆架子、很起作用、很伤感情、很守规矩、很受打击、很折磨人、很鼓舞人、很卖力、很夹脚、很害人、很拖延时间、很糟蹋粮食、很长见识、最切实际、有点起反感、最具有决定影响、最违背新生活运动……

很有分寸、很有把握、很没面子、很没出息、很有思想、很有看法、很有文化……

太不是时候、很成问题、很不成样子、很成样子、挺是地方……

修饰动补短语：

很靠得住、十分挂不住、有点受不了、很说得来、挺合得来、十分过意不去、很要不得、很藏得住、最见不得、更瞧不惯……

修饰兼语短语：

很令党的组织头疼、很使后代到东北的流放者们深思、很让一部分中国人深表赞同并扬眉吐气一番……

修饰偏正短语：

很会开拓、很会劳动、很会挣钱也很会养家、很可以光彩一番、最肯济困扶危、挺能喝、很会吃、很该打、很愿意帮助、很给我面子、很为上海人挣脸、更为这婚礼增添了气氛、最为大家接受、颇以成人自居、很为他的这项安排感到满意……

修饰数量短语：

很读过几本书、稍微吃了点饭、略微认得几个字、很活动了几天、稍微看了一下、很吃了一通、稍微错开一点距离、稍微积蓄了一点力气、稍微换一个环境……

张谊生(2004:78)说："我们发现,现代汉语中有相当一部分的动词性成分可以受程度副词的修饰,除了一般公认的可以受程度副词修饰的心理动词外,还包括一些非心理动词和动宾短语。这些受程度副词修饰的VP和一般VP的区别在于,它们都具有抽象的性状义,因此具备了受程度副词修饰的语义基础。这些性状义VP受程度副词修饰后,表示一种程度评判义。"

张谊生先生只是举了大量例证来证明"有相当一部分的动词性成分可以受程度副词的修饰",没有具体数据。最后,我们再来结合刁晏斌(2007)《试论"程度副词＋一般动词"形式》的统计,来证明此类现象不仅在近代汉语时期比较常见,在现代汉语时期仍然屡见不鲜。刁文所说的"一般动词"指心理动词以外的其他动词。文章以孟琮等(1999)中所收的1223个动词为考察对象,以最典型的程度副词"很"构成的"很＋动词"形式为关键词,在新浪网上进行全部网站的检索,能不带宾语接受"很"修饰的,就认为是可以受程度副词修饰的动词。结果发现有四组动词共187

个可以受程度副词修饰,约占全部1223个动词的15.3%。这187个可以受程度副词修饰的动词中,可以划入心理动词的有72个,约占187个动词的38.5%,心理动词以外的一般动词有115个,约占187个动词的61.5%,约占全部1223个动词的9.4%。下面再列举部分例子(摘自刁晏斌2007):

> 非常忽略、十分反对、过于脱节、很对应、相当领先、比较拘泥、非常通行、越来越丧失、很轰动、很配合、很享受、很独立、很钻研、很自律、非常保密、很抵触、太拼命、比较歧视、最对立、最遭殃、多少有些回避甚至非议、很戒备、非常依赖、很关照、很帮忙、很对抗、很发展、很震动、很变化、很捣乱、很挣扎、很搞笑、非常配合、十分看好、特别顾家、很拒绝、十分凑合、很护短、有些震撼、很相爱、不太拒绝、更动摇、十分钻研、非常戒备、更为爆裂、有些回避、更加嘲讽、太包办、特别喝彩、很禁锢、很褒奖、最遭殃、无比怀旧、甚是波动、比较膨胀、很放手、很追求、十分肯定、不太哭了、何等见好、很棒、有些胆怯和猜测……

刁晏斌在数据统计的基础上做了进一步分析,认为一般动词必须满足以下三个条件才能受程度副词修饰:非动作性、性状义和程度义。

由陈群(2006)的数据可知,程度副词修饰动词(包括心理动词)的用例占所有用例的百分比是8.0%;由刁晏斌(2007)的数据可知,程度副词修饰的一般动词(还不包括心理动词)数量就占全部动词的9.4%,若把心理动词算进来,则程度副词所修饰的动词数量占全部动词的15.3%。也就是说,从近代汉语时期到现代汉语时期,程度副词修饰动词的频率不降反升,而并非如杨荣祥先生所说的"到近代汉语晚期逐渐消失了"。

由此可见,即便是在现代汉语时期,程度副词除了能修饰助动词、表心理活动的动词以及由这些动词构成的述宾结构之外,还可以修饰其他类型的动词和动词性短语。但是,尽管以上现象占有一定的比例,但是这并不妨碍我们将能否受程度副词修饰作为区分动词和形容词的重要标准。与修饰动词及动词性短语相比,程度副词修饰形容词及形容词性短语占绝对优势,二者都能受程度副词修饰,但是所占比例大不相同。我们不能因为仅仅看到近代汉语时期有些程度副词修饰了动词和动词性短语,就认为这条标准是无效的。实际上,我们鉴别形容词和动词,并不是仅仅依靠这一条标准,还包括能否做定语、能否用于比较句、能否重叠、能否做谓语等多条标准,孤立运用其中任何一条标准,都难以将动词和形容词区分开来。

第三章

上古汉语的形容词及其演变趋势

3.1 上古汉语的形容词

3.1.1 上古汉语形容词的鉴别标准

上古汉语中有没有形容词这个词类呢？回答无疑是肯定的,不过如何鉴别上古汉语的形容词还需要明确的标准。目前不少古汉语论著涉及形容词时,只是略略提到形容词可以做谓语、做定语,有的还可以做状语、做主宾语等,但是其他词类如有些动词和名词也可以具备这些语法功能,因此,形容词和动词、名词的区分标准实际上并没有建立。很多论著要么先入为主,主观认定某些词就是形容词,很少谈到这些形容词是根据什么标准鉴别出来的;要么只是给形容词下个定义,然后举几个典型的形容词例子。我们认为,既然认为形容词在上古汉语中是一个独立的词类,那么我们应该能够找到将它们同动词、名词区分开来的标准。张国宪(2006c:384)指出:"按照范畴的典型理论,一两条必要的和充分的条件并不能确立一个范畴,而要凭借通常聚集在一起的一束特征。"这提示我们,鉴别形容词不能仅仅凭借一条标准和某一个特征,形容词这个语法范畴是凭借一系列语法特征的聚集而建立的,我们的任务就是要找到这些语法特征。Dixon(2004)鉴别世界上各种语言中的形容词时,共动用了6条标准,分别是:

(a)形容词或充当不及物谓语(intransitive predicate),或充当系词补语;

(b)形容词充当名词短语核心的修饰语;

(c)作为比较结构中的比较参项;

(d)作为动词的修饰语,担当副词的功能;

(e)和动词相比,及物性方面体现出来的差异;

(f)和名词相比,形态变化方面体现出来的差异。

不是每种语言的形容词都具备上述这些功能,或者有类似的表现,因此Dixon在鉴别形容词时,根据形容词有不同特征的不同语言,分别采用了其中的几条标准。比如,有的语言中,形容词与动词相似,都能充当不及物谓语,区分这两个词类时,Dixon就采用了(a)(b)(c)(d)(e)这五条标准,分别观察形容词和动词在这五方面的不同表现。有的语言中,形容词与名词相似,都能充当修饰语,都有相同或相似的形态变化,区分这两个词类时,Dixon就采用了(b)(c)(d)(f)这四条标准,分别观察形容词和名词在这四方面的不同表现。Dixon还提到了有的语言中形容词只能做定语,不能做不及物谓语或系词补语;有的语言中形容词只能做系词补语,不能做定语;有的语言中形容词只能做不及物谓语,不能做定语。总之,通过Dixon的描述我们可以得知,在不同的语言中,形容词的功能变异比较大,其表现并不是整齐一律,但是在某一具体语言中,如果形容词可以独立出来,总可以找到区分的标准,而这些标准往往是一束语法特征。

通过对大量上古汉语形容词或近似形容词的词进行测察①,我们初步找到了鉴别上古汉语形容词的几条标准,并分步鉴别。这几条标准是②:

---

① 本书暂不研究上古时期的双音节形容词和状态形容词,而是集中研究单音性质形容词。这里所说的上古汉语是指自周至秦时期的汉语,不包括西汉。

② 除了以下四条标准之外,我们实际上还使用了一些针对特定小类的次级标准,如对举格式或注释用词的词性等。

(一)受程度词(主要是程度副词)修饰;
(二)用于比较结构,表示比较义;
(三)做定语,表示修饰义;
(四)做谓语,表示描述义。

标准(一)和(二)设立的依据就是形容词的普遍共性,即形容词具有程度义。张国宪(2006c:384)指出:"程度性是形容词最重要也是最具有跨语言意义的特征。……跨语言的研究表明,程度等级的表示法在不同的语言中普遍存在着,一部分语言里的形容词有原级、比较级和最高级的句法形态标记,也有一部分语言里的形容词用前加程度副词的词汇方式来标识。传统语法用句法形式上能不能受程度副词修饰作为判定汉语形容词的标准,就是以形容词的这种程度性特征为理据的。"唯其有程度义,才能够受程度副词的修饰,才能进行相互的比较。标准(三)和(四)设立的依据就是根据形容词的典型句法功能:做定语和做谓语。我们先规定每条标准的分值为1,符合全部4条标准的形容词得分为4,是典型形容词;符合3条标准的形容词得分为3,是次典型形容词;符合2条标准的形容词得分为2,是不太典型的形容词;只符合1条标准的形容词得分仅为1,是最不典型的形容词,这些词有的虽能受程度副词修饰,或用于比较句,但是出现频率很低,不能符合其他标准,因而是最不典型的形容词;有的要么能做定语却不能做谓语,要么能做谓语却不能做定语,前者多与名词有瓜葛,后者多与状态动词有纠缠,是边缘形容词①。

以上为每条标准设定同等的分值,这意味着每条标准在鉴别形容词

---

① 有专家指出,得分为1的,仍算作形容词,理论上缺乏依据,因此有必要解释为什么把这些词也算作形容词。我们认为,形容词也是一个原型词类范畴,既有典型成员,也有非典型成员,得分为1的那些词就属于后者。之所以把这些词纳入统计范围,主要基于以下几点考虑:(1)这些词主要由两类组成:非定形容词和非谓形容词,前者可以做谓语表示对主语的描述,后者可以做定语表示对中心语的修饰,它们跟现代汉语中的唯谓形容词和非谓形容词较为接近,因此纳入考虑;(2)它们中的有些词,在上古汉语时期得分为1,但是汉代以后形容词性不断凸显,得分上升,逐渐演变为比较典型的形容词,如"毒、俗、草、慎、鲜、牢"等。因此,着眼于它们的历史演变,我们也将其视为上古汉语中的形容词;(3)结合古人对这些词的注释,以及考虑到这些词经常与其他典型形容词对举使用,我们便视之为具有形容词性的词。

过程中具有同等重要的地位。其实并非如此。在四条标准中,标准(一)和标准(二)根据的是形容词的跨语言的共性——程度性,它们在鉴别形容词过程中具有很强的鉴别能力,因而最为重要。现代汉语形容词的主要功能是做定语还是做谓语,学术界一直存在争议。有的学者认为现代汉语形容词的主要功能是做定语,有的认为是做谓语,有的则认为形容词的复合句法功能是做定语和做谓语。我们在研究上古汉语形容词的过程中,先假设标准(三)"做定语"和标准(四)"做谓语"这两条标准同等重要,分值都为1。按重要性而言,标准(一)和(二)的分值应该高于标准(三)和(四),应该规定为2,甚至更高,但是由于能够受程度副词修饰的形容词,不是做定语就是做谓语,如:

(1)且夫知不知论**极妙**之言。(庄子·秋水)
(2)彼其发短而心**甚长**。(左传·昭公三年)

形容词用于比较句时实际上也是做谓语,如:

(3)冰,水为之,而**寒于水**。(荀子·劝学篇)

也就是说,符合标准(一)的形容词必然符合标准(三)或(四),符合标准(二)的形容词必然符合标准(四),因此,如果我们规定标准(一)和(二)分别为2分,则某个词如果同时符合4条标准,得分将为6分,而只符合标准(三)和(四)的词得分仅为2分,给人的印象是二者形容词性相差甚远。其实仅符合标准(三)和(四)的词有不少是比较典型的形容词,只是不能受程度副词修饰或用于比较句而已。因此我们规定,如果某个词既能受程度副词修饰,又能用于比较句,则只计算2分,加上它们不受程度副词修饰直接做定语得1分,做谓语得1分,总计4分,这样的形容词是全能型形容词,也即典型形容词。而且,这样规定比较易于操作,即符合一条标准得1分,符合几条得几分。通过计算得分的高低,我们可以观察这些成员所拥有的形容词性的强弱,得分越高,形容词性越强,反之亦然。当然,由于语料的限制,有些典型的形容词在上古时期并不能同时符合这四条标准,比如"黄",在上古一般只能做定语或者谓语,几乎看不到受程度副词修饰或用于比较句,如:

(4)以**黄布**裹蒸枣。(晏子春秋・外篇)

(5)其麻白,其**布黄**。(管子・地员)

计算得分时,它们都只能得 2 分,但却是比较典型的形容词。如果我们把目光投向汉代以后,它们其实可以或受程度副词修饰,或用于比较句,其形容词性得到充分体现。对于这种情况,我们只能忠实于所掌握的语料,暂将其视为不太典型的形容词。我们相信,通过对上古汉语中疑似形容词的几百个词的语法分布进行全面调查,并根据其是否符合鉴别标准的情况计算其得分,一定能够鉴别出大部分典型的形容词和不太典型的形容词,为确立上古汉语形容词的词类地位提供有力的证据,进而为上古汉语的词类划分提供一个必备的基础。

下面,我们将综合运用这几条标准,结合先秦的 30 部文献(见"征引文献"),鉴别其中 380 个左右"疑似"的形容词。在计算得分时,我们称之为"属性值"。

3.1.2　上古汉语形容词的鉴别标准及鉴别过程

3.1.2.1　属性值为 4 的典型形容词

上古汉语中存在一批形容词,它们能同时符合上述四条鉴别标准,具备形容词的各种典型语法分布,属性值为 4,因而是典型的形容词。下面以"高、大、明"三个典型形容词为例,来描述其各种分布。

1. 受程度副词修饰(而且不带宾语,下同),属性值为 1:

(6)仰之**弥高**,钻之弥坚。(论语・子罕)

(7)饮食甚厚,声乐**甚大**。(荀子・王霸篇)

(8)今有药于此,食之则耳加聪,目**加明**。(墨子・贵义)

2. 用于比较句,属性值为 1:

(9)方寸之木可使**高于岑楼**。(孟子・告子下)

(10)天下**莫大于秋豪之末**,而大山为小。(庄子・齐物论)

(11)在天者**莫明于日月**,在地者**莫明于水火**。(荀子・天论篇)

3. 做定语表示修饰义,属性值为 1:

(12)是以惟仁者宜在**高**位。(孟子·离娄上)

(13)**大车**无𫐐,小车无𫐄,其何以行之哉?(论语·为政)

(14)是故**明君**制民之产。(孟子·梁惠王上)

4. 做谓语表示描述义,属性值为 1:

(15)**城郭高**,沟洫深,蓄积多也。(吕氏春秋·似顺)

(16)**山者大**,故人顺之;埒微小,故人易之也。(韩非子·六反)

(17)臣行**君明**,国之利也。(国语·晋语三)

据初步调查,上古汉语中至少有 70 个形容词能够同时符合上面提出的四条标准,属性值为 4,表现出形容词的典型特征。除了上举 3 个词之外,其余 67 个词是:

安、卑、察、长(cháng)、侈、聪、短、多、恶、丰、富、广、贵、寒、厚、急、疾、嘉、坚、贱、近、精、久、康、苦、乐、良、美、难、强、巧、亲、轻、仁、荣、弱、善、少、深、神、甚、盛、胜、寿、疏、危、威、狭、下、先、贤、险、显、小、严、要、愚、愉、远、长(zhǎng)、正、知(智)、治、重、众、壮、尊

限于篇幅,这些形容词的各种分布及用例不再一一列举,参见"附录 1"。

3.1.2.2 属性值为 3 的次典型形容词

这批形容词具备四种功能中的三种,可以分为三类,一类不能用于比较句,一类不能受程度副词修饰,一类不能做定语,共 112 个。下面分别讨论。

(一)不能用于比较句的形容词

这类形容词除了不能用于比较句之外,可以受程度副词修饰,可以做定语,也可以做谓语,我们称之为"次典型形容词",共 100 个。下面以"白、孝、文"为例,来描写它们的各种分布。

1. 受程度副词修饰,属性值为 1:

(18)身死而名**弥白**。(荀子·荣辱篇)

(19) 舜其**至孝**矣，五十而慕。(孟子·告子下)

(20) 礼节将**甚文**，珪璧将甚硕，货赂将甚厚。(荀子·富国篇)

2. 做定语表示修饰义，属性值为1：

(21) 且**白马**非马，乃仲尼之所取。(公孙龙子·迹府)

(22) 不私其亲，不可谓**孝子**。(吕氏春秋·高义)

(23) **文言**多、实行寡而不当法者，不敢诬情以谈说。(韩非子·说疑)

3. 做谓语表示描述义，属性值为1：

(24) 夫鹄不日浴而**白**，乌不日黔而黑。(庄子·天运)

(25) 父慈**子孝**，兄爱弟敬。(左传·昭公二十六年)

(26) 其旨远，**其辞文**，其言曲而中，其事肆而隐。(周易·系辞下)

"白、孝、文"等词在上古也许具有用于比较句的能力，但是由于语料的限制，我们尚未发现用例。此类形容词共找到100个，除了上举3个外，其余97个词是：

备、弊、辩、博、薄、昌、诚、炽、丑、达、惇、惰、迩、烦、繁、甘、干、刚、恭、寡、固、和、黑、缓、荒、惠、昏、极、瘠、艰、俭、简、健、骄、戒、静、劲、巨、枯、老、羸、厉、佞、劳、陋、乱、曼、茂、妙、谬、懦、贫、平、朴、浅、清、穷、耀、阙、群、热、柔、辱、散、圣、时、淑、庶、衰、硕、顺、素、贪、完、微、武、细、信、幸、修、虚、阳、夷、易、义、淫、阴、勇、幽、郁、约、杂、昭、真、忠、浊、足

以上100个形容词的具体语法分布见"附录2"。

(二) 不能受程度副词修饰的形容词

这类形容词除了不能受程度副词修饰之外，可以用于比较句，可以做定语，也可以做谓语，我们也称之为"次典型形容词"。此类只找到"便、憯、吉、青、暖、猛、密、径"8个，其分布全部列举如下：

1. 用于比较句，属性值为1：

(27) 计**无便于**此者也。(战国策·韩策一)

(28)咎莫憯于欲得。(老子·德经)

(29)不如子之衣安且吉兮。(诗·唐风·无衣)

(30)青,取之于蓝,而青于蓝。(荀子·劝学篇)

(31)故与人善言,暖于布帛。(荀子·荣辱篇)

(32)小子识之,苛政猛于虎也。(礼记·檀弓下)

(33)赏莫厚于间,事莫密于间。(孙子·用间篇)

(34)凡治气养心之术,莫径由礼,莫要得师,莫神一好。(荀子·修身篇)杨倞注:"径,捷速也。"

2.做定语表示修饰义,属性值为1:

(35)水行之有轻舟便楫也。(韩非子·奸劫弑臣)

(36)憯毒之使,施于天下。(管子·形势解)

(37)忘善而背德,又废吉卜。(国语·晋语三)

(38)室如悬磬,野无青草,何恃而不恐。(国语·鲁语上)

(39)今力田疾作,不得暖衣余食。(战国策·秦策五)

(40)为阱擭以攻猛兽,以灵鼓驱之。(周礼·秋官·冥氏)

(41)密云不雨,自我西郊。(周易·小畜)

(42)中人以为先出者得其径道。(六韬·略地)

3.做谓语表示描述义,属性值为1:

(43)则器用巧便而财不匮矣。(荀子·王霸篇)

(44)苦痛杂于肠胃之间,则伤人也憯。(韩非子·解老)

(45)卜吉乎?(韩非子·说林下)

(46)其泉白青,其人坚劲。(管子·地员)

(47)衣暖而食充,居安而游乐。(荀子·君道篇)

(48)汝狗猛耶?(韩非子·外储说右上)

(49)其生财密,其用之节也。(墨子·七患)

(50)故舟而不游,道而不径,能全支体,以守宗庙,可谓孝矣。(吕氏春秋·孝行)

(三)非定形容词

这类形容词除了不能做定语之外,可以受程度副词修饰,可以用于比较句,也可以做谓语,我们也称之为"次典型形容词"。此类只找到"悲、速、愈、亟"4个,其分布列举如下:

1. 受程度副词修饰,属性值为1:

(51)清商固**最悲**乎?(韩非子·十过)
(52)役人不倦,而取道**甚速**。(吕氏春秋·顺说)
(53)故可以**益愈**,而不足以为存。(管子·轻重乙)
(54)君得燕、赵之兵**甚**众且**亟**矣。(战国策·魏策三)

2. 用于比较句,属性值为1:

(55)音**莫悲于**清徵乎?(韩非子·十过)
(56)德之流行,**速于**置邮而传命。(孟子·公孙丑上)
(57)亡**愈于**死,先诸?(左传·昭公二十年)
(58)听大国为救亡也,而亡**亟于**不听。(韩非子·八奸)

3. 做谓语表示描述义,属性值为1:

(59)其飞徐而**鸣悲**。(战国策·楚策四)
(60)其进锐者,**其退速**。(孟子·尽心上)
(61)然而多闻以待能者,不犹**愈**也?(国语·晋语四)
(62)上帝降祸,**凶灾必亟**。(吕氏春秋·明理)

3.1.2.3 属性值为2的不太典型的形容词

以上属性值为4的70个词,毫无疑问是典型的形容词;属性值为3的112个词,符合四条标准中的三条,其形容词性比较容易确定,是次典型形容词。在这182个词之外,上古汉语中还有不少词只符合其中的两条标准,属性值为2,它们也有可能是形容词,共有138个。这又可以分为两类。

(一)既能做定语表示修饰义、又能做谓语表示描述义的形容词

这些词既不见用于比较句,也不见用于程度副词之后,但它们既可以

做定语表示修饰义,也可以做谓语表示描述义,这样的词也有可能是形容词。下面以"败、雅"两个词为例,描述其主要语法分布。

1. 做定语表示修饰义:

(63)齐人紫**败**素也,而贾一倍。(战国策·燕策一)
(64)恶郑声之乱**雅**乐也。(论语·阳货)

2. 做谓语表示描述义:

(65)鱼馁而肉**败**,不食。(论语·乡党)
(66)宰予之辞,**雅**而文也。(韩非子·显学)

我们在上古文献中共鉴别出 104 个此类单音形容词,除上举 2 例之外,其余 102 个是(其语法分布见"附录3"):

饱、暴、悖、鄙、敝、驳、苍、逸、常、陈、赤、纯、淳、慈、粗、当、定、都、独、端、饿、方、芳、非、肥、辜、孤、怪、诡、好、华、坏、黄、饥、焦、狡、捷、经、旧、狂、空、宽、困、冷、丽、利、廉、练、凉、灵、令、漏、满、慢、宁、疲、偏、普、齐、曲、全、饶、锐、实、湿、殊、熟、酸、泰、特、通、婉、枉、妄、伪、伟、温、闲、香、祥、邪、新、腥、凶、玄、艳、野、壹、异、逸、殷、盈、幼、元、躁、燥、诈、哲、直、周、朱、拙

以上形容词中,有的词如"赤、黄、肥、空、熟",其实是比较典型的形容词,但我们只能找到做定语和做谓语的用例,这不排除三种可能:(1)调查的疏漏;(2)文献材料的局限性;(3)西汉以后,它们中的大部分可以用于比较句或受程度副词修饰。因此,对这些形容词的鉴别,我们还要着眼于其历史发展,而不能局限于其在上古时期有限的句法分布。

运用这条标准时,我们遇到了一些困难。因为有些动词也既能做定语,又能做谓语。如:

表 3-1

动词	做定语	做谓语
死	其为**死**君乎(左传·僖公三十三年)	君**死**,安归(左传·襄公二十五年)
反	而民无**反**心(韩非子·难一)	成王立,殷民**反**(吕氏春秋·古乐)
灭	兴**灭**国,继绝世(论语·尧曰)	敌国**灭**则谋臣亡(韩非子·内储说下)

以上三组例句中,左边加着重号的短语均是定中式,动词做定语;右边加着重号的短语均是主谓式,动词做谓语。能不能说"死、反、灭"在上古也是形容词呢? 不能。如果因为本来可以充当谓语的动词又充当了定语就说成是形容词,那就相当于认为只有形容词才能做定语,把做定语看成是形容词的专利,这就实际上否定了动词也可以做定语。那么,我们又如何区分既能做定语、又能做谓语的动词和形容词呢?**我们认为,动词的主要功能是做谓语而不是做定语,后者只是少数**;即便做定语,表示的也不是中心语的内在固有属性。而形容词做定语是形容词的主要功能之一,从总体上而言占有很大比例,而且典型的形容词做定语表示的是中心语恒定的内在固有属性。以"死"为例,《左传》中"死"共有 450 例,做谓语 279 例,做定语 18 例,组合形式有:死者 5;死所 3;死士(敢死的勇士)2;死君 2;死之短长;死声(衰微之音);死麇(死獐子);死罪;死礼(冒死之礼);死志(效死的决心)。这些"死"表示的不是中心语内在的固有属性,而是一种临时状态义或其他语义。"反"和"灭"做定语也是如此。总之,根据做定语的频率及其表达的语义,我们基本上可以将动词做定语和形容词做定语区分开来。

(二)非定形容词

这类词能受程度副词修饰,能做谓语表示描述义,但不能用于比较句,不能做定语表示修饰义,属性值为 2。它们也具有形容词的属性,只是功能不齐备而已。下面以"适、宜、笃"为例来描述其分布。

1. 受程度副词修饰

(67) 法者,事**最适**者也。(韩非子·问辩)

(68) 此**最宜**于文王矣。(韩非子·难二)

(69) 守志**弥笃**。(左传·昭公十三年)

2. 做谓语表示描述义

(70) **寒暑适**,风雨时,为圣人。(吕氏春秋·大乐)

(71) 谓上不我知,黜而**宜**,乃知我矣。(左传·文公二年)

(72) **父子笃**,兄弟睦,夫妇和,家之肥也。(礼记·礼运)

此类形容词我们鉴别出 34 个,除上举 3 个外,还有 31 个是(具体分布见"附录3"):

> 傲、急、惨、迟、饬、讪、悁、戚、费、阜、臧、胶、姣、洁、谨、敬、沮、剧、刻、隆、痗、睦、勤、劝、数(shuò)、悌、晚、芜、泽、章、彰

3.1.2.4 属性值为 1 的最不典型的形容词

属性值为 1 的最不典型的形容词共 60 个,非定形容词占多数。

(一) 非谓形容词

现代汉语中,有一类形容词不能做谓语,语法学界称之为"非谓形容词",或称"区别词""属性词"。上古汉语中,也有少数形容词,既不能用于比较句,也不能受程度副词修饰,还不能做谓语,表现出边缘形容词的特征。它们可以说是上古汉语中的非谓形容词,这些词有 16 个:

> 宝、草、数(cù)、典、毒、福、膏、故、恒、洪、骊、力、名、奇、俗、珍

此类形容词的鉴别,上面三条标准都用不上。我们之所以视之为形容词,就是因为它们能做定语,表示修饰义①。例如:

---

① 对于这一类属性值仅为 1 的非谓形容词,同名词较难区分。我们主要根据它们做定语时的语义而定,如《淮南子·时则训》"使诸侯,聘名士,礼贤者","名"以非谓形容词的身份做定语,"名士"指名望高的人或知名人士,"名"是修饰性定语。再如"俗",以非谓形容词的身份做定语时,意思是"庸俗的、平庸的",如《吕氏春秋·顺说》:"宋王,俗主也,而心犹可服,因矣。"当"俗"以名词的身份做定语时,意思是"世俗的",如"俗语""俗说""俗谚"等。

(73) 譬之是犹使处女婴**宝**珠，佩**宝**玉，负戴黄金。（荀子·富国篇）
(74) 左右以君贱之也，食以**草**具。（战国策·齐策四）
(75) 锐喙决吻，**数**(cù)目顾脰，小体骞腹。（周礼·考工记·梓人）孙诒让《正义》："《毛诗》释文云：'数，细也。'谓细目也。"
(76) 吾闻国家有大事，必顺于**典**刑。（国语·晋语八）（典刑：常刑，谓旧法，常规。）
(77) **毒虫**不螫，猛兽不据，攫鸟不搏。（老子·五十五章）
(78) **福事**至则和而理，祸事至则静而理。（荀子·仲尼篇）
(79) 以此治人，则**膏**雨甘露降矣，寒暑四时当矣。（吕氏春秋·贵信）
(80) 吾见新鬼大，**故鬼**小。（左传·文公二年）
(81) 苟无**恒心**，放辟邪侈，无不为已。（孟子·梁惠王上）
(82) **洪泉**极深，何以寘之？（楚辞·天问）
(83) 狗非犬，黄马、**骊牛**三、白狗黑。（庄子·天下）（骊牛：黑色的牛。）
(84) 赵盾之车右祁弥明者，国之**力**士也。（公羊传·宣公六年）
(85) 司慎司盟，**名山名川**。（左传·襄公十一年）
(86) **奇服**、怪民不入宫。（周礼·天官·阍人）
(87) 故有俗人者，有**俗**儒者，有雅儒者，有大儒者。（荀子·儒效篇）
(88) 古者分同姓以**珍**玉，展亲也。（国语·鲁语下）

吕叔湘、饶长溶（1981），李宇明（1996）和谭景春（1998）都曾指出非谓形容词是名词向形容词转变过程中的关键环节。李宇明（1996）指出当名词充当属性定语的时候，空间性被明显削弱或完全消解，原来比较隐蔽的属性意义则突显（salience）出来，名词由此演变为非谓形容词。谭景春（1998）认为当名词转变成非谓形容词并站稳脚跟后，就有可能再前进一步，转变为形容词。古汉语中同样存在一批经常做定语的非谓形容词，它们有的成功转变为形容词，由一开始只做定语发展到既可以做定语，也可以做谓语，或者受程度副词修饰，用于比较句，等等，成为比较典型的形容词，如"俗"本为名词，义为"习俗、风俗、世俗"，由"世俗"引申出"平凡的、庸俗的、浅陋的、平庸的"等义，"俗"变为非谓形容词，做定语，如：

(89) 是故高言不止于众人之心,至言不出,**俗言**胜也。(庄子·天地)
(90) 故有俗人者,有**俗儒**者,有雅儒者,有大儒者。(荀子·儒效篇)

以上2例中,"俗言"义为"平庸的言论","俗儒"义为"浅陋而迂腐的儒士","俗"表现的是性质义,而不再是类属义,"俗言""俗儒"是修饰性定中结构,而不是领属性定中结构。

不过,六朝以前,"俗"还不能做谓语。六朝以后,"俗"才开始做谓语,如:

(91) 神明**太俗**,由卿世情未尽。(世说新语·巧艺)
(92) 有僧在师身边叉手立,师云:"**太俗生**!"(祖堂集·卷十六)

这时,"俗"既能做定语,又能做谓语,还能受程度副词修饰,变为真正的形容词。其他如"素""雅"在上古时期就已经转变为典型形容词。"毒"在上古还不能做谓语,到中古时期才能做谓语,变为典型形容词。古汉语中的非谓形容词也并非都成功转变为形容词,有的始终停留在非谓形容词的阶段,并没有转变为典型的形容词,如"福"和"名",就没有发展出做谓语的功能,停留在非谓形容词的阶段。如:

(93) **福事**至则和而理,祸事至则静而理。(荀子·仲尼篇)
(94) 相师看见,怀喜而言:"是儿**福相**。"(贤愚经·卷十一,T04)

"福"只能作为动词做谓语,而不能作为形容词(义为"有福的")做谓语,"福"还停留在非谓形容词的阶段,并没有转变为真正的形容词,尽管它能够自由地做定语。再看"名":

(95) 由此为天下**名士**显人,以终其寿。(吕氏春秋·尊师)
(96) 是故因天事天,因地事地,因**名山**升中于天。(礼记·礼器)

和"福"一样,"名"也不能以形容词的身份做谓语,而只能作为及物动词(义为"记载")做谓语。这说明"名"还停留在非谓形容词的阶段,没有转变为真正的形容词。

此外,这16个形容词中有几个只做定语,不做谓语,但是并非由名词发展而来,它们为什么不能做谓语,原因还有待研究。如:

(97)苟无**恒心**,放辟邪侈,无不为已。(孟子•梁惠王上)
(98)**奇服**、怪民不入宫。(周礼•天官•阍人)
(99)锐喙决吻,**数目**顾脰,小体骞腹。(周礼•考工记•梓人)

(二)非定形容词

上古汉语中,有一批形容词只能做谓语,不能做定语。按道理,做定语是形容词最主要的语法功能之一。不过,世界上的确有少数语言中的形容词不能做定语。对于上古汉语中的这类形容词,陈克炯(1994:14)称之为"非定形容词"①。我们之所以把它们视为形容词,是因为它们常做谓语表示描述义。这样的词共 44 个,可以分为三组:

1.有使动用法的非定形容词

这些形容词是"充、崇、弘、惛、竭、均、亏、缺、审、慎、调",它们都有使动用法。它们做谓语的用法列举如下:

(100)衣暖而食**充**,居安而游乐。(荀子•君道篇)
(101)夫宫室不**崇**,器无彤镂,俭也。(国语•周语下)
(102)其用物也**弘**矣,其取精也多矣。(左传•昭公七年)
(103)王曰:"吾**惛**,不能进于是矣。"(孟子•梁惠王上)
(104)池之**竭**矣,不云自频;泉之**竭**矣,不云自中。(诗•大雅•召旻)
(105)分**均**则不偏。(荀子•王制篇)
(106)其德全而神不**亏**。(庄子•刻意)
(107)全则必**缺**,极则必反,盈则必亏。(吕氏春秋•博志)
(108)刑重,则不敢以贵易贱;法**审**,则上尊而不侵。(韩非子•有度)
(109)敦祗恭厚,鲠固**慎**完,则见以为掘而不伦。(韩非子•难言)
(110)故弓**调**而后求劲焉,马服而后求良焉。(荀子•哀公篇)

这一组例子中的形容词共有 11 个。它们除了做谓语(不带宾语)外,还可以用于及物动词,带宾语构成述宾式,如:

---

① 杨宽仁(1985)《论非定形容词》《语言研究》第 2 期)已经提到此类词。

(111)我能为君辟土地,**充府库**。(孟子·告子下)

(112)君子尊贤以**崇德**,举善以观民。(韩非子·难三)

(113)人能**弘道**,非道**弘人**。(论语·卫灵公)

(114)三者,**惽主**坏法之资也。(韩非子·南面)

(115)既**竭吾才**,如有所立卓尔。(论语·子罕)

(116)论其税赋以**均贫富**,厚其爵禄以尽贤能。(韩非子·六反)

(117)纯也者,谓其不**亏其神**也。(庄子·刻意)

(118)既破我斧,又**缺我斨**。(诗·豳风·破斧)

(119)谨权量,**审法度**,修废官。(论语·尧曰)

(120)若奉吾币帛,**慎吾威仪**。(左传·昭公五年)

(121)羿,古之善射者也,**调和其弓矢**而坚守之。(管子·形势解)

以上 11 个形容词,所带宾语均为使动宾语。它们的使动用法和上面列举的不带宾语的不及物用法形成所谓的"作格结构",即:

(122)充府库~食充;崇德~宫室不崇;弘道~用物也弘;惽主~吾惽;竭吾才~池之竭;均贫富~分均;不亏其神~神不亏;缺我斨~(物)缺;审法度~法审;慎吾威仪~民慎;弓调~调和其弓矢

有的学者正是看到这些词既可以带使动宾语,又可以做不及物动词用,因而看成是动词。我们把它们看成是非典型的形容词,是与状态动词有纠葛的一类形容词。这些形容词在上古有比较多的使动用法,它们如果后接一个名词性成分,一般就构成述宾式,而不是定中式。如果既能构成述宾式,又能构成定中式,这就是"同形异构",可能会引起理解困难。例如:

(123)述宾式:明主之国,官不敢**枉法**,吏不敢为私利。(韩非子·八说)

(124)定中式:恃其精洁而更不能以**枉法**为治。(韩非子·孤愤)

(125)述宾式:公说,使有司**宽政**,毁关,去禁,薄敛,已责。(左传·昭公二十年)

(126) 定中式：羁旅之臣，幸若获宥，及于**宽政**。（左传·庄公二十二年）

(127) 述宾式：群臣有内树党以**骄主**，有外为交以削地。（韩非子·说林上）

(128) 定中式：夫**骄主**必不好计，而亡国之臣贪于财。（战国策·燕策一）

(129) 述宾式：知而背之不信，谋而**困人**不智，困而不死无勇。（国语·晋语三）

(130) 定中式：国无滞积，亦无**困人**。（左传·襄公九年）

(131) 述宾式：渎齐盟，而食话言，奸时以动，而**疲民**以逞。（左传·成公十六年）

(132) 定中式：骄君使**疲民**则国危。（管子·幼官）

以上几组例子中，"枉法""宽政""骄主""困人""疲民"如果不结合上下文，就有两种理解，一为述宾式，一为定中式。因此，上古汉语中的部分"形+名"组合实际上是一个歧义结构，存在两解的可能，只有依靠上下文才能消除歧义。不过，这种现象是少数。大多数情况是，对于一部分形容词，当它们和名词组合时，一般是构成述宾式，如"崇、充、弘、憎、竭、均、亏、缺、审、慎、调"等11个词和名词组合，一般通过使动用法构成述宾式，很少构成定中式，否则会形成大量的歧义结构。这是上古时期使动用法盛行下的产物。对于另外一部分形容词，一般是优先构成定中式，而这些形容词不会再通过使动用法构成述宾式，比如上面列举的"宝、毒、福"等非谓形容词就罕见有使动用法。当使动用法渐趋衰减之后，"崇、充"类在上古常有使动用法的形容词和名词结合时，逐渐以构成定中式为多见。这就是这些形容词在演变过程中的大势，即逐渐丧失动作性和支配义，恢复并凸显其修饰义。

总之，"崇、充"等11个词之所以不能做定语就是因为在上古使动用法盛行的大背景下，它们一旦后面跟上一个名词，一般就会形成述宾式（少数可能形成定中式），体现出动词的语法特征。而当使动用法衰落之后，其形容词性便逐步凸显。它们是有使动用法、不能做定语的形容词。

2. 没有使动用法的非定形容词

这一类共 26 个形容词,即:

淡、蕃、该、鬼、果、旱、熯(hàn,干燥;干枯)、很、矜、紧、净、遽、倦、牢、吝、敏、臊、奢、偷、鲜、咸、徐、详、优、早、庄

它们做谓语的用法列举如下:

(133)所谓和者,君甘则臣酸,君**淡**则臣**咸**。(晏子春秋·内篇谏上)

(134)百姓乃寿,百虫乃**蕃**,此谓星德。(管子·四时)

(135)言必信,行必**果**。(论语·子路)

(136)秋早寒则冬必暖矣,春多雨则夏必**旱**矣。(吕氏春秋·情欲)

(137)桡万物者莫疾乎风,燥万物者莫**熯**乎火。(周易·说卦)(熯hàn,干燥。)

(138)太子痤美而**很**,合左师畏而恶之。(左传·襄公二十六年)

(139)不**矜**而**庄**,不厉而威。(礼记·表记)

(140)若苟贫,是粢盛酒醴不**净**洁也。(墨子·节葬下)

(141)故丧事虽**遽**,不陵节;吉事虽止,不怠。(礼记·檀弓上)

(142)其过失,无敌深入,偕险绝塞,民**倦**且饥渴。(商君书·战法)

(143)奚仲之为车器也,方圆曲直,皆中规矩钩绳,故机旋相得,用之**牢**利,成器坚固。(管子·形势解)

(144)如有周公之才之美,使骄且**吝**,其余不足观也已。(论语·泰伯)

(145)目明矣,耳聪矣,鼻臭矣,口**敏**矣,三百六十节皆通利矣。(吕氏春秋·本生)

(146)夫三群之虫,水居者腥,肉獲者**臊**。(吕氏春秋·本味)

(147)国**奢**,则示之以俭;国俭,则示之以礼。(礼记·檀弓下)

(148)君子庄敬日强,安肆日**偷**。(礼记·表记)

(149)令疾则黄金重,令**徐**则黄金轻。(管子·地数)

(150)通则文而明,穷则约而**详**。(荀子·不苟篇)

(151) 谨其时禁,故鱼鳖**优**多,而百姓有余食也。(荀子·王制篇)

(152) 君子之求利也略,其远害也**早**,其避辱也惧,其行道理也勇。(荀子·修身篇)

以上例句中的 22 个形容词,在上古文献中不见有做定语的用法,也没有使动用法,一般只做谓语。对于这些词,我们的鉴别方法是:它们经常和别的形容词对举使用,既然和它们对举使用的词已经运用别的标准鉴别为形容词了,那么相同位置上的这些词,一般也可以看作是形容词。这些词和其他形容词形成对举,如:

(153) 所谓和者,君**甘**则臣**酸**,君**淡**则臣**咸**。(晏子春秋·内篇谏上)

(154) 令**疾**则黄金重,令**徐**则黄金轻。(管子·地数)

(155) 通则文而明,穷则**约**而**详**。(荀子·不苟篇)

因为前面我们已经鉴别出"甘、酸、寿、信、暖、疾、美、厉、洁、饥、利、骄、明、聪、腥、俭、强、疾、约、多、勇、威"等是形容词,所以和它们对举使用的"淡、咸、蕃、果、旱、熯、很、矜、净、倦、牢、吝、敏、臊、奢、偷、徐、详、优、早、庄"等词也可以视为形容词。如:

(156) 寿～蕃;信～果;暖～旱;疾～熯;美～很;厉～矜;洁～净;饥～倦;利～牢;骄～吝;明～聪～敏;腥～臊;俭～奢;强～偷;多～优;勇～早;威～庄

因为它们不能做定语,所以也称之为"非定形容词"。上面第一组"充、崇"等 11 个形容词也可以利用这一方法鉴别出来。

除这种形式上的对举特征可以帮助鉴别之外,有的注释也可以帮助判别其词性,如:

(157) 故明主之行制也天,其用人也**鬼**。(韩非子·八经)旧注:"如鬼之阴密。"

(158) 不**矜**而庄,不厉而威。(礼记·表记)郑玄注:"矜,谓自尊大也。"

(159) 疏藏器弓弩之张、衣夹铗钩弦之造、戈戟之**紧**,其厉何若?(管子·问)尹知章注:"紧,谓其坚强者。"

(160) 厉之人夜半生其子,**遽**取火而视之。(庄子·天地)成玄英疏:"遽,速也。"

(161) 居处不**庄**,非孝也。(吕氏春秋·孝行)高诱注:"庄,敬。"

(162) 男女同姓,其生不**蕃**。(左传·僖公二十三年)杨伯峻注:"蕃,子孙昌盛之意。"

(163) 昔者天子中立,地方千里,四言者**该**焉。(管子·小问)尹知章注:"该,备也。"

(164) 夫宠而不骄,骄而能降,降而不憾,憾而能眕者,**鲜**矣。(左传·隐公三年)杜预注:"如此者少也。"陆德明《音义》:"鲜,息浅反,少也。"

结合前人的注释,我们可以把"鬼、矜、紧、遽、庄、蕃、该、鲜"等词鉴别为形容词。

3. 受程度副词修饰的非定形容词

这一类形容词共 7 个,在上古文献中使用频率极低,难得一见。全部列举如下:

(165) 我**孔熯**矣,式礼莫愆。(诗·小雅·楚茨)熯 rǎn,毛传:"熯,敬也。"

(166) 酒既和旨,饮酒**孔偕**。(诗·小雅·宾之初筵)(偕,普遍)

(167) 言天下之**至赜**而不可恶也。(周易·系辞上)(赜,幽深奥妙)

(168) **孔填**不宁。(诗·大雅·瞻卬)(填 chén,久)

(169) 朝**甚除**,田甚芜,仓甚虚。(老子·五十三章)(除,整洁)

(170) 公子甚贫,马**甚瘦**。(韩非子·内储说下六微)

(171) 是故地日削,子孙**弥杀**。(吕氏春秋·长利)高诱注:"杀,衰也。"

3.1.3 有关上古汉语形容词的讨论

3.1.3.1 关于非谓形容词和非定形容词

从以上鉴别结果可知,在 380 个上古汉语形容词中,非谓形容词总共只有 16 个,其属性值均为 1,是非典型形容词。换言之,不能做谓语的形容词非常少,而且全部是形容词性比较弱的最不典型的形容词。

非定形容词有 82 个,其中属性值为 3 的有 4 个:

悲、速、愈、亟。

属性值为 2 的有 34 个:

适、宜、笃、睦、傲、怠、惨、迟、饬、诎、惆、麋、费、阜、臧、胶、姣、洁、谨、敬、沮、剧、刻、隆、痗、勤、劝、数(shuò)、悌、晚、芜、泽、章、彰

属性值为 1 的有 44 个:

崇、充、弘、惛、竭、均、亏、缺、审、慎、调、淡、蕃、该、鬼、果、旱、熯(hàn,干燥;干枯)、很、矜、紧、净、遽、倦、牢、吝、敏、臊、奢、偷、鲜、咸、徐、详、优、早、庄、燃(rǎn)、偕、赜、填、除、瘦、杀

从以上统计可以看出,属性值越低,非定形容词越多。换言之,非定形容词的属性值大都比较低,是非典型形容词。陈克炯(1994)把《左传》中的形容词分为 A、B 两类,A 类 80 个,可做定语,B 类 126 个,都不能做定语(其中单音节 76 个,双音节 50 个)。陈先生称 A 类为"可定形容词",称 B 类为"非定形容词",二者是形容词内部的两个小类,正好形成对立互补关系。陈克炯(1994)说:"战国时期一部分著作中的语料表明,确乎有一类数量庞大的形容词在句法平面上不能做定语。其原因是什么?尚待深入探讨。"我们发现,陈先生所认定的非定形容词有不少在上古时期可以做定语,如"精、难、锐、甚、惰、侈、危、多、少、易、缓、严、卑、急、慢、懦、赢、微、婉、壹、艳"等,据我们调查,都可以做定语。由于陈先生没有全部列出非定形容词,所以我们没法一一核查。不过陈先生扩大了非定形容词的范围,给人的印象是《左传》中形容词的主要功能不是做定语。我们认为,非定形容词的确存在,但是数量并不庞大,使用频率也不是很高,多是非典型的边缘形容词。

总之,非谓形容词和非定形容词的确存在,但是数量不多,做形容词的使用频率相对较低,因而不是形容词中的典型成员,做定语和做谓语仍然是上古汉语形容词的典型句法功能。

3.1.3.2 关于形容词和名词、动词的区分

上古汉语形容词和名词的区分并不困难,稍有纠缠的就是诸如"举贤荐能""披坚执锐""天之高也,星辰之远也""求仁而得仁"之类结构中的"贤、能、坚、锐、高、远、仁"是形容词还是名词。目前有四种意见:一是认为它们是形容词活用为名词;二是认为它们仍然是形容词做主宾语;三是认为它们是兼类词;四是认为如果发生转指,则已经转变为名词,如"贤、能、坚、锐";如果是自指,如"高、远、仁",则还是形容词。最后一种办法是可取的。

形容词和动词的区分则比较难办,原因之一就在于上古汉语中的形容词大都有一个很重要的功能:使动用法,有的还有意动用法,而动词也有使动用法。如:

(172)可以**富**国家,**众**人民,**治**刑政,**安**社稷乎?(墨子·耕柱)

(173)则刑政**治**,万民**和**,国家**富**,财用**足**,百姓皆得暖衣饱食。(墨子·天志中)

后一例中,"治、和、富、足"可以视为形容词,那么,前一例中的"富、众、治、安"是看成形容词好呢,还是看成已经转为动词好呢?"治刑政"和"刑政治"的"治"读音不同,前者读平声,后者读去声(直吏反)。既然读音意思都有不同,可以区别为两个词,前者是及物动词,后者是形容词。难就难在"富、众、安、和"之类的词,有时带宾语有时不带宾语,如果认为它们不带宾语时是形容词,带宾语时是及物动词,那就要分成"富$_1$、富$_2$;众$_1$、众$_2$……",这是不是一种经济的做法?如果把它们不带宾语的用法归为形容词,带宾语的用法视为活用,这也不是好办法,因为活用是临时少量的,而"富 NP、安 NP、和 NP"之类的使动用法在上古是大量的,明显不是活用,因此活用说也不完全适用。我们认为,有读音区别的不妨分为两个词,没有读音区别的仍然可以视为形容词,它们带宾语是其动词性的表现。上古汉语的形容词和动词本来就比较接近,它们中的一部分都有带宾语的能力,这是它们的共同分布,但是它们有区别性分布,即典型形容词可以受程度副词修饰、可以用于比较句、可以同时做定语和谓语,而

典型的动词不能。形容词和动词最难区分的有两类,第一类是3.1.2.3节(一)所列104词中的"败、定、利、通、全"等词,它们不能受程度副词修饰,也不能用于比较句,但是可以同时做定语和谓语,还可以用于使动,我们称之为"不太典型的形容词";第二类是3.1.2.4节所论有使动用法的非定形容词,如"充、崇、竭、均、亏"等词,属性值为1,而使动用法却很多,表现出较强的动词性,我们称之为"最不典型的形容词"。总之,我们认为形容词并不是铁板一块,而是形成"最典型的形容词—次典型的形容词—不太典型的形容词—最不典型的形容词"连续统;形容词和动词之间也并不是泾渭分明,而是有模糊地带,上述难以坐实为形容词的那些词就是模糊地带中的成员。

形容词和副词的区分也是比较棘手的问题。有人说,副词是只能做状语的词,形容词除了能做状语之外,还能充当其他成分,据此可以将二者分开。我们认为,这种说法是模糊的,因为上古汉语中有很多一字多词的现象,即一个字代表两个词,一个是形容词,一个是副词。而很多副词正是由形容词用法进一步发展而来的。我们的任务就是要分清哪个是形容词,哪个是副词。这种看法说"副词是只能做状语的词",除非那些由形容词发展而来的副词从此不再兼有形容词的用法,变为单功能的副词,否则孰为形容词孰为副词依然难办。如:

(174)毁其宗庙,迁其重器,如之何其可也?(孟子·梁惠王下)
(175)委诸执事,执事实重图之。(左传·襄公二十二年)

前一例中的"重"无疑是形容词,后一例中的"重"是什么词呢?若按上述方法,则判断的逻辑是:因为这个"重"只能做状语,所以是副词。问题是我们怎么知道这个"重"只能做状语呢?除非上例"迁其重器"之类的用法消失了,剩下的全是下例中"重图之"之类的用法,我们才可以说"重"是副词。有人又提出用意义来区别的办法,认为形容词做状语时,如果意义上发生很大变化,可以认为这个形容词已经转变为副词了,如"白"由"白色的"义发展为"白白地、徒劳地"。"白"的确如此,问题是意义变化大到什么程度就可以认为转变为副词了呢?如:

(176) 不榖不有**大**过,天其夭诸?(左传·哀公六年)

(177) 古之人所以**大**过人者无他焉,善推其所为而已矣。(孟子·梁惠王上)

前一例中的"大"无疑是形容词,后一例中的"大"做状语,是形容词还是副词呢?实在不好区分。问题的症结就在于汉语缺少形态变化,形容词和副词在形态上没有不同。不仅形容词和副词难分,名、动、形三大实词系统可以互相转化而不变词形,缺乏彼此区分的形态变化,这是我们区分汉语词类的最大困难。对此,我们认为,如果某个词具备形容词的典型特征,也可以做状语,那么在确定其为形容词之后,我们再来专门研究其做状语的用法,看哪些做状语的用法可以归为形容词做状语,哪些可以归为副词做状语,这其中还必须结合意义远近、古人注释及使用频率来综合决定。如此,则大部分形容词和副词还是可以区分的。这个问题还可以进一步探讨。

3.1.4 小结

以上,我们结合上古汉语 30 部文献[①],在广泛调查 380 个左右的候选词共约 10 万多个例句的基础上,确立了鉴别形容词的一束标准。根据这些标准,对这些形容词的属性值进行了测察,发现有 70 个形容词符合全部标准,属性值为 4,是最典型的形容词;有 112 个形容词符合其中的三条标准,属性值为 3,是次典型形容词;有 138 个形容词符合其中的两条标准,属性值为 2,是不太典型的形容词,不过有一些词由于语料的限制或统计的疏漏,不排除是典型的形容词;有 60 个形容词只符合一条标准,属性值为 1,是最不典型的形容词。从最典型的形容词到最不典型的形容词,形成一个形容词性依次减弱的连续统。我们对非谓形容词和非定形容词也进行了探讨,对如何将形容词和名词、动词及副词区分开来提出了自己的看法,指出了区分过程中存在的困难及对策。

---

① 见 63 页脚注。

3.2 上古汉语形容词到中古、近代的演变趋势①

3.2.1 做定语增多

3.2.1.1 做定语从无到有
(一)次典型形容词的相关演变

有的形容词在上古时期不能做定语,有的学者称之为"非定形容词"(陈克炯 1994)。到中古,有的非定形容词做定语的用法从无到有,如:

1. 速(属性值为3)

上古的"速"有"招致"的意思,只要带名词性成分,一般构成述宾式,"速"做定语几乎没有。雷瑭洵(2020:29—31)指出:"在先秦汉语中,'迟''速'可以做状语和谓语,'速'带宾语时表示'招请'之义,与'速度快'不属于同一词项。""速"带宾语的用例如:

(178)孝而安民,子其图之! 与其危身以**速**罪也。(左传・闵公二年)

中古以后,"速"才有做定语的用法,不过比较少见,如:

---

① 本节调查的文献有:
先秦:"十三经"《楚辞》《公孙龙子》《管子》《鬼谷子》《国语》《韩非子》《老子》《吕氏春秋》《墨子》《商君书》《孙子》《尉缭子》《荀子》《晏子春秋》《战国策》《战国纵横家书》《庄子》
西汉:《春秋繁露》《法言》《淮南子》《列女传》《史记》《说苑》《新书》《新序》《新语》《盐铁论》
东汉:《东观汉记》《风俗通义》《汉书》《论衡》《潜夫论》《说文解字》《释名》《太平经》《吴越春秋》《新论》《伤寒论》《金匮要略方论》和29部佛经
魏晋:《抱朴子》《法显传》《后汉记》《金刚经》《六度集经》《妙法莲花经》《摩诃僧祇律》《三国志》《生经》《太子瑞应本起经》《陶渊明集》《撰集百缘经》
南北朝:《百喻经》《杂宝藏经》《贤愚经》《高僧传》《后汉书》《洛阳伽蓝记》《南齐书》《齐民要术》《世说新语》《水经注》《宋书》《魏书》《颜氏家训》
唐五代:《敦煌变文》《白居易诗》《王梵志诗》《寒山拾得诗》《祖堂集》
宋辽金:《刘知远诸宫调》《五灯会元》《朱子语类》
元:《原刊老乞大》《元典章・刑部》《元刊杂剧三十种》
明:《水浒传》《金瓶梅》《三国演义》《西游记》《元朝秘史》《正统临戎录》
清:《红楼梦》《儿女英雄传》
此外,我们还采用了《汉语大词典》的部分例句。

(179)殿下见之,非常惊讶,便遣车匿问之:"有何速事?"(敦煌变文·悉达太子修道因缘)

(180)吾观佛之徒,凡有所兴作,其人皆用力也勤,刻意也专,不肯苟成,不求速效。(曾巩集·菜园院佛殿记)

(二)不太典型的形容词的相关演变

2.傲(属性值为2)

上古的"傲+NP"多是述宾式,不是定中式,"傲"义为"轻慢、轻视",如:

(181)是必灭若敖氏之宗。傲其先君,神弗福也。(左传·文公六年)

中古以后,"傲"才有做定语的用法,如:

(182)漆园有傲吏,莱氏有逸妻。(文选·游仙)(傲吏:不为礼法所屈的官吏。)

(183)岁时村社雩祭祠祷,鼓舞会集,图必造之,与野老同席,曾无傲色。(旧唐书·文苑传·司空图传)(傲色:傲慢的神色。)

(184)唐人言李白不能屈身,以腰间有傲骨。(明人诗话要籍汇编·诗话卷·鼠璞)

3.笃(属性值为2)

"笃"在上古不能单独做定语,只能构成复音词之后才能做定语,如:

(185)如是,则可谓笃厚君子矣。(荀子·儒效篇)

上古的"笃+NP"多是述宾式,不是定中式,如:

(186)以正君臣,以笃父子,以睦兄弟,以和夫妇。(礼记·礼运)(笃:加深。)

中古以后,"笃+NP"多为定中关系,如:

(187)但俗情抑扬,雷同一响,遂令文帝以位尊减才,思王以势窘益价,未为笃论也。(文心雕龙·才略)

(188)虽至亲笃友之爱,不过于此已。(谢章学士书)

4. 洁（属性值为 2）

上古的"洁＋NP"多是述宾式，不是定中式，如：

(189) 欲**洁其身**，而乱大伦。（论语·微子）

"洁"在上古虽然可以做定语，但是要加标记"之"，如：

(190) 狂者又不可得；欲得不屑**不洁之士**而与之，是狷也。（孟子·尽心下）

中古以后，"洁＋名"表达定中关系逐渐增多，如：

(191) 禀气成生，**洁士**有不得异。（全上古三代秦汉三国六朝文·重释何衡阳书）

(192) 伯夷不食周粟，饿死于首阳之下，岂一食周粟而以污其**洁行**哉？（论衡·刺孟篇）

(193) 盛节**洁言**，皦然若不可涅。（盐铁论·褒贤）

5. 谨（属性值为 2）

上古的"谨＋NP"多是述宾式，不是定中式，如：

(194) 完堤防，**谨壅塞**，以备水潦。（吕氏春秋·孟秋纪）（谨：对……谨慎；慎重。）

中古以后，"谨＋名"表达定中关系逐渐增多，如：

(195) 夫孝者，莫大存形，乃先人统也，扬名后世，此之谓善人**谨民**。（太平经合校）

(196) 循绳墨以进止，不干没于侥幸者，**谨人**也。（抱朴子外篇·行品）

6. 敬（属性值为 2）

上古的"敬＋NP"多是述宾式，不是定中式，如：

(197) 遂滋民，与无财，而**敬百姓**。（国语·齐语）

中古以后，"敬＋名"表达定中关系逐渐增多，如：

(198)盖嘉其**敬意**而不及其财贿,美其欢心而不流其声音。(汉书·礼乐志)

(199)洗众僧手,蛇怀**敬意**。观洗手人,无有厌心。(贤愚经·卷三,T04)

7.剧(属性值为2)

上古的"剧"只做谓语,义为"繁多、繁忙",不做定语,如:

(200)不观时俗,不察国本,则其法立而民乱,**事剧**而功寡,此臣之所谓过也。(商君书·算地)

中古以后,"剧+名"表达定中关系逐渐增多,如:

(201)昭好酒,晚得偏风,虽愈,犹不能处**剧务**。(北齐书·娄昭传)

(202)及臣齿壮,力能经营**剧事**。(后汉书·杜诗传)

其他如"剧役、剧任、剧郡、剧县、剧地、剧镇、剧邑、剧敌、剧暑、剧寒……"。

8.晚(属性值为2)

"晚"在上古一般只做谓语和状语,几乎不做定语,如:

(203)昭公之及于难者,报恶**晚**也。(韩非子·难四)

(204)大方无隅,大器**晚成**,大音希声,大象无形。(老子·四十一章)

汉代以后,"晚"才可以做定语。如:

(205)**晚世**之兵,隆冲以攻,渠幨以守,连弩以射,销车以斗。(淮南子·泛论训)

(206)维莫之春。(诗·周颂·臣工)郑玄笺:"诸侯朝周之春,故**晚春**遣之。"

9.泽(属性值为2)

上古的"泽国"义为"境内多沼泽之国","泽宫"义为"古代习射取士之所","泽人"义为"古代管理草泽地区的官","泽"不是修饰性定语,中古以后,"泽"做修饰性定语增多,如:

(207)香风流梵管,**泽雨**散云花。(乐府诗集·永明乐)

(208)圉林氏之駃騠,扰**泽马**与腾黄。(文选·东京赋)

10.**觕**(属性值为2)

(209)智多星吴学究:古人用智,义国安民。惜哉所予,酒色**觕人**。(周密集·癸辛杂识续集上·宋江三十六赞)(觕人:粗鲁、不细心的人。)

(210)老牛之角紾而昔。(周礼·考工记·弓人)汉·郑玄注:"昔读为交错之错,谓牛角**觕理**错也。"贾公彦疏:"紾谓理粗,错然不润泽也。"

以上"傲、笃、洁、谨、敬、剧、晚、泽、觕"9个词都是属性值为2的形容词,在上古只能受程度副词修饰、做谓语,不能做定语,中古以后,都可以做定语,而且是修饰性定语。当它们后面再跟一个名词性成分时,一般构成定中式,而不再是使动用法。这说明这些词的动词性大为减弱、形容词性大大增强了。

(三)最不典型的形容词的相关演变

11.**崇**(属性值为1)

上古时期的"崇乐、崇死、崇其美、崇其爵、崇明祀、崇德、崇奸、崇孝、崇礼、崇化"等组合形式都是述宾式,"崇"是使动用法。如:

(211)君子尊贤以**崇德**,举善以观民。(韩非子·难三)

中古以后,"崇"可以做定语。如:

(212)**崇山**蠱蠱,龍嵸崔巍。(汉书·司马相如传上)
(213)振策陟**崇丘**,案辔遵平莽。(陆机集·赴洛道中作)
(214)二女感于**崇岳**兮,或冰折而不营。(文选·思玄赋)
(215)**崇楼**高峻下重关,行路清霄(宵)阻往还。(敦煌变文·降魔变文)

12.**弘**(属性值为1)

上古时期的"弘+名"一般是述宾式,如:

(216)人能**弘道**,非道**弘人**。(论语·卫灵公)

中古时期,定中式才出现,如:

(217)上则崇稽古之**弘道**,下则阐长世之善经。(文选·景福殿赋)

(218)扶**弘义**以致英俊,大德也。(三国志·魏书十·荀彧传)

(219)造文昌之广殿,极栋宇之**弘规**。(文选·魏都赋)

(220)雅流**弘器**,何可得遗!(世说新语·赏誉)

13. 缺(属性值为1)

上古时期的"缺+名"多是述宾式,即使动用法,如:

(221)既破我斧,又**缺我**斨。(诗·豳风·破斧)

汉代以后才有定中式的"缺+名",如:

(222)陶者用**缺盆**,匠人处狭庐。(淮南子·说林训)

(223)故并载之,以备**缺文**。(洛阳伽蓝记·城北)

(224)**缺月**殊未生,青灯死分翳。(全唐诗·卷二二三·宿凿石浦)

14. 淡(属性值为1)

上古时期,"淡"不能做定语,定中式的"淡+名"汉代以后才出现:

(225)大羹必有**淡味**,至宝必有瑕秽。(论衡·自纪篇)

(226)阳春曲调高难和,**淡水**交情老始知。(全唐诗·卷四四六·张十八员外以新诗二十五首见寄郡)

(227)唱村田乐,粗羹**淡饭**,且怎么过。(五灯会元·卷十九)

15. 果(属性值为1)

"果"在上古多做状语,定中式较晚,也比较少,如:

(228)知事可而必行,不犹豫于群疑者,**果人**也。(抱朴子外篇·行品)

(229)厉清风于贪士,立**果志**于懦夫。(全上古三代秦汉三国六朝文·吊夷齐文)

16. 旱(属性值为1)

"旱"在上古做定语仅有一例:

(230)**旱云**烟火,雨云水波,无不皆类其所生以示人。(吕氏春秋·应同)

"旱岁、旱井、旱田、旱地、旱气、旱烟、旱伞、旱雷、旱路、旱稻"等组合在汉代以后才开始出现。如：

(231)譬若**旱岁**之土龙,疾疫之刍狗,是时为帝者也。(淮南子·说林训)

(232)**旱稻**用下田,白土胜黑土。(齐民要术·旱稻)

(233)税重多贫户,农饥足**旱田**。(全唐诗·卷四四六·别州民)

(234)岸倒尘飞,变成**旱地**。(敦煌变文·降魔变文)

17. 很(属性值为1)

(235)然则员者果**很人**也欤?(柳宗元集·非国语下·伍员)

18. 净(属性值为1)

(236)常身自扫洒塔地,以**净水浆**给与众僧。(佛说成具光明定意经·卷一,T15)

19. 遽(属性值为1)

"遽"在上古一般只做谓语和状语,不做定语,义为"赶快,疾速,仓猝,匆忙",如：

(237)故丧事虽**遽**,不陵节;吉事虽止,不息。(礼记·檀弓上)

(238)闻吴师出,薳启强帅师从之,**遽**不设备,吴人败诸鹊岸。(左传·昭公五年)

汉代以后,"遽"可以做定语,不过意思上起了变化,义为"惶恐、惧怕",如：

(239)典历三郡,温仁多恕,虽在仓卒,未尝疾言**遽色**。(后汉书·刘宽传)

(240)时融儿大者九岁,小者八岁,二儿故琢钉戏,了无**遽容**。(世说新语·言语)

20. 倦(属性值为1)

(241)夫使邪吏行弊政,用**倦令**治薄民,民不可得而化,此治之所以异

也。(汉书·公孙弘卜式儿宽传)

(242)**倦鸟**得茂树,涸鱼返清源。(全唐诗·卷四三〇·香炉峰下新置草堂即事咏怀题于十)

21.牢(属性值为1)

(243)冬日被裘罽,夏日服绨纻,出则乘**牢车**,驾良马。(淮南子·人间训)

22.臊(属性值为1)

"臊"在上古一般只做谓语,不做定语,如:

(244)**偃之肉腥臊**,将焉用之?(国语·晋语四)

汉代以后,"臊"可以做定语,如:

(245)**臊声**布于朝野,丑音被于行路。(魏书·阉官传)

23.详(属性值为1)

"详"多做状语,少做定语。"详+名"多是述宾式,"详"义为"审察;审理""了解;知悉"等义。做定语的例子较晚出现,如:

(246)拟合临事**详情**议罪,相应。(元典章·刑部·刑狱)

24.早(属性值为1)

和"晚"一样,"早"上古一般只做谓语或状语,几乎不做定语。各举1列:

(247)君子之求利也略,其远害也**早**。(荀子·修身篇)

(248)吾不能**早用子**,今急而求子,是寡人之过也。(左传·僖公三十年)

汉代以后,"早"才可以做定语,如:

(249)家贫无以自通,乃常独**早夜**扫齐相舍人门外。(史记·齐悼惠王世家)

(250)**早年**勤倦看书苦,晚岁悲伤出泪多。(全唐诗·卷四三七·眼暗)

25. 庄（属性值为 1）

定中式"庄＋名"出现也较晚：

(251)以**庄**词正色见重于余庆。（新唐书·武元衡传）

26. 鬼（属性值为 1）

"鬼"在上古可以以名词的身份做定语，如"鬼事"（指死者安葬后祭祀等事），不能以形容词的身份做定语。到汉代以后，"鬼"可以做定语，而且迅速增多，如"鬼书"（指神秘莫测的兵法）、"鬼道"（指鬼道邪说）、"鬼眼"（指能窥见隐秘之眼）、"鬼物"（指令人怪异惊惧的事物）、"鬼胎"（怪胎），等等，其中的"鬼"已经不再是"鬼神"义，而是"神秘莫测、怪异"等义，"鬼"做修饰性定语，是形容词。例见第四章"鬼"条下（4.1.1.26）。

以上"崇、弘、缺、淡、鬼、果、旱、详、很、净、遽、倦、牢、臊、早、庄"等 16 个词都是属性值为 1 的形容词，在上古只能做谓语或状语，不能做定语。中古以后，它们都可以做定语。不过毕竟是从无到有，做定语的数量还很少。

3.2.1.2 做定语从少到多

(一)最典型形容词的相关演变

上古时期，部分"形＋名"组合存在着两解的可能，既可能理解为述宾式，也可能理解为定中式，具体取何种理解依上下文而定。不过在上古时期，有些形容词的动词性还很强，"形＋名"组合倾向于构成述宾关系。西汉以后，形容词带宾语用法逐渐减少，做定语增多，"形＋名"组合由述宾式逐渐发展为定中式，形容词性更为突出。在 3.1.2.4 节中，我们曾列举"枉法""宽政""骄主""困人""疲民"等既可以表达述宾关系、也可以表达定中关系的几组"形＋名"组合例子。下面我们分三组来观察 70 个最典型形容词带宾语和做定语的情况。

第一组：

1. 富人

(252)述宾式：毋**富人**而贷焉，毋贵人而逼焉。（韩非子·扬权）

(253)定中式：与之书社三百，而**富人**莫之敢距也。（荀子·仲尼篇）

2. 贵人

(254)述宾式：君子**贵人**而贱己，先人而后己，则民作让。（礼记·坊记）

(255)定中式：贱人非所贵也，**贵人**非所刑也。（穀梁传·襄公二十九年）

3. 先人

(256)述宾式：君子贵人而贱己，**先人**而后己，则民作让。（礼记·坊记）

(257)定中式：悼子曰："吾受命于**先人**，不可以贰。"（左传·襄公二十六年）

4. 显人

(258)述宾式：此二士者，无爵位以**显人**，无赏禄以利人，举天下之显荣者必称此二士也。（吕氏春秋·当染）

(259)定中式：此四王者，所染当，故王天下，立为天子，功名蔽天地，举天下之仁义**显人**，必称此四王者。（墨子·所染）

5. 众民

(260)述宾式：是以先王知**众民**强兵，广地富国之必生于粟也，故禁末作，止奇巧，而利农事。（管子·治国）

(261)定中式：广土**众民**，君子欲之，所乐不存焉。（孟子·尽心上）

6. 苦民

(262)述宾式：**苦民**以富贵人，起势以藉人臣，非天下长利也。（韩非子·备内）

(263)定中式：兵诚义，以诛暴君而振**苦民**，民之说也，若孝子之见慈亲也，若饥者之见美食也。（吕氏春秋·荡兵）

7. 强国

(264)述宾式：此朝廷之士，尊主**强国**之人，致功并兼者之所好也。（庄子·刻意）

(265)定中式：救小未必能存，而伐大未必不有疏，有疏则为**强国**制矣。（韩非子·五蠹）

8. 弱国

(266)述宾式:今民便其用而王变之,是损君而**弱国**也。(战国策·赵策二)

(267)定中式:强国令其民争乐用也,**弱国**令其民争竞不用也。(吕氏春秋·为欲)

9. 治国

(268)述宾式:以此治身,必死必殃;以此**治国**,必残必亡。(吕氏春秋·重己)

(269)定中式:故百乐者,生于**治国**者也;忧患者,生于乱国者也。(荀子·王霸篇)

10. 安国

(270)述宾式:故**安国**之法,若饥而食,寒而衣,不令而自然也。(韩非子·安危)

(271)定中式:天下大乱,无有**安国**;一国尽乱,无有**安家**;一家皆乱,无有**安身**。(吕氏春秋·谕大)

11. 危国

(272)述宾式:大者**危国**,次者废王,奈何吾弗患也?(战国策·中山策)

(273)定中式:今君欲一天下,安诸侯,存**危国**。(战国策·楚策一)

(274)定中式:闻古扁鹊之治其病也,以刀刺骨;圣人之救**危国**也,以忠拂耳。(韩非子·安危)

12. 卑辞

(275)述宾式:王若重币**卑辞**以请籴于吴,则食可得也。(吕氏春秋·长攻)

(276)定中式:利言**卑辞**不在侧,复反卫公子开方。(管子·戒)

13. 广土

(277) 述宾式：臣尽力竭知，欲以为王广土取尊名。（战国策·魏策二）

(278) 定中式：广土众民，君子欲之，所乐不存焉。（孟子·尽心上）

14. 厚禄

(279) 述宾式：以刑治，以赏战，厚禄以用术。（韩非子·饬令）

(280) 定中式：国利未立，封土厚禄至矣；主上虽卑，人臣尊矣。（韩非子·五蠹）

15. 坚甲

(281) 述宾式：坚甲厉兵以备难，而美荐绅之饰。（韩非子·五蠹）

(282) 定中式：入以事其父兄，出以事其长上，可使制梃以挞秦楚之坚甲利兵矣。（孟子·梁惠王上）

16. 明德

(283) 述宾式：若晋取虞，而明德以荐馨香，神其吐之乎？（左传·僖公五年）

(284) 定中式：民是以能有忠信，神是以能有明德。（国语·楚语下）

17. 严刑

(285) 述宾式：故先王明赏以劝之，严刑以威之。（韩非子·饬邪）

(286) 定中式：孙卿迫于乱世，鳅于严刑，上无贤主，下遇暴秦。（荀子·尧问篇）

18. 长世

(287) 述宾式：礼不行，则上下昏，何以长世？（左传·僖公十一年）

(288) 定中式：上任事而侙，下能堪其任，所以为令闻长世也。（国语·周语中）

19. 乐心

(289) 述宾式：君子以钟鼓道志，以琴瑟乐心；动以干戚，饰以羽旄，从

以磬管。(荀子·乐论篇)

(290) 定中式:是故其哀心感者,其声噍以杀;其**乐心**感者,其声啴以缓。(礼记·乐记)

20. 聪耳

(291) 述宾式:是以和五味以调口,刚四支以卫体,和六律以**聪耳**,正七体以役心,平八索以成人,建九纪以立纯德,合十数以训百体。(国语·郑语)

(292) 定中式:是**聪耳**之所不能听也,明目之所不能见也,辩士之所不能言也。(荀子·儒效篇)

21. 远人

(293) 述宾式:子曰:"道不**远人**;人之为道而**远人**,不可以为道。"(礼记·中庸)

(294) 定中式:今由与求也,相夫子,**远人**不服而不能来也,邦分崩离析而不能守也,而谋动干戈于邦内。(论语·季氏)

22. 贱人①

(295) 述宾式:邻国闻之,皆谓吾君爱树而**贱人**,其可乎?(晏子春秋·内篇谏下)

(296) 定中式:我,**贱人**也,不足以辱令尹。(左传·昭公二十七年)

这一组的特点是:涉及的 22 个最典型的形容词和同一个名词搭配,分别构成述宾式和定中式。述宾式包括使动用法、意动用法,其中使动用法占了绝大多数,如例 1—21。例 21 中,"远"义为"疏远",此义当由使动用法发展而来,读音与做定语的"远"(云阮切)也有区别,读去声"于愿切"。意动用法如例 22,"贱"义为"认为……贱",也即"轻视"。如果没有类似例 21 的读音上的区别,这 22 组例子就有可能产生歧义。如果不结合上下文,就无法分清"形+名"组合究竟是述宾关系,还是定中关系。在

---

① "贱"也有使动用法,如:赵孟之所贵,赵孟能贱之。(孟子·告子上)

上古汉语中,消除这种歧义可以通过"形+名"之间插入代词"其"来实现。以上"形+名"组合,除"聪"外,均可以在其中插入"其",如:

(297) 欲强兵者,务**富其民**;欲王者,务博其德。(战国策·秦策一)
(298) 有道之君,不**贵其臣**;贵之富之,彼将代之。(韩非子·扬权)
(299) 孟贲过于河,**先其五**,船人怒,而以楫虓其头,顾不知其孟贲也。(吕氏春秋·必己)
(300) 卑主之名以**显其身**,毁国之厚以利其家。(韩非子·有度)
(301) 今天下之王公大人士君子,请将欲富其国家,**众其人民**,治其刑政,定其社稷,当若尚同之不可不察,此之本也。(墨子·尚同中)
(302) 故曰:以其极赏,以赐无功,虚其府库,以备车马衣裘奇怪,**苦其役徒**,以治官室观乐。(墨子·七患)
(303) 虚其心,实其腹,弱其志,**强其骨**。(老子·三章)
(304) 夫子华既为太子,而求介于大国以**弱其国**,亦必不免。(左传·僖公七年)
(305) 陈侯见而甚说之,外使**治其国**,内使制其身。(吕氏春秋·遇合)
(306) 下不能领御其众以**安其国**。(韩非子·奸劫弑臣)
(307) 故恃鬼神者慢于法,恃诸侯者**危其国**。(韩非子·饰邪)
(308) 大其都者危其国,尊其臣者**卑其主**。(战国策·秦策三)
(309) 臣闻之,欲富国者,务**广其地**。(战国策·秦策一)
(310) 不如重其贽,**厚其禄**以迎之。(战国策·秦策二)
(311) 使周、卫缓其从衡之计,而严其境内之治,明其法禁,必其赏罚,尽其地力以多其积,致其民死以**坚其城守**。(韩非子·五蠹)
(312) 教之《语》,使**明其德**,而知先王之务用明德于民也。(国语·楚语上)
(313) 故明主峭其法而**严其刑**也。(韩非子·五蠹)
(314) 乃令工人作为金斗,**长其尾**,令之可以击人。(战国策·燕策一)
(315) 孝子之养老也,**乐其心**不违其志。(礼记·内则)
(316) 若将广其心而**远其邻**,陵其民而卑其上。(国语·周语上)

(317)是**贱其所欲**而贵其所恶也,所欲奚自来?(吕氏春秋·贵直)

插入"其"之后,"形+其+名"构成述宾关系,"形"转变为"动"。这是上古汉语中极为普遍的一种句法手段,可以有效地消除"形+名"究竟是述宾关系还是定中关系的歧义,因为"形+其+名"不可能是"定+定+中"关系,只能是"述+定+中"的关系。

第二组:

23. 大(其)NP

(318)述宾式:昔者无道之君,**大其宫室**,高其台榭。(管子·四称)
(319)定中式:五月甲辰,授兵于**大宫**。(左传·隐公十一年)

24. 重(其)罪

(320)述宾式:无庸,使**重其罪**,民将叛之。(左传·成公十五年)
(321)定中式:言当,则有大利;不当,则有**重罪**。(韩非子·问辩)

25. 丰(其)禄

(322)述宾式:故彼崇其爵,**丰其禄**,以忧社稷者,叶公子高是也。(战国策·楚策一)
(323)定中式:是高爵**丰禄**之所加也,荣孰大焉!(荀子·议兵篇)

26. 高(其)台

(324)述宾式:卑其志意,大其园圃**高其台**。(荀子·成相篇)
(325)定中式:**高台**深池,撞钟舞女。(左传·昭公二十年)

27. 多(其)功

(326)述宾式:生则立焉,死则入焉,**多其功**而不德。(荀子·尧问篇)
(327)定中式:功虽甚大,无伐德之色;省求**多功**,爱敬不倦。(荀子·仲尼篇)

28. 难(其)事

(328)述宾式:重田野之税以夺之食,苛关市之征以**难其事**。(荀子·

富国篇)

(329)定中式:天下**难事**,必作于易。(老子·六十三章)

29.善(其)言/善(其)事

(330)述宾式:君子絜其身而同焉者合矣,**善其言**而类焉者应矣。(荀子·不苟篇)

(331)定中式:禹恶旨酒而好**善言**。(孟子·离娄下)

(332)述宾式:工欲**善其事**,必先利其器。(论语·卫灵公)

(333)定中式:岂非道之符,而圣人所谓吉祥**善事**与?(战国策·秦策三)

30.荣(其)名

(334)述宾式:是以贤者**荣其名**,而长老说其礼。(吕氏春秋·怀宠)

(335)定中式:夫民之从事死制也,以上之设**荣名**,置赏罚之明也。(商君书·壹言)

31.深(其)宫

(336)述宾式:夏,士蒍城绛,以**深其宫**。(左传·庄公二十六年)

(337)定中式:男子居外,女子居内,**深宫**固门,阍寺守之。(礼记·内则)

32.愚(其)君

(338)述宾式:好恶在所见,臣下之饰奸物以**愚其君**,必也。(韩非子·难三)使动

(339)定中式:明君之所诛,**愚君**之所信也。(晏子春秋·内篇问上)

这一组共有 10 个形容词。其共同特点是:"形+其+名"构成的都是述宾关系,"形+名"构成的都是定中关系,"形+其+名"和"形+名"中的"名"是同一个名词,或大致相同。

第三组:

33.精 NP

(340)述宾式:则此言三圣人者,谨其言,慎其行,**精其思虑**。(墨子·尚贤中)

(341)定中式:帅其群臣**精**物以临监享祀。(国语·楚语下)

34. 美 NP

(342)述宾式:子有令闻而**美**其室,非所望也。(左传·襄公十九年)

(343)定中式:子有**美**锦,不使人学制焉。(左传·襄公三十一年)

35. 盛 NP

(344)述宾式:世主多**盛**其欢乐,大其钟鼓。(吕氏春秋·听言)

(345)定中式:虽甚**盛**德,其蔑以加于此矣,观止矣。(左传·襄公二十九年)

36. 神 NP

(346)述宾式:夫夷节之为人也,无德而有知,不自许,以之**神**其交固,颠冥乎富贵之地。(庄子·则阳)

(347)定中式:不如相衔负我以行,人以我为**神**君也。(韩非子·说林上)

37. 狭 NP

(348)述宾式:无**狭**其所居,无厌其所生。(老子·七十二章)

(349)定中式:于是列广地以益**狭**地,损有财以与无财。(管子·匡君小匡)

38. 贱 NP

(350)述宾式:今夫子卑其大夫而**贱**其宗,是**贱**其身也。(左传·昭公二十五年)

(351)定中式:我,**贱**人也,不足以辱令尹。(左传·昭公二十七年)

39. 下 NP

(352)述宾式:**下**其手,曰:"此子为穿封戍,方城外之县尹也。……"(左传·襄公二十六年)

(353)定中式:**下**人而已,又何问焉?(左传·襄公二十四年)

40. 少 NP

(354)述宾式：以其耕作也赏之，而**少其家业**也。（韩非子·五蠹）
(355)定中式：**少言**则径而省，论而法，若佚之以绳：是士君子之知也。（荀子·性恶篇）

41. 愉 NP

(356)述宾式：上称三皇五帝之业以**愉其意**。（吕氏春秋·禁塞）
(357)定中式：有**愉色**者，必有婉容。（礼记·祭义）

42. 智 NP

(358)述宾式：自**智其计**，则毋以其败穷之。（韩非子·说难）
(359)定中式：至闻之，武人不乱，**智人**不诈，仁人不党。（国语·晋语六）

43. 亲 NP

(360)述宾式：吴光新得国，而**亲其民**，视民如子。（左传·昭公三十年）
(361)定中式：王无**亲臣**矣，昔者所进，今日不知其亡也。（孟子·梁惠王下）

44. 小 NP

(362)述宾式：故君子寡言，而行以成其信，则民不得大其美而**小其恶**。（礼记·缁衣）
(363)定中式：今子以**小恶**而欲覆宗国，不亦难乎？（左传·哀公八年）

45. 轻 NP

(364)述宾式：舍其悠令，**轻其征赋**，施民所善，去民所恶。（国语·吴语）
(365)定中式：遂乘**轻舟**以浮于五湖，莫知其所终极。（国语·越语下）

46. 急 NP

(366)述宾式：故明主**急其助**而缓其颂，故不道仁义。（韩非子·显学

第五十)

(367)定中式:周公旦从鲁闻之,发**急**传而问之。(韩非子·外储说右上)

47. 正 NP

(368)述宾式:**正**其行,通其风,夬心中央,帅为泠风。(吕氏春秋·辩土)

(369)定中式:以**正**道而辨奸,犹引绳以持曲直。(荀子·正名篇)

48. 疏 NP

(370)述宾式:教之乐,以**疏**其秽而镇其浮。(国语·楚语上)

(371)定中式:饭**疏**食,饮水,曲肱而枕之,乐亦在其中矣!(论语·述而)

49. 尊 NP

(372)述宾式:**尊**其位,重其禄,同其好恶,所以劝亲亲也。(礼记·中庸)

(373)定中式:故孔子以六尺之杖,谕贵贱之等,辨疏亲之义,又况于以**尊**位厚禄乎?(吕氏春秋·异用)

50. 威 NP

(374)述宾式:严断刑罚,以**威**其淫。(左传·昭公六年)

(375)定中式:既无德政,又无**威**刑,是以及邪。(左传·隐公十一年)

51. 近 NP

(376)述宾式:学莫便乎**近**其人。(荀子·劝学篇)

(377)定中式:吾闻观**近**臣,以其所为主;观远臣,以其所主。(孟子·万章上)

52. 贤 NP

(378)述宾式:人主之听言也,美其辩;其观行也,**贤**其远。(韩非子·外储说左上)

(379)定中式：乐节礼乐，乐道人之善，乐多**贤友**，益矣。（论语·季氏）

53. 险 NP

(380)夫正其疆场，修其土田，**险其走集**，亲其民人。（左传·昭公二十三年）

(381)此数物者，**险世之说**也，而先王之法所简也。（韩非子·有度）

54. 仁 NP

(382)述宾式：吾不**仁其人**，虽独也，吾弗亲也。（大戴礼记·曾子制言中）

(383)定中式：则孝子**仁人**之掩其亲，亦必有道矣。（孟子·滕文公上）

55. 寒 NP

(384)述宾式：一日暴之，十日**寒之**，未有能生者也。（孟子·告子上）

(385)定中式：诞寘之**寒冰**，鸟覆翼之。（诗·大雅·生民）

56. 良 NP

(386)述宾式：精气之来也，因轻而扬之，因走而行之，因美而**良之**，因长而养之，因智而明之。（吕氏春秋·尽数）

(387)定中式：夫人虽有性质美而心辩知，必将求贤师而事之，择**良友**而友之。（荀子·性恶篇）

57. 恶 NP

(388)述宾式：**恶衣服**，而致美乎黻冕；卑宫室，而尽力乎沟洫。（论语·泰伯）

(389)定中式：士志于道，而耻**恶衣**恶食者，未足与议也。（论语·里仁）

58. 寿 NP

(390)述宾式：赖君之赐，得以**寿三族**，及国游士，皆得生焉。（晏子春

秋·内篇杂下）

(391)定中式：病变而药不变，向之**寿**民，今为殇子矣。（吕氏春秋·察今）

59. 察 NP

(392)述宾式：故人心譬如盘水，正错而勿动，则湛浊在下，而清明在上，则足以见须眉而**察理**矣。（荀子·解蔽篇）

(393)定中式：以正志行**察论**，则万物官矣。（荀子·解蔽篇）

这一组共有 27 个形容词，其共同特点是，涉及的 27 个最典型形容词分别和不同的名词（少数为代词"之"）搭配，有的构成述宾式，有的构成定中式。述宾式中，支配的宾语包括使动宾语、意动宾语、对象宾语和受事宾语，其中使动宾语占了绝大多数。不能带使动宾语的形容词只有"贤、智、仁、威、亲、近、察"等 7 个，它们所带宾语分别是意动宾语（贤、智）、对象宾语（仁、威、亲、近）和受事宾语（察）。

以上三组相加，共有 59 个最典型的形容词。也就是说，在 70 个最典型的形容词中，有 59 个既能带宾语构成述宾关系，也能修饰中心语构成定中关系；其中，有 51 个能够带使动宾语①。这 51 个形容词到后来有一个相同的演变趋势：使动用法逐渐减少。除了在存古的文献和一些特殊的格式中（如对举格式、排比句等），"形＋名"一般以构成定中关系为主，这样，这些最典型形容词做定语的用法就由少到多，到后来成为主流。

（二）次典型形容词的相关演变

1. 昌（属性值为 3）

先秦的"昌"做定语比较少，多数都做谓语。各举 1 例如下：

(394)禹拜**昌言**曰："俞！"（书·皋陶谟）孔颖达疏："禹乃拜受其当理之言。"

(395)韩氏其**昌阜**于晋乎！（左传·襄公二十六年）杜预注："阜，大也。"

---

① 此外，还有 11 个形容词没有使动或者意动用法，即：短、疾（快速）、嘉、久、康、巧、甚、胜、要、壮、长（年长）。

汉代以后,做定语逐渐增多。如:

(396)或献天符,或贡**昌言**。(汉书·王莽传中)颜师古注:"昌,当也。"

(397)国且昌,**昌瑞**到矣。(论衡·订鬼篇)

(398)高明祚德,永致**昌期**。(乐府诗集·郊庙歌辞七·周郊祀乐章)

其他如:"昌教、昌云、昌晖、昌运、昌衢、昌志、昌图、昌德、昌会、昌年……。"

2. 缓(属性值为 3)

"缓师、缓行、缓刑"在上古多是动宾式,不是定中式。如:

(399)公赂之,请**缓师**。(左传·成公八年)

魏晋以后,"缓+名"表达定中关系的例子逐渐增多,如:

(400)恣心目之寥朗,任**缓步**之从容。(文选·游天台山赋)

(401)河流有急澜,浮骖无**缓辙**。(文选·九日从宋公戏马台集送孔令)

3. 贪(属性值为 3)

上古时期的"贪利、贪色、贪私、贪位、贪货、贪权"等组合是述宾式,"贪人、贪民、贪心、贪吏"则是定中式。如:

(402)国无滞积,亦无困人;公无禁利,亦无**贪民**。(左传·襄公九年)

(403)故有罪者不怨上,爱赏者无**贪心**。(管子·七法)

中古时期,"贪"做定语进一步增多,如:

(404)诣贵卖友,**贪官**埋母。(后汉书·李燮传)

(405)**贪官**污吏,吞其钩饵,惟命是听。(元典章·刑部·诸禁)

(406)昏暮叩人门户,求水火**贪夫**不吝,何则?(盐铁论·授时)

4. 忠(属性值为 3)

上古时期"忠"做定语只有"忠臣、忠言、忠心"等形式,如:

(407)〔吴王〕信谗喜优,憎辅远弼,圣人不出,**忠臣**解骨。(国语·越语下)

(408)**忠言**、忠说、忠事、忠谋、忠誉、忠愍,莫不明通。(荀子·致士篇)

汉代以后,"忠"做定语更为普遍,如:

(409)王氏爵位日盛,唯音为修整,数谏正,有**忠节**。(汉书·元后传)
(410)十步之泽,必有香草;十室之邑,必有**忠士**。(说苑·谈丛)

其他如:"忠友、忠志、忠人、忠舌、忠肝……。"

5.便(属性值为3)

上古时期,"便"后接名词,多是述宾式,如:

(411)不难破家以**便国**,杀身以安主。(韩非子·说疑)

少数是定中式,如:

(412)治国之有法术赏罚,犹若陆行之有犀车良马也,水行之有轻舟**便楫**也,乘之者遂得其成。(韩非子·奸劫弑臣)

汉代以后,"便"做定语逐渐增多,如:

(413)楼船自择**便处**,居东南面;伏波居西北面。(史记·南越列传)
(414)敬劳从者,愿得望见,口画天下**便事**。(史记·郦生陆贾列传)

其他如:"便地、便势、便衣、便时、便服、便官、便风、便道、便辞……。"

6.完(属性值为3)

上古的"完+名"多是述宾式,如:

(415)子产闻盗,为门者,庀群司,闭府库,慎闭藏,**完守备**。(左传·襄公十年)

上古文献中,"完"只有几例做定语,如:

(416)故军争者不行于**完城池**,有道者不行于无君。(管子·制分)
(417)行令未能一岁,五衢之民皆多衣帛**完屦**。(管子·轻重丁)
(418)结怨于外,主患于中,身处死亡之埊,非**完事**也。(战国策·魏策二)

汉代以后,"完"做定语的用法逐渐增多,如:

(419)夫上虚府库,下敝百姓,甘心于外国,非**完事**也。(史记·平津侯主父列传)

(420)靡敝中国,甘心匈奴,非**完计**也。(汉书·主父偃传)

(421)大人岂见覆巢之下,复有**完卵**乎?(世说新语·言语)

(422)守有**完郭**,战无全兵。(文选·关中诗)

(三)不太典型的形容词的相关演变

1.陈(属性值为2)

上古时期的"陈+名"多为述宾式,如:

(423)为人臣者,**陈事**而言,君以其言授之事。(韩非子·二柄)一本作"陈而言"。

(424)命大师**陈诗**,以观民风。(礼记·王制)郑玄注:"陈诗,谓采其诗而视之。"

定中关系的"陈+名"很少,如:

(425)夫"六经",先王之**陈迹**也。(庄子·天运)

汉代以后,定中关系的"陈+名"才逐渐增多,如:

(426)三楚故人皆是梦,十年**陈事**只如风。(全唐诗·卷六九九·郎州留别张员外)

(427)下有**陈死人**,杳杳即长暮。(古诗十九首·驱车上东门)

2.定(属性值为2)

上古时期"定+名"多为述宾式,如:

(428)修名而督实,按实而**定名**。(管子·九守)

定中式很少,如:

(429)夫是之谓**定论**。(荀子·王制篇)

魏晋以后,定中式的"定+名"逐渐增多,如:

(430) 盛写两**定本**,寄于慕容儁。(晋书·孙盛传)

(431) 逆顺有大体,强弱有**定势**。(三国志·魏书六·刘表传)

(432) 岂有秋收之常限,冬藏之**定例**哉!(抱朴子内篇·至理)

上古时期的"定名""定体"为述宾式,中古至近代的"定名""定体"为定中式。

3. 宽(属性值为 2)

上古时期,"宽+名"有述宾和定中两种解读,如:

(433) 定中式:羁旅之臣,幸若获宥,及于**宽政**,敢其不闲于教训而免于罪戾,弛于负担,君之惠也。(左传·庄公二十二年)

(434) 述宾式:公说,使有司**宽政**,毁关,去禁,薄敛,已责。(左传·昭公二十年)

中古以降,"宽+名"多倾向于作定中关系的解读,如:

(435) 畅深纳敵谏,更崇**宽政**,慎刑简罚,教化遂行。(后汉书·王畅传)

(436) 及河东公主有疾,师巫以为宜施**宽令**。(晋书·后妃传上·惠贾皇后)

(437) 蠲除苛政,更立疏网,海内欢欣,人怀**宽德**。(后汉书·杜林传)

(438) 不惭被**宽褐**,不羡垂华缨。(明诗三百首·青丘子歌)

4. 丽(属性值为 2)

"丽"在上古很少做定语,如:

(439) 臣闻赵,天下善为音,**佳丽人**之所出也。(战国策·中山策)

定中式直到汉代以后才多见,如:

(440) 故辩言无不听,**丽文**无不写。(论衡·自纪篇)

(441) 朱缘之画,邻盼**丽光**。(蜀都赋)

其他如:"丽木、丽物、丽妾、丽容、丽质、丽草、丽曲、丽色、丽典、丽气、丽景、丽响、丽句……。"

5. 盈（属性值为2）

上古时期，"盈"做定语比较少见，如：

(442) 万，**盈**数也；魏，大名也。（左传·闵公元年）

"盈愿、盈室、盈要、盈廷、盈园、盈堂、盈野、盈城、盈庭、盈坎、盈耳、盈门、盈厩、盈窖、盈国"等形式在上古还是述宾式，不是定中式。中古才有定中式的"盈月""盈场"等组合。如：

(443) 毓未解辂言，无几，曹爽等诛，乃觉寤云。（三国志·魏书二十九·管辂传）裴松之注引三国魏管辰《管辂别传》："三五**盈月**，清耀烛夜。"

(444) **盈场**并是英奇仁（人），阖郡皆怀云（文）雅操。（敦煌变文·八相变）

6. 坏（属性值为2）

上古的"坏＋NP"多是述宾式，不是定中式，如：

(445) **坏大门**及寝门而入。公惧，入于室。又**坏户**。（左传·成公十年）

上古文献中，"坏"只有少数几例做定语，如：

(446) 譬彼**坏木**，疾用无枝。心之忧矣，宁莫之知！（诗·小雅·小弁）

(447) 夫不谋治强之功，而艳乎辩说文丽之声，是却有术之士，而任**坏屋**折弓也。（韩非子·外储说左上）

汉代以后，"坏"做定语的用法逐渐增多，如：

(448) 及鲁恭王坏孔子宅，欲以为宫，而得古文于**坏壁**之中。（汉书·楚元王传）

(449) 废庭**坏殿**，基上草生，地气自出之也。（论衡·讲瑞篇）

(450) 妻子见败车**坏衣**，皆以猛兽所食，遂发丧制服。（后汉纪·卷十七）

(451) 吏人死亡，或在**坏垣**毁屋之下。（后汉书·光武帝纪第一下）

(452) 步气盛,直攻弇营,与刘歆等合战,弇升王宫**坏台**①望之。(后汉书·耿弇传)

(453) 夫**坏崖**破岩之水,源自涓涓。(后汉书·丁鸿传)

(454) 况今染**坏色**,是出家人衣,我不复取。(摩诃僧祇律·卷九,T22)

(455) 见诸乞儿,**著弊坏衣**,执持破器。(贤愚经·卷八,T04)

(456) 如许多宝贝,海中乘**坏舸**。(全唐诗·卷八〇六·诗三百三首)

(四)最不典型的形容词的相关演变

上古时期,最不典型的形容词中,只有16个不能做谓语,即:宝、草、数(cù)、典、毒、福、膏、故、恒、洪、骊、力、名、奇、俗、珍。它们就是所谓的"非谓形容词"。3.1.2.4节曾指出,它们中有的到中古时期可以做谓语,如"俗""毒",后来变为比较典型的形容词,而有的形容词如"福""名"则一直没有发展出做谓语的用法,始终停留在非谓形容词的阶段。这16个词在上古就可以做定语,到汉代以后,除"力"②和"数"之外,其余14个非谓形容词做定语的用法进一步增多,如:

(457) 宝:宝塔(道行般若经·卷二,T08)、宝树(道行般若经·卷九,T08)、宝马(史记)、宝璧(说苑·臣术)、宝鼎(史记)、宝臣(说苑·至公)、宝物(修行本起经·卷上,T03)、宝车(中本起经·卷上,T04)、宝石(三国志)

(458) 草:恶草具(汉书·张陈王周传)、草衣(南齐书·武十七王传)、草稿(魏书·自序传)、草蔬(后汉书·郭太传)、草命(敦煌变文·伍子胥变文)

(459) 典:典式(潜夫论·三式)、典经(潜夫论·赞学)、典戒(文选·寡妇赋)、典言(文选·三都赋序)、典例(宋书·礼志四)、典辞(欧阳修集编年笺注·六一诗话)

---

① 《东观汉记》作"环台"。

② "力"后来多做状语,少做定语。如"力战""力图""力争""力挫""力排众议""力求""力克""力守""力田""力正",等等。做定语仅有"力作""力证"等少数形式。

(460) 毒：毒酒（列女传）、毒水（春秋繁露·五行顺逆）、毒兽（淮南子·览冥训）、毒肉（盐铁论·非鞅）、毒蛇（修行本起经·卷下，T03）、毒龙（中本起经·卷上，T04）、毒气（太平经合校·五事解承负法）、毒箭（抱朴子内篇·登涉）

(461) 福：福报（史记）、福相（贤愚经·卷十一，T04）、福愿（抱朴子内篇·道意）、福田（摩诃僧祇律·卷十，T22）、福业（贤愚经，T04）、福行（道地经，T15）、福力（敦煌变文）

(462) 膏：膏壤（史记·货殖列传）、膏肉（列子·汤问）、膏泽（曹植集校注·赠徐干）、膏露（淮南子·时则训）、膏田满野（后汉书·仲长统传）

(463) 故：故方（史记）、故世（史记）、故土（汉书）、故吏（汉书）、故友（三国志）、故曲（庾度支集·赋得嵇叔夜）、故交（全唐诗·卷四五七·天寒晚起引酌咏怀寄许州王尚书汝）、故里（东观汉记·卷十四）、故邑（史记）、故典（后汉纪·卷二十一）

(464) 恒：恒心（晋书·丁潭传）、恒民（抱朴子外篇·博喻）、恒交（全上古三代秦汉三国六朝文·与约法师书悼周舍）、恒守（刘伯温集·拟连珠之三）、恒典（晋书·刘曜）、恒例（太平广记）、恒所（旧唐书·回纥）

(465) 洪：洪业（汉书·武帝纪）、洪钟（汉书·扬雄传）、洪知（论衡·答佞篇）、洪基（三国志）、洪流（抱朴子外篇·钧世）、洪波（魏书·崔辩传）、洪施（魏书·术艺·张渊传）、洪崖（敦煌变文·妙法莲华经讲经文一）

(466) 骊：骊羊（史记）、骊马（刘伯温集·君马黄）、骊驹（乐府诗集·相和歌辞三·陌上桑）、骊龙（抱朴子内篇·祛惑）

(467) 名：名将（史记）、名城（新书·过秦上）、名才（梁书·昭明太子统传）、名工（新语·资质）、名宝（新语·本行）、名木（春秋繁露·求雨）、名泽（淮南子·时则训）、名宫（盐铁论·散不足）

(468) 奇：奇谋、奇药、奇计、奇才、奇陈、奇货、奇节、奇士、奇策、奇道（以上皆见《史记》），奇彩、奇牙（淮南子·修务训），奇石（汉书），奇木

（汉书），奇智（新书·连语），奇能（新序·杂事第二），奇伎（新语·怀虑），奇论（新论·正经），奇辩（说苑·善说）

(469) 俗：俗士（潜夫论·交际），俗子（全唐诗·卷四六七·题朱庆馀闲居），俗夫（太平经合校·上善臣子弟子为君父师得仙方诀），俗心（论衡·难岁篇），俗世（淮南子·原道训），俗骨（全唐诗·卷八〇六·诗三百三首），俗客（全唐诗·卷四五一·题岐王旧山池石壁），俗师（汉书），俗气（祖堂集·卷四）

(470) 珍：珍羽、珍林（后汉书·马融传），珍产（后汉书·贾琮传），珍饰（后汉书·单超传），珍用（新唐书·屈突通传），珍具（新唐书·张建封传），珍味（说苑·反质），珍果（洛阳伽蓝记·城南），珍物（列女传），珍肴（后汉纪·卷十九），珍木（宋书·传），珍符（宋书·传），珍裘（南齐书·崔祖思传），珍馔（东观汉记·威宗孝桓皇帝）

3.2.2 形容词受程度副词修饰越来越多

3.2.2.1 最典型的形容词

3.1.2.1节曾指出"高、大、明"等70个属性值为4的最典型形容词在上古时期都能受程度副词修饰。这些词到后来仍然能受程度副词修饰，而且一般都能受更多的程度副词修饰。

3.2.2.2 次典型形容词

3.1.2.2节曾指出"便、憎、吉、青、暖、猛、密、径"等8个属性值为3的形容词，在上古能够做定语、做谓语、用于比较句，但是不能受程度副词修饰。我们发现，除"青、径"之外，"便、憎、吉、暖、猛、密"等6个形容词到汉代以后都可以受程度副词修饰，例如：

(471) 便：且得匈奴地，泽卤，非可居也。和亲**甚便**。（史记·匈奴列传）

(472) 吉：平生所闻刘季诸珍怪，当贵，且卜筮之，莫如刘季**最吉**。（史记·高祖本纪）

(473) 猛：其作**甚猛**，降伏众魔。(佛说伅真陀罗所问如来三昧经·卷上，T15)

(474) 密：罔亦**少密**焉，然皆身无兢兢于当世之禁云。(史记·高祖功臣侯者年表序)

(475) 暖：夺民而民益富也，不衣民而民**益暖**。(新书·瑰玮)

(476) 憯：今闻王自修有阙，本朝不和，流言纷纷，谤自内兴，朕**甚憯**焉，为王惧之。(汉书·东平思王刘宇传)

3.2.2.3　不太典型的形容词

3.1.2.3节曾指出"败、雅"等104个形容词，在上古时期既能做定语表示修饰义、又能做谓语表示描述义，但是不见用于比较句，也不见用于程度副词之后。我们发现，到汉代以后，有的可以受程度副词修饰，有的可以用于比较句，有的则二者兼备。先看汉代以后受程度副词修饰的例子(用于比较句的例子见下一节)。如：

(477) 败：被地震**坏败甚**者，勿收租赋。(汉书·宣帝纪)

(478) 饱：我之王家食马肝，食**饱甚**，见酒来，即走去。(史记·扁鹊仓公列传)

(479) 悖：匈奴桀黠，擅恣入塞，犯厉中国，杀伐郡、县、朔方都尉，**甚悖逆不轨**，宜诛讨之日久矣。(盐铁论·本议)

(480) 鄙：聆白雪之九成，然后悟巴人之**极鄙**。(抱朴子外篇·广譬) 其言虽**甚鄙**，可破悒悒怀。(全唐诗·卷四二四·谕友)

(481) 粗：以襺量测无涯，以**至粗**求至精，以甚浅揣甚深。(抱朴子外篇·尚博)

(482) 定：圣汉兴，礼仪**稍定**，已有官社，未立官稷。(汉书·郊祀志下)

(483) 都：相如之临邛，从车骑，雍容闲雅，**甚都**。(史记·司马相如列传)

(484) 饥：孟子曰：人皆知以食**愈饥**，莫知以学愈愚。(说苑·建本)

(485) 困：家贫，假贷无所得，乃北游燕、赵、中山，皆莫能厚遇，为客**甚困**。(史记·平津侯主父列传)

(486) 宁：被夷狄侮，也只忍受，不敢与较，亦不敢施设一事，方得天下**稍宁**。(朱子语类·卷一二七)

(487) 熟：三友游**甚熟**，无日不相随。(全唐诗·卷四五二·北窗三友)

(488) 暴：王**甚暴虐**，治政无理。(百喻经·卷一，T04)

(489) 陈：但这一包人参固然是上好的，如今就连三十换也不能得这样的了，但年代**太陈**了。(红楼梦·第七十七回)

(490) 赤：陋形者，太黑、太白、太黄、**太赤**、太长、太短、太麁、太细。(摩诃僧祇律·卷二十四，T22)

(491) 纯：豹裘而杂，不若狐裘之粹；白璧有考，不得为宝；言**至纯**之难也。(淮南子·说林训)

(492) 淳：床头残酒，欲尽味**弥淳**。(全唐诗·卷四二八·效陶潜体诗十六首)

(493) 慈：夫天地**至慈**，唯不孝大逆，天地不赦，可不惊哉？(太平经合校·卷四十五)

(494) 当：道不失顺，则天下以为**至当**。(后汉纪·卷三十)

(495) 端：譬若人能勇悍却敌，为人**极端正**猛健，无所不能，能晓兵法，六十四变皆知习之，为众人所敬。(道行般若经·卷七，T08)

(496) 饿：佛行见之，即往到边，而问言曰："汝于今日，以何为苦？"刖人答言："我**最苦饿**。"(杂宝藏经·卷七，T04)

(497) 芳：二子徽猷，弥久**弥芳**。(宋书·孝义传)

(498) 非：至是之是无非，**至非**之非无是，此真是非也。(淮南子·齐俗训)

(499) 肥：汶阳本临沮西界，二百里中，水陆迂狭，鱼贯而行，有数处不通骑，而水白田**甚肥腴**。(南齐书·蛮东南夷传)

(500) 孤：我嗟身老岁方徂，君更官高兴**转孤**。(全唐诗·卷四四六·酬微之夸镜湖)

(501) 怪：杀视得书，书言**甚怪**。(汉书·郊祀志上)

(502) 诡：不此之罪而彼之疑，**何其诡**邪！(后汉书·仲长统传)

(503) 好：五色**甚好**，简狄与其妹娣竞往取之。(列女传·契母简狄)

(504) 华：北第旧邸，本自**甚华**，臣改修正而已。(南齐书·豫章文献王传)

(505) 黄：陋形者，太黑、太白、**太黄**、太赤、太长、太短、太麁、太细。(摩诃僧祇律·卷二十四，T22)

(506) 坏：两人深相结，吕氏谋**益坏**。(汉书·郦陆朱刘叔孙传)

(507) 焦：候麦香黄便出，不用**过焦**。然后簸择，治令净。(齐民要术·笨曲并酒)

(508) 狡：徽宗时郭药师，其人**甚狡狯**。(朱子语类·卷一三〇)

(509) 旧：姑娘要不收这衣裳，不是嫌**太旧**，就是瞧不起我们奶奶。(红楼梦·第九十回)

(510) 狂：不给他个利害，下次**越发狂**纵难制了。(红楼梦·第九回)

(511) 空：老弱饥寒，县官无收，仓库**更空**。(太平经合校·卷三十七)

(512) 宽：居匈奴中，**益宽**，骞因与其属亡乡月氏，西走数十日至大宛。(史记·大宛列传)

(513) 冷：为好故者嫌太小太大，太轻太重，穿破，**太冷**太热。(摩诃僧祇律·卷九，T22)

(514) 丽：召入见，状貌**甚丽**，拜为博士。(史记·平津侯主父列传)

(515) 利¹(锋利)：曰：众人**愈利**而后钝，圣人愈钝而后利。(法言·五百)

(516) 利²(有利)：以诈伪遇人，虽**愈利**，后无复。(淮南子·人间训)

(517) 利³(厉害)：套不去者，惟水火**最利**。常言道，水火无情。(西游记·第五十一回)

(518) 凉：犹道江州**最凉冷**，至今九月著生衣。(全唐诗·卷四三九·秋热)

(519) 灵：人抱天地之体，怀纯粹之精，有生之**最灵**者也。(新论·正经)

(520) 廉：兵不苟克，取不苟得，义而后行，**至廉**而威，质直刚毅。(春秋繁露·五行相生)

(521)满:我劝你收着些儿好。**太满**了就泼出来了。(红楼梦·第四十三回)

(522)慢(怠慢):群臣皆有外心,礼**益慢**,唯高共不敢失礼。(史记·赵世家)

(523)疲:朝去暮还,亦不**疲极**。(修行本起经·卷上,T03)

(524)偏:北院人稀到,东窗事**最偏**。(全唐诗·卷四四六·北院)

(525)齐:外人咸云官人之用,与兴戎军国之费,所尽**略齐**。(三国志·魏书二十五·高堂隆传)

(526)曲:进不甚直,退则**甚曲**,为下。(齐民要术·养牛、马、驴、骡)

(527)全:忘生而生**愈全**,遗神而神弥畅。(宋书·顾觊之传)

(528)饶:平既娶张氏女,费用**益饶**,游道日广。(史记·陈丞相世家)

(529)锐:攒兵三万,列为方陈,分突骑万匹,翼军左右,其锋**甚锐**。(后汉书·袁绍传)

(530)实:今为汝等,说**最实**事。(妙法莲华经·卷三,T09)

(531)湿:夫春夏非一,而虫时生者,**温湿甚**也,甚则阴阳不和。(论衡·商虫篇)

(532)殊:今山东之戎马甲士戍边郡者,**绝殊**辽远,身在胡、越、心怀老母。(盐铁论·备胡)

(533)酸:向来道隅有卖饼人,萍齑**甚酸**,可取三升饮之,病自当去。(后汉书·华佗传)

(534)泰:自得此道来,身穷心**甚泰**。(全唐诗·卷四二九·遣怀)

(535)特:诸比丘白佛言:"如来世尊,甚奇、**甚特**。"(杂宝藏经·卷二,T04)

(536)通:前日身上略觉舒服,在大书架上翻书,看有一套琴谱,甚有雅趣,上头谱的琴理**甚通**,手法说的也明白,真是古人静心养性的工夫。(红楼梦·第八十六回)

(537)婉:所兴既玄,其旨**甚婉**,自非达识传之,罕有得其门者。(妙法莲华经·卷七,T09)

(538)妄:今世俗宽于行而求于鬼,急于礼而笃于祭,嫚亲而贵势,**至**

妄而信日,听谄言而幸得,出实物而享虚福。(盐铁论·散不足)

(539)伪:乘利骄溢,散朴**滋伪**,则人之贵本者寡。(盐铁论·刺权)

(540)伟:四人从太子,年皆八十有余,须眉皓白,衣冠**甚伟**。(史记·留侯世家)

(541)温:冬不欲**极温**,夏不欲穷凉,不露卧星下,不眠中见肩,大寒大热,大风大雾,皆不欲冒之。(抱朴子内篇·极言)

(542)闲:今事**少闲**,君其省思虑,一精神,辅以医药。(史记·平津侯主父列传)

(543)香:其色若干,其香**甚香**。(佛说㤭真陀罗所问如来三昧经·卷中,T15)

(544)祥:鸣鸟跃鱼,涤秽河渠,**至祥**也。(宋书·临川烈武王道规传)

(545)邪:不是你不忠心哪,是事儿来得**太邪**,你没法儿不先顾自己的命!(老舍:《骆驼祥子》第三卷)①

(546)新:厥少有风概,好属文,五言诗体**甚新变**②。(南齐书·文学传)|将绁万嗣,炀洪晖,奋景炎,扇遗风,播芳烈,久而**愈新**,用而不竭。(后汉书·班固传)

(547)凶:此毒**最凶**,适堕树上,须臾之间,令半树枯。(生经·卷四,T03)

(548)玄:观流弥远,求本**愈玄**。(宋书·乐志二)

(549)雅:本著七宝衣,珍妙**甚雅好**。(中本起经·卷上,T04)

(550)多:妆饰更鲜妍,钗环**多艳丽**。(西游记·第九十四回)

(551)野:愚者行间而益固,鄙人饰诈而**益野**。(说苑·谈丛)

(552)异:此其章章**尤异**者也。(史记·货殖列传)

(553)逸:不欲甚劳**甚逸**,不欲起晚,不欲汗流,不欲多睡。(抱朴子内篇·极言)

---

① 现当代作品的例子为显示其时代性,均加作者名,体例与他例不同,全书统一。
② "新变",各本作"新奇"。

(554) 殷：二人推严随行，恢道怀素笃，礼事**甚殷**。（高僧传·卷三，T50）

(555) 盈：然乐极则哀集，**至盈**必有亏。（抱朴子内篇·畅玄）

(556) 幼：乃选玄孙中**最幼**广戚侯子婴，年二岁，讬以为卜相最吉。（汉书·王莽传上）

(557) 躁：譬若陇西之游，**愈躁**愈沉。（淮南子·齐俗训）

(558) 燥：水胜故夏至湿，火胜故冬**至燥**。（淮南子·天文训）

(559) 直：数陈得失，其言**甚直**。（后汉书·苏章传）

(560) 周：故理**太周**则辞繁，意太切则言激。（全唐诗·卷四二五·和答诗十首）

(561) 拙：帝好围棋，**甚拙**，去格七八道。（南齐书·良政传）

以上85例①，只是受程度副词修饰的部分例子。不少形容词，到汉代以后，能受多个副词修饰，搭配越来越自由。

有19个形容词到西汉以后仍然找不到受程度副词修饰的用例：敝、驳、苍、谗、独、方、辜、练、漏、壹、元（善）、哲、朱、诈、枉、普、腥、令、经。

3.2.2.4 最不典型的形容词

3.1.2.4节曾指出属性值为1的最不典型的形容词有60个，其中只有7个在上古能够受程度副词修饰。其余53个形容词中，有30个到汉代以后可以受程度副词修饰，如：

(562) 典：上表献之，表辞**甚典**。（南齐书·王俭传）| 文**甚典美**。（后汉书·胡广传）

(563) 鬼：他也很幽默，**很鬼**。（王蒙：《难得明白》）

(564) 紧：这一个"凝"字**最紧**。（朱子语类·卷一一八）

(565) 毒：明素壮悍，收考**极毒**，惟死无辞，廷尉以闻。（三国志·吴书十·陈表传）

(566) 力：而秦襄公将兵救周，战**甚力**，有功。（史记·秦本纪）

---

① 如果把"利₁、利₂、利₃"合为一个"利"，则为83例。

(567)俗：神明**太俗**，由卿世情未尽。（世说新语·巧艺）

(568)膏：田园**极膏腴**，而市买郡县器物相属于道。（史记·魏其武安侯列传）

(569)奇：其方**甚奇**，非世之所闻也。（史记·扁鹊仓公列传）|谛观**甚奇雅**，现变难等双。（佛说成具光明定意经，T15）

(570)充：讫昭帝世，国家少事，百姓**稍益充实**。（汉书·公孙刘田王杨蔡陈郑传）|子隆年二十一，而体**过充壮**，常服芦茹丸以自销损。（南齐书·武十七王传）

(571)崇：帝嘉其义学，恩宠**甚崇**。（后汉书·召驯传）

(572)弘：先是时，蜀有司马相如，作赋**甚弘丽温雅**。（汉书·扬雄传上）

(573)均：里中社，平为宰，分肉食**甚均**。（史记·陈丞相世家）

(574)慎：近日车驾出临捐虎，日昃而行，及昏而反，违警跸之常法，非万乘之**至慎**也。（三国志·魏书十三·王郎传）

(575)调：于时雨泽**甚调**，百姓歌咏。（高僧传·卷二，T50）

(576)淡：且大贤之状也至拙，其为味也**甚淡**。（抱朴子外篇·名实）

(577)咸：待冷，下盐；适口而已，勿使**过咸**。（齐民要术·脯腊）

(578)矜：劳形役思，杀害欺诳。具诸恶业，意**甚矜怜**。（贤愚经·卷八，T04）

(579)庄：后朝，上**益庄**，丞相益畏。（史记·袁盎晁错列传）|函菱获以俟风兮，芳杂袭以弥章，的容与以猗靡兮，缥飘姚虖**愈庄**。（汉书·外戚传上）

(580)倦：今日**罢倦甚**，诸卿宁惫邪？（东观汉记·卷十一）

(581)吝：其性最急，又**最吝**。（三国演义·第九十一回）

(582)敏：帝纣资辨捷疾，闻见**甚敏**。（史记·殷本纪）|姜伯约**甚敏**于军事，既有胆义，深解兵意。（三国志·蜀书十四·姜维传）

(583)奢：往年秦拔宜阳，今年旱，昭侯不以此时恤民之急，而顾**益奢**，此谓"时绌举赢"。（史记·韩世家）|向睹俗**弥奢淫**，而赵、卫之属起微贱，踰礼制。（汉书·楚元王传）|帝以故宅起湘宫寺，费

极奢侈。(南齐书·良政传)|交人笑话,笑咱,兀的**甚奢华**?(新校元刊杂剧三十种·薛仁贵衣锦还乡·第四折)

(584)详:唐六典载东宫官制**甚详**,如一小朝廷。(朱子语类·卷一一二)

(585)优:于以知下参实,亦**甚优**矣。(汉书·眭两夏侯京翼李传)|儒书称尧、舜之德,**至优**至大。(论衡·儒增篇)|其官益大,其事**愈优**。(抱朴子外篇·百里)

(586)鲜:能独见崇替之理,自拔沦溺之中,舍败德之崄途,履长世之大道者,良**甚鲜**矣。(抱朴子外篇·崇教)|何幸老夫轻语,教长者高怀,略抒**微鲜**之言,便沐非常之重。(敦煌变文·维摩诘经讲经文二)|鱼透碧波堪赏玩,无忧(忧)花色**最光鲜**。(敦煌变文·悉达太子修道因缘)

(587)牢:欲连根固本**牢甚**,然而无益也。(汉书·外戚传上)

(588)净:其地**甚净**,无有尘垢。(佛说佗真陀罗所问如来三昧经·卷中,T15)

(589)遽:王**甚遽**,问谢曰:"当作何计?"(世说新语·雅量)

(590)早:妾反**太早**,不敢复返。(列女传·鲁之母师)|入城**甚早**。(六度集经·卷八,T03)

(591)早:止久至于**太早**,试使人君高枕安卧,早犹自雨。(论衡·顺鼓篇)

还有23个形容词到后来仍然不能受程度副词修饰:福、名、宝、珍、故、骊、恒、数、愔、竭、亏、缺、审、果、很、徐、蕃、偷、该、熯、臊、草、洪。

3.2.3 形容词用于比较句越来越多

3.2.3.1 最典型的形容词用于比较句

属性值为4的最典型形容词在上古就能用于比较句,到后来自然也能用于比较句,只不过比较句的类型发生了一些改变。上古比较句的类型主要是"A+形+于+B""莫+形+于/焉""孰+形"等几种类型,到中古以后,出现了"A+比+B+形"等新的比较句。

3.2.3.2 次典型形容词用于比较句

我们发现,次典型形容词中有相当一部分到汉代以后可以用于比较句,如:

(592) 备、弊:今日**莫备于**役法,亦**莫弊于**役法。(朱子语类·卷一一一)

(593) 辩:说天者**莫辩乎**《易》,说事者**莫辩乎**《书》,说体者**莫辩乎**《礼》,说志者**莫辩乎**《诗》,说理者**莫辩乎**《春秋》。(法言·寡见)

(594) 丑:故祸莫憯于欲利,悲莫痛于伤心,行**莫丑于**辱先,而诟莫大于宫刑。(汉书·司马迁传)|三晋攻夺我先君河西地,诸侯卑秦,**丑莫大**焉。(史记·秦本纪)

(595) 柔:天下之物,**莫柔弱于**水。(淮南子·原道训)

(596) 细:数度之始,始于微细。有形之物,**莫细于**毫。(新书·六术)

(597) 炽:匈奴**炽于**隆汉,西羌猛于中兴。(后汉书·乌桓鲜卑传)

(598) 繁:昔秦法**繁于**秋荼,而网密于凝脂。(盐铁论·刑德)|以至尊之国君,受乱臣之弑祸,其魂魄为鬼,必明于伯有,报仇杀仇,祸**繁于**带、段。(论衡·死伪篇)

(599) 甘:故原宪之缊袍,贤于季孙之狐貉,赵宣孟之鱼飧,**甘于**智伯之刍豢,子思之银佩,美于虞公之垂棘。(盐铁论·贫富)|充受炙掷地曰:"说士之乐,**甘于**啖炙。"(后汉纪·卷十五)

(600) 固:今足下欲行忠信以交于汉王,必不能**固于**二君之相与也,而事多大于张黡、陈泽。(史记·淮阴侯列传)|视而形之莫明于目,听而精之莫聪于耳,重而闭之**莫固于**口,含而藏之莫深于心。(淮南子·缪称训)|故以德为国者,甘于怡蜜,**固于**胶漆,是以圣贤勉而崇本,而不敢失也。(春秋繁露·立元神)

(601) 黑:今以涅染缁则**黑于**涅,以蓝染青则青于蓝。(淮南子·俶真训)

(602) 劲:是荆轲之力**劲于**十石之弩,铜柱之坚不若木表之刚也。(论衡·儒增篇)|国之功德崇于城墙,文人之笔**劲于**筑蹈。(论衡·须颂篇)

(603)巨：齐临菑十万户，市租千金，人众殷富，**巨于长安**，此非天子亲弟爱子不得王此。（史记·齐悼惠王世家）

(604)茂：缘《尔雅》之言，验之于物，案味甘之露，下著树木，察所著之树，不能**茂于所不著之木**。（论衡·是应篇）

(605)惠：治病之医，未必**惠于不为医者**。（论衡·定贤篇）

(606)清：信如水清珠，能**清于浊水**，能治不信。（敦煌变文·维摩诘经讲经文一）

(607)热：日中正在上覆盖人，人当天阳之冲，故**热于始出时**。（新论·离事）｜冬天作者，卧时少令**热于人体**，降于徐月，茹令极热。（齐民要术·养羊）

(608)圣：今君一时而知臣，是君**圣于尧**而臣贤于舜也。（战国策·楚策四）｜何能**圣于两角之禽**？（论衡·是应篇）

(609)微：实论者谓夫桀、纣恶**微于亡秦**，亡秦过泊于王莽，无淫乱之言。（论衡·书虚篇）｜改葬之恶，**微于杀人**；惠公之罪，轻于骊姬。（论衡·死伪篇）｜而况物有**微于此者**乎？（抱朴子内篇·论仙）

(610)易：天下**莫易于为善**，而莫难于为不善也。（淮南子·泛论训）｜变所欲为，**易于反掌**，安于太山。（说苑·正谏）｜**易于泰山之压鸡卵**，轻于骊马之载鸿毛。（东观汉记·卷二十二·散句）｜其攻城取邑，**易于脱屣**。（吴越春秋·卷九·勾践阴谋外传）

(611)白：我不好说的，已巴寻那肥皂洗脸，怪不的你的脸洗的**比人家屁股还白**！（金瓶梅·第二十七回）

(612)缓：谊之所欲痛哭，**比今为缓**，抱火卧薪之喻，于今而急。（三国志·吴书二十·华核传）

(613)老：昔荀中郎年二十七为北府都督，**卿比之，己为老**矣。（宋书·谢晦传）｜少室云边伊水畔，**比君校老**合先归。（全唐诗·卷四四七·留别微之）

(614)浅：范纯夫语解**比诸公说理最平浅**。（朱子语类·卷一二一）

(615)庶：原其平刑审断，**庶于勿喜者**乎？（后汉书·郭镇传）

(616) 静：受敕未能通达，**静于闲处自省**，责过所负，以谢天地四时五行诸所部神。（太平经合校·卷一一〇）

以上 26 个形容词，在上古时期属性值为 3，到汉代以后可以用于比较句，大部分词同时也具备其他三种分布，因此变为最典型的形容词。

3.2.3.3 不太典型的形容词用于比较句

(617) 赤：寻而京师人家忽生火，**赤于常火**。（南齐书·五行志）

(618) 粗：要是他发一点好心，拔一根寒毛**比咱们的腰还粗**呢。（红楼梦·第六回）

(619) 肥：龙蛇蛟螭，狙猱鼍蠹，皆能竟冬不食，不食之时，乃**肥于食时**也。（抱朴子内篇·对俗）

(620) 好：其好善尚乃或**好于男子**，而反卑贱者，此也。（太平经合校·卷九十三）

(621) 狂：只为金铃难解识，相思又**比旧时狂**。（西游记·第七十一回）

(622) 宽：喉咽别（则）细如针鼻，饮砟滴水而不容；腹藏则**宽于太山**，盛售三江而难满。（敦煌变文·目连变文）｜加以当今取士，宜**宽于往古**，何者？（三国志·吴书十九·诸葛恪传）

(623) 冷：那知今日眼，相见**冷于秋**。（全唐诗·卷四四二·代人赠王员外）

(624) 丽：赋莫深于离骚，反而广之；辞**莫丽于相如**，作四赋：皆斟酌其本，相与放依而驰骋云。（汉书·扬雄传下）

(625) 利：淫欲伤人，**利于刀剑**。我今困厄，皆由欲故。（贤愚经·卷一，T04）

(626) 凉：能就江楼消暑否，**比君茅舍较清凉**。（全唐诗·卷四四三·江楼夕望招客）｜只觉得风气森森，**比先更觉凉飒**起来；月色惨淡，也不似先明朗。（红楼梦·第七十五回）

(627) 灵：夫陶冶造化，**莫灵于人**。（抱朴子内篇·对俗）

(628) 伟：柰林实重七斤，蒲萄实**伟于枣**，味并殊美，冠于中京。（洛阳伽蓝记·城西）

(629) 凶:天下之物,**莫凶于鸡毒**,然而良医橐而藏之,有所用也。(淮南子·主术训)

(630) 艳:茅茨**艳于丹楹**,辨橡珍于刻桷。(抱朴子外篇·嘉遁)

(631) 惨:加以砂砾所伤,**惨于矛戟**,讽刺之祸,速乎风尘。(颜氏家训·文章)

(632) 迟:以此明月行之**迟于日**,而皆西行也。(宋书·天文志一)

(633) 洁:申诚信而罔违兮,情素**洁于纽帛**。(楚辞·九叹·怨思)

(634) 剧:问诸人曰:"世间羸瘦,有剧我者无?"贤者答言:"更有羸瘦**甚剧于汝**。"(贤愚经·卷一,T04)|土气寒,**剧于夫余**。(三国志·魏书三十·挹娄传)

(635) 隆:帝者之盛**莫隆于唐虞**,而陛下任之;忠臣茂功莫著于伊周,而宰衡配之。(汉书·王莽传上)

(636) 勤:尧之有天下也,堂高三尺,采椽不斲,茅茨不翦,虽逆旅之宿**不勤于此**矣。(史记·李斯列传)

(637) 宜:亲德系后,**莫宜于祜**。(后汉书·孝安帝纪第五)

(638) 泽:言人之善,**泽于膏沐**。(说苑·谈丛)

以上 22 个形容词,在上古时期属性值为 2,都不能用于比较句,到汉代以后,都可以用于比较句。

3.2.3.4 最不典型的形容词用于比较句

(639) 毒:霎时间,扑天红焰,红焰之中冒出一股恶烟,**比火更毒**,好烟!(西游记·第七十回)

(640) 珍:茅茨艳于丹楹,辨橡**珍于刻桷**。(抱朴子外篇·嘉遁)|青松未胜其洁,白玉**不比其珍**。(洛阳伽蓝记·城东)

(641) 鬼:你觉着你**鬼**,我比你还**鬼**。咱们看看谁**鬼**的过谁去!(杨朔:《三千里江山》)

(642) 奇:是反人精神不若物,物精〔神〕**奇于人**也。(论衡·论死篇)

(643) 崇:国之功德**崇于城墙**,文人之笔劲于筑蹈。(论衡·须颂篇)|有司奏,以为"礼**莫崇于尊祖**,制莫大于正典。(三国志·魏书

四·陈留王奂)

(644) 详:房言律**详于歆所奏**,其术施行于史官,候部用之。(宋书·律历志上)

(645) 优:王、贡之材,**优于龚、鲍**。(汉书·王贡两龚鲍传)

(646) 牢:修成坚骨同天寿,炼就粗皮**比铁牢**。(西游记·第六十七回)

(647) 瘦:他**比徐佐还瘦**。(老鬼:《血色黄昏》)

(648) 紧:妇人登在脚上试了试,寻出来这一只**比旧鞋略紧些**。(金瓶梅·第二十八回)

(649) 早:他算了算,这日正是国子监值日,因是御门的时刻**比寻常较早**,他先一日便到海淀住下。(儿女英雄传·第四十回)

以上11个形容词,在上古时期属性值为1,都不能用于比较句,到汉代以后,都可以用于比较句。

3.2.3.5 小结

属性值为3的次典型形容词有100个在上古不能用于比较句;属性值为2的不太典型形容词有138个,它们在上古都不能用于比较句;属性值为1的最不典型的形容词有60个,只有1个词"爜 hàn"可以用于比较句①。也就是说,共有297个形容词在上古不能用于比较句。这297个形容词中,有59个形容词到汉代以后则可以用于比较句。它们在上古不能用于比较句有2种可能:(1)形容词性并不十分突出;(2)由于受到语料的限制或调查的疏漏而未能发现。这一现象同时也说明汉语的比较句在上古还比较单调,用于其中的形容词远远少于汉代以后。汉代以后,比较句除了沿用先秦的比较句之外,还产生了一些新的形式,如"比诸公说理最平浅""比君校老""卿比之,已为老矣""比今为缓""比人家屁股还白",等等。这些新类型的比较句使得更多的形容词陆续进入其中,而比较句也就成为鉴别形容词的一个重要的形式标准。

---

① 桡万物者莫疾乎风,爜万物者莫爜乎火。(周易·说卦)

3.2.4 形容词用于致使标记(使/令)之后逐渐增多

3.2.4.1 形容词的使动用法与"使/令(＋NP)＋形"之比较

关于"使令"类兼语式与使动用法这二者谁先谁后的问题,学术界一直有不同意见。有的学者认为兼语式在前,使动和意动用法在后。如张贻惠(1957)《古汉语语法》认为使动和意动用法"都是把'兼语式'简化为'主谓宾'结构的方法,也是使语言精炼的方法"。刘景农(1994:195－198)认为意动用法"相当于化'以……为……'式为简单形式",致动用法"相当于化'递谓式'为简单形式",都是"使语言更加精炼"的方法。王力(1980:376)《汉语史稿》说:"'致动'和'意动'是修辞上的一种手段。"同书379页又说:"在诗、书、易等较早的材料中,致动和意动甚为罕见。致动和意动的普遍应用,始于春秋末期和战国初期。"

也有学者认为使动和意动用法在前,"以……为……"一类结构和由"使"字构成的"递系式"(相当于本书所说的"使令"类兼语式)在后。如裘锡圭(1979)指出:"在古汉语发展过程里,是先有所谓'意动'和'使动'用法,然后才出现'以……为……'一类结构和用意义较虚的'使'字的'递系式'的。把'意动'和'使动'用法看作'使语言精炼的方法',完全违反了语言发展的历史事实。"冯英(1991)指出:"汉语使动用法先于使令兼语式,而使动用法的前身则是具有形态变化标志的使动范畴","使令兼语式作为使动用法之后产生的一种更为严密、更为明确的语法形式,它的范围比使动用法更为广泛,语法意义也更多样,所以使动用法一般可以用使令兼语式替代,使令兼语式却不能全部变换为使动用法。"张建中(1990)的文章也说明了这一趋势。

但是为什么使令兼语式"范围比使动用法更为广泛,语法意义也更多样"?冯英(1991)只是指出了这一趋势,并没有详细比较二者在功能上的不同。本节以形容词用于使令类兼语式和使动用法为例,来比较一下二者在表达上的优劣。经过比较,我们发现,形容词的使动用法与"使/令

(＋NP)＋形"①虽然都能表达致使义,但有时可以互换,有时却不能互换,后者在表达上具有使动用法不具备的五方面特点。

一、"使/令(＋NP)＋形"能够消除"形＋名"结构的歧义

"形＋名"在上古既可以构成定中式,也可以构成述宾式,是一个歧义结构,需要根据上下文语境来区分。此类用例较多,我们从前面"3.2.1.2做定语从少到多"一节所列22个"形＋名"组合再摘取3例,列表如下:

表 3-2

词	述宾式	定中式
富	毋**富人**而贷焉(韩非子·扬权)	而**富人**莫之敢距也(荀子·仲尼篇)
众	是以先王知**众民**强兵(管子·治国)	虽有广地**众民**(管子·法禁)
强	尊主**强国**之人(庄子·刻意)	有疏则为**强国**制矣(韩非子·五蠹)

以上"形＋名"组合,左列为述宾式,右列为定中式,具体取何种理解依上下文而定。上古汉语时期,为了消除"形＋名"结构的歧义,有三种办法:

(一)插入代词"其",构成"形＋其＋名"。如:"大其都""大其钟鼓""大其宫室""大其事""大其美""大其威"等只能理解为述宾式。上面25个形容词,如果后面跟"其＋名词",则毫无例外,全是述宾式。本书"3.2.1.2做定语从少到多"节已列举20多例"形＋名"之间插入"其"构成动宾结构的例子,下面再补充25例如下:

(650)请将欲**富其国家**,众其人民。(墨子·尚同中)

(651)故明主之治国也,**众其守**而重其罪。(韩非子·六反)

(652)吾又**强其仇**,以重怒之,无乃不可乎?(左传·昭公三十年)

(653)故曰:不**贵其师**,不爱其资,虽知大迷,是谓要妙。(韩非子·喻老)

(654)夫事君者,**先其善**,不从其过。(国语·楚语上)

(655)相秦而**显其君**于天下,可传于后世,不贤而能之乎?(孟子·万章上)

---

① Vi表示不及物动词,A表示形容词,V1表示连动式第一动词,V2表示第二动词,O表示宾语,NP表示名词性成分。全书同。

(656) 宣子曰:"我欲得齐,而**远**其宠,宠将来乎?"(左传·昭公三年)

(657) 今夫子卑其大夫而贱其宗,是**贱其身**也。(左传·昭公二十五年)

(658) 好恶在所见,臣下之饰奸物以**愚其君**,必也。(韩非子·难三)

(659) **下其手**,曰:"此子为穿封戌。"(左传·襄公二十六年)

(660) 述宾式:无庸,使**重其罪**,民将叛之。(左传·成公十五年)

(661) 故天将降大任于是人也,必先**苦其心志**,劳其筋骨。(孟子·告子下)

(662) 无或如齐庆封弑其君,**弱其孤**,以盟其大夫!(左传·昭公四年)

(663) 故明君者,必将先**治其国**,然后百乐得其中。(荀子·王霸篇)

(664) 夫能有其国,必能**安其社稷**。(韩非子·解老)

(665) 或得宝以**危其国**。(吕氏春秋·异用)

(666) 今则不然:以其有功也爵之,而**卑其士官**也。(韩非子·五蠹)

(667) 若将**广其心**而远其邻,陵其民而卑其上。(国语·周语上)

(668) 彼得其情以**厚其欲**,从其恶心,必败国且深乱。(国语·晋语一)

(669) 尽其地力以多其积,致其民死以**坚其城守**。(韩非子·五蠹)

(670) 夫耀蝉者,务在**明其火**,振其树而已;火不明,虽振其树,无益也。(荀子·致士篇)

(671) 使周、卫缓其从衡之计,而**严其境内之治**。(韩非子·五蠹)

(672) 此夫始生巨,其成功小者邪?**长其尾**而锐其剽者邪?(荀子·赋篇)

(673) 故君子寡言,而行以成其信,则民不得大其美而**小其恶**。(礼记·缁衣)

(674) 今越王句践恐惧而改其谋,舍其愆令,**轻其征赋**。(国语·吴语)

上面所举的 25 个形容词构成的"形+名"中间插入"其"之后,构成"形+其+名","形"转变为"动"。这是上古汉语中非常普遍的一种句法手段,可以明确"形"与"名"究竟是述宾关系还是定中关系。

本书"3.2.1.2 做定语从少到多"节还找到很多用例,"形+名"是定中关系,插入"其"之后,只能理解为述宾关系,我们从 25 例中再摘取 3 例,列表如下:

表 3-3

词	形＋名（定中关系）	形＋其＋名（述宾关系）
丰	是高爵**丰禄**之所加也（荀子·议兵篇）	崇其爵，**丰其禄**（战国策·楚策一）
高	**高台**深池（左传·昭公二一年）	大其园圃**高其台**（荀子·成相篇）
多	省求**多功**，爱敬不倦（荀子·仲尼篇）	**多其功**，而不息德（荀子·尧问篇）

以上两类一共有 50 个形容词，它们与名词组合时，若无"其"介于其间，"形＋名"要么有两解（述宾和定中），如"富""众""强"等；要么优先被理解为定中关系，如"丰""高""多"等。但是，50 个形容词构成的"形＋其＋名"组合则一律被理解为述宾关系，由此可见代词"其"对于分化"形＋名"组合的歧义具有重要意义。但是随着"形＋其＋名"结构逐渐减少，表明形容词的使动用法的使用领域缩小了。

魏培泉（2004）注意到，自先秦至汉魏六朝，"其"的功能发生了从复指代词（相当于"NP＋之"）到定指代词（相当于"那，那个"）的转变。黎路遐（2013）指出，"其"发展为表定指后，它的称代性消失。"其"的这种变化与"形＋其＋名"结构逐渐减少有无直接关联，还有待进一步研究。

（二）使用"形＋之"来构造使动式，表示致使义①。有的形容词，后面带名词时，"形＋名"是定中结构，但是后面接代词"之"时，"形＋之"是述宾结构，如：

1. 寒之

（675）定中式：诞寘之**寒冰**，鸟覆翼之。（诗·大雅·生民）

（676）述宾式：一日暴之，十日**寒之**，未有能生者也。（孟子·告子上）

2. 良之

（677）定中式：夫人虽有性质美而心辩知，必将求贤师而事之，择**良友**而友之。（荀子·性恶篇）

（678）述宾式：精气之来也，因轻而扬之，因走而行之，因美而**良之**，因

---

① 蒋绍愚（2014）统计《左传》中表使动的"P（述语）＋之"共 153 例，"使动"句中的述语多数是不及物动词和形容词。

长而养之,因智而明之。(吕氏春秋·尽数)

上面几例中,"寒冰""良友"是定中结构,"寒之""良之"则是述宾结构。因此,使动用法在这些"形容词+之"的结构中得到了保留,随着指示代词"之"的衰落,使动用法也就进一步缩小其使用领地。

(三)使用"使/令(+NP)+形/动",表示致使义。这种结构式表达的语义相当于述宾式"形/动+名"表达的语义内容,但表义更为明确。如:

(679)驰骋田猎,**令人心发狂**。(老子·十二章)

(680)朱儒朱儒,**使我败**于邾。(左传·襄公四年)

(681)故齐衰之服,哭泣之声,**使人之心悲**。带甲婴胄,歌于行伍,**使人之心伤**;姚冶之容,郑卫之音,**使人之心淫**;绅、端、章甫,舞韶歌武,**使人之心庄**。(荀子·乐论篇)

(682)梓匠轮舆,能与人规矩,不能**使人巧**。(孟子·尽心下)

(683)**使人忧**,**使人悲**,其行难为也。(庄子·天下)

(684)食之致香以息,**使人肌泽**且有力。(吕氏春秋·审时)

中古汉语时期,此类用法更多,如:

(685)欲**令塔大**,无多宝物,那得使成?(贤愚经·卷十一,T04)

(686)何知衍不令时人知己之冤,以天气表已之诚,窃吹律于燕谷狱,**令气寒**而因呼天乎?(论衡·变动篇)

(687)谷贵时便出,**令谷贱**。(阿閦佛国经·卷二,T11)

(688)淘不净,**令豉苦**。漉水尽,委著席上。(齐民要术·作豉法)

(689)得道者**令人仁**,失道者令人贪。(太平经合校·卷十八)

(690)更相欺以伪道,**使人愚**,令少贤者。(太平经合校·卷四十七)

以上6例中,"令塔大""令气寒""令谷贱""令豉苦""令人仁""使人愚"没有歧义。在上古时期,它们也可以用使动用法"大塔""寒气""贱谷""苦豉""仁人""愚人"来表达。但是,如果使用了这些"形+名"组合,就有可能被理解为定中关系,因而容易导致误解。因此,为了表达致使义而不至于产生歧义,言说者逐渐采用了分析型表达式,即"使令类兼语式"。这样一来,"形+名"组合表达述宾关系就趋于减少,而表达定中关系的倾向却逐渐凸显。

总之,到中古以后,由于表达致使义的"形+其+名"和"形+之"结构逐渐减少,"形+名"组合倾向于表达定中关系,如果要表达致使义,一般选用"使/令(+NP)+形"式,而不再选用一般也可以表达定中关系的"形+名"结构。这种表义的明确性使得使令类兼语式成为表达致使义的又一重要手段,因而后来得到了迅速发展。

二、"使/令(+NP)+形/动"既可以用于表达间接使成,也可以表达直接使成,而"形/动+名"主要表达直接使成。

科姆里(1989:209;217)将使成表达形式看成是一个连续体,并划分出三种类型:分析型使成式、形态型使成式和词汇型使成式,并指出"很明显,越是接近于分析型一端的结构越适用于关系疏远的(间接)使成,而越是接近于词汇型一端的结构越适用于直接使成"。上古汉语中的"使/令(—NP)+形/动"是分析型使成式,"形/动+名"使动用法可以分为两类:1.词汇型使成式;2.有少数形容词带宾语和不带宾语在读音上有区别,属于形态型使成式。

在上古时期,"使/令(+NP)+形/动"既可以表达直接使成,也可以表达间接使成,二者都比较常见。"形/动+名"结构主要用来表达直接使成,用来表达间接使成的例子也有,但比较少见,如:

(691)王曰:"然则死也。再**败楚师**,不如死;弃盟、逃仇,亦不如死。死一也。其死仇乎!"(左传·哀公六年)

此例中的"败楚师",不是楚王直接使楚师败,而是楚王设想:如果因为自己的缘故而使得楚师失败,则不如去死。这是用主要表达直接使成的形式来表达间接使成。又如:

(692)子灵之妻杀三夫、一君、一子,而**亡一国、两卿**矣,可无惩乎?(左传·昭公二十八年)

此例中的"三夫"指陈国的夏御叔、楚国的连尹襄老和申公巫臣,"一君"指陈灵公,"一子"指夏姬之子夏征舒,"两卿"指陈国大夫孔宁、仪行父,他们都因为夏姬的原因或病死,或战死,或逃亡,或被别人诛杀。"一国"指陈国,因夏姬一度灭亡。夏姬并非杀死这些人或灭掉陈国的直接凶手,而是间接使因。上例在语义上相当于:

(693)子灵之妻使三夫、一君、一子被杀,而使一国灭亡、两卿逃亡。

但是上古"被"字句没有出现,不具备使令类兼语式和被动式套合使用的条件,使动用法和排比对偶句比较盛行,因而出现了以主要表达直接使成的形式表达间接致使的句子。又如:

(694)夫无忌,荆之谗人也。**亡夫太子建,杀连尹奢,屏王之耳目。**（吕氏春秋·慎行）

此例中,费无忌并非直接赶跑了太子建,而是楚平王听信他的谗言,先将太子派到城父,后来以为太子和连尹伍奢要造反,就逮捕了连尹伍奢,太子建于是逃走,伍奢被杀害。由此可见,直接杀死伍奢、赶跑太子的不是费无忌,而是楚平王,费无忌的谗言是间接使因。此例也属于用主要表达直接使成的形式来表达间接使成的句子。最后看一例:

(695)臧之狐裘,**败我**于狐骀。我君小子,朱儒是使。朱儒朱儒,**使我败**于邾。（左传·襄公四年）

前面说"败我",后面说"使我败"。其实都是间接使成,换用不同的说法可能是为了避免重复。

总之,上古时期,"形/动＋名"主要表达直接使成,表达间接使成较为少见。"使/令(＋NP)＋形/动"既可以表达间接使成,也可以表达直接使成,因而后来得到了发展。

三、"使/令(＋NP)＋形"便于形成话题句,"形＋名"的"名"提前充当话题受到较大局限。

"使/令(＋NP)＋形"结构中的 NP 如果提前,就可以形成话题句,如:

(696)则**乱者可使治**,而**危者可使安**矣。（墨子·非命中）
(697)明王之务,在于强本事,去无用,然后**民可使富**。（管子·五辅）

(698) **地**可**使肥**,又可使棘。(吕氏春秋·任地)

(699) 夫晋国之乱,吾**谁使先**,若夫二公子而立之?(国语·晋语二)

前三例中的"乱者""危者""民""地"都是提前充当主话题的 NP,最后一例中的"谁"是提前充当次话题的 NP。主话题和次话题提前后,表示致使的动词"使/令"和形容词直接相连,形成"使治、使安、使富、使肥、使先"等形式,这样,"使/令"逐渐演变为动词或形容词之上的致使标记。标记一旦形成,便频频加在其他动词或者形容词之上,表示一种致使结果。中古以后的例子如:

(700) 五百骑乘,皆**使严整**。(生经·卷二,T03)

(701) 粗细靡物金银彩帛珠玉之宝,各**令平均**。(太平经合校·卷一一二)

(702) 好看驼皮,莫**使湿烂**。(百喻经·卷三,T04)

(703) 好看此人,莫**令羸瘦**。(摩诃僧祇律·卷三,T22)

(704) 先得他恩重,酬偿**勿使轻**。(王梵志诗校注·先得他恩重)

以上几例中,致使小句前面的名词性成分都是提前的话题。

(705) 答言:"我种此树,护**令长大**。"(摩诃僧祇律·卷三十三,T22)

(706) 作冢勿**令深**,一一依格,莫过度也。(南齐书·豫章文献王传)

(707) 佛持威神吹海水,悉**令枯竭**。(佛说内藏百宝经·卷一,T17)

(708) 欲善其事,先利其器……且须调习器械,务**令快利**。(齐民要术·杂说)

以上几例中,"此树、冢、海水、器械"分别是动词"种、作、吹、调习"的宾语,又是致使小句的话题。

因此,一方面,这种话题性致使句适应了汉语话题句的迅速发展;另一方面,"使/令+形"又使用了零形回指手段,使得"使/令"紧邻形容词,这更利于表达事件的结果或者动作所造成的状态,因而此类句子在中古的使用频率越来越高。

"使/令(+NP)+形"结构中的 NP 提前之后,也可以用代词"之"来

回指,如:

(709)**弱者使之强**,短者使长,贫者使多量。(马王堆汉墓帛书·五十二病方)

(710)如能起行,**杖短能使之长**乎?(论衡·问孔篇)

如果不使用间接致使,要把"形+名"中的"名"提前充当话题,就必须在"形"之后使用代词"之"来回指,如:

(711)子曰:"**老者安之**,朋友信之,少者怀之。"(论语·公冶长)

魏培泉(1990)、方一新(1994)、蒋绍愚(2004)、朱冠明(2007)等都指出代词"之"在中古逐渐走向衰落。"之"的衰落极大地限制了"弱者使之强""老者安之"之类结构的使用。在这种情况下,"地可使肥""短者使长"等形式在中古蓬勃发展,就在情理之中了。

四、使动用法很少或很罕见的形容词,表达致使义必须使用"使/令(+NP)+形"结构。

有些形容词从上古到中古一直没有使动用法或者使动用法罕见,如"巧""甚""壮"等,要表达致使义,只能用"使/令(+NP)+形"结构,如:

(712)梓匠轮舆,能与人规矩,不能**使人巧**。(孟子·尽心下)

(713)良匠能与人规矩,不能**使人必巧**也。(抱朴子内篇·极言)

(714)先王必欲少留而抚社稷、安黔首也,故**使雨雪甚**。(吕氏春秋·开春)

(715)愚伴为侣,遂**使致是痴惑日甚**。(生经·卷四,T03)

(716)切须保摄精勤,莫**使缠眠(绵)更甚**。(敦煌变文·维摩诘经讲经文)

(717)我自有身,不能**使之永壮而不老**。(抱朴子内篇·塞难)

(718)须培壅根本,**令丰壮**。(朱子语类·卷一一三)

汉语致使义的表达方式有多种,如使动用法、使令类兼语式、部分及物动词带宾语形成的述宾式(如"杀之"有"使之死"的意思)、动结式、处置式等,对于上古汉语的形容词而言,只有前面两种表达方式;对于使动用法很少的形容词而言，就只剩下用"使/令（＋NP）＋形"式来表达致使义。

五、"使/令（＋NP）＋形"可以和前面的 VP 形成连动式，以指明造成动作结果或状态的原因或方式，而使动用法则存在较大的局限性。

对于有使动用法的形容词而言，如果带使动宾语，只能表达动作造成的结果，但是并没有说出造成这个结果的原因或者方式。要做到这一点，可以在形容词之前再添加一个动词或"动词＋而"的形式，来指明造成动作结果的原因或者方式。如：

(719) 嫂叔之无服也，盖**推而远之**也。（礼记·檀弓上）

(720) 道化凌迟，流遁遂往，贤士儒者，所宜共惜，法当扣心同慨，**矫而正之**。（抱朴子外篇·刺骄）

(721) 夫十围之木，始生于蘖，可**引而绝**，可擢而拔。（说苑·正谏）

(722) 今政事大小皆自凤出，天子曾不一举手，凤不内省责，反归咎善人，**推远定陶王**。（汉书·元后传）

(723) 穆之斟酌时宜，随方**矫正**，不盈旬日，风俗顿改。（宋书·刘穆之传）

(724) 及适情，倩入官而怒，肆詈搏击，**引绝帐带**。（宋书·赵伦之传）

上述 6 例中，前 3 例中的 VP 和形容词之间都有连词"而"，后 3 例没有"而"。"而"隐去导致表示方式或原因的动词和后面表示结果的形容词紧密相连，边界消除，逐渐由状中式或连动式演变为动结式。但是初期产生的动结式，V2 多是由及物动词或有使动用法的不及物动词、形容词变来的，对于本来就没有使动用法或者使动用法比较少的不及物动词和形容词而言，一开始就很难有"$V_i/A+O$"的形式，自然也就很少出现在"V1（而＋）$V_i/A+O$"结构中。这样的不及物动词和形容词既要表示致使结果，又要表示造成结果的原因或者方式，就只有采用"使/令（＋NP）＋V_i/A"的形式了。如：

(725) 小沚曰沘，沘，迟也，能**遏水使流迟**也。（释名·释水）

(726) 厕……或曰圂，至秽之处，宜**常修治，使洁清**也。（释名·释宫室，284）

(727) 佛持威神**吹海水,悉令枯竭**。(佛说内藏百宝经·卷一,T17)
(728) 应日中**晒令干**。(摩诃僧祇律·卷三十四,T22)
(729) 其酒饭,欲得弱炊,炊如食饭法,**舒使极冷**。(齐民要术·造神曲并酒)

前三例中,VP 是造成"使/令(+NP)+形"的原因,如"遏水"是"使流迟"的原因,"常修治"是"使厕洁清"的原因,"吹海水"是"令海水枯竭"的原因。后两例中,VP 是造成"使/令(+NP)+形"的方式,如"晒"是"令干"的方式,"舒"是"使极冷"的方式。其实方式也是原因的一种,二者本质上是相通的。这五例中的形容词是"迟、洁清、枯竭、干、冷",其使动用法要么没有,要么非常少,它们本来就很少带使动宾语,也就没有机会出现在"V1+A+O"结构中,若要表示致使某物出现某种结果或状态,就只能采用"使/令(+NP)+A"结构式。总之,不是所有的形容词都有使动用法,这就是使动用法表示致使的局限性所在,而"使/令(+NP)+形"又正好弥补了这一不足,因而中古时期较为盛行。

综上,"使/令(+NP)+形"具有五方面的优势或表义特点,即:(1)能够消除"形+名"结构的歧义;(2)多用于表达间接使成,与"形+名"主要用来表达直接使成互补;(3)便于形成话题句,"形+名"的"名"不能使用零形式,难以提前充当话题;(4)使动用法很少的形容词,表达致使义必须使用"使/令(+NP)+形"结构;(5)"使/令(+NP)+形"可以和前面的 VP 形成连动式,以指明造成动作结果或状态的原因或方式,而使动用法则存在较大的局限性。基于以上五个方面的原因,形容词的使动用法有很大的局限性,因而逐步衰落,这已是不争的事实。

3.2.4.2 最典型的形容词用于致使标记(使/令)之后

以上我们从五个方面比较了"使/令(+NP)+形"式和使动用法在表达致使义方面的区别,指出前者具有较大的优势,能够弥补使动用法的不足,因而在中古发展较为迅速。

下面,我们结合上古时期 70 个最典型形容词来看看究竟有哪些形容词进入了"使/令(+NP)+形"结构式(以下简称"使令式"),哪些没有或者说不能进入使令式,以及它们到后来的发展情况如何。调查结果如下:

（一）有 31 个最典型形容词在先秦就可以用于使令式，到汉代以后也可以继续用于这种句式，并且有增多的趋势。即：安、卑、聪、大、恶、富、广、贵、寒、坚、贱、乐、明、强、巧、亲、仁、荣、少、甚、寿、疏、下、先、小、远、长、智、治、重、尊。各举 1 例如下（仅举先秦例证）：

(730) 危者可**使安**矣（墨子·非命中）｜**使**其商工游食之民少而名**卑**（韩非子·五蠹）｜**令**耳恩鯯(聪)目明（睡虎地秦墓竹简·日书甲种）｜**使**其**大**（管子·侈靡）｜故**使**或美或**恶**（荀子·富国篇）｜天不能**使**之**富**（荀子·天论篇）｜**令**荆国**广**大至于此者（吕氏春秋·直谏）｜富勿**使贵**，贵勿使富（银雀山汉墓竹简·六韬）｜**使**民夏不宛暍，**冬**不冻**寒**（荀子·富国篇）｜**使**苗**坚**而地隙（吕氏春秋·任地）｜贵且**使**己**贱**（战国策·楚策三）｜强**令**之笑不**乐**（吕氏春秋·功名）｜将**使**耳不聪，**目不明**（战国策·秦策二）｜弱者**使**之**强**[马王堆汉墓帛书(肆)五十二病方等]｜不能**使**人**巧**（孟子·尽心下）｜民可**使亲**（管子·五辅）｜而不能**使**人**仁**（商君书·画策）｜名者**使**之**荣**辱（管子·小称）｜故**使**雨雪**甚**（吕氏春秋·开春）｜**使**君**寿**考（诗·小雅·楚茨）｜亦无**使疏**（吕氏春秋·辩土）｜衡者，**使**物一**高**一**下**（管子·轻重乙）｜晋果**使**祭事**先**（吕氏春秋·精谕）｜毋**使**枝大本**小**（韩非子·扬权）｜贤人**使远**（晏子春秋·内篇谏上）｜少者**使长**（吕氏春秋·恃君）｜故能**使**众**智**也（吕氏春秋·分职）｜乱者可**使治**（墨子·非命中）｜此必**使**王**重**矣（战国策·燕策一）｜请佐公**使尊**（左传·昭公九年）

（二）有 23 个最典型形容词在先秦不能用于使令式，但是汉代以后可以用于这种句式，即：长、短、多、高、急、疾、近、精、久、苦、良、美、轻、善、深、神、盛、胜、危、狭、愚、正、壮。各举 1 例如下：

(731) 鹦鹉能言，而不可**使长**（淮南子·说山训）｜自**令**命**短**，何所怨咎（太平经合校）｜**使**秋水**多**（汉书·沟洫志）｜皆**令**土下四厢**高**（齐民要术·种瓜）｜牵，弦也，**使**弦**急**也（释名·释姿容）｜**使**舟**疾**（释名·释船）｜勿**使**棠**近**（齐民要术·种榆、白杨）｜事麦折**令**

精,细簸拣(齐民要术·醴酪)|不可**令久**(太平经合校)|增其酢豉之味,**使甚苦**以消酒也(释名·释饮食)|亦安能**使百姓皆良**(抱朴子外篇·用刑)|**当令绝美**(佛说成具光明定意经,T15)|书画服玩宜恒在左右,且兵凶战危,脱有意外,当**使轻**而易运(魏书·岛夷桓玄传)|一切人民蜎飞蠕动,**悉令其善**(道行般若经·卷二,T08)|**使其诈谋益深**(后汉书·祭遵传)|**令药不成不神**(抱朴子内篇·金丹)|故**使阴气盛**(太平经合校)|**致使佛光最胜**(敦煌变文·维摩诘经讲经文一)|昔子胥不早寤,**自使身危**(三国志·魏书十七·张合传)|**令底广上狭**(摩诃僧祇律·卷三十五,T22)|故多**使其君愚甚**(太平经合校)|师自**捆口令正**(五灯会元·卷四)|不能**使之永壮而不老**(抱朴子内篇·塞难)

(三)有9个最典型形容词在先秦不能用于使令式,但是汉代以后,可以组成复合词用于这种句式,即:丰/丰足、厚/醇厚、察/察察、侈/奢侈、弱/羸弱、严/严整、要/贵要、险/危崄、众/众多。各举1例如下:

(732)饭亦皆满,都**令丰足**(撰集百缘经·卷八,T04)|兼猥酿酒,特**令醇厚**(生经·卷二,T03)|**使其察察**,令可知也(太平经合校)|欲**使民独不奢侈失农**(汉书·东方朔传)|王**使君兵众羸弱**(南齐书·王玄载传)|五百骑乘,皆**使严整**(生经·卷二,T03)|及柳元景、颜师伯**令仆贵要**(南齐书·王秀之传)|不可为一人**令我等危崄**(高僧法显传·卷一,T51)|必**使有前后文书众多**(太平经合校)

(四)有7个最典型形容词从先秦一直到明清时期,都不能用于这种句式,即:康、嘉、难、威、贤、显、愉。

(五)没有发现这样的最典型形容词:先秦时期可以用于使令式,汉代以后却不可以。

3.2.4.3 次典型形容词用于致使标记(使/令)之后

次典型形容词共有112个,它们用于使令式的情况如下:

（一）有 17 个次典型形容词在先秦就可以用于使令式,到汉代以后也可以继续用于这种句式,并且有增多的趋势,即：备、炽、固、劳、乱、茂、贫、平、清、穷、散、顺、微、淫、忠、吉、悲。各举 1 例如下（仅举先秦例证）：

(733) **令三军之钟鼓必备**(国语·晋语五)│**俾尔炽而昌**(诗·鲁颂·閟宫)│万物不可得而**使固**(管子·轻重乙)│**无使君劳**(诗·卫风·硕人)│**使天下乱**(荀子·富国篇)│数披其木,**毋使枝茂**(韩非子·扬权)│**使天下贫**(荀子·富国篇)│危者**使平**(周易·系辞下)│填其洶渊,**毋使水清**(韩非子·扬权)│母积爱而**令穷**(韩非子·六反)│**使之阳而不散**(礼记·乐记)│可杀而**不可使不顺**(荀子·王霸篇)│**廛者使微**(周礼·地官·司市)│**使人之心淫**(荀子·乐论篇)│所以**使群臣忠**也(韩非子·难四)│则天不能**使之吉**(荀子·天论篇)│**使人之心悲**(荀子·乐论篇)

（二）有 38 个次典型形容词在先秦不能用于使令式,但是汉代以后可以用于这种句式,即：白、甘、贪、极、孝、速、薄、达、繁、干、刚、恭、和、缓、黑、昏、荒、简、健、静、枯、老、赢、妙、谬、浅、热、辱、衰、完、细、虚、易、浊、足、青、暖、愈。各举 1 例如下：

(734) **使人头不白**(三国志·魏书二十九·吴普樊阿传)│**令人口中甘**(太平经合校)│**失道者令人贪**(太平经合校)│人体欲得劳动,但不当**使极**尔(三国志·魏书二十九·吴普樊阿传)│**令使孝善**,子孙相传(太平经合校)│**使其替之益速**(说苑·至公)│**令薄**,得不死(史记·卫康叔世家)│**令人志达耳聪**(太平经合校)│**令实繁**(齐民要术·种李)│**洗钵令干**(摩诃僧祇律·卷十一,T22)│溲时微**令刚**(齐民要术·造神曲并酒)│钓者**使人恭**(淮南子·说山训)│**使气不和**(论衡·谴告篇)│**令病者筋缓**(道地经,T15)│或能**使坠齿复生,白发更黑**(新论·祛蔽)│鄙语曰"利令智昏"(史记·平原君虞卿列传)│**令地小荒**矣(齐民要术·种瓜)│削**使科条简**,摊令赋役均(全唐诗·卷四四七·舍人湖州崔郎中仍呈吴中诸客)│但**令此身健**,不作多时别(全唐诗·卷

四四四·别毡帐火炉)|**使羌戎不静**(后汉纪·卷十九)|**使根固枝繁永不枯**(敦煌变文·维摩诘经讲经文三)|忧**令人老**(宋书·乐志三)|虽先**令人赢**(抱朴子内篇·杂应)|**亦令极妙**(贤愚经·卷九,T04)|故**令不谬者鲜**也(抱朴子外篇·行品)|初**令浅**,示若可越(三国志·魏书六·袁绍传)|能以冬时**使天热**乎(论衡·感虚篇)|其使君荣之与**使君辱**(春秋繁露·竹林)|故**使阴气盛,阳气衰**也(太平经合校)|父母所生,**当令完**,勿有刑伤(太平经合校)|我贪欲人**缠腰使细**(摩诃僧祇律·卷四十,T22)|何不**使游刃皆虚**(世说新语·排调)|治其麻**使滑易**也(释名·释丧制)|**使水浊者**鱼挠之(淮南子·说林训)|皆持佛威神恩**使之足**(般舟三昧经·卷三,T13)|犹染丝**令之青赤**也(论衡·本性篇)|春秋**温酒令暖**(齐民要术·种红蓝花及栀子)|**使吾身疮愈**(六度集经·卷一,T03)

(三)有 15 个次典型形容词在先秦不能用于使令式,但是汉代以后,可以组成复合词用于这种句式,即:柔/柔软、俭/俭约、弊/疲弊、昌/兴昌、丑/丑陋、陋/丑陋、敦/敦朴、朴/敦朴、惰/游惰、烦/烦懑、骄/骄奢、硕/丰硕、便/通便、密/周密、郁/郁滞。各举 1 例如下:

(735)**使心柔软**(摩诃僧祇律·卷十三,T22)|**令先人坟墓俭约**(汉书·游侠传)|**使百姓疲弊**(三国志·蜀书十·廖立传)|因**使万物不兴昌**(太平经合校)|置(致)**令丑陋**不如人(敦煌变文·金刚丑女因缘)|**使之敦朴**(春秋繁露·保位权)|宜严课农桑,罔**令游惰**(南齐书·明帝纪)|头痛身热,**使人烦懑**(史记·扁鹊仓公列传)|**令后世骄奢**以虐民也(史记·刘敬叔孙通列传)|须是培养**令丰硕**(朱子语类·卷一一三)|庶**使道路通便**(元典章·刑部·诸盗三)|**属令周密**(汉书·循吏传)|**使之郁滞**(春秋繁露·如天之为)

(四)有 38 个次典型形容词从先秦一直到明清时期,都不能用于这种句式,即:阙、信、淑、诚、迩、艰、巨、辩、博、寡、惠、瘠、厉、佞、曼、懦、腥、群、圣、时、庶、素、文、武、修、夷、义、阴、勇、幽、约、杂、昭、真、憯、猛、径、亟。

(五)有 4 个次典型形容词在先秦可以用于使令式,汉代以后找不到用例,即:戒、劲、幸、阳。先秦用例如下:

(736) **使齐大戒**而不信燕。(战国纵横家书·苏秦自齐献书于燕王章)

(737) **欲令子劲**者,□时食母马肉。[马王堆汉墓帛书(肆)·五十二病方]

(738) 遏之以绝其志意,**毋使民幸**。(管子·正)

(739) **使之阳**而不散,阴而不密,刚气不怒,柔气不慑。(礼记·乐记)

3.2.4.4 不太典型的形容词用于致使标记(使/令)之后

不太典型的形容词共有 138 个,它们用于使令式的情况如下:

(一)有 21 个不太典型的形容词在先秦就可以少量用于使令式,到汉代以后也可以继续用于这种句式,且有增多的趋势,即:败、定、肥、坏、饥、狂、全、熟、通、温、新、直、孤、悖、阜、敬、睦、沮、劝、泽、芳。各举 1 例如下(仅举先秦例证):

(740) 朱儒朱儒,**使我败**于邾(左传·襄公四年)|**令事自定**(韩非子·扬权)|**使地肥**而土缓(吕氏春秋·任地)|**勿使坏**(左传·文公七年)|如之何其**使斯民饥**而死也(孟子·梁惠王上)|私虑**使心狂**(吕氏春秋·序意)|则天不能**使之全**(荀子·天论篇)|**使物不疵疠而年谷熟**(庄子·逍遥游)|《周书》所谓重、黎实**使天地不通**者(国语·楚语下)|**灸之令温**[(马王堆汉墓帛书(肆)·五十二病方)]|晏子饮景公酒,**令器必新**(晏子春秋·内篇杂上)|能**使枉者直**(论语·颜渊)|**使人主孤**而毋内(管子·法法)|**无使放悖**(吕氏春秋·审分)|利者**使阜**(周礼·地官·司市)|**使之必敬**也(礼记·祭统)|若先伐君,是**使睦**也(左传·定公十三年)|**使良事沮**(韩非子·说疑)|**使至者劝**而叛者慕(国语·晋语二)|饭,益气,有(又)**令人免(面)泽**[马王堆汉墓帛书(肆)·五十二病方]|**使夫百草为之不芳**(楚辞·离骚)

第三章　上古汉语的形容词及其演变趋势　121

(二)有 36 个不太典型的形容词在先秦不能用于使令式,汉代以后则可以用于这种句式,即:粗、腥、暴、黄、凶、盈、饱、赤、纯、淳、端、饿、怪、好、焦、空、困、冷、利、廉、漏、满、宁、偏、齐、曲、饶、湿、酸、泰、香、异、燥、迟、隆、谨。各举 1 例如下:

(741)勿**令**猿马气声**粗**(西游记·第五十回)|燋不可复**令腥**(论衡·道虚篇)|而不可以**使**人**暴**(淮南子·诠言训)|**染**绀**使黄**(释名·释彩帛)|**令**人死**凶**(太平经合校)|**使**雅颂之声**盈**于六合(三国志·魏书二十五·高堂隆传)|**令**汝**饱**足(撰集百缘经·卷十,T04)|**染**粉**使赤**(释名·释首饰)|此心**须令纯**(朱子语类·卷一一三)|弥缝**使**其**淳**(陶渊明集·饮酒二十首)|射者**使**人**端**(淮南子·说山训)|**令饿**死(汉书·景十三王传)|勿**使**比丘**怪**(摩诃僧祇律·卷三十九,T22)|云何能**令**是麦茂**好**(百喻经·卷四,T04)|**令**胶**焦**(齐民要术·煮胶)|**使**图圄**空**虚(史记·汲郑列传)|乃自**令困**辱至此(史记·张仪列传)|勿**令冷**(后汉书·戴就传)|剡其端**使利**(宋书·孝义传)|法能刑人而**不能使**人**廉**(盐铁论·申韩)|当开**令不漏**(摩诃僧祇律·卷五,T22)|**不能使满**(撰集百缘经·卷一,T04)|将**使不宁**(汉书·贾谊传)|衣食**莫令偏**(王梵志诗校注·卷四)|泥涅**可令齐**坚乎金玉(抱朴子外篇·勖学)|**使**景**曲**者,形也(淮南子·说林训)|言其能**使**豪奴自**饶**(史记·货殖列传)|勿**使令湿**(齐民要术·种胡荽)|大炉不欲**令**酒**酸**也(后汉书·孔融传)|士当**令**身名俱**泰**(世说新语·汰侈)|熬油**令香**(齐民要术·素食)|极**令奇异**(贤愚经·卷八,T04)|煮之**令燥**(抱朴子内篇·黄白)|故**使**河流**迟**(汉书·沟洫志)|**令**恩德两**隆**(后汉书·杨震传)|子欲**使**后世常**谨**常信(太平经合校)

(三)有 25 个不太典型的形容词在先秦不能用于使令式,但是汉代以后,可以组成复合词用于这种句式,即:洁/洁清、实/坚实、伪/淫伪、宽/宽快、枉/枉屈、敝/靡敝、捷/捷疾、丽/丽妙、凉/清凉、慢/轻慢、疲/疲弊、普/

广普、锐/尖锐、周/周密、当/当宜、玄/玄达、雅/文雅、殷/殷阜、勤/勤劳、刻/枉刻、适/适时、芜/芜秽、宜/合宜、章/章明、彰/彰露。各举1例如下：

(742)**使洁清**也(释名·释官室)|**令坚实**(齐民要术·作豉法)|勿**使淫伪**(潜夫论·务本)|**使我胸中宽快**(元朝秘史·卷十二)|致**使僧人枉屈**(元典章·刑部·诸奸)|**使边境之民靡敝愁苦**(汉书·主父偃传)|拨水**使舟捷疾**也(释名·释船)|极**令丽妙**(贤愚经·卷二，T04)|**使得清凉**(撰集百缘经·卷六，T04)|**令勿轻慢**(敦煌变文·双恩记)|**使百姓疲弊**(三国志·蜀书十·廖立传)|**当令广普**(阿閦佛国经·卷二，T11)|**使蒂头平重，磨处尖锐**(齐民要术·养鱼)|**属令周密**(汉书·循吏传)|欲**令事事当宜**(宋书·礼志二)|**使耳目精明玄达**而无诱慕(淮南子·精神训)|**使人温恭而文雅**(说苑·修文)|**宜令殷阜**(宋书·文帝本纪)|勿**令人勤劳**(佛说伅真陀罗所问如来三昧经·卷下，T15)|无**令枉刻**(后汉书·显宗孝明帝纪第二)|则**使风雨适时**(高僧传·卷三，T50)|不宜**使坟茔芜秽**(宋书·后妃传)|**使合宜**也(释名·释言语)|乃**令百姓平和章明**(汉书·平帝纪)|勿**令彰露**(三国演义·第二十四回)

(四)有53个不太典型的形容词从先秦一直到明清时期，都不能用于这种句式，即：都、经、令、晚、鄙、驳、苍、逸、常、陈、慈、独、非、幸、诡、华、狡、旧、练、灵、殊、特、婉、妄、伟、闲、方、祥、邪、艳、野、幼、逸、元、诈、哲、朱、拙、傲、急、惨、饬、诎、恓、蹙、笃、费、臧、胶、姣、剧、数、悌。

(五)有3个不太典型的形容词在先秦可以用于使令式，汉代以后找不到用例。即：躁、痗、壹。先秦用例如下：

(743)重，则能使轻；静，则能**使躁**。(韩非子·喻老)

(744)焉得谖草？言树之背。愿言思伯，**使我心痗**。(诗·卫风·伯兮)

(745)入使民属于农，出**使民壹于战**。(商君书·算地)

3.2.4.5 最不典型的形容词用于致使标记(使/令)之后

最不典型的形容词共有 60 个词,它们用于使令式的情况如下:

(一)只有 2 个形容词"倦、均",在先秦及汉代以后都可找到用于使令式的例子。如:

(746)通其变,**使民不倦**;神而化之,使民宜之。(周易·系辞下)

(747)至周之时,人民文薄,八卦难复因袭,故文王衍为六十四首,极其变,**使民不倦**。(论衡·齐世篇)

(748)子能**使穗大而坚均**乎?(吕氏春秋·任地)

(749)鸡鸣更**捣令均**,于席上摊而曝干,胜作饼。(齐民要术·种红蓝花及栀子)

(二)有 12 个形容词在先秦不能用于使令式,汉代以后则可以,即:毒、充、弘、亏、调、矜、庄、详、紧、净、鲜、瘦。各举 1 例:

(750)**令人毒**(论衡·言毒篇)|将**使困庾内充**(南齐书·武帝纪)|欲**令忠孝并弘**(南齐书·孝义传)|嗜欲**使行亏**(说苑·敬慎)|汝教此象,瞻养**令调**(贤愚经·卷三,T04)|项托**使婴儿矜**(淮南子·说林训)|**使人之心庄**(荀子·乐论篇)|事一二**令详**(高僧传·卷六,T50)|故**令脉紧**也(伤寒论·平脉法)|拂拭**使净**(撰集百缘经·卷七,T04)|熟不可复**令鲜**(论衡·道虚篇)|**令薤瘦**(齐民要术·种薤)

(三)有 12 个形容词在先秦不能用于使令式,汉代以后组成复合词才能用于使令式,即:名/闻名、奇/奇异、竭/枯竭、缺/缺减、缺少/缺落/缺灭、审/明审、慎/重慎、敬慎、淡/淡泊、奢/骄奢、优/优均/优游、牢/坚牢、该/该详、旱/亢旱。各举 1 例:

(751)**令我闻名**(敦煌变文·降魔变文)|众宝庄挍,极**令奇异**(贤愚经·卷八,T04)|悉**令枯竭**(佛说内藏百宝经·卷一,T17)|到今常(尚)**令人不缺灭**(论衡·书解篇)|宜**令明审**(宋书·武帝下)|**使人重慎**(论衡·四讳篇)|欲**令淡泊**(修行本起经·卷二,

T03)|**令**后世骄奢(史记·刘敬叔孙通列传)|务**令**优均(三国志·吴书三·孙休传)|当**令**坚牢,勿使动(摩诃僧祇律·卷三十一,T22)|随条辨析,**使**悉该详(宋书·志序)|能**使**亢旱不雨(摩诃僧祇律·卷二十,T22)

(四)有32个形容词始终不用于使令式,即:洪、草、膏、遽、早、臊、福、宝、力、珍、故、骊、俗、恒、崇、愦、咸、鬼、典、果、很、吝、敏、徐、蕃、熯₁、熯₂、偕、赜、填、除、杀。

(五)有2个形容词"偷"和"数",在先秦可以用于使令式,汉代以后找不到用例。如:

(752)守时力民,进事长功,和齐百姓,**使**人不**偷**。(荀子·富国篇)
(753)慎其种,**勿使数**,亦无使疏。(吕氏春秋·辩土)

3.2.4.6 小结

以上我们分别从五个方面统计了四类形容词用于使令式的情况,列成下表:

表 3-4

能否用于使令式 (+表示可以, -表示不可以)	最典型 形容词70个		次典型 形容词112个		不太典型的 形容词138个		最不典型的 形容词60个	
	数量	百分比	数量	百分比	数量	百分比	数量	百分比
先秦+、汉以后+	31	44.3%	17	15.2%	21	15.2%	2	3.3%
先秦-、汉以后+	23	32.9%	38	33.9%	36	26.1%	12	20.0%
先秦-、汉以后 组成复合词+	9	12.9%	15	13.4%	25	18.1%	12	20.0%
先秦-、汉以后-	7	10%	38	33.9%	53	38.4%	32	53.3%
先秦+、汉以后-	0	0%	4	3.6%	3	2.2%	2	3.3%

由上表可以看出:

1.最典型的70个形容词中,有90%的形容词(63个)到汉代以后都可以用于使令类兼语式;次典型的112个形容词中,有62.5%的形容词(70

个)到汉代以后都可以用于使令类兼语式;不太典型的 138 个形容词中,有 59.4% 的形容词(82 个)到汉代以后都可以用于使令类兼语式;最不典型的 60 个形容词中,有 43.3% 的形容词(26 个)到汉代以后都可以用于使令类兼语式。总之,汉代以后,用于使令类兼语式的形容词数量(241 个)与形容词总数(380 个)相比,比例由先秦时期的 18.7%(71/380)上升到汉代以后的 63.4%(241/380)。由此可见,形容词用于使令类兼语式的确是日趋兴盛。

2. 四类形容词(依次是最典型的形容词、次典型的形容词、不太典型的形容词、最不典型的形容词,下同)中,一直能够用于使令式的形容词数量占各类总数的比例依次减少,分别为:44.3%—15.2%—15.2%—3.3%(见"先秦+、汉以后+"栏),一直不能够用于使令式的形容词数量占各类总数的比例依次增多,分别为:10%—33.9%—38.4%—53.3%(见"先秦-、汉以后-"栏)。这说明:越是典型的形容词,越是能够用于使令式;越是不典型的形容词,越不能用于这种句式。换言之,用于使令式的形容词词频高低与形容词性的强弱成正比。这个数据表同时也说明我们对上古汉语形容词属性值的计算是大致合理的。

3. 那些在先秦不能用于使令式,到汉代以后组成复合词才能用于使令式的形容词,在四类形容词中所占比例呈上升趋势(见"先秦-、汉以后组成复词+"栏),分别为:12.9%—13.4%—18.1%—20%。这是因为,越是典型的形容词,其保持自身独立性的能力越强;越是不典型的形容词,其形容词性需要在复合词中才能得到凸显和固化,因而只有复合化以后才能用于使令式。

4. 那些在先秦能用于使令式,到汉代以后反而不能用于使令式的形容词,在最典型形容词中看不到一个,而其他三类形容词中则有 9 个(见"先秦+、汉以后-"栏),这说明最典型的形容词是汉语中最基本的形容词,自古至今保持着很大的稳定性,到汉代以后不会突然排斥极容易接纳形容词的使令式。而非典型形容词,到汉代以后就有几种可能:或沦为语素,或变成非形容词,或进一步缩小其语法分布。因此,它们进入使令式的机会就罕见,甚至没有了。

附录 上古汉语中的单音形容词

附录1 属性值为4的最典型形容词

词	受程度副词修饰（属性值为1）	用于比较句（属性值为1）	做定语，表示修饰义（属性值为1）	做谓语，表示描述义（属性值为1）
安	国人**甚安**（吕氏春秋·壅塞）	国**安**于盘石（荀子·富国篇）	三者错，无**安**国（荀子·天论篇）	身定，国**安**（吕氏春秋·求人）
卑	王室其**愈卑**乎（国语·周语下）	军吏虽贱，**不卑**于守闾妪（战国策·秦策三）	辞尊称而居**卑**称（穀梁传·哀公十三）	**名卑**而权轻（战国纵横家书·谓燕王章）
察	**甚察**而不惠（荀子·非十二子篇）	**明**于日月，**察**于父母（管子·内业）	故**察**士不比周而进（晏子春秋·内篇问上）	忠臣**察**则君道固矣（吕氏春秋·恃君）
长	彼其发短而心**甚长**（左传·昭公三年）	福莫**长**于无祸（荀子·劝学篇）	吴为封豕、**长**蛇（左传·定公五年）	筮短龟**长**，不如从长（左传·僖公四年）
侈	庶民罢敝，而宫室**滋侈**（左传·昭公三年）	是**侈**于桀、纣也（韩非子·难三）	晋公室卑，政在**侈**家（左传·襄公三十一年）	郑驷秦富而**侈**（左传·哀公五年）
聪	食之则耳**加聪**，目加明（墨子·贵义）	故听**莫聪**焉（韩非子·定法）	是**聪**耳之所不能听也（荀子·儒效篇）	目明矣，**耳聪**矣（吕氏春秋·本生）
大	功虽**甚大**，无伐德之色（荀子·仲尼篇）	利人**莫大**于教（吕氏春秋·尊师）	**大**都不过参国之一（左传·隐公元年）	山者**大**，故人顺之（韩非子·六反）

续表

词	受程度副词修饰（属性值为1）	用于比较句（属性值为1）	做定语，表示修饰义（属性值为1）	做谓语，表示描述义（属性值为1）
短	夜日益短,昼日益长（管子·度地）	万物一齐,孰短孰长（庄子·秋水）	短穗而厚糠（吕氏春秋·审时）	彼其发短而心甚长（左传·昭公三年）
多	臣之罪甚多矣（左传·僖公二十四年）	则无望民之多于邻国也（孟子·梁惠王上）	不能以多力易人（商君书·弱民）	张仪之力多（战国策·秦策三）
恶	此其地不利，而名甚恶（吕氏春秋·异宝）	故主道莫恶乎难知（荀子·正论篇）	毁信废忠，崇饰恶言（左传·文公十八年）	后世言恶，则必稽焉（荀子·非相篇）
富	吾父死而益富（左传·襄公二十一年）	季氏富于周公（论语·先进）	宋有富人，天雨墙坏（韩非子·说难）	君侈而多良，大夫皆富（左传·襄公二十九年）
丰	从属弥众，弟子弥丰（吕氏春秋·当染）	故敝邑之职贡于吴，有丰于晋（左传·哀公十三年）	湛湛露斯，在彼丰草（诗·小雅·湛露）	羽丰则迟（周礼·冬官·矢人）
高	台榭甚高，园囿甚广（荀子·王霸篇）	方寸之木可使高于岑楼（孟子·告子下）	是以惟仁者宜在高位（孟子·离娄上）	城郭高，沟洫深（吕氏春秋·似顺）
广	今矜狄之善，其志益广（国语·晋语二）	立君之道，莫广于胜法（商君书·开塞）	令闻广誉施于身（孟子·告子上）	谁谓河广（诗·卫风·河广）
贵	人臣太贵，必易主位（韩非子·爱臣）	务本莫贵于孝（吕氏春秋·孝行）	苦民以富贵人，起势以藉人臣（韩非子·备内）	屦虽贵，足必履之（韩非子·外储说左下）

续表

词	受程度副词修饰（属性值为1）	用于比较句（属性值为1）	做定语，表示修饰义（属性值为1）	做谓语，表示描述义（属性值为1）
寒	今之世，**至寒**矣，至热矣（吕氏春秋·功名）	冰，水为之，而**寒于水**（荀子·劝学篇）	诞寘之**寒冰**，鸟覆翼之（诗·大雅·生民）	唇亡**齿寒**，君所知也（左传·哀公八年）
厚	不战而反，我罪**滋厚**（国语·晋语一）	德**莫厚焉**，惠莫大焉（国语·晋语三）	国利未立，封土**厚禄**至矣（韩非子·五蠹）	爵高而**禄厚**（墨子·尚贤中）
急	则耕者不可以不**益急**矣（墨子·贵义）	凡治人之道，**莫急于礼**（礼记·祭统）	至巂，**急辞**也（穀梁传·僖公二十六年）	今者**义渠之事急**（战国策·秦策三）
疾	顺风而呼，声非**加疾**也（荀子·劝学篇）	故曰德之速，**疾乎**以邮传命（吕氏春秋·上德）	则虽有**疾风**（周礼·冬官·矢人）	则其**声疾**而短闻（周礼·冬官·凫氏）
嘉	其新**孔嘉**，其旧如之何（诗·豳风·东山）	物莫伏于蛊，**莫嘉于谷**（国语·晋语八）	虽无**嘉殽**，式食庶几（诗·小雅·车舝）	尔酒既旨，**尔殽既嘉**（诗·小雅·頍弁）
坚	言虽至察，行虽**至坚**（韩非子·问辩）	金虽柔犹**坚于木**（吕氏春秋·举难）	以挞秦楚之**坚甲**利兵矣（孟子·梁惠王上）	**敦弓既坚**，四鍭既钧（诗·大雅·行苇）
贱	吏之**至贱**者也（礼记·祭统）	公子**贱于布衣**（战国策·燕策二）	**贵人贱人**，使人相臣也（管子·法法）	何暇至乎**人贵人贱**哉（庄子·田子方）
近	其出弥远，其知**弥近**（老子·四十七章）	强恕而行，求仁**莫近焉**（孟子·尽心上）	远水不救**近火**也（韩非子·说林上）	**言近**而指远者，善言也（孟子·尽心下）
精	且吾闻之：**甚精必愚**（国语·晋语一）	合天下之从，**无精于此者矣**（战国策·魏策四）	帅其群臣**精物**以临监享祀（国语·楚语下）	说者虽辩，**为道虽精**（吕氏春秋·悔过）

第三章　上古汉语的形容词及其演变趋势

续表

词	受程度副词修饰（属性值为1）	用于比较句（属性值为1）	做定语,表示修饰义（属性值为1）	做谓语,表示描述义（属性值为1）
久	不亦去人**滋久**,思人滋深乎(庄子·徐无鬼)	利莫长于简,福**莫久于安**(韩非子·大体)	开**久坟**,发故屋(管子·四时)	天下**归殷久**矣(孟子·公孙丑上)
康	无已**大康**①,职思其居(诗·唐风·蟋蟀)	而治**莫康于立君**(商君书·开塞)	明昭上帝,迄用**康年**(诗·周颂·臣工)	不唯**下土之不康**靖(国语·吴语)
苦	故农之用力**最苦**(商君书·外内)	虽臣虏之劳,**不苦于此矣**(韩非子·五蠹)	以诛暴君而振**苦民**(吕氏春秋·荡兵)	秦士戚而**民苦**也(商君书·徕民)
乐	欲观**至乐**,必于至治(吕氏春秋·制乐)	故人莫贵乎生,**莫乐乎安**(荀子·强国篇)	逝将去女,适彼**乐土**(诗·魏风·硕鼠)	**鸟乌之声乐**,齐师其遁(左传·襄公十八年)
良	天下之**至良**也(韩非子·外储说右上)	存乎人者,**莫良于**眸子(孟子·离娄上)	盗贼弗诛,则伤**良民**(管子·明法解)	故时年岁善,则**民仁且良**(墨子·七患)
美	今车席如此,**太美**(韩非子·外储说左下)	脍炙与羊枣**孰美**(孟子·尽心下)	**美女**前近王甚,数掩口(韩非子·内储说下)	其**一人美**,其一人恶(庄子·山木)
明	其知**至明**,循道正行(荀子·尧问篇)	在人者**莫明于礼**义(荀子·天论篇)	是故**明君**制民之产(孟子·梁惠王上)	臣行**君明**,国之利也(国语·晋语三)
难	画孰**最难**者(韩非子·外储说左上)	凡人心,险于山川,**难于**知天(庄子·列御寇)	天下**难事**,必作于易(老子·六十三章)	孔子之所以**知人难**也(吕氏春秋·任数)

① 大康,陆德明《释文》:"大,音泰。"

续表

词	受程度副词修饰（属性值为1）	用于比较句（属性值为1）	做定语，表示修饰义（属性值为1）	做谓语，表示描述义（属性值为1）
强	蜀既属，秦**益**强富厚（战国策·秦策一）	晋国，天下**莫**强焉（孟子·梁惠王上）	**强兵**之所加，弱兵必服（韩非子·八奸）	故地少粟多，民少**兵强**（商君书·慎法）
巧	倕，**至**巧也（吕氏春秋·重己）	是**巧**于我（吕氏春秋·君守）	譬之若为宫室，必任**巧匠**（吕氏春秋·分职）	**匠不巧**则官室不善（吕氏春秋·分职）
亲	妻，**至**亲也（仪礼·丧服）	且虞能**亲**于桓、庄乎（左传·僖公五年）	王无**亲臣**矣（孟子·梁惠王下）	**交亲**而不比，言辩而不辞（荀子·不苟篇）
轻	罪至重而刑**至轻**（荀子·正论篇）	是以国权**轻**于鸿毛（战国策·楚策四）	将为**轻车**千乘（左传·哀公二十七年）	则**车轻**马里（吕氏春秋·论人）
仁	故至智弃智，**至仁**忘仁（吕氏春秋·任数）	矢人岂**不仁**于函人哉（孟子·公孙丑上）	则孝子**仁人**之掩其亲（孟子·滕文公上）	非**舆人仁**而匠人贼也（韩非子·备内）
荣	愈穷**愈荣**（吕氏春秋·离俗）	先王之教，**莫**荣于孝（吕氏春秋·劝学）	恶小耻者不能立**荣名**（战国策·齐策六）	**身必日荣**（吕氏春秋·贵当）
弱	地虽利，民虽众，国**愈弱**至削（商君书·去强）	兵**莫弱**是矣（荀子·议兵篇）	**弱国**令其民争竞不用也（吕氏春秋·为欲）	**民弱**国强，民强**国弱**（商君书·弱民）
善	其处于周也，典非**加善**也（吕氏春秋·处方）	养心**莫善**于寡欲（孟子·尽心下）	禹恶旨酒而好**善言**（孟子·离娄下）	**人言善**，亦勿听（管子·白心）
少	邻国之民不**加少**（孟子·梁惠王上）	师**少**于我，斗士倍我（左传·僖公十五年）	**少言**则径而省，论而法（荀子·性恶篇）	其**进言少**（韩非子·南面）

续表

词	受程度副词修饰（属性值为1）	用于比较句（属性值为1）	做定语，表示修饰义（属性值为1）	做谓语，表示描述义（属性值为1）
深	如水益**深**，如火益热（孟子·梁惠王下）	伤人之言，**深于**矛戟（荀子·荣辱篇）	战战兢兢，如临**深渊**（诗·小雅·小旻）	渊**深**而不涸（管子·形势）
神	非天下之**至神**，其孰能与于此（周易·系辞上）	莫**神于**天，莫富于地（庄子·天道）	人以我为**神君**也（韩非子·说林上）	使人相用则**君神**（韩非子·八经）
甚	若是，则弟子之惑**滋甚**（孟子·公孙丑上）	所恶有**甚于**死者（孟子·告子上）	若有疾风迅雷**甚雨**，则必变（礼记·玉藻）	孔子先反，门人后，**雨甚**（礼记·檀弓上）
盛	形益衰，而智**益盛**（吕氏春秋·去宥）	未有**盛于**孔子也（孟子·公孙丑上）	太后**盛气**而揖之（战国策·赵策四）	气**盛**而化神（礼记·乐记）
胜	而暴乱之徒**愈胜**（韩非子·奸劫弑臣）	音莫**胜于**雷（晏子春秋·外篇第八）	臣闻魏氏悉其百县**胜兵**（战国策·魏策三）	天材之利多，是**形胜**也（荀子·强国篇）
寿	天下至富也，彭祖**至寿**也（吕氏春秋·为欲）	国安于盘石，**寿于**旗翼（荀子·富国篇）	向之**寿民**，今为殇子矣（吕氏春秋·察今）	其水白而甘，**其民寿**（管子·地员）
疏	亲交**益疏**，徒友益散（庄子·山木）	未有**疏于**此时者也（孟子·公孙丑上）	穰岁之秋，**疏客**必食（韩非子·五蠹）	若是者，**交疏**也（战国策·秦策三）
危	欲荣而愈辱，欲安而**益危**（吕氏春秋·务本）	当是时，卫**危于**累卵（战国策·秦策四）	安诸侯，存**危国**（战国策·楚策一）	**寡人之国危**（吕氏春秋·首时）

续表

词	受程度副词修饰（属性值为1）	用于比较句（属性值为1）	做定语，表示修饰义（属性值为1）	做谓语，表示描述义（属性值为1）
威	大臣太贵，左右**太威**也（韩非子·人主）	德莫厚焉，刑**莫威**焉（左传·僖公十五年）	既无德政，又无**威刑**（左传·隐公十一年）	赏轻，**刑威**（商君书·说民）
狭	耳目之明，**如是其狭**也（荀子·君道篇）①	昔者先君桓公之地**狭于**今（晏子春秋·内篇谏上）	于是列广地以益**狭地**（管子·匡君小匡）	故有**地狭**而民众者（商君书·算地）
下	所治**愈下**，得车愈多（庄子·列御寇）	大王之国，**不下于**楚（战国策·魏一）	固在**下位**（左传·襄公九年）	楚小位**下**（左传·昭公十一年）
先	合离之相续，则韩**最先**危矣（战国策·韩策三）	人之情性**莫先于**父母（韩非子·五蠹）	**先民**有言，询于刍荛（诗·大雅·板）	父母**先**，妻子后（礼记·丧服大记）
贤	今荆王之使者**甚贤**（韩非子·内储说下六微）	我不如颜羽，而**贤于**邧泄（左传·哀公十一年）	然则父有**贤子**，君有**贤臣**（韩非子·忠孝）	主圣**臣贤**（战国策·秦策三）
险	桀纣者、其志虑**至险**也（荀子·正论篇）	凡人心，**险于**山川，难于知天（庄子·列御寇）	伎苟所以**险政**（管子·宙合）	**政险**民害，害乃怨（管子·宙合）
显	**至显**，名誉并焉（庄子·天运）	莫荣于孝，**莫显**于忠（吕氏春秋·劝学）	身不失天下之**显名**（礼记·中庸）	则功大**名显**（庄子·天道）
小	弥近弥大，弥远**弥小**（吕氏春秋·慎势）	**小于**度，谓之无任（周礼·冬官·辀人）	今也**小国**师大国，而耻受命焉（孟子·离娄上）	**寡人之小学**（吕氏春秋·报更）

---

① "如是其狭"相当于"甚狭"，故视为"狭"受程度词修饰。

续表

词	受程度副词修饰（属性值为1）	用于比较句（属性值为1）	做定语，表示修饰义（属性值为1）	做谓语，表示描述义（属性值为1）
严	岂不至尊、至富、至重、**至严**之情举积此哉！（荀子·儒效篇）	然则俗故**严**于亲而尊于君邪？（庄子·天地）	虽有厚赏**严**罚弗能禁（吕氏春秋·义赏）	赏多**威严**（商君书·外内）
要	故其治民有**至要**（商君书·靳令）	莫径由礼，**莫要得师**（荀子·修身篇）	此三言者，皆**要言**也（战国策·宋卫策）	**言要**则知，行至则仁（荀子·子道篇）
愚	民**甚愚**矣（吕氏春秋·审应）	非蹇叔**愚**于干而智于秦也（韩非子·难二）	非荣耳目而观**愚民**也（墨子·辞过）	故**民愚**，则知可以胜之（商君书·算地）
愉	心**至愉**而志无所诎（荀子·正论篇）	形体好佚，而安重闲静**莫愉**焉（荀子·王霸篇）	有**愉**色者，必有婉容（礼记·祭义）	**心平愉**（荀子·正名篇）
远	其室则迩，其人**甚远**（诗·郑风·东门之墠）	门廷**远**于万里（管子·法法）	观**远**臣，以其所主（孟子·万章上）	谁谓**宋远**（诗·卫风·河广）
长	马齿亦**益长**矣（韩非子·十过）	乡人**长**于伯兄一岁，则谁敬（孟子·告子上）	令**长子**御，朝暮进食（吕氏春秋·知士）	**齐侯长**矣（国语·晋语四）
正	彼**至正**者，不失其性命之情（庄子·骈拇）	二家之议，**孰正于其情**？（庄子·则阳）	以**正道**而辨奸，犹引绳以持曲直（荀子·正名篇）	守终纯固，**道正**事信（国语·周语下）
智	伊尹，**至智**也（韩非子·难言）	王自以为与周公**孰仁且智**（孟子·公孙丑下）	**智人**不诈，仁人不党（国语·晋语六）	孰谓**子产智**（孟子·万章上）

续表

词	受程度副词修饰（属性值为1）	用于比较句（属性值为1）	做定语,表示修饰义(属性值为1)	做谓语,表示描述义(属性值为1)
治	故**至治**之国,有赏罚而无喜怒（韩非子·用人）	国**孰**与之**治**（战国策·秦策五）	故百乐者,生于**治国**者也（荀子·王霸篇）	王顺、**国治**,可不务乎（左传·昭公二十六年）
重	执**至重**,形至佚（荀子·君子篇）	礼与食**孰重**（孟子·告子下）	则虽有**重任**,毂不折（周礼·冬官·轮人）	**任重**而道远（论语·泰伯）
众	其人**兹众**,其所谓义者亦**兹众**（墨子·尚同上）	鲁之群室**众**于齐之兵车（左传·哀公十一年）	广土**众民**,君子欲之（孟子·尽心上）	**民众**城小,则益城（穀梁传·隐公七年）
壮	冰**益壮**,地始坼（礼记·月令）	藩决不羸,**壮于大**舆之輹（周易·大壮）	**壮民**疾农不变（商君书·垦令）	**物壮**则老,谓之不道（老子·五十五章）
尊	位**滋尊**而礼愈恭（荀子·尧问篇）	臣**莫尊**于世子（穀梁传·僖公十年）	大有,柔得**尊位**（周易·大有）	德薄而**位尊**,知小而谋大（周易·系辞下）

附录2 属性值为3的次典型形容词

（一）能受程度副词修饰,能做定语表示修饰义,能做谓语表示描述义,但不能用于比较句。

词	受程度副词修饰（属性值为1）	做定语,表示修饰义（属性值为1）	做谓语,表示描述义（属性值为1）
白	身死而名**弥白**（荀子·荣辱篇）	且**白马**非马,乃仲尼之所取（公孙龙子·迹府）	夫鹄不日浴而**白**,乌不日黔而黑（庄子·天运）

续表

词	受程度副词修饰（属性值为1）	做定语,表示修饰义（属性值为1）	做谓语,表示描述义（属性值为1）
备	故**至备**,情文俱尽(荀子·礼论篇)	干戚之舞非**备乐**也,孰亨而祀非达礼也(礼记·乐记)	居仁由义,**大人之事备**矣(孟子·尽心上)
弊	马甚瘦,车**甚弊**(韩非子·内储说下六微)	晏子朝,乘**弊车**,驾驽马(晏子春秋·内篇杂下)	今民**衣弊**不补,履决不组(吕氏春秋·分职)
辩	昔者公孙龙之言**甚辩**(吕氏春秋·淫辞)	子之谈者似**辩士**(庄子·至乐)	说亦皆**如此其辩**也(吕氏春秋·必己)
博	功业**甚博**,不见贤良(荀子·赋篇)	**博地**多财,不足以有众(管子·牧民)	**地博**不兼小,兵强不劫弱(晏子春秋·内篇问下)
薄	今功伐**甚薄**而所望厚(吕氏春秋·务本)	战战兢兢,如临深渊,如履**薄冰**(诗·小雅·小旻)	唇竭则齿寒,**鲁酒薄**而邯郸围(庄子·胠箧)
昌	正阳,是胃(谓)**滋昌**(睡虎地秦墓竹简·日书甲种)	禹拜**昌言**曰:"俞!"(书·皋陶谟)	朝既**昌**矣(诗·齐风·鸡鸣)
诚	**至诚**而不动者(孟子·离娄上)	然而不好言,不乐言,则必非**诚士**也(荀子·非相篇)	**中情信诚**,则名誉美矣(管子·形势解)
炽	玁狁**孔炽**(诗·小雅·南有嘉鱼之什)	奉**炽炉**,炭火尽赤红(韩非子·内储说下六微)	俾尔**炽**而昌,俾尔寿而臧(诗·鲁颂·閟宫)
丑	日有食之,亦**孔之丑**(诗·小雅·十月之交)	聚敛天下之**丑名**而加之焉(墨子·天志中)	纷缊宜修,姱而**不丑**兮(楚辞·九章·橘颂)

续表

词	受程度副词修饰（属性值为1）	做定语,表示修饰义（属性值为1）	做谓语,表示描述义（属性值为1）
达	吾自以为至达已(庄子·秋水)	其后必有达人(左传·昭公七年)	事君而达(荀子·宥坐篇)
惇	守学弥惇(国语·晋语四)	柔远能迩,惇德允元(书·舜典)孔传:"惇,厚也。"	荀家惇惠,荀会文敏,黡也果敢,无忌镇静(国语·晋语七)
惰	后世苶少惰(左传·昭公二十六年)	举俭力孝弟,罚偷窳,而惰民恶之(晏子春秋·内篇杂上)	是以其君惛于说,其官乱于言,其民惰而不农(商君书·农战)
迩	虽则如毁,父母孔迩(诗·周南·汝坟)	舜好问而好察迩言,隐恶而扬善(礼记·中庸)	其室则迩,其人甚远(诗·郑风·东门之墠)
烦	事之弥烦(荀子·富国篇)	于是有烦手淫声,慆堙心耳(左传·昭公元年)	小人不避其禁,故刑烦(商君书·算地)
繁	而狱讼益繁,则酒之流生祸也(礼记·乐记)	严令繁刑不足以为威(荀子·议兵篇)	法详则刑繁,法简则刑省(商君书·说民)
甘	盗言孔甘(诗·小雅·巧言)	甘井先竭(庄子·山木)	币重而言甘(左传·僖公十年)
干	木益枯则劲,涂益干则轻(吕氏春秋·别类)	噬干肉,得黄金,贞厉,无咎(周易·噬嗑)	炮之,涂皆干,擘之,濯手以摩之,去其皽(礼记·内则)
刚	土乃益刚(管子·度地)	刚土柔种(吕氏春秋·辩土)	土刚不立(管子·度地)
恭	身贵而愈恭(荀子·儒效篇)	温温恭人(诗·小雅·小宛)	柳下惠不恭(孟子·公孙丑上)

第三章 上古汉语的形容词及其演变趋势　137

续表

词	受程度副词修饰（属性值为1）	做定语,表示修饰义（属性值为1）	做谓语,表示描述义（属性值为1）
寡	用力**甚寡**而见功多（庄子·天地）	小国**寡**民,使有什伯之器而不用（老子·八十章）	吉人之辞**寡**,躁人之辞多（周易·系辞下）
固	荆**甚固**（吕氏春秋·报更）	深宫**固**门,阍寺守之。男不入,女不出（礼记·内则）	民和齐则兵劲**城固**,故国不敢婴也（荀子·乐论篇）
和	乐**极和**,礼极顺（礼记·乐记）	孔窍虚,则**和**气日入（韩非子·解老）	知气**和**,则生物从（管子·幼官）
黑	白之顾**益黑**（吕氏春秋·审分）	衣**黑**衣,服玄玉（礼记·月令）	白狗**黑**（庄子·天下）
缓	夫人于事己者过急,于事人者**过缓**（战国策·宋卫策）	归之于京师,**缓辞**也（穀梁传·僖公二十八年）	故其辞**缓**（穀梁传·哀公元年）
荒	今虢**少荒**（国语·周语上）	其余皆属诸**荒**田（管子·山权数）	田畴**荒**,囷仓虚（韩非子·初见秦）
惠	**孔惠**孔时（诗·小雅·楚茨）	维此**惠**君（诗·大雅·桑柔）	长**惠**,幼顺（礼记·礼运）
昏	人多利器,国家**滋昏**（老子·五十七章）	**昏**世,大乱也（荀子·天论篇）	君**昏**不能匡,危不能救（左传·襄公二十五年）
极	常宽容于物,不削于人,可谓**至极**（庄子·天下）	可与言**极**言,故可与为霸（吕氏春秋·直谏）	言**极**则怒,怒则说者危（吕氏春秋·直谏）
瘠	宋崇门之巷人服丧而毁**甚瘠**（韩非子·内储说上七术）	疢疾险中,**瘠**牛之角无泽（周礼·冬官·弓人）	牛虽**瘠**,偾于豚上,其畏不死（左传·昭公十三年）

续表

词	受程度副词修饰 （属性值为1）	做定语，表示修饰义 （属性值为1）	做谓语，表示描述义 （属性值为1）
艰	其心**孔艰**（诗·小雅·何人斯）	比骑之**艰**地也（六韬·战骑）	**遇人之艰难**矣（诗·王风·中谷有蓷）
俭	家富而**愈俭**（荀子·儒效篇）	君子以**俭德**辟难（周易·否）	**管仲俭**乎（论语·八佾）
简	其用知**甚简**，其为事不劳（荀子·王霸篇）	啴谐慢易，繁文**简节**之音作，而民康乐（礼记·乐记）	法详则刑繁，**法简**则刑省（商君书·说民）
健	天下之**至健**也（周易·系辞下传）	此**健士**也，居中不便于相国（战国策·东周策）	**天行健**，君子以自强不息（周易·乾）
骄	恐春申君语泄而**益骄**（战国策·楚策四）	以**骄主**使罢民（吕氏春秋·适威）	**虢公骄**（左传·庄公二十七年）
戒	夫贤者宠至而**益戒**，不足者为宠骄（国语·晋语六）	当在薛也，予有**戒心**（孟子·公孙丑下）	今弃疾在外，郑丹在内，**君其少戒**（左传·昭公十一年）
静	济人以买誉，其身**甚静**（管子·法禁）	**静女**其姝，俟我于城隅（诗·邶风·静女）	火发而其**兵静**者，待而勿攻（孙子·火攻篇）
劲	以**益劲**任益轻则不败（吕氏春秋·别类）	被坚甲，跖**劲弩**，带利剑（战国策·韩策一）	民和齐则**兵劲**城固，敌国不敢婴也（荀子·乐论篇）
巨	故**太巨**、太小、太清、太浊皆非适也（吕氏春秋·适音）	为**巨室**，则必使工师求大木（孟子·梁惠王下）	文绣必繁，**丘陇必巨**（墨子·节葬下）

第三章 上古汉语的形容词及其演变趋势

续表

词	受程度副词修饰 （属性值为1）	做定语，表示修饰义 （属性值为1）	做谓语，表示描述义 （属性值为1）
枯	木益枯则劲（吕氏春秋·别类）	伐枯木而去之（管子·度地）	行冬令，则草木蚤枯（礼记·月令）
老	身弥老不知敬其适子者殆（管子·枢言）	为良马、为老马、为瘠马、为驳马（周易·说卦）	余幼好此奇服兮，年既老而不衰（楚辞·九章·涉江）
嬴	若此则形性弥嬴（吕氏春秋·勿躬）	余嬴老也，可重任乎（左传·襄公十年）	敝邑虽嬴，若早修完，其可以息师（左传·昭公五年）
厉	宽裕不訾而中心甚厉（吕氏春秋·士容）	泠风则小和，飘风则大和，厉风济（庄子·齐物论）	与其素厉，宁为无勇（左传·定公十二年）
佞	何以书？书甚佞也（公羊传·庄公十七年）	放郑声，远佞人，郑声淫，佞人殆（论语·卫灵公）	雍也仁而不佞（论语·公冶长）
劳	故穷藉而无极，甚劳而无功（荀子·正名篇）	苍天苍天！视彼骄人，矜此劳人（诗·小雅·巷伯）	民劳而实费（战国纵横家书·谓燕王章）
陋	甚愚陋沟瞀，而冀人之以己为知也（荀子·儒效篇）	不明鬼神，则陋民不悟（管子·牧民）	而丘使女往吊之，丘则陋矣（庄子·大宗师）
乱	其行为至乱也（荀子·正论篇）	无过乱门（左传·昭公十九年）	彼实家乱，子何病焉（左传·襄公二十七年）
曼	孔曼且硕，万民是若（诗·鲁颂·閟宫）	树木有曼根，有直根（韩非子·解老）	路曼曼其修远兮，吾将上下而求索（楚辞·离骚）

续表

词	受程度副词修饰 （属性值为1）	做定语，表示修饰义 （属性值为1）	做谓语，表示描述义 （属性值为1）
茂	枝叶益长，本根**益茂**（国语·晋语八）	民有寝、庙，兽有**茂草**（左传·襄公四年）	**庶草茂**则禽兽归之，人主贤则豪桀归之（吕氏春秋·功名）
妙	且夫知不知论**极妙**之言（庄子·秋水）	殆物**妙言**，治之害也（韩非子·忠孝）	邱成子之观右宰谷臣也，深矣**妙矣**（吕氏春秋·观表）
谬	君之所行天下者**甚谬**（战国策·宋卫策）	以**谬悠**之说，荒唐之言，无端崖之辞（庄子·天下）	故闻之而不见，虽博必**谬**（荀子·儒效篇）
懦	晋**少懦**矣，诸侯将往（左传·昭公元年）	故闻伯夷之风者，顽夫廉，**懦夫**有立志（孟子·尽心下）	**君懦**而闇，则群臣诈（韩非子·难四）
贫	公子**甚贫**，马甚瘦（韩非子·内储说下六微）	今上征敛于富人以布施于**贫家**（韩非子·显学）	终窭且**贫**，莫知我艰（诗·邶风·北门）
平	升概**甚平**，遇客甚谨（韩非子·外储说右上）	验之以近物，参之以**平心**（荀子·大略篇）	君子听之，以平其心。**心平**，德和（左传·昭公二十年）
朴	心**甚素朴**（吕氏春秋·士容）	素车**朴马**，无入于兆（左传·哀公十二年）	其礼**朴**而不明（韩非子·解老）
浅	其所以知识甚阙，其所以闻见**甚浅**（吕氏春秋·任数）	侵，**浅事**也（穀梁传·僖公四年）	置杯焉则胶，**水浅**而舟大也（庄子·逍遥游）
清	故太巨、太小、**太清**、太浊皆非适也（吕氏春秋·适音）	祭以**清酒**，从以骍牡（诗·小雅·信南山）	尔酒既清，尔殽既馨（诗·大雅·凫鹥）

第三章 上古汉语的形容词及其演变趋势 141

续表

词	受程度副词修饰 (属性值为1)	做定语,表示修饰义 (属性值为1)	做谓语,表示描述义 (属性值为1)
穷	愈**穷**愈荣(吕氏春秋·离俗)	君必施于今之**穷**士(战国策·东周策)	故士**穷**不失义,达不离道(孟子·尽心上)
臞	吾马菽粟多矣,**甚**臞(韩非子·外储说左下)	安得无桓公之忧索官,与宣主之患臞马也(韩非子·外储说左下)	**虑**臞,人乃弗杀(韩非子·说林下)
阙	其所以知识**甚**阙,其所以闻见甚浅(吕氏春秋·任数)	吾犹及史之**阙**文也,有马者借人乘之(论语·卫灵公)	故博闻之人、强识之士**阙**矣(吕氏春秋·君守)
群	俴驷孔**群**(诗·秦风·小戎)	忧心悄悄,愠于**群**小(诗·邶风·柏舟)	谁谓尔无羊?三百维**群**(诗·小雅·无羊)
热	如水益深,如火**益热**(孟子·梁惠王下)	如以**热**汤,可以粪田畴,可以美土疆(吕氏春秋·季夏纪)	其冬厚则夏**热**,其阳厚则阴寒(管子·侈靡)
柔	坤**至柔**而动也刚(周易·坤)	手如**柔**荑,肤如凝脂(诗·卫风·硕人)	譬之若金之与木,金虽**柔**犹坚于木(吕氏春秋·举难)
辱	国愈危,身愈**辱**(吕氏春秋·当染)	举天下不义**辱**人,必称此四王者(墨子·所染)	则权轻名**辱**,社稷必危,是伤国者也(荀子·王霸篇)
散	亲交益疏,徒友**益散**(庄子·山木)	各有**散**心,莫有斗志(战国策·中山策)	其政**散**,其民流,诬上行私而不可止也(礼记·乐记)
圣	以至智说**至圣**,未必至而见受(韩非子·难言)	事**圣**君者,有听从无谏争(荀子·臣道篇)	仁且智,**夫子既圣**矣(孟子·公孙丑上)

续表

词	受程度副词修饰 （属性值为 1）	做定语，表示修饰义 （属性值为 1）	做谓语，表示描述义 （属性值为 1）
时	威仪**孔时**（诗·大雅·既醉）	逆**时**雨（周礼·春官·小祝）	风雨**时**，寒温适（韩非子·难二）
淑	既克淮夷，**孔淑**不逆（诗·鲁颂·泮水）	**淑**人君子，其仪一兮；其仪一兮，心如结兮（诗·曹风·鸤鸠）	条其啸矣，遇人之不**淑**矣（诗·王风·中谷有蓷）
庶	念我独兮，我事**孔庶**（诗·小雅·小明）	**庶**民攻之，不日成之。经始勿亟，**庶**民子来（诗·大雅·灵台）	君子之车，既**庶**且多；君子之马，既闲且驰（诗·大雅·卷阿）
衰	孝子之心亦**益衰**矣（礼记·问丧）	严罚厚赏，此**衰**世之政也（吕氏春秋·上德）	**世衰**道微，邪说暴行有作（孟子·滕文公下）
硕	礼节将甚文，珪璧将**甚硕**，货赂将甚厚（荀子·富国篇）	**硕鼠硕鼠**，无食我黍（诗·魏风·硕鼠）	然后**草木硕大**（韩非子·难二）
顺	窃闻王义甚高**甚顺**（战国策·燕策一）	二曰友行，以尊贤良；三曰**顺**行，以事师长（周礼·地官·师氏）	辞**顺**，而弗从，不祥（左传·文公十四年）
素	心**甚素朴**（吕氏春秋·士容）	**素**车朴马，无入于兆（左传·哀公二年）	君臣上下之分**素**（管子·君臣下）
贪	可谓**至贪**矣（吕氏春秋·分职）	公无禁利，亦无**贪**民（左传·襄公九年）	夫民**贪**行躁而诛罚轻（管子·正世）
完	其为事**甚完**（战国纵横家书·苏秦谓陈轸章）	五衢之民皆多衣帛**完**屦（管子·轻重丁）	城郭**不完**，兵甲不多，非国之灾也（孟子·离娄上）

第三章 上古汉语的形容词及其演变趋势 143

续表

词	受程度副词修饰 （属性值为1）	做定语,表示修饰义 （属性值为1）	做谓语,表示描述义 （属性值为1）
微	动刀**甚微**（庄子·养生主）	诸**微**物必以削削之,而所削必大于削（韩非子·外储说左上）	虽有奇邪,而不治者则**微**矣（礼记·祭义）
文	礼节将**甚文**,珪璧将甚硕,货赂将甚厚（荀子·富国篇）	**文**言多、实行寡而不当法者,不敢诬情以谈说（韩非子·说疑）	其旨远,**其辞文**,其言曲而中,其事肆而隐（周易·系辞下）
武	孔**武**有力（诗·郑风·羔裘）	**武**车绥旌,德车结旌（礼记·曲礼上）	古之善为士者不**武**,善战者不怒（老子·六十八章）
细	其天下有**极细**乎（晏子春秋·外篇）	楚庄王好**细**腰,故朝有饿人（荀子·君道篇）	镜之明己也功**细**,士之明己也功大（吕氏春秋·达郁）
孝	舜其**至孝**矣（孟子·告子下）	不可谓**孝**子（吕氏春秋·高义）	父慈、**子孝**（左传·昭公二十六年）
信	此之谓**至信**（吕氏春秋·慎大）	善人也,**信**人也（孟子·尽心下）	**言必信**,行必果（论语·子路）
幸	得为君之妾,**甚幸**（韩非子·奸劫弑臣）	士无**幸**赏,无踰行（韩非子·备内）	丘也**幸**,苟有过,人必知之（论语·述而）
修	其身**甚修**,其学甚博（韩非子·外储说左上）	其**修**士且以精絜固身,其智士且以治辩进业（韩非子·孤愤）	**志行修**,临官治（荀子·荣辱篇）
虚	田甚芜,仓**甚虚**（老子·五十三章）	夫曰尧舜擅让,是**虚**言也（荀子·正论篇）	**仓虚**,主卑,家贫,然则不如索官（商君书·农战）

续表

词	受程度副词修饰（属性值为1）	做定语,表示修饰义（属性值为1）	做谓语,表示描述义（属性值为1）
阳	载玄载黄,我朱孔阳（诗·豳风·七月）	赤黑则乡心,阳声则远根（周礼·冬官·弓人）	得时之麻,必芒以长,疏节而色阳（吕氏春秋·审时）
夷	大道甚夷,而人好径（老子·五十三章）	明道若昧,进道若退,夷道若类（老子·四十一章）	亦既见止,亦既觏止,我心则夷（诗·召南·草虫）
易	子得近而行所欲,此甚易而功必成（吕氏春秋·恃君）	君子易事而难说也……小人难事而易说也（论语·子路）	夫忠于治世易,忠于浊世难（吕氏春秋·至忠）
义	至礼不人,至义不物,至知不谋（庄子·庚桑楚）	武王克商,迁九鼎于雒邑,义士犹或非之（左传·桓公二年）	君义,臣行,父慈,子孝（左传·隐公三年）
淫	择天下之甚淫乱者而先征之（国语·齐语）	使名丧者,淫说也（吕氏春秋·正名）	说淫则可不可而然不然（吕氏春秋·正名）
阴	其居甚阴而不见阳［马王堆汉墓帛书（肆）·五十二病方］	此谓除阴奸也（韩非子·八经）	后用则阴,先用则阳;近则用柔,远则用刚（国语·越语）
勇	勇之甚（穀梁传·定公十三年）	夫战,勇气也（左传·庄公十年）	郤子勇而不知礼（国语·晋语五）
幽	奋疾而不拔,极幽而不隐（礼记·乐记）	出自幽谷,迁于乔木（诗·小雅·伐木）	主道幽则下危（荀子·正论篇）
郁	故乐愈侈而民愈郁（吕氏春秋·侈乐）	然则天无疾风,草木发奋,郁气息（管子·五行）	精不流则气郁（吕氏春秋·尽数）

第三章 上古汉语的形容词及其演变趋势 145

续表

词	受程度副词修饰 （属性值为 1）	做定语，表示修饰义 （属性值为 1）	做谓语，表示描述义 （属性值为 1）
约	故操弥**约**，而事弥大（荀子·不苟篇）	故君子**约**言，小人先言（礼记·坊记）	**守约**而施博者，善道也（孟子·尽心下）
杂	夫子之门何其**杂**也（荀子·法行篇）	今兼听**杂**学缪行同异之辞（韩非子·显学）	其俗淫，其志利，**其行杂**（荀子·乐论篇）
昭	德音孔**昭**（诗·小雅·鹿鸣）	唯荆实有**昭**德（国语·郑语）	聪则言听，明则**德昭**（国语·周语下）
真	其精甚**真**，其中有信（老子·二十一章）	丈人望其**真**子，拔剑而刺之（吕氏春秋·疑似）	故曰：修之身，**其德乃真**（韩非子·解老）
忠	**至忠**逆于耳、倒于心（吕氏春秋·至忠）	**忠**言、**忠**说、**忠**事、**忠**谋（荀子·致士篇）	**言忠**必及意，言信必及身（国语·周语下）
浊	故太巨、太小、太清、**太浊**皆非适也（吕氏春秋·适音）	夫忠于治世易，忠于**浊**世难（吕氏春秋·至忠）	水烦则鱼鳖不大，**世浊**则礼烦而乐淫（吕氏春秋·音初）
足	无弗与者，**至足**矣（孟子·尽心上）	非无**足**财也，我无**足**心也（墨子·亲士）	**百姓足**，君孰与不足？百姓不足，君孰与足（论语·颜渊）

（二）能用于比较句，能做定语表示修饰义，能做谓语表示描述义，但不能受程度副词修饰。

词	用于比较句 （属性值为 1）	做定语，表示修饰义 （属性值为 1）	做谓语，表示描述义 （属性值为 1）
便	计无**便**于此者也（战国策·韩策一）	水行之有轻舟**便**檝也（韩非子·奸劫弑臣）	则器用巧**便**而财不匮矣（荀子·王霸篇）

续表

词	用于比较句 (属性值为1)	做定语,表示修饰义 (属性值为1)	做谓语,表示描述义 (属性值为1)
憯	咎莫憯于欲得(老子·德经)	憯毒之使,施于天下(管子·形势解)	苦痛杂于肠胃之间,则伤人也憯(韩非子·解老)
吉	岂曰无衣七兮?不如子之衣安且吉兮(诗·唐风·无衣)	忘善而背德,又废吉卜(国语·晋语三)	卜吉乎(韩非子·说林下)
径	莫径由礼,莫要得师,莫神一好(荀子·修身篇)	中人以为先出者得其径道(六韬·略地)	道而不径,能全支体,以守宗庙,可谓孝矣(吕氏春秋·孝行)
青	青、取之于蓝,而青于蓝(荀子·劝学篇)	室如悬罄,野无青草,何恃而不恐(国语·鲁语上)	其泉白青,其人坚劲(管子·地员)
暖	故与人善言,暖于布帛(荀子·荣辱篇)	今力田疾作,不得暖衣余食(战国策·秦策五)	衣暖而食充,居安而游乐(荀子·君道篇)
猛	小子识之,苛政猛于虎也(礼记·檀弓下)	为阱擭以攻猛兽,以灵鼓驱之(周礼·秋官·冥氏)	汝狗猛耶(韩非子·外储说右上)
密	事莫密于间(孙子·用间篇)	密云不雨(周易·小畜)	其生财密(墨子·七患)

(三)非定形容词:能受程度副词修饰、用于比较句、做谓语,但不能做定语表示修饰义。

词	受程度副词修饰	用于比较句	做谓语,表示描述义
悲	清商固最悲乎(韩非子·十过)	音莫悲于清徵乎(韩非子·十过)	其飞徐而鸣悲(战国策·楚策四)

续表

词	受程度副词修饰	用于比较句	做谓语，表示描述义
速	役人不倦，而取道**甚速**（吕氏春秋·顺说）	德之流行，**速于**置邮而传命（孟子·公孙丑上）	其进锐者，**其退速**（孟子·尽心上）
愈	故可以**益愈**，而不足以为存（管子·轻重乙）	亡**愈于**死，先诸（左传·昭公二十年）	然而多闻以待能者，不犹**愈**也（国语·晋语四）
亟	君得燕、赵之兵**甚众且亟**矣（战国策·魏策三）	听大国为救亡也，而亡**亟于**不听（韩非子·八奸）	上帝降祸，凶灾必**亟**（吕氏春秋·明理）

附录3 属性值为2的不太典型的形容词

（一）既能做定语、又能做谓语但不能受程度副词修饰、不能用于比较句。

词	做定语	做谓语
败	齐人紫**败**素也，而贾十倍（战国策·燕策一）	鱼馁而肉**败**，不食（论语·乡党）
饱	是庶人之所以取暖衣**饱**食（荀子·荣辱篇）	既**饱**，献子问焉（国语·晋语九）
暴	笞棰**暴**国，齐一天下（荀子·儒效篇）	君卑政**暴**（左传·哀公二十四年）
悖	不幸而遇**悖**乱闇惑之主而死（韩非子·难言）	归余于终，事则不**悖**（左传·文公元年）
鄙	吾少也贱，故多能**鄙**事（论语·子罕）	肉食者**鄙**，未能远谋（左传·庄公十年）
敝	舜视弃天下，犹弃**敝**蹝也（孟子·尽心上）	朝服虽**敝**，必加于上（公羊传·僖公八年）

续表

词	做定语	做谓语
驳	虽有**驳**行,必得所利(韩非子·外储说左下)	其书五车,其道舛**驳**(庄子·天下)
苍	**苍**衣赤首(吕氏春秋·明理)	秋则**苍**,冬则赤(吕氏春秋·明理)
谗	岂弟君子,无信**谗**言(诗·小雅·青蝇)	言必**谗**也(左传·昭公五年)
常	国有**常**法,虽危不亡(韩非子·饰邪)	为人妇而出,**常**也(韩非子·说林上)
陈	先王之**陈**迹也(庄子·天运)	失于政,**陈**于兹(尚书·盘庚中)
赤	衣**赤**衣,服**赤**玉(吕氏春秋·孟夏纪)	破黄布,故水**赤**(晏子春秋·外篇)
纯	建九纪以立**纯**德(国语·郑语)	德不**纯**而福禄并至(国语·晋语九)
淳	上含**淳**德以遇其下(史记·秦本纪)	其德**淳**越(管子·四时)
慈	孝子操药,以修**慈**父(庄子·天地)	君义,臣行,父**慈**,子孝(左传·隐公三年)
粗	昔者晋文公好**粗**服(墨子·兼爱下)	人之父兄食**粗**衣恶(国语·鲁语上)
当	**当**时则动,物至而应(荀子·解蔽篇)	古者天地顺而四时**当**(礼记·乐记)
定	夫是之谓**定**论(荀子·王制篇)	论**定**然后官之(礼记·王制)
都	使为**都**匠水工(管子·度地)	彼美孟姜,洵美且**都**(诗·郑风·有女同车)
独	**独**国之君,卑而不威(管子·形势)	其年壮,其行**独**(庄子·人间世)

续表

词	做定语	做谓语
端	夫端衣玄裳(荀子·哀公篇)	席不端,弗坐(墨子·非儒下)
饿	楚庄王好细腰,故朝有饿人(荀子·君道篇)	见灵辄饿,问其病(左传·宣公二年)
方	为万人以为方陈(国语·吴语)	天道圜,地道方(吕氏春秋·圜道)
芳	何所独无芳草兮,尔何怀乎故宇(楚辞·离骚)	兰芷幽而独芳(楚辞·九章·悲回风)
非	神不歆非类,民不祀非族(左传·僖公十年)	同焉者是也,异焉者非也(荀子·正论篇)
肥	庖有肥肉,厩有肥马(孟子·滕文公下)	马犹不肥也(韩非子·外储说左下)
辜	至齐,见辜人焉(庄子·则阳)	呜呼,商其咸辜(逸周书·酆谋解)
孤	养孤老,食常疾(管子·幼官)	施薄而求厚者孤(管子·霸言)
怪	凡有怪征者,必有怪行(庄子·徐无鬼)	素隐行怪,后世有述焉(礼记·中庸)
诡	兵者,诡道也(孙子·始计篇)	行辟而坚,言诡而辩(管子·法禁)
好	厚其好货(国语·鲁语上)	鬼侯有子而好(战国策·赵策三)
华	从事华辞,以支为旨(庄子·列御寇)	华而不实,耻也(国语·晋语四)
坏	必筑坏墙(韩非子·说林下)	宋有富人,天雨墙坏(韩非子·说难)
黄	以黄布裹蒸枣(晏子春秋·外篇)	其麻白,其布黄(管子·地员)
饥	国无饥民(管子·轻重丁)	故民饥(墨子·辞过)

续表

词	做定语	做谓语
焦	宜若奉漏甕，沃焦釜（战国策·齐策二）	卜过之，龟焦（左传·定公四年）
狡	狡妇袭主之请而资游慝也（管子·君臣下）	庄敬而不狡（晏子春秋·内篇问下）
捷	王射之，敏给搏捷矢（庄子·徐无鬼）	捷敏辩给，繁于文采（韩非子·难言）
经	道也者，治之经理也（荀子·正名篇）	有事而无业，事则不经（左传·昭公十三年）
旧	旧谷既没，新谷既升（论语·阳货）	弁冕虽旧，必加于首（穀梁传·僖公八年）
狂	而犹知藏其狂言而死（庄子·知北游）	胡、沈之君幼而狂（左传·昭公二十三年）
空	其民不好空言虚辞（吕氏春秋·知度）	仓廪实而囹圄空（管子·五辅）
宽	幸若获宥，及于宽政（左传·庄公二十二年）	政宽则民慢（左传·昭公二十年）
困	国无滞积，亦无困人（左传·襄公九年）	其身困而家贫（韩非子·奸劫弑臣）
冷	暍者反冬乎冷风（庄子·则阳）	往而靡弊腑冷不反者（墨子·非攻中）
丽	佳丽人之所出也（战国策·中山策）	公姣且丽（吕氏春秋·达郁）
利	故坚甲利兵不足以为胜（荀子·议兵篇）	将不勇，士不分，兵不利（墨子·非攻下）
廉	陈仲子岂不诚廉士哉（孟子·滕文公下）	君子宽而不僈，廉而不刿（荀子·不苟篇）
练	秦得韩之都一，驱其练甲（韩非子·十过）	吾士既练，吾兵既多（管子·匡君大匡）

续表

词	做定语	做谓语
凉	凉风始至(吕氏春秋·季夏纪)	北风其凉,雨雪其雱(诗·邶风·北风)
灵	灵雨既零(诗·鄘风·定之方中)	神得一以灵,谷得一以盈(老子·三十九章)
令	子有令闻而美其室,非所望也(左传·襄公十五年)	公卿宣淫,民无效焉,且闻不令(左传·宣公九年)
漏	是塞漏舟而轻阳侯之波也(战国策·韩策二)	舟漏而弗塞,则舟沉矣(战国策·韩策二)
满	满心戚醮(庄子·盗跖)	多秕而不满(吕氏春秋·审时)
慢	夫人知极,鲜有慢心(国语·晋语一)	上慢下暴,盗思伐之矣(周易·系辞上)
宁	使各有宁宇,以顺及天地(国语·周语中)	地无以宁(老子·三十九章)
疲	骄君使疲民,则国危(管子·幼官)	数战则士疲,数胜则君骄(管子·幼官)
偏	叔向、师旷之对,皆偏辞也(韩非子·难二)	通则骄而偏,穷则弃而儑(荀子·不苟篇)
普	普天之下,莫非王土(左传·昭公七年)	修之于天下,其德乃普(老子·五十四章)
齐	上以忠于世主,下以化于齐民(庄子·渔父)	民齐者强,民不齐者弱(荀子·议兵篇)
曲	大小学之,曲国正之(管子·霸言)	然则我内直而外曲(庄子·人间世)
全	三年之后,未尝见全牛也(庄子·养生主)	城郭不备全,不可以自守(墨子·七患)
饶	掠于饶野,三军足食(孙子·九地篇)	国饶则民骄佚(左传·成公六年)

续表

词	做定语	做谓语
锐	故善用兵者,避其**锐**气(孙子·军争篇)	是故朝气**锐**,昼气惰(孙子·军争篇)
实	烦言饰辞,而无**实**用(商君书·农战)	邯郸之仓库**实**(国语·晋语九)
湿	若居**湿**地(韩非子·存韩)	上漏下**湿**(庄子·让王)
殊	礼者**殊**事……乐者异文(礼记·乐记)	天时虽异,其事虽**殊**(吕氏春秋·过理)
熟	献**熟**食者操酱齐(礼记·曲礼上)	新谷**熟**而陈谷亏(吕氏春秋·博志)
酸	君服青色,味**酸**味(管子·幼官)	其味**酸**,其臭膻(吕氏春秋·季春纪)
泰	假尔**泰**龟有常,假尔**泰**筮有常(礼记·曲礼上)	君子**泰**而不骄(论语·子路)
特	何其无**特**操与(庄子·齐物论)	不收则不**特**,不**特**则怒(吕氏春秋·适音)
通	若是则可谓**通**士矣(荀子·不苟篇)	主德不**通**,民欲不达(吕氏春秋·达郁)
婉	有愉色者,必有**婉**容(礼记·祭义)	姑慈而从,妇听而**婉**(左传·昭公二十六年)
枉	故绳直而**枉**木斲(韩非子·有度)	法**枉**治乱;任善言多(商君书·弱民)
妄	此亦**妄**人也已矣(孟子·离娄下)	上无量,则民乃**妄**(管子·牧民)
伪	**伪**言误众,死(国语·晋语三)	三曰:言**伪**而辩(荀子·宥坐篇)
伟	无**伟**服,无奇行(管子·任法)	**伟**哉!造化又将奚以汝为(庄子·大宗师)

第三章 上古汉语的形容词及其演变趋势 153

续表

词	做定语	做谓语
温	温风始至,蟋蟀居壁(礼记·月令)	冬则不轻而温(墨子·辞过)
闲	九日闲民,无常职(周礼·天官·大宰)	则必候主闲而日夜危之(管子·明法解)
香	正君渐于香酒,可谗而得也(荀子·大略篇)	春行羔豚,膳膏香(周礼·天官·冢宰)
祥	是不祥人也(左传·成公二年)	国更立法以典民则祥(管子·任法)
邪	正人心,息邪说(孟子·滕文公下)	上妄说邪(晏子春秋·外篇)
新	郑袖言恶臭而新人剔(韩非子·内储说下)	晋之从政者新(左传·宣公十二年)
腥	大飨之礼,尚玄酒而俎腥鱼(礼记·乐记)	夫三群之虫,水居者腥(吕氏春秋·本味)
凶	盗贼、藏奸为凶德(左传·文公十八年)	妇人吉,夫子凶(礼记·缁衣)
玄	玄德深远,与物反(老子·六十五章)	玄之又玄,众妙之门(老子·一章)
雅	恶郑声之乱雅乐也(论语·阳货)	宰予之辞,雅而文也(韩非子·显学)
艳	橘维师氏,艳妻煽方处(诗·小雅·十月之交)	公子鲍美而艳(左传·文公十六年)
野	力知不力仁,野人也(荀子·大略篇)	一年而野,二年而从,三年而通(庄子·寓言)
壹	见王子而宿之兮,审壹气之和德(楚辞·远游)	志壹则动气;气壹则动志也(孟子·公孙丑上)
异	敢有异心(左传·昭公三十一年)	其心必异矣(国语·周语下)

续表

词	做定语	做谓语
逸	口不贪嘉味,耳不乐**逸**声(国语·楚语下)	国治身**逸**(吕氏春秋·察贤)
殷	君之丧服除,而后**殷**祭(礼记·曾子问)	方事之**殷**也,有韨韦之跗注(左传·成公十六年)
盈	万,**盈**数也;魏,大名也(左传·闵公元年)	日困而还,月**盈**而匡(国语·越语下)
幼	则恐诸大夫之不能相**幼**君也(公羊传·隐公元年)	君**幼**,诸臣不佞(左传·成公十六年)
元	抑人之有**元**君,将禀命焉(国语·晋语七)	孤之不**元**,废也,其谁怨(国语·晋语七)
躁	吉人之辞寡,**躁**人之辞多(周易·系辞下)	不戚而愿大,视**躁**而足高(左传·襄公三十年)
燥	治**燥**气,用八数,饮于青后之井(管子·幼官)	则涂干而椽**燥**(韩非子·外储说左上)
诈	**诈**臣乱之朝,贪吏乱之官(荀子·强国篇)	臣不能而诬能,则是臣**诈**也(荀子·君道篇)
哲	其维**哲**人,告之话言(诗·大雅·抑)	知人则**哲**(书·皋陶谟)
直	**直**木先伐,甘井先竭(庄子·山木)	木**直**中绳(荀子·劝学篇)
周	其民怠沓其君,而未及**周**德(国语·郑语)	小人比而不**周**(论语·为政)
朱	献子以**朱**丝系玉二瑴而祷(左传·襄公十八年)	左轮**朱**殷,岂敢言病(左传·成公二年)
拙	巧诈不如**拙**诚(韩非子·说林上)	凡外重者,内**拙**(庄子·达生)

第三章　上古汉语的形容词及其演变趋势　　155

(二)非定形容词:能受程度副词修饰,能做谓语表示描述义,但不能用于比较句,不能做定语表示修饰义。

词	受程度副词修饰 (属性值为 1)	做谓语,表示描述义 (属性值为 1)
傲	令尹**甚傲**而好兵(韩非子·内储说下六微)	小国**傲**,大国袭焉曰诛(国语·晋语二)
愈	藜羹不糁,颜色**甚愈**(庄子·让王)	入乎渊泉而不濡,处卑细而不**愈**(庄子·田子方)
惨	其菑**甚惨**(荀子·天论篇)	舒夭绍兮,劳心**惨**兮(诗·陈风·月出)
迟	痛甚者其**愈迟**(荀子·礼论篇)	赐!尔来何**迟**也(礼记·檀弓上)
饬	今乐而**益饬**(吕氏春秋·达郁)	田事既**饬**,先定准直,农乃不惑(礼记·月令)
诎	于魏王听此言也**甚诎**(战国策·赵策四)	其奠之也,容貌必温,身必**诎**(礼记·祭义)
觕	其知**弥觕**,其所取**弥觕**(吕氏春秋·异宝)	食菽与鸡,其器高以**觕**(吕氏春秋·孟夏)
蹙	曷云其还,政事**愈蹙**(诗·小雅·小明)	国**蹙**、王伤,不败何待(左传·成公十六年)
笃	守志**弥笃**(左传·昭公十三年)	父子**笃**,兄弟睦,夫妇和(礼记·礼运)
费	用财**甚费**(晏子春秋·内篇谏下)	民劳而实**费**(战国纵横家书·谓燕王章)
阜	四牡**孔阜**(诗·秦风·小戎)	尔酒既旨,尔殽既**阜**(诗·小雅·頍弁)
臧	卜云其吉,终然允**臧**(诗·鄘风·定之方中)	我田既**臧**,农夫之庆(诗·小雅·甫田)

词	受程度副词修饰 （属性值为1）	做谓语，表示描述义 （属性值为1）
胶	德音**孔**胶（诗·小雅·隰桑）	置杯焉则**胶**，水浅而舟大也（庄子·逍遥游）
姣	毛嫱、西施，天下之**至**姣也（慎子·威德）	公**姣**且丽（吕氏春秋·达郁）
洁①	为器**甚**洁清（晏子春秋·内篇问上）	牺牲既成，粢盛既**洁**，祭祀以时（孟子·尽心下）
谨	遇客**甚**谨，为酒甚美（韩非子·外储说右上）	其耕之不深，芸之不**谨**（管子·八观）
敬	**甚**敬而卑（左传·昭公三年）	居处恭，执事**敬**（论语·子路）
沮	举世而非之而不**加**沮（庄子·逍遥游）	是以为善者劝，为不善者**沮**（荀子·强国篇）
剧	其处**甚**剧（韩非子·内储说上）	事**剧**而功寡，此臣之所谓过也（商君书·算地）
刻	其辞**甚**刻（吕氏春秋·处方）	人主贤则人臣之言**刻**（吕氏春秋·达郁）
隆	是故地日广，子孙**弥**隆（吕氏春秋·长利）	贵臣相妒，大臣**隆**盛（韩非子·亡征）
痗	亦孔之**痗**（诗·小雅·十月之交）	愿言思伯，使我心**痗**（诗·卫风·伯兮）
睦	陆浑氏**甚**睦于楚（左传·昭公十七年）	国大、臣**睦**，而迩于我（左传·成公四年）

① "洁"在上古不能直接做定语，但是可以带"之"做定语，如：1. 狂者又不可得；欲得不屑不洁之士而与之，是狷也。（孟子·尽心下）2. 是以有道之主，不求清洁之吏，而务必知之术也。（韩非子·八说）

续表

词	受程度副词修饰 (属性值为 1)	做谓语,表示描述义 (属性值为 1)
勤	民之于利**甚勤**(庄子·庚桑楚)	民**勤**于财,则贡赋少(榖梁传·庄公二十九年)
劝	且举世而誉之而不**加劝**(庄子·逍遥游)	是故君子不赏而民**劝**(礼记·中庸)
适	法者,事**最适**者也(韩非子·问辩)	寒暑**适**,风雨时,为圣人(吕氏春秋·大乐)
数	今赏罚**甚数**(吕氏春秋·长利)	则小事之至也**数**(荀子·强国篇)
悌	上顺齿则下**益悌**(大戴礼记·主言)	入则孝,出则**悌**(孟子·滕文公下)
晚	杀大蚤,朝**大晚**,非礼也(荀子·大略篇)	昭公之及于难者,报恶**晚**也(韩非子·难四)
芜	田**甚芜**,仓甚虚(老子·五十三章)	入其疆,土地荒**芜**(孟子·告子下)
宜	此**最宜**于文王矣(韩非子·难二)	谓上不我知,黜而**宜**,乃知我矣(左传·文公二年)
泽	车**甚泽**(左传·襄公二十八年)	欲小简而长,大结而**泽**(周礼·冬官·弓人)
章	所残必多,其饰**弥章**(国语·周语下)	黔首已亲矣,名号已**章**矣(吕氏春秋·勿躬)
彰	法物**滋彰**,盗贼多有(老子·五十七章)	顺风而呼,声非加疾也,而闻者**彰**(荀子·劝学篇)

附录 4 属性值为 1 的最不典型的形容词

（一）非谓形容词（只能做定语的形容词）16 个：

譬之是犹使处女婴**宝**珠，佩**宝**玉，负戴黄金，而遇中山之盗也。（荀子·富国篇）

左右以君贱之也，食以**草**具。（战国策·齐策四）

锐喙决吻，**数**目顾脰，小体骞腹。（周礼·考工记·梓人）孙诒让《正义》："《毛诗》释文云：'数，细也。'谓细目也。"（数 cù：细也。）

吾闻国家有大事，必顺于**典**刑。（国语·晋语八）（典刑：常刑，谓旧法，常规。）

毒虫不螫，猛兽不据，攫鸟不抟。（老子·五十五章）

福事至则和而理，祸事至则静而理。（荀子·仲尼篇）

以此治人，则**膏**雨甘露降矣，寒暑四时当矣。（吕氏春秋·贵信）

吾见新鬼大，**故**鬼小。（左传·文公二年）

苟无**恒**心，放辟邪侈，无不为已。（孟子·梁惠王上）

洪泉极深，何以窴之？（楚辞·天问）

狗非犬，黄马、**骊**牛三，白狗黑。（庄子·天下）

赵盾之车右祁弥明者，国之**力**士也。（公羊传·宣公六年）

司慎司盟，**名**山**名**川。（左传·襄公十一年）

奇服、怪民不入宫。（周礼·天官·阍人）

故有俗人者，有**俗**儒者，有雅儒者，有大儒者。（荀子·儒效篇）

古者分同姓以**珍**玉，展亲也。（国语·鲁语下）

（二）非定形容词（只能做谓语的形容词）44 个：

1. 有使动用法的非定形容词（11 个）

衣暖而食**充**，居安而游乐。（荀子·君道篇）

夫宫室不**崇**，器无彤镂，俭也。（国语·周语下）

其用物也**弘**矣，其取精也多矣。（左传·昭公七年）

王曰："吾**惛**，不能进于是矣。"（孟子·梁惠王上）

池之**竭**矣,不云自频;泉之**竭**矣,不云自中。(诗·大雅·召旻)

分**均**则不偏,执齐则不壹,众齐则不使。(荀子·王制篇)

平易恬惔,则忧患不能入,邪气不能袭,其德全而神不**亏**。(庄子·刻意)

全则必**缺**,极则必反,盈则必亏。(吕氏春秋·博志)

刑重,则不敢以贵易贱;法**审**,则上尊而不侵。(韩非子·有度)

敦祗恭厚,鲠固**慎**完,则见以为掘而不伦。(韩非子·难言)

验之所缘以同异,而观其孰**调**,则能禁之矣。(荀子·正名篇)

2. 没有使动用法的非定形容词(26个)

所谓和者,君甘则臣酸,君**淡**则臣**咸**。(晏子春秋·内篇谏上)

百姓乃寿,百虫乃**蕃**,此谓星德。(管子·四时)

昔者天子中立,地方千里,四言者**该**焉。(管子·小问)尹知章注:"该,备也。"

故明主之行制也天,其用人也**鬼**。(韩非子·八经)旧注:"如鬼之阴密。"陈奇猷《韩非子集释》:"鬼乃隐密不可捉摸者,故以鬼为喻。"

言必信,行必**果**。(论语·子路)

秋早寒则冬必暖矣,春多雨则夏必**旱**矣。(吕氏春秋·情欲)

动万物者莫疾乎雷,桡万物者莫疾乎风,燥万物者莫**熯**乎火。(周易·说卦)

太子痤美而**很**,合左师畏而恶之。(左传·襄公二十六年)

是以赏当**紧**,罚当暴。(墨子·尚同中)尹知章注:"紧,谓其坚强者。"

若苟贫,是粢盛酒醴不**净**洁也。(墨子·节葬下)

故丧事虽**遽**,不陵节;吉事虽止,不怠。(礼记·檀弓上)

其过失,无敌深入,偕险绝塞,民**倦**且饥渴。(商君书·战法)典型的非定形容词。

奚仲之为车器也,方圜曲直,皆中规矩钩绳,故机旋相得,用之**牢**

利,成器坚固。(管子·形势解)

如有周公之才之美,使骄且**吝**,其余不足观也已。(论语·泰伯)

目明矣,耳聪矣,鼻臭矣,口**敏**矣,三百六十节皆通利矣。(吕氏春秋·本生)

偃之肉腥**臊**,将焉用之?(国语·晋语四)

国**奢**,则示之以俭;国俭,则示之以礼。(礼记·檀弓下)

君子庄敬日强,安肆日**偷**。(礼记·表记)

夫宠而不骄,骄而能降,降而不憾,憾而能眕者,**鲜**矣。(左传·隐公三年)杜预注:"如此者少也。"陆德明《音义》:"鲜,息浅反,少也。"

令疾则黄金重,令**徐**则黄金轻。(管子·地数)

通则文而明,穷则约而**详**。(荀子·不苟篇)

谨其时禁,故鱼鳖**优**多,而百姓有余食也。(荀子·王制篇)

君子之求利也略,其远害也**早**。(荀子·修身篇)

不**矜**而**庄**,不厉而威。(礼记·表记)郑玄注:"矜,谓自尊大也。"

3. 只受程度副词修饰的非定形容词(7个)

熯 rǎn:我孔**熯**矣,式礼莫愆。(诗·小雅·楚茨)毛传:"熯,敬也。"

偕:酒既和旨,饮酒孔**偕**。(诗·小雅·宾之初筵)

赜:言天下之至**赜**而不可恶也。(周易·系辞上)

填 chén(久):孔**填**不宁。(诗·大雅·瞻卬)

除:朝**甚除**,田甚芜,仓甚虚。(老子·五十三章)

瘦:公子甚贫,马**甚瘦**。(韩非子·内储说下六微)

杀:是故地日削,子孙**弥杀**。(吕氏春秋·长利)高诱注:"杀,衰也。"

第四章

名词向形容词的转变

4.1 转变个案

4.1.1 名词转变为形容词①

4.1.1.1 精(价值)②

本指"优质纯净的好米",名词。《说文》:"精,择也。"段注:"精,择米也。……引申为凡最好之称。"《论语·乡党》"食不厌精",刘宝楠《正义》:"精者,善米也。"《庄子·人间世》:"鼓筴播精,足以食十人。"王先谦《集解》引司马彪曰:"简米曰精。"由于"精"的词义结构中包含"纯净的、精制的"的义素,这些修饰性义素独立出来后,"精"就具备了形容词的用法,并继续引申出"完美、最好""虔诚、专一""细致、严密""精通、精明"等形容词义,可以做定语、谓语和状语,如:

---

① 在判断名转形的过程中,我们首先要指出的是,先秦时期的形容词是一个原型范畴,判断某个名词是否已经转变为形容词,要结合其语法分布加以综合判断,有的词可能符合全部分布标准,有的词可能只符合其中一项或几项分布标准,因此,说某个词是否已经转为形容词只是一个程度问题,而不是简单的是或不是。

② "精(价值)"表示形容词"精"是表示价值的形容词。其他依此类推。

(1)老弱罢民,可以胜人之**精**士练材。(吕氏春秋·简选)

(2)君子以厚,小人以薄(礼记·礼运)孔疏:"君子,譬**精米**嘉器也。"

以上2例中,"精"做定语。

(3)故曰:心枝则无知,倾则不**精**,贰则疑惑。(荀子·解蔽篇)

(4)若此则形性弥羸,而耳目愈**精**。(吕氏春秋·勿躬)

(5)其知弥**精**,其所取弥**精**。(吕氏春秋·异宝)

以上3例中,"精"做谓语。后2例还可以受程度副词"愈"和"弥"的修饰。

"精"也可以用于比较句,如:

(6)合天下之从,无**精**于**此**者矣。(战国策·魏策四)

"精"还可以做状语,也可以有使动用法,各举1例:

(7)有事于此,而**精**言之而不明,勿言之而不成。**精**言乎?勿言乎?(吕氏春秋·精谕)

(8)则此言三圣人者,谨其言,慎其行,**精**其思虑。(墨子·尚贤中)

小结:"精"在先秦时期就由名词分化出了形容词用法,可以做定语、做谓语、受程度副词修饰,用于比较句,属性值为4,是最典型的形容词。

4.1.1.2 众(数量)

《说文》:"众,多也。"本义是"众人、很多人",名词,引申指"群众,军队"。如:

(9)兴事动**众**,以增国城,其可以移之乎?(吕氏春秋·制乐)

(10)楚**众**欲止,子玉不肯,至于城濮,果战,楚**众**大败。(国语·晋语四)

引申指"很多、众多、许多",如:

(11)林木茂而斧斤至焉;树成荫而**众**鸟息焉。(荀子·劝学篇)

(12)有**众**日并出,有昼盲,有霄见。(吕氏春秋·明理)

(13)**众**车入自纯门,及逵市。(左传·庄公二十八年)

以上3例中,"众"做定语。

(14) 行地滋远,得民滋**众**。(吕氏春秋·怀宠)

(15) 桓公郊迎客,夜开门,辟任车,爝火甚盛,从者**甚众**。(吕氏春秋·举难)

(16) 彼**众**我寡,及其未既济也,请击之。(左传·僖公二十二年)

(17) 鲁之群室**众**于齐之兵车,一室敌车优矣,子何患焉?(左传·哀公十一年)

以上 4 例中,"众"做谓语。前 2 例"众"都受程度副词修饰,最后 1 例中,"众"用于比较句,为形容词无疑。形容词"众"还可以有使动用法,义为"使……多,增多",如:

(18) 譬若欲**众**其国之善射御之士者,必将富之贵之。(墨子·尚贤上)

小结:"众"在先秦时期就由名词分化出了形容词用法,而且具备形容词的四种典型分布:做定语、做谓语、受程度副词修饰、用于比较句,属性值为 4,是最典型的形容词。但是"众"做谓语的用法自汉代以后越来越少,做谓语表示"众多、许多、很多"义逐渐被"多"所取代,"众"只是出现在定语位置时还保有此义,但是多接近于复合词,如"众生、众人、众位、众庶、众物"等,魏晋以后的"甚众"多是仿古的说法。

4.1.1.3 神(价值)

本指"天神",即天地万物的创造者和主宰者,名词。《说文》:"神,天神,引出万物者也。"引申指"精神、神志、表情、神态、肖像"等义,都是名词。由于"神"被人们赋予某种超自然的力量,因而"神"的词义结构中就隐含着"神奇的、玄妙的、灵验的"等义素,这些义素后来独立出来,依然用"神"来记录,这是一种不改变词形而创造新词的方法,也是一种最为简便的造词方法。下面是"神"做形容词的例证:

(19) 掘其根本,木乃不**神**。(韩非子·扬权)

(20) 王**甚神圣**,无恶于诸侯。(左传·昭公二十六年)

(21) 诗曰:"上天**甚神**,无自瘵也。"(战国策·楚策四)

以上 3 例中,"神"做谓语。后 2 例中,"神"受程度副词"甚"修饰。

(22) 使**神**人百物无不得其极。(国语·周语上)

(23) 荆廷尝有**神**白猿,荆之善射者莫之能中。(吕氏春秋·博志)

(24) 吾闻楚有**神**龟,死已三千岁矣,王巾笥而藏之庙堂之上。(庄子·秋水)

以上 3 例中,"神"做定语。"神"还可以用于比较句,如:

(25) **莫神于天**,莫富于地。(庄子·天道)

小结:"神"在先秦时期就由名词分化出了形容词用法,既可以做定语,也可以做谓语,还可以受程度副词修饰,用于比较句,属性值为 4,是最典型形容词。但是从汉代至清代,"神"单独做谓语的用法很少,可能有两个原因:(1)表示某人很神奇,多用"丞相妙策如神""用兵如神""其智如神"等句法形式;(2)在与"神奇""神圣""神妙""神通""神勇""神秘"等复合形式竞争的过程中,"神"单独做谓语受到抑制,变得越来越少。不过在现代汉语中却有增多的趋势,如"你可真神了""这家伙可真神""八路军的炮真神了"之类的说法又逐渐多起来,"神"又恢复了先秦时期自由单独做谓语而且可以受程度副词修饰的特点,这是一种语法演变中的"返祖"现象。

4.1.1.4 尊(价值)

本义是"盛酒的礼器"。《说文》:"尊,酒器也。"段玉裁注:"凡酒必实于尊,以待酌者……凡酌酒者必资于尊,故引申以为尊卑字,犹贵贱本谓货物而引申之也。自专用为尊卑字,而别制罇、樽为酒尊字矣。"《礼记·明堂位》:"泰,有虞氏之尊也;山罍,夏后氏之尊也。"但是《汉语大词典》却认为"尊"的本义是"尊贵、高贵",引陈澧和黄侃的说法为证,并将"古盛酒器"列为第十个义项。清陈澧《东塾读书记·小学》:"《说文》有说转义不及本义者,举'尊'字酒器(为例)……本义是尊卑之尊。"黄侃《文字声韵训诂笔记·训诂》:"其一,但说字形之谊而不及本谊。如'尊,酒器也……'是也。夫酒器所以名为尊者,奉酒以所尊故也。是尊卑之义在前,乃'尊'字之本谊。"

我们认为,"尊"的本义当为"酌酒器",然后由具体到抽象,引申为"尊贵、高贵",变为形容词,这既有古文字形方面的证据,也有文献用例,还符合引申的规律。"尊"做形容词时,多做谓语,如:

(26)君子位**尊**而志恭,心小而道大。(荀子·不苟篇)

(27)吾三相楚而心愈卑,每益禄而施愈博,位滋**尊**而礼愈恭。(荀子·尧问篇)

(28)虞庆为屋,谓匠人曰:"屋太**尊**。"(韩非子·外储说左上)

形容词"尊"做定语:

(29)君无咫尺之地,骨肉之亲,处**尊**位,受厚禄。(战国策·楚策一)

(30)臣以为齐致尊名于王,天下孰敢不致**尊**名于王?(战国策·赵策四)

(31)故曰:贤材者处厚禄任大官;功大者有**尊**爵受重赏。(韩非子·八奸)

"尊"还可以用于比较句,如:

(32)臣莫**尊**于世子,则世子可。(穀梁传·僖公十年)

形容词"尊"还可以有使动用法,义为"使……尊贵、高贵",如:

(33)恃王国之大,兵之精锐,而攻邯郸,以广地**尊**名。(战国策·魏策四)

(34)赏从亡者及功臣,大者封邑,小者**尊**爵。(史记·晋世家)

同是"尊名""尊爵",一为定中结构,一为动宾结构,如不结合上下文,难以断定其句法关系。

"尊"由名词还可演变为动词,义为"置酒、盛酒"。《仪礼·士冠礼》:"侧尊一甒,醴在服北。"郑玄注:"置酒曰尊。""置酒、盛酒"多是为了表示尊敬、敬重,"尊"于是引申出"敬重、推崇""尊奉、拥戴""重视"等动词义,如:

(35)元年春王正月,公子遂如齐逆女。**尊**君命也。(左传·宣公元年)

(36)且夫**尊**贤授能,先善与利,自古尧舜以然。(庄子·庚桑楚)

小结:"尊"在先秦时期就可以做定语、做谓语、受程度副词修饰、用于比较句,属性值为4,是最典型的形容词。

4.1.1.5　丰(度量)

《说文》:"丰,豆之丰满者也。从豆,象形。"本指"古代承放爵、觯(zhì)的礼器"。《仪礼·乡射礼》:"司射适堂西,命弟子设丰。"郑玄注:"设丰,所以承其爵也。丰形盖似豆而卑。"由于礼器形状较大,故引申出"大、高大"义,《方言》:"朦、厖(máng),丰也。自关而西秦晋之间凡大貌谓之朦,或谓之厖。丰,其通语也。"《玉篇·丰部》:"丰,大也。"又如:

(37)夫**丰狐**文豹,栖于山林,伏于岩穴。(庄子·山木)成玄英注:"丰,大也。"

由"大"义又引申出"丰盛、丰厚、丰足、丰满、充裕、富饶"等义,如:

(38)湛湛露斯,在彼**丰**草。(诗·小雅·湛露)

(39)故冬耕之稼,后稷不能羡也;**丰**年大禾,臧获不能恶也。(韩非子·喻老)

(40)树于有礼,艾人必**丰**。(国语·周语上)韦昭注:"丰,厚也。"

(41)从属弥众,弟子**弥丰**。(吕氏春秋·当染)

前2例做定语,后2例做谓语。"丰"还可以用于比较句,如:

(42)故敝邑之职贡于吴,有**丰于晋**。(左传·哀公十三年)

形容词"丰"经由使动用法,发展出"增大、扩大、使丰厚、使多、使丰足、使丰裕、使丰满"等一系列使动义,此不举例。

小结:"丰"在先秦时期就由名词转变为了形容词,可以做定语、做谓语、受程度副词修饰、用于比较句,属性值为4,是最典型的形容词。

4.1.1.6　文(价值)

"文"的本义是"彩色交错的图形",《说文》"文,错画也。象交文",段注:"错当作造。造画者,交造之画也。……像两纹交互也。纹者,文之俗字。"引申指"纹理、花纹"及"字,文字""文章""文辞,词句""文才,才华"

"锦绣织物"等义。这些都是名词义。由"文才,才华"这个名词义开始形容词化,引申出"有文才,有才华""有文彩,华丽""有文德"等形容词义,又由"锦绣织物"这个名词义引申出"柔和,不猛烈""美,善"等形容词义。如:

(43)君子质而已矣,何以**文**为?(论语·颜渊)文:有文彩,华丽。

(44)天事武,**地事文**。(国语·楚语下)韦昭注:"地质柔顺,故文。"文:柔和。

(45)**允文**文王,克开厥后。(诗·周颂·武)文:有文德。

以上3例中,"文"都做谓语。再看受程度副词修饰和做定语的例子,各举2例:

(46)光又**甚文**,将自同于先王。(左传·昭公三十年)

(47)夫是之谓**至文**。(荀子·不苟篇)杨倞注:"言德备也。"

(48)**文言**多,实行寡。(韩非子·说疑)文:美,善。

(49)今有人于此,舍其**文轩**,邻有敝舆,而欲窃之。(墨子·公输)

小结:"文"在先秦时期已经转变为形容词,可以做定语、做谓语、受程度副词修饰,属性值为3,是次典型形容词。

4.1.1.7 昏(价值)

本指"天刚黑的时候,傍晚",名词。《说文》:"昏,日冥也。"《诗·陈风·东门之杨》:"昏以为期,明星煌煌。"由于傍晚天色昏暗,"昏"便引申出"昏暗,无光"义,变为形容词。如:

(50)布挥而不曳,**幽昏**而无声。(庄子·天运)

(51)浮云郁兮**昼昏**,霾土忽兮尘埃。(楚辞·九怀·陶壅)

(52)白日无精景,黄沙**千里昏**。(文选·和琅邪王依古)

人君若糊涂昏聩,世道若黑暗混乱,皆若天色昏暗无光,故"昏"又引申出"昏聩,迷乱,糊涂、混乱、黑暗"等义,"昏"仍然是形容词,可以做定语和谓语。如:

(53)桀有**昏德**,鼎迁于商,载祀六百。(左传·宣公三年)

(54)礼者,表也;非礼,**昏**世也;**昏**世,大乱也。(荀子·天论篇)

(55)渊圣即位三四日后,**昏**雾四塞。(朱子语类·卷一二七)

(56)无道**昏君**!本当诛戮以谢天下!(三国演义·第一一三回)

以上4例中,形容词"昏"做定语。

(57)**君昏**不能匡,危不能救。(左传·襄公二十五年)

(58)天下多忌讳,而人㳽贫;人多利器,国家**滋昏**。(老子·五十七章)

(59)学者既多蔽暗,而师道又复缺然,此所以**滋昏**也。(新论·正经)

(60)自元康以来,艰祸繁兴。永嘉之际,氛厉**弥昏**。(文选·劝进表)

以上4例中,形容词"昏"做谓语。后3例还受程度副词"滋、弥"修饰。

到元代以后,"昏"可以用于动结式,如:

(61)那客人**射的昏**了,苏醒回来,恰好有捕盗官来那里巡警,那客人就告了。(原本老乞大)

(62)想是御妹**跌昏**了,胡说哩。(西游记·第十一回)

(63)只恐他是**病昏**了胡说,又怕跌倒,死在门首。(西游记·第五十七回)

(64)我也**唬昏**了,又吃他打怕了,那里曾查他人马数目!(西游记·第七十回)

(65)淫妇吃那野汉子**捣昏**了,皮袄在这里,却到处寻。(金瓶梅·第四十六回)

(66)不想安童被一棍**打昏**,虽落水中,幸得不死,浮没芦港。(金瓶梅·第四十七回)

小结:"昏"在先秦时期就由名词分化出了形容词用法,可以做定语、做谓语、受程度副词修饰,属性值为3,是次典型形容词。到近代汉语时期,"昏"可以用于动结式,"昏"是语义指向受事的补语。

4.1.1.8 甘(物质属性)

"甘"本义是"美味、美味的食物",是名词。如:

(67)稼穑作甘。(书·洪范)孔传:"甘味生于百谷。"

(68)必持其名,苦体绝甘,约养以持生,则亦久病长阨而不死者也。(庄子·盗跖)

引申指"甜味、甜味食物",如:

(69)谁谓荼苦?其甘如荠。(诗·邶风·谷风)

(70)中有嘉味,甘如蜜,子能得之谨勿失。(抱朴子内篇·微旨)

(71)大苦醎酸,辛甘行些。(楚辞·招魂)朱熹《集注》:"甘,谓饴蜜也。"

以上"甘"都是名词,词义中内含"美味的、甜味的"义,这些义素独立出来后,"甘"变为形容词,义为"美好、美味的、甜的",可以做谓语和定语。例如:

(72)盗言孔甘,乱是用餤。(诗·小雅·巧言)

(73)币重而言甘,诱我也。(左传·僖公十年)

(74)直木先伐,甘井先竭。(庄子·山木)

(75)深拁之而得甘泉焉,树之而五谷蕃焉。(荀子·尧问篇)

(76)轻水所,多秃与瘿人;重水所,多尰与躄人;甘水所,多好与美人;辛水所,多疽与痤人;苦水所,多尪与伛人。(吕氏春秋·尽数)

小结:"甘"在先秦时期就由名词分化出了形容词用法,可以做定语、做谓语、受程度副词修饰,属性值为3,是次典型形容词。

4.1.1.9 黑(颜色)

"黑"本是名词,指"黑色"。《说文》:"黑,火所熏之色也。"由名词演变为形容词,可以做定语和谓语,如:

(77)昔者,寡人梦见良人,黑色而髯。(庄子·田子方)

(78)使人视之,果黑牛而以布裹其角。(韩非子·解老)

(79)衣黑衣,服玄玉,食黍与彘。(吕氏春秋·仲冬纪)

(80)帝以今日杀黑龙于北方,而先生之色黑,不可以北。(墨子·贵义)

(81) 白沙在涅,与之俱**黑**。(荀子·劝学篇)

(82) 春则黄,夏则**黑**,秋则苍,冬则赤。(吕氏春秋·明理)

(83) 颜色**黎黑**,步不相过,窍气不通,以中帝心。(吕氏春秋·行论)

(84) 白之顾**益黑**、求之愈不得者,其此义邪!(吕氏春秋·审分)

小结:"黑"在先秦时期就由名词分化出了形容词用法,可以做定语、做谓语、受程度副词修饰,属性值为3,是次典型形容词。

4.1.1.10 青(颜色)

"青",本指颜色名,可指多种颜色,《汉语大词典》列有:(1)绿色,似植物叶子的颜色;(2)蓝色;(3)白色;(4)黑色。也可指"青色物"。古以青为东方之色,《说文》:"青,东方色也。"以上是名词义。"青"由名词演变为形容词,可以用于比较句,可以做定语、谓语,如:

(85) 青,取之于蓝,而**青于蓝**。(荀子·劝学篇)

(86) 乘鸾辂,驾苍龙,载**青**旂,衣**青**衣,服**青**玉。(吕氏春秋·季春纪)

(87) 室如悬磬,野无**青**草,何恃而不恐?(国语·鲁语上)

(88) 阳虎未必色白,孔子未必**面青**也。(论衡·物势篇)

(89) 时或头赤身白,头黑身黄,或头身皆黄,或头身**皆青**。(论衡·商虫篇)

小结:"青"在先秦时期就由名词分化出了形容词用法,做定语远远多于做谓语,可以用于比较句,但是不能受程度副词修饰,属性值为3,属次典型形容词。东汉以后,"青"做谓语才逐渐增多。

4.1.1.11 黄(颜色)

黄,五色之一,名词。《说文·黄部》:"黄,地之色也。"郭沫若《金文丛考·释黄》:"黄即佩玉,后假为黄白字,卒至假借义行而本义废。"唐瑛(2002)《〈墨子〉颜色形容词研究》认为"黄"最初是指"具有黄颜色的佩玉",后来中心义发生转移,专指黄颜色。唐瑛认为郭沫若把词义的转移说成假借不够恰当。《汉语大词典》解释为"像金子或成熟的杏子的颜色"。如:

(90) 虽珠玉满体,文绣充棺,**黄金**充椁……(荀子·正论篇)

(91) 夫处穷闾厄巷,困窘织屦,槁项**黄馘**者,商之所短也。(庄子·列御寇)陆德明《释文》引司马彪曰:"黄馘,谓面黄熟也。"

(92) 南门之外,有**黄犊**食苗道左者。(韩非子·内储说上)

(93) 五和时节,君服**黄色**,味甘味,听宫声,治和气,用五数。(管子·幼官)

(94) 十三年孺子见我济北,谷城山下**黄石**即我矣。(史记·留侯世家)

以上"黄"做定语。下面是做谓语的例子:

(95) 天玄而**地黄**。(周易·坤)

(96) 卣醯**黄**,蚋聚之,有酸,徒水则必不可。(吕氏春秋·功名)

(97) 春则**黄**,夏则黑,秋则苍,冬则赤。(吕氏春秋·明理)

(98) 故伤脾之色也,望之杀然**黄**,察之如死青之兹。(史记·扁鹊仓公列传)

(99) 物生也色青,其熟也**色黄**。(论衡·道虚篇)

小结:"黄"在先秦时期就由名词分化出了形容词用法,可以做定语、做谓语,属性值为 2。

4.1.1.12 野(价值)

"野"本指郊外、离国都较远的地方。《说文》:"野,郊外也。"《诗·邶风·燕燕》:"之子于归,远送于野。"毛传:"郊外曰野。"泛指田野,《左传·僖公二十六年》:"室如悬罄,野无青草。""野"的词义中包含"较远"这一性质义,于是引申指"民间""边鄙或边境",因为民间、边境等相对来说离国都较远。如:

(100) 七月在**野**,八月在宇,九月在户,十月蟋蟀入我床下。(诗经·豳风·七月)

(101) (秦)今又刬赵魏,疏中国,封卫之东**野**。(战国策·齐策三)

正如"鄙"由"边境"义引申出"鄙陋、质朴"义一样,"野"也由"田野""民间、边境"义引申出"野生的,质朴,不浮华,不合礼仪,不拘礼节,鄙俗,

粗野,放浪不羁的,不受约束的"等义,"野"变为形容词,如:

(102)**野**豕为轩,兔为宛脾。(礼记·内则)

(103)管仲之为人,力功不力义,力知不力仁,**野人**也。(荀子·大略篇)

(104)狼子**野心**,怨贼之人也。(国语·楚语下)

(105)智伯欲伐卫,遗卫君**野马**四百,白璧一。(战国策·宋卫策)

以上4例中,"野"做定语。"野"做定语比较常见,而做谓语一直比较少见,下面是搜到的各时期为数不多的例子:

(106)自吾闻子之言,一年而**野**,二年而从,三年而通。(庄子·寓言)成玄英疏:"**野**,质朴也。闻道一年,学心未熟,稍能朴素,去浮华耳。"

(107)**野**哉,由也!(论语·子路)朱熹《集注》:"**野**,谓鄙俗。"

(108)上教以忠,君子忠,其失也,小人**野**。(论衡·齐世篇)

(109)但臣言辞**鄙野**,不能究尽其意。(三国志·吴书十七·是仪传)

(110)品藻妓妾之妍蚩,指摘衣服之**鄙野**。(抱朴子外篇·崇教)

(111)然善述事〔理〕,辩而不华,质而不**野**,文质相称。(后汉纪·卷十三)

(112)性**野**拙,人情世务,多所不解。(宋书·赵伦之传)

(113)阳休之造切韵,殊为**疏野**。(颜氏家训·音辞)

(114)王郎心里莫**野**,出去早些归舍。(敦煌变文·金刚丑女因缘)

(115)予率性**疏野**,唯好山水,乐情自遣,无所能也。(五灯会元·卷五)

(116)为什么不念书,只是心**野**贪玩?(红楼梦·第八十一回)

(117)若一说起,恐怕宝玉**野**了心,所以都不提起。(红楼梦·第八十九回)

当"野"做谓语时,搭配的多是"人""言""言辞""衣服""性""心"等和人有关的名词性成分;而当"野"做定语时,除了搭配和人有关的词语之外,还大量搭配跟动植物有关的名词性成分,其接合面大大宽于"野"做谓语时跟主语名词的组合面,如"野人、野士、野牛、野火、野花、野豕、野兕、野马、野鹿、野禽、野彘、野鼠、野凫、野蔬、野猫、野鸭、野鸡、野兽"。这是因为,"野"做定语的用法是其作为形容词的基本用法,而做谓语是衍生而来的用法,基本用法的搭配能力自然大于派生用法。

"野"受程度副词修饰直到西汉时期才出现用例,如:

(118)愚者行间而益固,鄙人饰诈而**益野**。(说苑·谈丛)

"野"虽然可以做状语,但这是作为名词做状语,而不是形容词做状语。如:

(119)若**野**赐之,是委君贶于草莽也。(左传·昭公元年)

小结:"野"在先秦时期就由名词分化出了形容词用法,主要做定语,做谓语比较少见,属性值为 2。西汉时期,"野"可以受程度副词修饰。

4.1.1.13　都(度量)

《说文》:"有先君之旧宗庙曰都。从邑者声。《周礼》:'距国五百里为都。'"本指"建有宗庙的城邑"。《左传·庄公二十八年》:"凡邑,有宗庙先君之主曰都,无曰邑。邑曰筑,都曰城。"引申指"国都、京都、大城市、著名城市"。"都"由"京城"义引申出"大、优美"义,这和"鄙"由"边鄙"义引申出"粗野、鄙陋"义是平行的,是一种反向的同步引申关系。(参刘均杰、李行健 2007:12)如:

(120)彼美孟姜,洵美且**都**。(诗·郑风·有女同车)毛传:"都,闲也。"朱熹《诗集传》:"都,闲雅也。"

(121)相如之临邛,从车骑,雍容闲雅,甚**都**。(史记·司马相如列传)

(122)惟佳人之永**都**兮,更统世而自贶。(楚辞·九章·悲回风)

(123)乃取水左右各一人,使为**都**匠水工。(管子·度地)

(124)昭帝元凤元年,燕王宫永巷中豕出圂,坏**都灶**,衔其鬴六七枚置殿前。(汉书·五行志中之下)颜师古注:"**都灶**,烝炊之大灶也。"

前 3 例做谓语,后 2 例做定语。

小结:"都"在先秦时期就由名词分化出了形容词用法,可以做定语、做谓语,属性值为 2。西汉以后可以受程度副词修饰,一直不能用于比较句。

4.1.1.14 鄙(价值)

"鄙"本指周代行政区划单位之一,《说文》:"鄙,五酇为鄙。"引申为"采邑、食邑""边疆、边远地区""郊外、郊野"等,它们都是名词义。如:

(125) 既而大叔命西**鄙**、北**鄙**贰于己。(左传·隐公元年)

(126) 昔者圣王之治天下也,参其国而伍其**鄙**。(国语·齐语)韦昭注:"鄙,郊以外也。"

边鄙之人一方面具有"质朴"的特点,另一方面,也有"粗野、庸俗、浅陋"的一面,"鄙"于是引申出"质朴""狭小、粗野、庸俗、浅陋"等义,变为形容词。① 如:

(127) 子赣季路故**鄙**人也,被文学,服礼义,为天下列士。(荀子·大略篇)

(128) 叔孙通笑曰:"若真**鄙**儒也,不知时变。"(史记·刘敬叔孙通列传)

以上 2 例中,"鄙"做定语。

(129) 肉食者**鄙**,未能远谋。(左传·庄公十年)

(130) 焚符破玺,而民朴**鄙**;掊斗折衡,而民不争。(庄子·胠箧)

以上 2 例中,"鄙"做谓语。

形容词"鄙"还通过意动用法,发展出动词义"鄙视,看不起",如:

(131) 我皆有礼,夫犹**鄙**我。国而无礼,何以求荣?(左传·昭公十六年)

---

① 杨树达(1983:42)《积微居小学述林》认为"啚"是"鄙"的初文,并说:"啚之反为都,都谓国都,今语所谓都会也。凡国都必侈,乡邑必陋,故都之引申义为大,为盛,为美,为闲,为雅,为姣,皆美义也。鄙之引申义为小,为狭,为陋,为贱,为俚,为猥,为不通,皆恶义也。啚训啬者,亦啚之引伸义,许君误以引伸义为初义,宜乎形与义不相会矣。"论述精辟,可以参考。

"鄙"受程度副词修饰直到东汉以后才出现,如:

(132)聆白雪之九成,然后悟巴人之**极鄙**。(抱朴子外篇·广譬)
(133)弘微曰:"亲戚争财,**为鄙之甚**。"(宋书·谢弘微传)
(134)师曰:"**太鄙**吝生!"(五灯会元·卷七)

小结:"鄙"在先秦时期就由名词分化出了形容词用法,能做定语和谓语,属性值为 2。直到东汉以后才能受程度副词"极、甚、太"等修饰。

4.1.1.15 香(物质属性)

"香"的本义是"谷物熟后的气味",引申指一切好闻的气味、芳香。如:

(135)卬盛于豆,于豆于登,其**香**始升,上帝居歆。(诗·大雅·生民)
(136)有飶其**香**,邦家之光。(诗·周颂·载芟)
(137)郁郁菲菲,众**香**发越。(汉书·司马相如传上)

然后由"香味"引申为"味道好吃;甘美","香"于是兼有名词和形容词用法。如:

(138)春之易,而食之不噎而**香**。(吕氏春秋·审时)高诱注:"香,美也。"
(139)正君渐于**香**酒,可谗而得也。(荀子·大略篇)

但是形容词"香"直到东汉以后才受程度副词修饰,如:

(140)其色若干,其香甚**香**。(佛说佗真陀罗所问如来三昧经·卷上,T15)
(141)师曰:"禾好**香**。"婆曰:"没气息。"(五灯会元·卷三)

《说文》:"香,芳也",这解释的是引申义。形容词"香"还衍生出"睡得踏实、酣畅""胃口好"等义,如:

(142)你直伸伸地倒在床上,睡得真**香**。(巴金:《家》)
(143)这两天吃饭都不**香**。

形容词"香"还发展出名词义"香料或其制成品",如:

(144) 诸天散花烧众名**香**。(佛说成具光明定意经·卷一,T15)

综上,"香"的发展历程如下:

　　名词(香味,芳香)——→形容词(味道好;睡得好;吃得好)——→名词(香料)

小结:"香"在先秦时期就由名词分化出了形容词用法,既可以做定语,也可以做谓语,属性值为 2。直到东汉才受程度副词修饰,直到现代汉语时期才见到用于比较句的例子(略)。

4.1.1.16　灵(价值)

本指"跳舞降神的巫",名词。《说文》:"灵,灵巫,以玉事神。"段玉裁认为"灵巫"当作"巫也"。引申指"神灵""福佑""鬼怪""灵魂"等义,都是名词。跟"神"类似,"灵"的词义结构中也包含"神奇的、灵异的、灵验的"等修饰性义素,这些义素独立出来后,便形成形容词"灵",可以做谓语、做定语。例如:

(145) 然则神筮不**灵**,神龟不卜。(管子·五行)

(146) 由此言之,蓍不神,龟不**灵**,盖取其名,未必有实也。(论衡·卜筮篇)

以上 2 例中,"灵"做谓语。

(147) **灵**雨既零,命彼倌人,星言夙驾,说于桑田。(诗·鄘风·定之方中)郑玄笺:"**灵**,善也。"

(148) 贤儒之在世也,犹**灵**蓍神龟也。(论衡·状留篇)

以上 2 例中,"灵"做定语。不过,"灵"在上古不受程度副词修饰,直到东汉以后,才出现"程度副词+灵",如:

(149) 人抱天地之体,怀纯粹之精,有生之**最灵**者也。(新论·正经)

(150) 有生**最灵**,莫过乎人。(抱朴子内篇·论仙)

(151) 谓人**最灵**智,独复不如兹!(陶渊明集·形赠影)

(152) 且言龟**甚灵**,问我君何疑。(全唐诗·卷二四〇·系乐府十二首·谢大龟)

(153) 隐居嵩岳,山坞有庙**甚灵**。(五灯会元·卷二)

(154) 外头有个毛半仙,是南方人,卦起的**很灵**,不如请他来占卦占卦。(红楼梦·第一〇二回)

小结:"灵"在先秦时期就由名词分化出了形容词用法,可以做定语、做谓语,属性值为 2,但是直到东汉以后才出现受程度副词修饰的用例。

4.1.1.17 晚(时间)

本指"日暮,傍晚",名词。《说文》:"晚,暮也。"段注:"暮者,日且冥也。"引申指"夜晚"。由于"黄昏,傍晚"在一天之中相对于白天其他时间来说比较靠后,于是经由语用推理促发概念转喻,引申出"迟,比规定的或合适的时间靠后""一个时期的后一段""后来的,继任的"等义,演变为形容词。先秦时期,形容词"晚"主要做谓语和状语,还可以受程度副词修饰,但一般不做定语。如:

(155) 刑已至而呼天,不亦**晚**乎!(荀子·法行篇)

(156) 昭公之及于难者,报恶**晚**也。(韩非子·难四)

(157) 杀大蚤,朝**大晚**,非礼也。(荀子·大略篇)

(158) 大器**晚**成,大音希声,大象无形。(老子·四十一章)

(159) 行春令,则五谷**晚**熟,百螣时起,其国乃饥。(吕氏春秋·仲夏纪)

前 2 例做谓语,后 2 例做状语,词义没有发生改变,因此"晚"没有进一步演变为副词。中间 1 例受程度副词修饰。

汉代以后,形容词"晚"又引申出"后来的、晚出的"义,做定语,如:

(160) 及孝景**晚节**,蚡益贵幸,为太中大夫。(史记·魏其武安侯列传)

(161) **晚世**之时,七国异族,诸侯制法,各殊习俗。(淮南子·览冥训)

(162) 汉之末世,吴之**晚年**,则不然焉。(抱朴子外篇·崇教)

(163) 维莫之春。(诗·周颂·臣工)郑玄笺:"诸侯朝周之春,故**晚春**遣之。"

(164) 夫人材不同,成有早晚,有早智而速成者,有**晚智**而晚成者。(人物志·七缪)

中古以前的"VP+晚"是主谓式,如:

(165)安于曰:"臣死,赵氏定,晋国宁,**吾死晚**矣。"(史记·赵世家)

(166)于是汉王大喜,自以为**得信晚**。(史记·淮阴侯列传)

魏晋以后,"V+晚"组合式中,主谓之间的边界逐渐消除,"V晚"由主谓结构变为动结式。近代汉语时期,"V+得+晚"出现。各举2例:

(167)广说上事,是故**来晚**耳。(摩诃僧祇律·卷十一,T22)

(168)刈早则镰伤,**刈晚**则穗折,遇风则收减。(齐民要术·种谷第三)

(169)你昨日城里**来的晚**了。(元典章·刑部·不义)

(170)昨日醮事**散得晚**。(金瓶梅·第四十回)

小结:"晚"在先秦时期不能做定语,属于非定形容词,只能做谓语、受程度副词修饰,属性值为2。汉代以后,"晚"可以做定语。中古以后,"V晚"逐渐由主谓结构演变为述补结构,"V得晚"出现于元代,"晚"是指动补语。

4.1.1.18 酸(物质属性)

本指"醋",名词。《说文》:"酸,酢也。关东谓酢曰酸。"引申指"像醋一样的气味或味道"。也指"味道酸",转为形容词。如:

(171)故久而不弊,熟而不烂,甘而不哝,**酸**而不酷。(吕氏春秋·本味)

(172)宋人有酤酒者,升概甚平,遇客甚谨,为酒甚美,县帜甚高,著然不售,酒**酸**。(韩非子·外储说右上)

(173)君服青色,味**酸**味。(管子·幼官)

(174)取醋石榴两三个,擘取子,捣破,少著粟饭浆水**极酸**者和之。(齐民要术·种红蓝花及栀子)

再引申为"疾病或疲劳引起的筋肉微痛而无力(的感觉)""悲伤,凄凉""寒酸,迂腐"等义,是形容词。

(175)肌肉瞤**酸**。(素问·气交变大论)

(176)向来道隅有卖饼人,萍齑**甚酸**,可取三升饮之,病自当去。(后

汉书·华佗传)

(177) 东关**酸**风射眸子，空将汉月出宫门。(全唐诗·卷三九一·金铜仙人辞汉歌)

(178) 太子在此，实所不知辛**酸**诸事。(贤愚经·卷九，T04)

(179) 出入悲啼，邻里**酸**楚。(敦煌变文·韩朋赋)

(180) 四支沉重，百骨**酸**疼。(敦煌变文·庐山远公话)

(181) 而今太守老且寒，侠气不洗儒生**酸**。(苏东坡全集·卷上·答范祖禹)

(182) 姑娘听了这话，心里**更酸**，哭得更痛。(儿女英雄传·第二十回)

(183) 姑娘忙拦他道："算了，**够酸**的了！"(儿女英雄传·第八回)

小结："酸"在先秦时期就由名词分化出了形容词用法，可以做定语、做谓语，属性值为2。

4.1.1.19 练(价值)

"练"本义是"生丝"，"把生丝煮熟"也叫"练"，"练过的布帛"也叫"练"。由此引申为"精选的、精锐的、精良的、美好的"等义，具备形容词的基本用法，可以做定语，如：

(184) 缮器械，选**练士**，为教服，连什伍。(管子·地图)精兵。

(185) 秦得韩之都一，驱其**练甲**。(韩非子·十过)精兵。

(186) 老弱罢民，可以胜人之精士**练材**。(吕氏春秋·简选)精选的优质材料。

(187) 章子甚喜，因**练卒**以夜奄荆人之所盛守，果杀唐蔑。(吕氏春秋·处方)精兵。

(188) **练色**娱目，流声悦耳。(说苑·善说)美色。

也可以做谓语，义为"精锐、精壮、干练、精诚"，如：

(189) **吾士既练**，吾兵既多，寡人欲服鲁。(管子·匡君大匡)

(190) 兵众孰强，**士卒孰练**，赏罚孰明，吾以此知胜负矣。(孙子·始计篇)

(191) 苟**余情其信姱以练要**兮,长顑颔亦何伤？(楚辞·离骚)(练要:谓精诚专一,操守坚贞。)

小结:"练"在先秦时期就由名词分化出了形容词用法,可以做定语、做谓语,属性值为 2。

4.1.1.20　典(价值)

本义是"经籍",《汉语大词典》解释为:"简册,指可以作为典范的重要书籍。"这个解释揭示了"典"的隐含义:"可以作为典范的",也即"典雅、古朴、不俗"。这个意思独立出来以后,"典"就具有了形容词的功能,不过在先秦还只做定语,如:

(192) 吾闻国家有大事,必顺于**典刑**。(国语·晋语八)(典刑:常刑,谓旧法,常规。)

(193) 怀之以**典言**。(国语·晋语二)韦昭注:"典,法也。"法言,合于礼法的言辞。

汉代以后,"典"既可以做定语,也可以做谓语,还可以受程度副词修饰。如:

(194) 孝文皇帝始封外祖,因为**典式**,行之至今。(潜夫论·三式)

(195) 臣伏维古者帝王,有所号令,言必宏雅,辞必温丽,垂于后世,列于**典经**。(荐周兴疏)(典经:犹经典,指可作为典范的经书典册。)

(196) 遵义方之明训兮,宪女史之**典戒**。(文选·寡妇赋)可为规范的戒条。

(197) 当延赏于胤嗣,愿推恩于友爱;厥有**典例**,因而从之。(白居易集·萧俛一子回授三从弟伸制)(典例:可依为准则的成例。)

(198) 〔谢伯初〕诗曰:"……**典辞**悬待修青史,谏草当来集阜囊。"(欧阳修集编年笺注·六一诗话)

(199) 司马长卿赋,时人皆称**典**而丽。(西京杂记·卷三)

(200) 深覆**典雅**,指意难睹,唯赋颂耳!(论衡·自纪篇)

(201) 辞**典**文艳,既温且雅。(全上古三代秦汉三国六朝文·答玄圃

园讲颂启令)

(202) 上表献之,表辞**甚典**。(南齐书·王俭传)

(203) 吾家世文章,**甚为典正**,不从流俗。(颜氏家训·文章)

以上 10 例中,前 5 例做定语,后 5 例做谓语。最后 2 例还受程度副词修饰。

小结:"典"在先秦只能做定语,属于非谓形容词。到汉代以后才可以做谓语、受程度副词修饰。

4.1.1.21 草(价值)

"艹"本是草本植物的总称,名词。《玉篇·艹部》:"草,同艹。"引申指"杂草丛生处,草野,荒野",如《韩非子·外储说左下》:"垦草创邑,辟地生粟。"再引申指"草野、民间",如李白《梁甫吟》:"君不见高阳酒徒起草中,长揖山东隆准公。"由于荒野所生之物多粗劣、杂芜,故"草"可由"杂草丛生处,荒野"义引申为"草率、简略、粗劣"义,"草"变为形容词,多做定语,如:

(204) 今句践申祸无良,**草鄙**之人,敢忘天王之大德。(国语·吴语)

(205) 左右以君贱之也,食以**草具**。(战国策·齐策四) 鲍彪注:"草,不精也。"

(206) 怀王使屈原造为宪令,屈平属**草稿**未定。(史记·屈原贾生列传)

(207) 臣今死罪有余,乞存**草命**。(敦煌变文·伍子胥变文)

"草"做状语比较少,出现比较晚①,如:

(208) **草**办妆奁,粗陈筵席。(桃花扇·眠香)

"草"由"草率"引申指"潦草、不工整"义,可以做谓语,但是很罕见,如:

(209) 只见札上斜斜的两行,写得甚**草**。(花月痕·第五十二回)

"草"在六朝以后多构成状态形容词"草草、草率、草略、潦草",可以自由做谓语,如:

---

① 《论语》及其他文献中的"草创"都是并列式,不是状中式,"草"不做状语。

(210)二十日,洛中**草草**,犹自不安。(洛阳伽蓝记•城内)

(211)不用惊狂心**草草**,大夫定意但安身。(敦煌变文•捉季布传文)

(212)村里男女有什摩气息?未得**草草**,更须勘过始得。(祖堂集•卷四)

(213)谓器之看诗,病于**草率**。(朱子语类•卷一〇四)

(214)今人事无小大,皆**潦草**过了。(朱子语类•卷一一六)

(215)下工夫莫**草略**。研究一章义理已得,别看一章。(朱子语类•卷一一八)

小结:"草"在先秦时期大多只做定语,属性值为1,属于非谓形容词,做谓语、受程度副词修饰、用于比较句都比较罕见。六朝以后,由"草"构成的复合状态形容词可以自由做谓语。

4.1.1.22 毒(价值)

本义是"毒草",名词。《说文》:"毒,厚也,害人之艹,往往而生。"徐灏笺:"毒之本义谓毒艹。因与笃同声通用而训为厚耳。"引申有"毒物、毒药、祸患、祸害"等义。如:

(216)噬腊肉,遇**毒**。(周易•噬嗑)孔颖达疏:"毒者,苦恶之物也。"

"毒"由"毒草、毒药、毒物"引申出"有毒素的,酷烈的"义,变为形容词。如:

(217)**毒虫**不螫,猛兽不据,玃鸟不搏。(老子•五十五章)

(218)山中多有**毒虫**虎狼师子。(修行本起经•卷下,T03)

(219)人为蜂虿所螫,为**毒气**所中,为火所燔,为水所溺。(论衡•遭虎篇)

(220)天下万物,含太阳气而生者,皆有**毒螫**。(论衡•言毒篇)

(221)汝身**毒恶**,唤我用为?我若近汝,傥为伤害。(贤愚经•卷三,T04)

(222)其形**极毒**,不可触近。(贤愚经•卷十一,T04)

(223)烟火还不打紧,只是黄沙**最毒**。(西游记•第七十回)

(224)红焰之中冒出一股恶烟,**比火更毒**,好烟!(西游记•第七十回)

前4例都做定语,后4例做谓语。

再引申,有"狠毒、狠心"之义,如:

(225)是我今日朝现(见),必应遭他**毒手**。(敦煌变文·庐山远公话)
(226)**毒心**未歇。规当害之。(贤愚经·卷十,T04)
(227)居云:"此语**最毒**。"云:"如何是**最毒**底语?"(五灯会元·卷五)
(228)只是讽刺世人**太毒**了些。(红楼梦·第三十八回)
(229)今当云何苦**毒**杀害。(杂宝藏经·卷十,T04)

最后一例做状语,仍然是形容词,不是副词,因为词义变化不大。

小结:"毒"在先秦时期一般只做定语,做谓语较罕见,属性值为1,属于非谓形容词。但是魏晋以后,则可以做谓语、受程度副词修饰,转变为次典型形容词。

4.1.1.23 宝(价值)

"宝"是玉石、玉器的总称。《说文》:"宝,珍也。"《国语·鲁语上》:"莒太子仆弑纪公,以其宝来奔。"韦昭注:"宝,玉也。"引申指"贵重的东西",《书·顾命》:"越玉五重,陈宝。"孔传:"列玉五重又陈先王所宝之器物。"贵重的东西必然具有"宝贵的、珍贵的、名贵的"等性质义,这些隐含的性质义独立出来,"宝"就变为形容词,义为"宝贵的、珍贵的、名贵的"。《汉语大词典》只列义项,未举例。补例如下:

(230)譬之是犹使处女婴**宝珠**,佩**宝玉**,负戴黄金,而遇中山之盗也。(荀子·富国篇)
(231)千里马,匈奴**宝马**也,勿与。(史记·匈奴列传)
(232)**宝奇之物**,使为兰服,作牙身,或言有益者,九鼎之语也。(论衡·儒增篇)
(233)譬如**宝藏**一般,其中**至宝**之物,何所不有?(朱子语类·卷一一六)

以上"宝"做定语。由"宝"构成的定中结构非常多,有:

(234)宝刀、宝山、宝井、宝方、宝玉、宝札、宝石、宝地、宝臣、宝光、宝色、宝衣、宝车、宝贝、宝位、宝局、宝玩、宝具、宝典、宝物、宝床、宝城、宝珠、宝马、宝气、宝库、宝座、宝瓶、宝扇、宝书、宝带、宝帐、宝符、宝货、宝船、宝章、宝轴、宝鼎、宝剑、宝树、宝器、宝藏、宝镜……

"宝"作为形容词，很少做谓语，接近于非谓形容词。我们仅找到一例"宝贵"：

(235) 夫玉生于山，制则破焉，非弗**宝贵**矣，然夫璞不完。（战国策·齐策四）

小结："宝"在先秦时期一般只做定语，属性值为1，属于非谓形容词。
4.1.1.24 俗（价值）

"俗"本为名词，义为"习俗、风俗、世俗"，由"世俗"引申出"平凡的、世俗的、庸俗的、浅陋的、平庸的"，"俗"变为非谓形容词，做定语，如：

(236) 是故高言不止于众人之心，至言不出，**俗言**胜也。（庄子·天地）

(237) 故有俗人者，有**俗儒**者，有雅儒者，有大儒者。（荀子·儒效篇）

(238) 宋王，**俗主**也，而心犹可服，因矣。（吕氏春秋·顺说）

以上3例中，"俗言"义为"平庸的言论"，"俗儒"义为"浅陋而迂腐的儒士"，"俗主"义为"平庸的君主"，"俗"表现的是性质义，而不再是类属义，"俗言""俗儒""俗主"是修饰性定中结构，而不是领属性定中结构。其他此类定中结构如：俗士、俗子、俗夫、俗手、俗父、俗本、俗目、俗句、俗吏、俗曲、俗字、俗材、俗见、俗物、俗骨、俗客、俗套、俗师、俗徒、俗流、俗书、俗务、俗眼、俗情、俗笔、俗众、俗话、俗意、俗装、俗歌、俗监、俗态、俗虑、俗辈、俗调、俗医、俗韵、俗体……（据《汉语大词典》）

不过，六朝以前，"俗"还不能做谓语。直到六朝以后，"俗"才开始做谓语，如：

(239) 戴安道中年画行像甚精妙。庾道季看之，语戴云："神明**太俗**，由卿世情未尽。"（世说新语·巧艺）

(240) 有僧在师身边叉手立，师云："**太俗**生！"（祖堂集·卷十六）

(241)旧来敕令文辞典雅,近日**殊浅俗**。(朱子语类·卷一二八)

这时,"俗"既能做定语,又能做谓语,变为真正的形容词。

小结:"俗"在先秦时期一般只做定语,属性值为 1,属于非谓形容词。到魏晋时期才转变为真正的形容词,既可以做定语,还可以做谓语,还可以受程度副词修饰。

4.1.1.25 膏(物质属性)

《说文》:"膏,肥也。"本义是"脂肪、油脂、肥肉"。如:

(242)羔裘如**膏**,日出有曜。(诗·桧风·羔裘)

(243)屯其**膏**。(周易·屯)高亨注:"膏,肥肉。"

"肥肉"具有"肥"的性质,故引申出"肥"义;"脂肪"具有较高的营养价值,故引申出"甘美、肥沃"义;"油脂"具有润滑特性,故引申出"丰润"义。以上都是形容词义,例如:

(244)爰有**膏**菽、**膏**稻、**膏**黍、**膏**稷,百谷自生。(山海经·海内经)

(245)以此治人,则**膏**雨甘露降矣,寒暑四时当矣。(吕氏春秋·贵信)

(246)关中自汧雍以东至河华,**膏**壤沃野千里。(史记·货殖列传)

(247)(夸父)渴而死,弃其杖,尸**膏**肉所浸,生邓林。(列子·汤问)

(248)良田无晚岁,**膏**泽多丰年。(曹植集校注·赠徐干)

(249)田园极**膏**腴,而市买郡县器物相属于道。(史记·魏其武安侯列传)

(250)何而粢盛之不**膏**也?何而葵牺之不肥硕也?(论衡·祀义篇)

(251)霜雪顿销释,土脉**膏**且黏。(全唐诗·卷三三九·苦寒)

前 5 例做定语,后 3 例做谓语。

小结:"膏"在先秦时期一般只做定语,属性值为 1,属于非谓形容词。到汉代以后才可以做谓语,受程度副词修饰。

4.1.1.26 鬼(价值)

"鬼",指迷信者以为人死后离开形体而存在的精灵。《说文》:"鬼,人

所归为鬼。"鬼具有神秘莫测的特点,故"鬼"引申出"神秘莫测"义,变为形容词。如:

(252) 故明主之行制也天,其用人也**鬼**。(韩非子·八经)旧注:"如鬼之阴密。"陈奇猷《韩非子集释》:"鬼乃隐密不可捉摸者,故以鬼为喻。"

(253) 因气变而遂曾举兮,忽神奔而**鬼怪**。(楚辞·远游)王夫之通释:"鬼怪,阴魄炼尽,形变不测,所谓太阴炼形也。"

"鬼"由"神秘莫测"又引申出"恶劣、糟糕、狡黠、机灵、敏慧"义,具备形容词的各种分布,如:

(254) 张良游泗水之上,遇黄石公授太公书,盖天佐汉诛秦,故命令神石为**鬼书**授人,复为有为之效也。(论衡·自然篇)(鬼书:指神秘莫测的兵法。)

(255) 鲁遂据汉中,以**鬼道**教民,自号"师君"。(三国志·魏书八·张鲁传)

(256) 唯应**鬼眼**兼天眼,窥见行藏信此翁。(全唐诗·卷六八一·此翁)

(257) 夷音迷咫尺,**鬼物**倚黄昏。(全唐诗·卷二二九·奉汉中王手札)仇兆鳌注:"夷音、鬼物,厌蛮俗之丑恶。"

(258) 及是乃产一物,小如拳状,类水蛙,始信**鬼胎**不疑。(夷坚支癸·杨道珍医)

(259) 心内怀着**鬼胎**,茶饭无心,起坐恍惚。(红楼梦·第七十二回)

(260) 这种**鬼天气**,不迷路才怪哩!(张贤亮:《绿化树》)

(261) 他也很幽默,**很鬼**。(王蒙:《难得明白》)

(262) 他**鬼**的很,捉摸到总指挥在工地活动的规律了。(杜鹏程:《铁路工地的深夜》)

(263) 你觉着你**鬼**,我比你还**鬼**。咱们看看谁**鬼**的过谁去!(杨朔:《三千里江山》)

(264) 谁有你这小兔羔子长得**鬼**,他想吃我的饭念他的书呢。(高玉

宝:《高玉宝·上工》)

小结:形容词"鬼"在先秦时期只能做谓语,属性值为1,属于非定形容词。唐宋以后做定语逐渐增多。

4.1.1.27 鲜(物质属性)

"鲜"本是鱼名,又泛指鱼类,特指活鱼、新宰杀的鸟兽肉、刚收获的新鲜食物,都是名词。名词"鲜"大都包含有性质义"新鲜",此义后来独立成词,"鲜"变为形容词,既可指鱼类肉类等食物新鲜,也可指事情比较新鲜少见。后又引申出"鲜明、明丽、善、妙、味美"等义。如:

(265)居今之俗,服古之服;舍此而为非者,不亦**鲜**乎!(荀子·哀公篇)

(266)一岁中往来过他客,率不过再三过,数见不**鲜**。(史记·郦生陆贾列传)

(267)譬若春华,色无久**鲜**。(中本起经·卷下,T04)

(268)与我无礼,衣服常**鲜**于我,尽取善缯句诸宫人。(汉书·广川惠王刘越传)

(269)虞将军欲与之**鲜**衣。(史记·刘敬叔孙通列传)

(270)常取好果**鲜**花美水,以养父母。(杂宝藏经·卷一,T04)

前4例中,"鲜"做谓语;后2例中,"鲜"做定语。

魏晋以后,"鲜"可以受程度副词修饰。如:

(271)然虽弥猥,而就时于吉馆者或**甚鲜**。(三国志·魏书十三·王郎传)

(272)及至丧所,诸葛亮及诸贵人悉集,车乘**甚鲜**。(三国志·蜀书十四·费祎传)

(273)是月,长安镇献玉印一,上有龟纽,下有文字,色**甚鲜白**。(魏书·灵征志下)

小结:"鲜"在先秦一般只做谓语,不做定语,也不能受程度副词修饰和用于比较句,属性值为1,属于非定形容词。在汉代才可以做定语,用于比较句。魏晋以后可以受程度副词修饰。

4.1.1.28 辣（物质属性）

本指"姜、蒜等所带的刺激性的味道"，名词。《篇海类编·干支类·辛部》："辣，辛味也。"由于"辣"的词义中包含"有刺激性的"这一内在性质义，当它独立出来时，"辣"便发展为形容词，如：

(274) 脍齑必须浓，蒜多则**辣**，故加饭，取其甜美耳。（齐民要术·八和齑）

(275) 朝歌大蒜，辛**辣**异常。（齐民要术·八和齑）

(276) 如举天下说生姜**辣**，待我吃得真个**辣**，方敢信。（朱子语类·卷五）

(277) 色色粉汤香又**辣**，般般添换美还甜。（西游记·第六十九回）

(278) 宋江道："得些**辣**鱼汤醒酒最好。"（水浒传·第三十八回）

由"有刺激性的（味道）"引申指"刺痛和灼热的（物质属性）"，《篇海类编·干支类·辛部》："辣，痛也。"如：

(279) 打的我好**辣**也。（无名氏杂剧选·黄花峪·第三折）

再引申指"厉害，狠毒"，如：

(280) 玉大人官却是个清官，办案也实在麻力，只是手太**辣**些。（老残游记·第四回）

小结："辣"在六朝时期才由名词变为形容词，先秦时期没有这个形容词。

4.1.1.29 蓝（颜色）

上古时期，"蓝"不表示颜色，而是植物名，指含蓝色的植物——蓝草。《说文》："蓝，染青草也。"如：

(281) 终朝采**蓝**，不盈一襜。（诗·小雅·采绿）

(282) 青，取之于**蓝**，而青于**蓝**。（荀子·劝学篇）

(283) 令民无刈**蓝**以染，无烧炭，无暴布。（吕氏春秋·仲夏）

自上古到近代，"蓝"多指蓝草，如：

(284) 譬犹练丝,染之**蓝**则青,染之丹则赤。(论衡·无形篇)

(285) 一木之性,寒暑异容;若朱、**蓝**之染,能不易质?(齐民要术·种椒)

(286) 日出江花红胜火,春来江水绿如**蓝**。(全唐诗·卷四五七·忆江南)

(287) 师曰:"山花开似锦,涧水湛如**蓝**。"(五灯会元·卷八)

大约在唐代,"蓝"成为形容词,可以做定语,义为"蓝色的",如:

(288) 长有**蔚蓝**天,垂光抱琼台。(全唐诗·卷二二○·冬到金华山观因得故拾遗陈公学堂)

(289) 汉阙青门远,商山**蓝**水流。(全唐诗·卷二九三·登秦岭)

(290) 悠悠**蓝**天路,自去无消息。(全唐诗·卷四三二·初与元九别后忽梦见之及寤而书适)

(291) 碧绿草萦堤,红**蓝**花满溪。(全唐诗·卷四八五·范真传侍御累有寄因奉酬十首)

(292) 沈定**蓝**光彻,喧盘粉浪开。(全唐诗·卷五二三·丹水)

(293) 清烟埋阳乌,**蓝**空含秋毫。(全唐诗·卷六一六·奉酬鲁望夏日四声四首)

(294) 师曰:"一水授**蓝**色,千峰削玉青。"(五灯会元·卷十七)

"蓝"做谓语出现得很晚,现代文学作品中才出现,如:

(295) 她可是看不见太阳,所以天是那么**蓝**,那么静,而没有热力,没有光,好象一种要死的天,**蓝**得可怕,静得可怕。(老舍:《火葬》第三卷)

(296) 远处终年积雪的山峰被夕阳染成了玫瑰色,天空却很**蓝**。(梁杰:《穿行在老房子中的孤独浪子》,《作家文摘》1995)

小结:"蓝"大约到唐代才由名词分化出形容词用法,但是做谓语很少见,现代汉语时期才出现,此前多做定语。

4.1.1.30 潮(物质属性)

"潮"字《说文》未收,《广韵·霄韵》:"潮,潮水也。"本指"海水受日月

引力而定时涨落的现象",是名词。由"潮水"义引申为"潮湿"义,变为形容词,如:

(297) 旅枕梦寒浔屋漏,征衫**潮润**冷炉熏。(全宋诗·第四十一册·没冰铺晚晴月出)

(298) 大清早起,在这个**潮地**上站了半日,也该回去歇歇了。(红楼梦·第三十五回)

形容词"潮"还有"成色或技术低劣"义,如:

(299) **潮银**五千二百两,赤金五十两,钱七千吊。(红楼梦·第一〇五回)(潮银:成色不好或重新回炉熔炼过的银子。)

小结:"潮"在宋代以后才由名词分化出形容词用法。

4.1.1.31 小结

下面,我们将以上 30 例列表如下(每个词只列其名词义和形容词义):

表 4-1

词目	名词义	形容词义
精	优质纯净的好米	精制的、完美、最好、虔诚、专一、精明
众	众人、很多人	很多、众多、许多
神	天地万物的创造者和主宰者	神奇的、玄妙的、灵验的
尊	盛酒的礼器	尊贵、高贵
丰	古代承放爵、觯的礼器	高大、茂盛、丰厚、盛多、丰足、充裕、丰满
文	彩色交错的图形、花纹、文才、锦绣织物	有文才、有文彩、有文德、柔和、美、善
昏	天刚黑的时候、傍晚	昏暗、无光、迷乱、糊涂、混乱的、黑暗的
甘	美味、美味的食物	美好、美味的、甜的
黑	黑色	黑色的
青	青色	青色的

续表

词目	名词义	形容词义
黄	黄色	黄色的
野	郊外、离国都较远的地方	野生的、质朴、鄙俗、粗野、不受约束的
都	建有宗庙的城邑	大、优美
鄙	周代行政区划单位之一、边鄙	质朴、狭小、粗野、庸俗、浅陋
香	谷物熟后的气味	味道好吃、甘美、睡得好、吃得好
灵	跳舞降神的巫	神奇的、灵异的、灵验的
晚	日暮、傍晚	比规定的或合适的时间靠后、后来的、晚出的
酸	醋、酸味	味道酸、悲伤、凄凉、寒酸、迂腐
练	生丝、练过的布帛	精选的、精良的、美好的、精壮、干练
典	简册、可以作为典范的重要书籍	可以作为典范的、典雅、古朴、不俗
草	本植物、草野、荒野	草率、简略、粗劣、潦草、不工整
毒	毒草	有毒素的、酷烈的、狠毒、狠心
宝	玉石、玉器的总称,贵重的东西	宝贵的、珍贵的、名贵的
俗	习俗、风俗、世俗	平凡的、世俗的、庸俗的、浅陋的、平庸的
膏	脂肪、油脂、肥肉	肥、甘美、肥沃、丰润
鬼	迷信者以为人死后离开形体而存在的精灵	神秘莫测、恶劣、糟糕、狡黠、机灵、敏慧
鲜	鱼名、又泛指鱼类,特指活鱼、新宰杀的鸟兽肉、刚收获的新鲜食物	新鲜、鲜明、明丽、善、妙、味美
辣	姜、蒜等所带的刺激性的味道	有刺激性的、刺痛和灼热的、厉害、狠毒
蓝	植物名,指含蓝色的植物——蓝草	蓝色的
潮	潮水	潮湿

4.1.2 名词转变为形容词,再演变为副词

4.1.2.1 要(价值)

"要"有三读:1. 读 yāo,《广韵》于霄切,平宵,影;2. 读 yào,《广韵》于笑切,去笑,影;3. 读 yǎo,《集韵》伊鸟切,上筱,影。下面主要结合前两个读音来讨论。

读 yāo 时,"要"指人的腰部,本是名词,《说文·臼部》:"要,身中也。象人要自臼之形。从臼,交省声。"后来写作"腰"。张文国(2005:110)认为"腰处于人体之中部,由此又引申为'中间'之意。……又引申为'中途拦截'……又引申为'截取'……又引申为'要挟'……又引申为'求取'……又引申为'邀请'。"①由此可见,动词"要"(义为求取、索要)由名词"要"(义为腰部)的引申义"中间"辗转引申而来。如②:

(300)足下前**要**仆文章古书,极不忘。(柳宗元集·贺进士王参元失火书)

(301)〔这姑娘〕听了这话早把那**要**刀的话且搁起。(儿女英雄传·第十九回)

动词"要"然后又发展出表示意愿的助动词,如:

(302)若**要**添风月,应险数百竿。(全唐诗·卷三四三·竹径)

(303)**要**破此法,只除非快教人去蓟州寻取公孙胜来。(水浒传·第五十三回)

读 yào 时,"要"有名词用法,义为"会计之簿书""月计的总账""纲要、

---

① 我们认为,仅仅"中间"义,似乎还不能引申出"中途拦截"义,可能"要"由"腰部"义引申出"缠在腰上",再引申出"约束、控制"义,此义与"中间"义融和,产生"从中间约束、控制"义,也即"中途拦截"。

② 关于"要"的例证大多取自《汉语大词典》。

要点、要诀"等。"要"与"约"在"纲要、要点、要诀"义上通假①。下面是名词"要"的用例：

(304) 故其治国也，察**要**而已矣。(商君书·农战)
(305) 霍光知时务之**要**，轻徭薄赋，与民休息。(汉书·昭帝纪)

名词"要"(义为"会计之簿书""月计的总账""纲要、要点、要诀"等)又从何而来呢？我们推断是由动词义"约请、邀请"辗转引申而来，即：

邀请──→约言──→誓约、盟约──→会计之簿书、月计的总账──→纲要、要点、要诀

因为"纲要、要点、要诀"等肯定是比较重要或主要的内容，其性质义便是"重要、主要"义，当词义独立成词时，"要"便发展出形容词用法。如：

(306) 先王有至德**要道**，以顺天下。(孝经·开宗明义)
(307) 此三言者，皆**要言**也。(战国策·宋卫策)
(308) **言要**则知，行至则仁。(荀子·子道篇)
(309) 故其治民有**至要**。(商君书·靳令)
(310) 莫径由礼，**莫要得师**。(荀子·修身篇)

形容词"要"又发展出名词"要"，义为"重要的地位或职务、险要之处"，如：

(311) 事在四方，要在中央。圣人执**要**，四方来效。(韩非子·扬权)

"要"如果修饰谓词性成分，便发展为副词，义为"总之、总归"，如：

(312) 事已急，**要**以俱死立信，安知后虑！(史记·张耳陈余列传)
(313) 帝王者各殊礼而异务，**要**以成功为统纪。(史记·高祖功臣侯者年表序)

综上，"要"的演变经历了如下的历程：

---

① "约"有两读：1. 读 yuē，《广韵》于略切，入药，影；2. 读 yào，《广韵》于笑切，去笑，影。读后一音时，通"要"(yào)，义为"总要；纲要"，《商君书·修权》："凡赏者，文也。刑者，武也。文武者，法之约也。"《汉书·礼乐志二》："霮震震，电耀耀。明德乡，治本约。"颜师古注："约读曰要。"

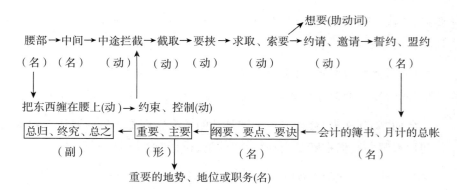

从上图可知,"要"由名词("纲要、要点、要诀"义)发展为形容词("重要、主要"义),再发展为副词("总归、终究、总之"义),这是一条比较普遍的规律。

小结:"要"在先秦就已经由名词(腰部)先转变为动词(约请、邀请),再由动词转变为名词(纲要、要点、要诀),然后由此名词转变为副词(总归、终究、总之),能够做定语、做谓语、受程度副词修饰、用于比较句,属性值为4,是最典型的形容词。

4.1.2.2 亲(价值)

《说文·见部》:"亲,至也。"本指"父母",引申指"亲戚、亲人"。各举1例:

(314)孩提之童,无不知爱其**亲**者。(孟子·尽心上)
(315)君子笃于**亲**,则民兴于仁。(论语·泰伯)

"亲"由"亲戚、亲人"引申出"亲密、亲近"义,变为名、形兼类词。具备形容词的四种典型分布,如:

(316)王无**亲**臣矣。(孟子·梁惠王下)
(317)交**亲**而不比,言辩而不辞。(荀子·不苟篇)
(318)雍姬知之,谓其母曰:"父与夫孰**亲**?"(左传·桓公十五年)
(319)爱臣太**亲**,必危其身;人臣太贵,必易主位。(韩非子·爱臣)
(320)且虞能**亲**于桓、庄乎?(左传·僖公五年)

"亲"由"亲戚、亲人"同时也引申出"爱、宠爱、亲近、接触、接近"等动词义,词性也变为名、动兼类词。如:

(321)已杀孔父而弑殇公,召庄公于郑而立之,以**亲**郑。(左传·桓公二年)

(322)君姑修政,而**亲**兄弟之国,庶免于难。(左传·桓公六年)

"亲"由形容词继续虚化,变为副词,义为"亲自",如:

(323)武王**亲**释其缚,受其璧而祓之。(左传·僖公六年)

综上,"亲"的演变线索是:

名词(父母;亲戚、亲人)──→形容词(亲密、亲近)──→副词(亲自)
　　　　　　　　　　　　└→动词(爱、宠爱、亲近、接触、接近)

小结:"亲"在先秦就已经由名词转变为形容词,可以做定语、做谓语、受程度副词修饰、用于比较句,属性值为 4,是最典型的形容词。

4.1.2.3　轻(物质属性)

"轻"本是名词,义为"轻车"。《说文》:"轻,轻车也。"段注:"轻本车名。故字从车,引伸为凡轻重之轻。"由"轻车"引申为"分量不大""贱、不贵重""地位低""数量少、程度浅""灵巧的、轻便的"等形容词义,具备形容词的四种典型分布,如:

(324)将为**轻车**千乘,以厌齐师之门。(左传·哀公二十七年)

(325)则**车轻**马利。(吕氏春秋·论人)

(326)罪至重而刑**至轻**。(荀子·正论篇)

(327)是以国权**轻**于鸿毛。(战国策·楚策四)

(328)从役有数,令之为属枇,必**轻**必利。(孙膑兵法·十阵)

形容词"轻"可以有使动用法和意动用法,分别表示"使……轻、减轻"和"认为……轻、轻视"义,各举 1 例:

(329)什一,去关市之征,今兹未能。请**轻**之,以待来年,然后已,何如?(孟子·滕文公下)

(330) 我尝闻少仲尼之闻,而**轻**伯夷之义者。(庄子·秋水)

"轻"如果用在动词谓语前,则表示"轻率地实施某一动作行为"或表示动态的轻微,"轻"于是演变为副词。如:

(331) 是若庆忌无去之心,不能**轻**出。(墨子·七患)
(332) 重用兵者强,**轻**用兵者弱。(荀子·议兵篇)
(333) 可显出宛、叶而闲行**轻**进,以掩其不意。(三国志·魏书十·荀彧传)

综上,"轻"的演变过程再次验证了"名词→形容词→副词"这条演变规律:

名词(轻车)→形容词(分量不大、贱、不贵重、地位低、数量少、程度浅、灵巧的、轻便的)→副词(轻率地、轻轻地)

小结:"轻"在先秦就已经由名词转变为形容词,可以做定语、做谓语、受程度副词修饰、用于比较句,属性值为4,是最典型的形容词。

4.1.2.4 广(度量)

"广"本指"四周没有墙壁的大屋",《说文》:"广,殿之大屋也。"段注:"殿谓堂无四壁……覆乎上者曰屋,无四壁而上有大覆盖,其所通者宏远矣,是曰广。"由"大屋"引申指"体积大、面积大""规模、范围、程度超过一般""距离长、宽阔""志向远大""多""宽宏"等多个形容词义项,具备形容词的四种典型分布,如:

(334) 汉之**广**矣,不可泳思。(诗·周南·汉广)
(335) 古之人有藏于**广**野深山而安者矣。(吕氏春秋·节丧)
(336) 今郤狄之善,其志**益广**。(国语·晋语二)
(337) 立君之道,**莫广**于胜法。(商君书·开塞)
(338) 行仁义为室宇,修道德为**广**宅。(世说新语·赏誉)
(339) 平原**广**城,车不结轨,士不旋踵。(吕氏春秋·勿躬)

形容词"广"还可以有使动用法,义为"使……广,扩大、增加",如:

(340) 欲富国者,务**广**其地;欲强兵者,务富其民。(战国策·秦策一)

"广"由形容词的使动用法引申出"扩大、推衍、补充、增多"等动词义,"广"于是变为动词。当"广"用来修饰谓词性成分时,词义进一步引申,义为"普遍、广泛、多、博",变为副词。如:

(341) 此先王所以不用财贿,而广施德于天下者也。(国语·周语中)
(342) 可以曲说,而未有广应也。(淮南子·泰族训)

综上,"广"的演变轨迹同样符合"名词→形容词→副词"这条语法化规律:

名(大屋)→形(大、多、宽)——→动(扩大、推衍、补充、增多)
　　　　　　　　　　　　　　└→副(普遍、广泛、多、博)

小结:"广"在先秦就已经由名词转变为形容词,可以做定语、做谓语、受程度副词修饰、用于比较句,属性值为4,是最典型的形容词。

4.1.2.5 苦(物质属性)

"苦"本义是"苦菜",名词。《说文》:"苦,大苦,苓也。"《诗·唐风·采苓》:"采苦采苦,首阳之下。"毛传:"苦,苦菜也。""苦菜"味道苦,"苦"的性质义"味苦"独立成词,"苦"便成为形容词,表示"味道苦",引申指"劳苦、辛苦、困苦、痛苦"等义,如:

(343) 育养众生,救济苦人。(修行本起经·卷上,T03)
(344) 言语未讫,遂即至室,苦酒侵衣,遂脆如葱。(敦煌变文·韩朋赋)

以上2例中,"苦"做定语。

(345) 其味苦,其臭焦。(吕氏春秋·孟夏纪)
(346) 徭役多则民苦,民苦则权势起。(韩非子·备内)

以上2例中,"苦"做谓语。

(347) 故农之用力最苦。(商君书·外内)
(348) 虽臣虏之劳,不苦于此矣。(韩非子·五蠹)

以上2例中,"苦"分别受程度副词修饰、用于比较句。

形容词"苦"还可以有使动用法和意动用法,可以分别译为"使……

苦,折磨"和"以……为苦",各举 1 例:

(349)黎丘之鬼效其子之状,扶而道苦之。(吕氏春秋·疑似)
(350)小国入保,万民苦之。(庄子·盗跖)

"苦"修饰谓词性成分时,表示程度之甚,义为"深、很、恳切、极力、竭力"等,"苦"变为副词,如:

(351)此安危之要,国家之大事也。臣请深惟而苦思之。(战国策·韩策一)
(352)王大将军始下,杨朗苦谏不从。(世说新语·识鉴)
(353)人言苦不可信,朕为诸君破家保之。(三国志·吴书二·吴主传)
(354)子胥即欲前行,再三苦被留连。(敦煌变文·伍子胥变文)

综上,"苦"也经历了"名→形→副"这样一个演变过程,即:

名(苦菜)→形(味苦、劳苦、辛苦、困苦、痛苦)→副(深、很、恳切、极力)

小结:"苦"在先秦就已经由名词转变为形容词,可以做定语、做谓语、受程度副词修饰、用于比较句,属性值为 4,是最典型的形容词。

4.1.2.6 疾(速度)

"疾"的本义是重病,《说文》:"疾,病也。从疒,矢声。"段注:"析言之则病为疾加,浑言之则疾亦病也。按经传多训为急也,速也,此引伸之义,如病之来多无期无迹也。止部曰:逑,疾也。矢能伤人,矢之去甚速,故从矢会意。声字疑衍。"王国维《观堂集林·毛公鼎铭考释》:"疾之本字,象人亦下著矢形,古多战事,人著矢则疾矣。"

"重病"的特点往往是来势迅猛快速,故"疾"可以解释为"来势迅猛快速的病","来势迅猛快速"是其隐含的性质义,这个意思后来独立成词,"疾"于是变为形容词。如:

(355)疾雷破山、飘风振海而不能惊。(庄子·齐物论)
(356)然木虽蠹,无疾风不折;墙虽隙,无大雨不坏。(韩非子·亡征)
(357)斲轮,徐则甘而不固,疾则苦而不入。(庄子·天道)
(358)则其声疾而短闻。(周礼·冬官·凫氏)

(359) 动万物者，**莫疾乎雷**；桡万物者，**莫疾乎风**。（周易·说卦）

(360) 故曰德之速，**疾乎以邮传命**。（吕氏春秋·上德）

(361) 顺风而呼，声非**加疾**也。（荀子·劝学篇）

(362) 遇司空马门，趣**甚疾**，出谳门也。（战国策·秦策五）

以上 8 例中，首二例做定语，次二例做谓语，再两例用于比较句，最后两例受程度副词修饰。这 8 例充分证明"疾"在先秦时期已经转变为形容词了。

当形容词"疾"修饰谓词性成分时，词义发生改变，义为"极力、尽力、努力"，变为副词，如：

(363) 有力者**疾**以助人，有财者勉以分人。（墨子·尚贤上）

(364) **疾**讽诵，谨司闻。（吕氏春秋·尊师）

但不能说"疾"修饰谓词性成分时都是副词，如果词义没有改变，仍然是形容词，如：

(365) 灵公令房中之士**疾**追而杀之。一人追**疾**，先及宣孟之面。（吕氏春秋·报更）

综上，"疾"的演变脉络是：

名（重病）⟶ 形（迅猛、迅疾）⟶ 副（极力、尽力、努力）

小结： "疾"在先秦时期已经由名词分化出形容词用法，可以做定语、做谓语、用于比较句、受程度副词修饰，属性值为 4，是最典型的形容词。

4.1.2.7　固（物质属性）

本义是险阻之处，名词。《说文·囗部》："固，四塞也。"如：

(366)《周礼·夏官·司马》"掌**固**"郑玄注："固，国所依阻者也。国曰固，野曰险，易曰：王公设险以守其国。"

(367) 东有肴、函之**固**（战国策·秦策）高诱注："固，牢坚，难攻易守也。"

险阻之处一般具备"牢固、坚固"的特点，"牢固、坚固"义如果独立成词，名词"固"就发展出形容词用法。"固"作为形容词在先秦就已经大量使用，可以做谓语、做定语、受程度副词修饰，如：

(368) 今夫颛臾，**固**而近于费。（论语·季氏）

(369) 水冻方**固**，后稷不种。（吕氏春秋·首时）高诱注："固，坚也。"

(370) 待绳约胶漆而**固**者，是侵其德者也。（庄子·骈拇）成玄英疏："固，牢也。"

(371) 荆**甚固**，而薛亦不量其力。（吕氏春秋·报更）

形容词"固"做定语：

(372) 深宫**固门**，阍寺守之。（礼记·内则）

汉代以后，"固"可以用于比较句：

(373) 今足下欲行忠信以交于汉王，必不能**固于二君之相与**也，而事多大于张黡、陈泽。（史记·淮阴侯列传）

形容词"固"还可以带宾语用如使动，如：

(374) 修陈、**固列**。（左传·成公十六年）

(375) 帝喾能序三辰以**固民**。（国语·鲁语上）韦昭注："固，安也。"

形容词"固"再引申，用于谓词性成分之前，表示"坚持、确实、坚决、一再、再三、一定、必然、本来、原来"等义，"固"演变为副词。如：

(376) 蔡、卫不枝，**固**将先奔。（左传·桓公五年）

(377) 百姓皆以王为爱也，臣**固**知王之不忍也。（孟子·梁惠王上）

综上，"固"的演变轨迹是：

名（险阻之处）──→形（牢固、坚固）──→副（确实、坚决、一再、必然、本来）

小结："固"在先秦就已经由名词转变为形容词，可以做定语、做谓语、受程度副词修饰，属性值为3。汉代以后可以用于比较句，转变为典型的形容词。

4.1.2.8 极（度量）

"极"本来是名词，义为"房屋的中栋，正梁"，《说文》："极，栋也。"吴善述《说文广义校订》:"盖栋者,屋之正梁,居中至高,故谓之极。"由此引申出名词义"顶点、最高的地位"。《广雅·释诂四》:"极,高也。"段玉裁《说文解字注》:"极,凡至高至远皆谓之极。"再引申,义为"最高的、极点的、至高无上的"等义,"极"于是转为形容词。形容词"极"又引申出"穷尽",演变为动词。下面是形容词做定语、做谓语、受程度副词修饰的用例:

(378) 当此时也,桓公可与言**极**言矣。(吕氏春秋·直谏)

(379) 言**极**则怒,怒则说者危,非贤者孰肯犯危?(吕氏春秋·直谏)

(380) 秦之欲得矣,君之功**极**矣。(战国策·秦策三)

(381) 常宽容于物,不削于人,可谓**至极**。(庄子·天下)

形容词"极"除了上面做定语和谓语的功能外,还可以做补语。这种用法,有的学者认为"极"是副词。如:

(382) 三年之丧,称情而立文,所以为至痛**极**也。(荀子·礼论篇)

(383) 当今人臣之位无居臣上者,可谓富贵**极**矣。(史记·李斯列传)

(384) 凡作者精思已**极**,居位不能领职。(论衡·书解篇)

(385) 尝夜至丞相许戏,二人欢**极**,丞相便命使入己帐眠。(世说新语·雅量)

杨荣祥(2005:367-371)认为上面用法的"极"不是副词,而是形容词,"极"是对前面的成分进行陈述描写;"极"用作副词后,其形容词用法并没有消失,而是残存。我们同意这种观点。形容词"极"进一步虚化,就演变为副词,义为"很"或"最",徐锴《系传》:"极,屋脊之栋也。近人谓高及甚为极,义出于此。"如:

(386) 洪泉**极深**,何以填之?(楚辞·天问)

(387) 李广军**极简易**,然虏卒犯之,无以禁也。(史记·李将军列传)

(388) 吾**极知**其左迁,然吾私忧赵王,念非公无可者。(史记·张丞相列传)

综上,"极"的演变过程也符合"名词——→形容词——→副词"的演变规律:

名词（正梁、顶点、最高地位）──→ 形容词（最高的、极点的）──┬─→ 动词（穷尽）
　　　　　　　　　　　　　　　　　　　　　　　　　　　　└─→ 副词（很、最）

小结："极"在先秦就已经由名词转变为形容词,可以做定语、做谓语、受程度副词修饰,属性值为3,是次典型的形容词。

4.1.2.9 虚（物质属性）

本指"大丘,土山",引申为"废墟",再引申为"空虚、虚假"。《说文》："虚,大丘也。"段注："虚本谓大丘。大则空旷,故引伸之为空虚。……又引伸之为凡不实之称。"《广雅·释诂三》："虚,空也。""虚"变为形容词后可以做谓语、做定语,做谓语又能受程度副词修饰,举例如下：

(389) 土**虚**而民耗,不饥何为?（左传·襄公二十八年）

(390) 秦、齐合,则公之国**虚**矣。（战国策·东周策）

(391) 夫曰尧舜擅让,是**虚**言也,是浅者之传,陋者之说也。（荀子·正论篇）

(392) 方舟而济于河,有**虚船**来触舟,虽有偏心之人不怒。（庄子·山木）

(393) 田甚芜,仓**甚虚**。（老子·五十三章）

形容词"虚"有使动用法,如：

(394) 此其所以丧九牧之地,而**虚**宗庙之国也。（荀子·解蔽篇）

(395) 以其极赏,以赐无功,**虚**其府库,以备车马衣裘奇怪。（墨子·七患）

(396) 于是梁王**虚**上位,以故相为上将军。（战国策·齐策四）

当"虚"用在谓词性成分之前时,逐步演变为副词,表示动作行为的实施没有依据,或表示所实施的动作行为是不真实的(参《古代汉语虚词词典》),如：

(397) 名不**虚**立,士不**虚**附。（史记·游侠列传）

(398) 名不徒立,功不自成,国不**虚**存,必有贤者。（吕氏春秋·谨听）

(399) 有间,雁从东方来,更赢以**虚**发而下之。（战国策·楚策四）

综上,"虚"的演变轨迹十分清楚,符合"名词──→形容词──→副词"这条语法化规律：

名(大丘、土山)→名(废墟)→形(空虚、虚假)→副(凭空地、假装地)

小结："虚"在先秦就已经由名词转变为形容词,可以做定语、做谓语、受程度副词修饰,属性值为3,是次典型的形容词。

4.1.2.10　义(价值)

《说文》："义,己之威仪也。"《释名·释言语》："义,宜也,裁制事物使合宜也。"本义为"合宜的道德、行为或道理"。然后引申为"合宜的、合乎正义的",是形容词。如：

(400)《春秋》无**义**战,彼善于此,则有之矣。(孟子·尽心下)

(401)古之圣王有**义**兵而无有偃兵。(吕氏春秋·荡兵)

(402)武王克商,迁九鼎于雒邑,**义**士犹或非之。(左传·桓公二年)

以上3例做定语。

(403)夺然后**义**,杀然后仁,上下易位然后贞。(荀子·臣道篇)

(404)兵诚**义**,以诛暴君而振苦民。(吕氏春秋·荡兵)

(405)告子曰："言**义**而行甚恶。"(墨子·公孟)

以上3例做谓语。还可以受程度副词修饰,如：

(406)至礼不人,**至义**不物,至知不谋。(庄子·庚桑楚)

形容词"义"还可以有意动用法,义为"认为……义",由此发展为动词,如：

(407)于是襄子大**义**之,乃使使持衣与豫让。(史记·刺客列传)

"义"在先秦也可用在谓词性成分之前,引申为"按理"义,这时"义"是副词,如：

(408)今有人于此,**义**不入危城,不处军旅。(韩非子·显学)

(409)**义**不杀少而杀众,不可谓知类。(墨子·公输)

(410)陛下轻士善骂,臣等**义**不受辱,故恐而亡匿。(史记·留侯世家)

综上,"义"也经历了"名→形→副"这样一个演变过程,即:

名(合宜的道德、行为或道理)→形(合宜的、合乎正义的)→副(按理)

小结:"义"在先秦就已经由名词转变为形容词,可以做定语、做谓语、受程度副词修饰,属性值为 3,是次典型的形容词。

4.1.2.11　阴(价值)

本义是"水的南面或山的北面",如《孟子·万章上》:"禹荐益于天,七年,禹崩,三年之丧毕,益避禹之子于箕山之阴。"《说文》:"阴,闇也。水之南、山之北也。"段注:"暗者,闭门也,闭门则为幽暗,故以为高明之反。""阴"又泛指北面,不见阳光的地方,由此引申出"幽暗、昏暗、潮湿、润泽"和"秘密的、阴暗的、阴险的"等义,成为形容词。如:

(411)智术之士明察,听用,且烛重人之**阴**情。(韩非子·孤愤)

(412)不然,而与其雛;此谓除**阴**奸也。(韩非子·八经)

(413)安祖愍之,乃取置**阴**地,徐徐护视,良久得苏。(魏书·裴安祖传)

以上是"阴"做定语的用例。

(414)壹**阴**兮壹阳,众莫知兮余所为。(楚辞·九歌·大司命)王逸注:"阴,晦也。阳,明也。"

(415)后用则**阴**,先用则阳;近则用柔,远则用刚。(国语·越语)

以上是"阴"做谓语的用例。

(416)其居**甚阴**而不见阳。[马王堆汉墓帛书(肆)·五十二病方等]

(417)为女入于窈冥之门矣,至彼**至阴**之原也。(庄子·在宥)

(418)**至阴**生牝,至阳生牡。(淮南子·坠形训)

(419)陈臣子尤毒恨甚,**极阴**生阳,故致火灾。(汉书·五行志上)

以上是"阴"受程度副词修饰的例子。

当"阴"修饰谓词性成分时,虚化为副词,表示"暗中、背地里、秘密地、私下地"等义,如:

(420)君不如令弊邑**阴**合于秦而君无攻,又无藉兵乞食。(战国策·

西周策）

(421) 田侯曰："善。"乃**阴**告韩使者而遣之。（战国策·齐策一）

(422) 至九月，赵卒不得食四十六日，皆内**阴**相杀食。（史记·白起王翦列传）

小结："阴"在先秦就已经由名词转变为形容词，可以做定语、做谓语，受程度副词修饰，属性值为3，是次典型形容词。

4.1.2.12 素（价值）

本义是"白色生绢"，也就是"没有染色的丝织品"。《说文》："素，白致缯也。从糸、𠂹，取其泽也。"《礼记·杂记下》："纯以素，䋐以五采。"孔颖达疏："素，谓生帛。"《古诗为焦仲卿妻作》："十三能织素，十四学裁衣。"《史记·苏秦列传》："齐紫败素也，而价十倍。"名词"素"的词义结构中蕴含"白色的""朴素的"等性质义，这些隐含义独立成词，"素"便发展出形容词用法，如：

(423) 羔羊之皮，**素丝**五𦅾。（诗·召南·羔羊）

(424) 日中，杜伯乘白马**素车**，朱衣冠，执朱弓，挟朱矢。（墨子·明鬼下）

(425) 杨朱之弟杨布衣**素衣**而出。（韩非子·说林下）

(426) 子贡乘大马，中绀而表**素**，轩车不容巷，往见原宪。（庄子·让王）

(427) 其事**素**而不饰。（淮南子·本经训）高诱注："素，朴也。"

(428) 干干乎取舍不悦，而心甚**素朴**。（吕氏春秋·士容）

前3例做定语，后3例做谓语。最后一例还受程度副词修饰。

当"素"用来修饰谓词性成分时，词义变为"本来、素来、向来、白白地、空"等义，"素"是副词。如：

(429) 我曲楚直，其众**素**饱，不可谓老。（左传·僖公二十八年）

(430) 楚左尹项伯者，项羽季父也，**素**善留侯张良。（史记·项羽本纪）

(431) 彼君子兮，不**素**餐兮。（诗·魏风·伐檀）

(432) 罗曰:"与其**素**厉,宁为无勇。"(左传·定公十二年)

小结:"素"在先秦就已经由名词转变为形容词,可以做定语、做谓语、受程度副词修饰,属性值为 3,是次典型形容词。

4.1.2.13 猛(价值)

本指"健壮、凶猛的狗",《说文》:"猛,健犬也。"段玉裁注:"叚借为凡健之偁。"段氏所言假借即是引申。后演变出"健壮、凶恶、凶暴、凶猛、勇猛、威猛、猛烈、严厉"等系列形容词义,《广雅·释诂》:"猛,健也。"《玉篇·犬部》:"猛,恶也。""猛,严也。"《广韵·梗韵》:"猛,勇猛。"

(433) 故左右为社鼠,用事者为**猛**狗,则术不行矣。(韩非子·外储说右上)

(434) 怒甚**猛**兽,欲以为乱。(吕氏春秋·行论)

(435) 黥布,天下**猛**将也,善用兵。(史记·留侯世家)

(436) 弃人用犬,虽**猛**何为!(左传·宣公二年)

(437) **猛**则民残,残则施之以宽。(左传·昭公二十年)

(438) 齐大夫诸子有犬,犬**猛**不可叱,叱之必噬人。(战国策·韩策二)

前 3 例做定语,后 3 例做谓语。"猛"还可以用于比较句,如:

(439) 夫子曰:"小子识之,苛政**猛**于虎也。"(礼记·檀弓下)

当"猛"修饰谓词性成分时,词义发生变化,义为"极力、尽情地、突然、忽然"等,变为副词,如:

(440) 若不今生**猛**断却,冤家相报几时休!(敦煌变文·庐山远公话)

(441) 有一日正讲经,风雨**猛**动。(祖堂集·卷二)

(442) 割舍花前**猛**饮、倒金卮。(虞美人·清婉亭赏酴醿)

小结:"猛"在先秦时期已经由名词分化出形容词用法,可以做定语、做谓语、用于比较句,只是不受程度副词修饰,属性值为 3,是次典型的形容词。东汉以后可以受程度副词修饰。

4.1.2.14 群(数量)

《说文》:"群,辈也。"本指"羊相聚而成的集体"。《诗·小雅·无羊》:"谁谓尔无羊?三百维群!"再引申指"其他同类动物聚集而成的群""人群或物群""朋辈、亲族""众人、群众"等义,这些都是名词义。如:

(443)或**群**或友。(诗·小雅·吉日)

(444)吾离**群**而索居。(礼记·檀弓上)郑玄注:"群,谓同门朋友也。"

由于"群"的词义结构中包含"多、众多"义,这个义素独立出来,"群"就发展出形容词用法,义为"众多、许多",多做定语,少做谓语。这是因为"群"做谓语时义为"群居、群处、与人相处",是动词,形容词用法受到限制。动词用法如下:

(445)草木畴生,禽兽**群**焉,物各从其类也。(荀子·劝学篇)

(446)君者,善**群**也。(荀子·王制篇)

前面说"众"也是由"众人、很多人"义引申出"很多、众多、许多"义,发展为形容词,在这一点上,"群"和"众"的演变是一致的,可以说是一种同步引申。

下面是形容词"群"的用例:

(447)夫吴民离矣,体有所倾,譬如**群**兽然,一个负矢,将百群皆奔,王其无方收也。(国语·吴语)

(448)于是乎聚**群多之徒**,以深山广泽林薮,扑击遏夺。(吕氏春秋·安死)

(449)谁谓尔无羊?三百维**群**。(诗·小雅·无羊)

(450)俴驷孔**群**,厹矛鋈錞,蒙伐有苑。(诗·秦风·小戎)

前两例"群"做定语,三、四例做谓语,且第四例受程度副词修饰。此外,"群"还能够做状语,由此发展成为副词,义为"成群地,成伙地",如:

(451)今以夫先王之道,仁义之统,以相**群居**,以相持养。(荀子·荣辱篇)

(452)昔太古尝无君矣,其民聚生**群处**。(吕氏春秋·恃君)

小结："群"在先秦就已经由名词转变为形容词,可以做定语、做谓语、受程度副词修饰,属性值为3,是次典型的形容词。

4.1.2.15　白(颜色)

"白"本为名词,义为"白色"。又发展为形容词,义为"白色的"。由此引申为"清白的、洁净的、洁白的、显明、明白"等义,可以做定语、做谓语、受程度副词修饰,如:

(453)所不与舅氏同心者,有如**白**水！(左传·僖公二十四年)

(454)王亲秉钺,载**白旗**以中陈而立。(国语·吴语)

(455)离世自乐,中情**洁白**,不可量也。(吕氏春秋·论人)

(456)夫鹄不日浴而**白**,乌不日黔而黑。(庄子·天运)

(457)是故穷则不隐,通则大明,身死而名**弥白**。(荀子·荣辱篇)

动词"白"义为"使白""表明""辩白""陈述",也由名词"白"发展而来。此不赘。

形容词"白"又发展为副词"白",有"不付代价、无偿地""枉空、徒然""平白地、平空地""容易地、轻而易举地""总是、老是""只是、光是""随便、稍微"等义。例略。

综上,名词"白"演变轨迹符合"名词→形容词→副词"这条语法化规律,即:

名(白色)──→形(清白、洁白、明白)──→副(无偿地、平白地、容易地)

小结："白"在先秦就已经由名词转变为形容词,可以做定语、做谓语、受程度副词修饰,属性值为3,是次典型的形容词。

4.1.2.16　纯(价值)

"纯"的演变线索较为清楚,即:名词→形容词→副词。

"纯"本义是"未经染色的丝",《说文》:"纯,丝也。"《论语·子罕》:"子曰:'麻冕,礼也。今也纯,俭,吾从众。'"何晏《集解》:"纯,丝也。"又指同一颜色的丝织品。《左传·闵公二年》:"服其身,则衣之纯。"由此引申为"不含杂质的、纯净的、精纯、纯粹""纯正、质朴""至善至美"等形容词义,"纯"发展出形容词用法,如:

(458) 建九纪以立**纯**德。(国语·郑语)

(459) **德不纯**而福禄并至。(国语·晋语九)

(460) 文王之德之**纯**。(诗·周颂·维天之命)朱熹《诗集传》:"纯,不杂也。"

(461) 墨黥,慅婴,共、艾毕;菲、枲屦;杀、赭衣而不**纯**。(荀子·正论篇)

(462) 故君子之容,**纯**乎其若钟山之玉,桔乎其若陵上之木。(吕氏春秋·士容)

(463) 昔三后之**纯粹**兮,固众芳之所在。(楚辞·离骚)

(464) 非德不**纯**,形势弱也。(史记·汉兴以来诸侯年表)《索隐》:"纯,善也。"

形容词"纯"后来继续虚化,发展为范围副词,意思是"全,都"。如:

(465) 诸侯**纯**九,大夫**纯**五。(周礼·考工记·玉人)郑玄注:"纯犹皆也。"

(466) 充书不能**纯**美。(论衡·自纪篇)

(467) 无有女人,**纯**是男子。(敦煌变文·佛说阿弥陀经讲经文二)

黄珊(1996)认为:"'纯一'具有事物的周遍性。从这一语义出发,'纯'引申虚化为副词'全、都'义,则是极自然的事。"这将"纯"发展为副词的理据讲清楚了。

小结:"纯"在先秦就已经由名词转变为了形容词,能够做定语、做谓语,属性值为2。汉代以后可以受程度副词修饰(见3.2.2)。

4.1.2.17 空(物质属性)

"空"的本义是"孔穴",名词。《说文》:"空,窍也。"段注:"今俗语所谓也。"《周礼·考工记·函人》:"凡察革之道,视其钻空,欲其惌也。"郑玄注引郑司农曰:"惌,小孔貌。"贾公彦疏:"革恶则孔大,革善则孔小。"陆德明《经典释文》:"空,音孔,又如字。"《史记·五帝本纪》:"舜穿井为匿空旁出。"司马贞《索隐》:"音孔。"

黄珊(1996)认为:"'孔'是中空的,故可引申为'空虚'。当'空虚'义表示动作行为的状态时就引申虚化为副词'突然、白白地'义。"这揭示了"空"的引申理据及发展过程：名词——形容词——副词。

下面是形容词"空"的用例：

(468) 有侁氏女子采桑,得婴儿于**空桑**之中,献之其君。(吕氏春秋·本味)

(469) 至治之世,其民不好**空言**虚辞,不好淫学流说。(吕氏春秋·知度)

(470) 仓廪实而**囹圄空**。(管子·五辅)

(471) 韩氏罢于兵,**仓廪空**,无以守城。(战国策·西周策)

下面是副词"空"的用例：

(472) 今君留之,是**空**绝赵,而郎中之计中也。(战国策·赵策四)

(473) 出公去矣,而门已闭,子可还矣,毋**空**受其祸。(史记·仲尼弟子列传)

小结："空"在先秦就已经由名词转变为形容词,可以做定语、做谓语,属性值为 2,是不太典型的形容词。

4.1.2.18　阜（度量）

"阜"本指"土山",《释名·释山》："土山曰阜,阜,厚也,言高厚也。"《诗·小雅·天保》："如山如阜,如冈如陵。"毛传："高平曰陆,大陆曰阜,大阜曰陵。"银雀山汉墓竹简《孙膑兵法·地葆》："山胜陵,陵胜阜,阜胜陈丘。"《说文》："阜,大陆也。山无石者。"段注："引伸之为凡厚、凡大、凡多之称。"由于"阜"具有"高、大、厚"的特征,由此引申出"高、大、厚、盛、多"义,变成形容词。一般只做谓语,不做定语。例如：

(474) 田车既好,四牡**孔阜**。(诗·小雅·吉日)

(475) 若本固而功成,施遍而**民阜**,乃可以长保民矣。(国语·周语中)

(476) 王闻之,曰："韩氏其**昌阜**于晋乎！辞不失旧。"(左传·襄公二十六年)

(477) 亡者使有，利者**使阜**，害者使亡，靡者使微。（周礼·地官·司徒）

形容词"阜"还有使动用法，如：

(478) 行善而备败，其所以**阜**财用、衣食者也。（国语·周语上）
(479) 义以导利，利以**阜**姓。（国语·晋语四）
(480) 以**阜**人民，以蕃鸟兽。（周礼·地官·大司徒）

形容词"阜"如果用在谓词性成分之前，逐渐变为副词，表示动作行为的程度之甚（释义和例句引自《古代汉语虚词词典》）。"阜"作副词多见于先秦，后来逐渐消失。例如：

(481) 六卿分职，各率其属，以倡九牧，**阜成**兆民。（尚书·周官）孔传："大成兆民之性命。"
(482) 六曰商贾，**阜通**货贿。（周礼·天官·大宰）郑玄注："阜，盛也。"
(483) 草木蕃庑，鸟兽**阜滋**。（文选·东京赋）李善注："阜，大也。"

"阜"的演变轨迹十分清楚，符合"名词→形容词→副词"这条规律，即：

名（土山）→形（高、大、厚、盛、多）→副（大、畅、盛）

小结："阜"在先秦就已经由名词转变为形容词，可以做谓语、受程度副词修饰，属性值为2，但是不做定语，属于非定形容词。

4.1.2.19 粗（价值）

本指"糙米，粗粮"，名词。《说文》："粗，疏也。"段注："《大雅》：'彼疏斯粺。'笺云：'疏，麤也，谓粝米也。'麤即粗。"《庄子·人间世》："吾食也执粗而不臧，爨无欲清之人。"《国语·鲁语上》："然吾观国人，其父兄之食粗而衣恶者犹多矣，吾是以不敢。"

名词"粗"的词义可以描述为"粗糙的、质量低劣的米"，其修饰性义素"粗糙的、质量低劣的"后来独立成词，但仍然依附于原来的词形"粗"，"粗"于是变为名、形兼类词。后来，名词"粗"逐渐消失，要表示这一概念，必须说"粗米、粗粮"或"糙米",此即"形兴名衰"。形容词"粗"又引申为"粗疏、不精细""粗野、鲁莽""粗大、粗壮"义,如:

(484)昔者晋文公好**粗服**。(墨子·兼爱下)粗服:粗恶衣服。服丧时穿着。

(485)**粗糠**不任用,细则泥,唯中间收者佳。(齐民要术·作酢法)

以上2例中,"粗"做定语。

(486)人之父兄**食粗**衣恶,而我美妾与马,无乃非相人者乎!(国语·鲁语上)

(487)故愚者之言,芴然而**粗**。(荀子·正名篇)杨倞注:"粗,疏略也。"

(488)昨日我**谈粗**而君动,今日精而君不动,何也?(战国策·赵策一)

以上3例中,"粗"做谓语。

(489)以褊量测无涯,以**至粗**求至精,以甚浅揣甚深,虽始自髻龀,讫于振素,犹不得也。(抱朴子外篇·尚博)

(490)一杯愁已破,三盏气**弥粗**。(全唐诗·卷四三九·东南行一百韵寄通州元九侍御澧州)

(491)靖安院里辛夷下,醉笑狂吟气**最粗**。(全唐诗·卷四四〇·洪州逢熊孺登)

以上3例中,"粗"受程度副词修饰。

当"粗"用来修饰谓词性成分时,词义发生改变,义为"略微、大略、大体上","粗"变为副词,如:

(492)陆生乃**粗**述存亡之征,凡著十二篇。(史记·郦生陆贾列传)

(493)陆贾造《新语》,高祖**粗**纳采。(论衡·书解篇)

综上,"粗"的演变也经历了"名词→形容词→副词"的过程,即:

名(糙米,粗粮)→形(粗糙、粗疏、粗野、粗大)→副(略微、大略、大体上)

小结: 从实际用例来看,"粗"在先秦时期已经转变为了形容词,可以做定语、做谓语,属性值为 2。魏晋以后,"粗"才可以受程度副词修饰。

4.1.2.20　全(价值)

本义是"纯色玉"。《周礼·考工记·玉人》:"天子用全,上公用龙,侯用瓒,伯用将。"郑玄注:"郑司农云:'全,纯色也。'……玄谓:全,纯玉也。"《说文》:"全,完也。从入从工。全篆文仝从玉,纯玉曰全。"

前面讲到,"纯"由"未经染色的丝"义,引申出"不含杂质的、纯粹、纯正"义,变为形容词。然后又引申出"全、都"义,变为副词。"全"的演变与之类同,由本义引申出"纯粹、完整、完美、齐全、整个的"等形容词义,然后引申出"都、全都、完全、很、非常、彻底"等副词义。先看形容词用法:

(494)上为天子而不骄,下为匹夫而不惛;此之谓**全德**之人。(吕氏春秋·本生)

(495)子弗闻乎,禘郊之事,则有**全烝**。(国语·周语中)

(496)夫悬衡而知平,设规而知圆,**万全**之道也。(韩非子·饰邪)

(497)骨节与人同而犯害与人异,其**神全**也。(庄子·达生)

(498)士生乎鄙野,推选则禄焉,非不得尊遂也,然而**形神不全**。(战国策·齐策四)

(499)若以慈卫之也,**事必万全**,而举无不当,则谓之宝矣。(韩非子·解老)

以上 6 例中,前 3 例做定语,后 3 例做谓语。再看副词用法:

(500)善攻者动于九天之上,故能自保而**全胜**也。(孙子·军形篇)

(501)问臣意:"诊病决死生,能**全无失**乎?"(史记·扁鹊仓公列传)

(502)大略**全是**,故当小未精核耳。(世说新语·文学)

(503)生者均熟,不畏严霜,从本至末,**全无**秕减,乃胜刈者。(齐民要术·小豆)

小结:"全"在先秦就已经由名词转变为形容词,可以做定语、做谓语,属性值为 2,受程度副词修饰比较晚。

4.1.2.21　经(价值)

本指"纺织物的纵向的纱或线",《说文》:"经,织从(纵)丝也。"段注:

"'从丝'二字依《太平御览》卷八百二十六补。……织之从丝谓之经,必先有经而后有纬,是故三纲五常六艺谓之天地之常经。"段玉裁的意思是,织布帛的时候,要先把经线拉直,然后纬线围绕经线来回穿织。出产成品,织布帛的时候,经线是主要的,不动的(纬线常动),因此"经"由本义引申出"经久不变的、恒常、正常"等义。(参刘均杰、李行健 2007:203)再引申指"经久不变的法则、道理"以及"传统的、权威性的著作"等义。妇女的月经也是有固定周期的,因此叫"月经""经期"。下面是"经"的形容词用法:

(504)道也者,治之**经理**也。(荀子·正名篇)杨倞注:"经,常也;理,条贯也。言道为理国之常法条贯也。"

(505)富无**经业**,则货无常主,能者辐凑,不肖者瓦解。(史记·货殖列传)

(506)守**经事**而不知其宜,遭变事而不知其权。(史记·太史公自序)

(507)国家之败,有事而无业,**事则不经**。(左传·昭公十三年)

(508)**其语**闳大**不经**。(史记·孟子荀卿列传)

(509)**其事经**而不扰,其器完而不饰。(淮南子·齐俗训)

前3例做定语,后3例做谓语。"经"如果用来修饰谓词性成分,词义就由"经久不变的、恒常、正常"义发展出"经常、常常"义,变为副词,如:

(510)**其语不经见**,缙绅者不道。(史记·封禅书)

(511)于是大司农陈臧钱**经用**,赋税既竭,不足以奉战士。(汉书·食货志下)

"经常、常常"义进一步引申,便滋生出"曾经、已经"义,仍然是副词义。如:

(512)世祖与欣泰早**经**款遇,及即位,以为直阁将军。(南齐书·张欣泰传)

(513)义乡县长凤庙神姓邓,先**经**为县令,死遂发灵。(南史·周山图传)

小结:"经"在先秦时期已经由名词分化出形容词用法,可以做定语、做谓语,但是不能受程度副词修饰,不能用于比较句。属性值为 2。

4.1.2.22　光(物质属性)

本义是"光线",引申出"光明、明亮""色泽、光亮""神采""荣耀、荣宠、光彩"等名词义。先秦时期,"光"产生"华美"义,可以做定语和谓语,属性值为 2。如:

(514)四邻宾客,入者悦,出者誉,**光**名满天下。(管子·中匡)

(515)言己之**光**美,拟于舜禹,参于天地,非夸诞也。(荀子·不苟篇)

汉代以后,"光"发展出"有光泽的、华丽的、光彩的、明亮洁净的、光滑的、不粗糙"等义,可以做定语、做谓语、受程度副词修饰,逐渐变为较为典型的形容词,如:

(516)是以**光**名著于当世,遗誉垂于无穷也。(汉书·礼乐志)

(517)审言行于篇籍,**光**藻朗而不渝耳。(后汉书·班固传)

(518)幸承**光**诵末,伏思托后旄。(文选·登庐山香炉峰)李善注:"光诵,犹华篇也。"

以上做定语。

(519)每经雨,以布缠指,揩令热彻,胶不动作,**光**净耐久。(齐民要术·漆)

(520)水浅,有细石如金玉。得之不加陶冶,自然**光**净。(拾遗记·蓬莱山)

以上做谓语。

(521)天子致伯,诸侯毕贺,为后世开业,甚**光**美。(史记·秦本纪)

(522)树下有十二方石,地甚**光**洁。(水经注·渐江水)

(523)厚可二分,甚**光**泽。(高僧法显传·卷一,T51)

(524)吾与子伯,素不相若,向见其子容服甚**光**,举措有适。(后汉书·王霸妻)

(525)而有大威德,容貌甚**光**明。(杂宝藏经·卷五,T04)

(526) 须臾见一寺,**甚光丽**。(高僧传·卷十,T50)

以上受程度副词修饰。大约在魏晋时期,"光"发展出"空、净、完"义,这些意义大概是由"洁净"义引申而来,因为"洁净、干净"就意味着"毫无杂物",由此引申为"空无一物""完""裸露"义,例如:

(527) 乔岳峻崎,命世兴贤,膺期诞德,绝后**光前**。(文选·齐故安陆昭王碑)

(528) 山上都收拾的停当,装上车子,放起火来,把山寨烧做**光地**。(水浒传·第三十五回)

(529) 把那三百里地草都**踏光**了,那见个妖精?(西游记·第八十三回)

(530) 当下不但邻近村坊人,城中人也赶出来睃看,把那青青的麦地,**踏光**了十数亩。(水浒传·第一○四回)

(531) 他也没甚么器械,**光着个头**,穿一领红色衣,勒一条黄绦。(西游记·第二回)

(532) 咱们也算是会吃酒了,那一坛子酒,怎么就**吃光**了。(红楼梦·第六十三回)

(533) 几时来么?等那边张家坟的松树都**死光**了,那是就来!(茅盾:《残冬》)

(534) 丁约翰的脸刮得**很光**,背挺得很直,颇象个机械化的人似的。(老舍:《四世同堂·第四卷》)

明清时期,副词"光"由形容词"光"发展而来,义为"仅仅、只是",如:

(535) 今日他爹不在家,家里无人,**光**丢着些丫头们,我不放心。(金瓶梅·第十五回)

(536) 这小粉头子,虽故好个身段儿,**光是**一味妆饰,唱曲也会,怎生赶的上桂姐一半儿。(金瓶梅·第五十八回)

(537) 哥儿,我看你行头不怎么好,**光一味**好撒。(金瓶梅·第五十八回)

小结:"光"在先秦时期已经由名词分化出形容词用法,可以做定语、做谓语,属性值为 2。汉代以后,可以受程度副词修饰,属性值变为 3。明清时期,"光"发展出副词用法。

4.1.2.23 洪(度量)

本指"大水",《说文》:"洪,洚水也。"引申为"大",变为形容词。在上古做定语十分常见,有:

(538)"洪水"(尚书)、"洪业、洪原、洪烈、洪族、洪台、洪德"(汉书)、"洪泉"(楚辞)

(539)鲧鄣**洪水**而殛死,禹能修鲧之功。(礼记·祭法)

(540)**洪泉**极深,何以窴之?(楚辞·天问)

(541)佞人直以高才**洪知**考上世人乎?(论衡·答佞篇)

(542)汲水下万丈**洪崖**,采果上千峰绿树。(敦煌变文·妙法莲华经讲经文一)

以上"洪"做定语。

(543)累生于乡里,害发于朝廷,古今**才洪行淑**之人遇此多矣。(论衡·累害篇)

(544)吾闻**佛道洪深**无能及者。(百喻经·卷一,T04)

上两例"洪"做谓语。

"洪"由形容词又发展为副词,表示动作行为的程度,义为"大、大量、大肆",文言文中常见,后来逐渐消失。如:

(545)妃性嗜酒,多**洪醉**,帝还房,必吐衣中。(南史·后妃传下·元帝徐妃)

(546)臣以累叶受恩,膺荷**洪施**,不敢顾命。(曹操集·领兖州牧表)

(547)昔年常接王陵狂,**洪饮**花间数十场。(全唐诗·卷七五〇·思)

"洪"的演变轨迹十分清楚,符合"名词→形容词→副词"这条语法化规律:

名(大水)→形(大、盛、多)→副(大、大量、大肆)

小结：从实际用例来看，"洪"在先秦时期一般只做定语，而且搭配比较单一，最常见的是"洪水"，不能做谓语，属性值为1，属于非谓形容词。"洪"至晚在汉代就已经由名词转变为形容词，可以做定语、做谓语。

4.1.2.24 牢（物质属性）

"牢"本义为"关养牲畜的栏圈"，引申为"监狱"，然后引申为"囚禁"，是动词，如：

(548) **牢**人之君，灭人之祀。（盐铁论·论菑）

汉代，"牢"还有使动用法，如：

(549) 尽其地力以多其积，厉其民死以**牢**其城。（淮南子·诠言训）

栏圈、监狱的特点是牢固、坚固，可以描述为"牢固的关动物或人的地方"，其内在性质"牢固的"独立出来，"牢"就发展为形容词。先秦文献《管子》和《韩非子》中已见使用，不过只能做谓语，属于非定形容词。如：

(550) 东夷之陶者，器苦窳，舜往陶焉，朞年而器**牢**。（韩非子·难一）
(551) 奚仲之为车器也，方圜曲直，皆中规矩钩绳，故机旋相得，用之**牢**利，成器坚固。（管子·形势解）

《史记》中只有1例，《淮南子》中用例稍多，可做谓语、定语、宾语等句法成分，如：

(552) 欲连固根本**牢**甚。（史记·外戚世家）
(553) 出则乘**牢**车，驾良马。（淮南子·人间训）
(554) 故勇者可令进斗，而不可令**持牢**；重者可令填固，而不可令凌敌。（淮南子·泰族训）

东汉以后形容词"牢"渐多，经常构成并列式"牢坚、坚牢、完牢、牢固"等。如：

(555) 譬如有人，持器取水，一器**完牢**，二者穿坏。（中本起经·卷上，T04）

魏晋以后，"牢"还增加了一种新用法：做状语（牢治、牢闭），"牢"是副词。如：

(556)敕语贾人,**牢**治其船。(贤愚经·卷八,T04)

"牢"在宋代才出现做补语的例子,如:

(557)这个不知如何,自然心与气合,舒畅发越,自是**记得牢**。(朱子语类,卷十)

(558)志执得定,故不可夺;**执不牢**,也被物欲夺去。(朱子语类,卷三十七)

现代汉语中,形容词"牢"做补语比较多,如:粘牢、捆牢、拴牢、抓牢、记牢、扣牢、打牢、筑牢、套牢、扎牢、插牢、系牢、藏牢、钉得不牢、记得/不牢、树得牢、看得牢、坐不牢等。

综上,"牢"经历了由名词到动词和形容词,再到副词的演变过程,即:

名(栏圈、监狱)──→动(囚禁、关)
　　　　　　　　└→形(坚固、牢固、经久)──→副(牢牢地)

小结:"牢"在先秦一般只做谓语,属性值为1,属于非定形容词。汉代以后可以做定语、受程度副词修饰。

4.1.2.25　遽(速度)

"遽"本指"传车、驿马"。《左传·僖公三十三年》:"及滑,郑商人弦高将市于周,遇之……且使遽告于郑。"杜预注:"遽,传车。"黄珊(1996)指出:"'遽'是古代传递紧急信息的快车。由'遽'的功能特性引发出形容词'急速'义;再由'急速'义引申虚化为副词'立即、赶快'义。"这揭示了"遽"的引申理据及发展过程:名词──→形容词──→副词。

下面是形容词"遽"的用例:

(559)故丧事虽**遽**,不陵节;吉事虽止,不怠。(礼记·檀弓上)

(560)堂上不趋,示不**遽**也。(礼记·问丧)

(561)夫子何为**遽**?国家无有故乎?(晏子春秋·内篇谏上)

六朝以后,"遽"发展出"惶恐、惧怕"义,能够受程度副词修饰,如:

(562)王**甚遽**,问谢曰:"当作何计?"(世说新语·雅量)

下面是副词"遽"的用例：

(563) 厉之人夜半生其子，**遽**取火而视之。(庄子·天地) 成玄英疏："遽，速也。"

(564) 其邻之父言梧树之不善也，邻人**遽**伐之。(吕氏春秋·去宥)

小结：形容词"遽"在先秦一般只做谓语，不能做定语，属性值为1，属于非定形容词。

4.1.2.26　早（时间）

本义是"早上、早晨"，名词。《说文》："早，晨也。从日在甲上。"段注："甲象人头，在其上，则早之义也。"《诗·召南·小星》"夙夜在公"郑玄笺："夙，早也……或早或夜，在于君所。"《韩非子·外储说左上》："明日早，令人求故人。"由于"早上"在一天之中位于其他时间之前，"早"由此引申为"早先的、时间在先的"，成为形容词。如：

(565) 君子之求利也略，其远害也**早**。(荀子·修身篇)

(566) 晨往，寝门辟矣，盛服将朝。尚**早**，坐而假寐。(左传·宣公二年)

(567) 妾反**太早**，不敢复返，故止闾外，期尽而入。(列女传·卷一·鲁之母师)

(568) 入城**甚早**。(六度集经·卷八，T03)

以上4例中，"早"做谓语。"早"在上古不做定语，是非定形容词。汉代以后才可以，如：

(569) 家贫无以自通，乃常独**早**夜扫齐相舍人门外。(史记·齐悼惠王世家)

(570) 主家山第**早春**归，御辇春游绕翠微。(全唐诗·卷九十六·奉和春初幸太平公主南庄应制)

(571) **早年**勤倦看书苦，晚岁悲伤出泪多。(全唐诗·卷四三七·眼暗)

"早"还可以做状语，如：

(572) 吾不能**早**用子，今急而求子，是寡人之过也。(左传·僖公三十年)

(573) 吾得斗升之水然活耳，君乃言此，曾不如**早**索我于枯鱼之肆！

(庄子·外物)

这种用法的"早",可以看成仍然是形容词,或者看成形容词和副词的兼类①。但是下面3例中,"早"义为"已经",是副词,不能再看成形容词了:

(574)怨春春怎知,日长**早**被酒禁持。(淮海词笺注·阮郎归)
(575)始安排交(教)仕宦,等闲**早**被使头嗔。(敦煌变文·父母恩重经讲经文)
(576)到孟子便指出了性善,**早**不似圣人了。(朱子语类·卷十九)

综上,"早"也经历了"名──形──副"这样一个演变过程,即:

名(早晨)──→形(早先的、时间在先的)──→副(已经)

小结:从实际用例来看,"早"在先秦时期一般只做谓语,不能做定语,属性值为1,属于非定形容词。汉代以后,"早"才可以做定语、受程度副词修饰。

4.1.2.27　紧(物质属性)

"紧"的本义当是"俘囚"。黄典诚(1986)《释"紧"》认为"紧"字的初文是"臣","臣"本"囚俘"义。此义于字形上不甚分明,后在"臣"上加"又",字作"臤"(xián)。为更明确表示俘囚之实义,乃不得不又于"臤"下附以"糸",此即今所见之"紧"字。《说文·糸部》:"紧,缠丝急也,从臤从丝省。会意。"黄典诚认为"缠丝急"不是本义,"紧"的本义是"俘囚"。那么,"缠丝急"义从何而来呢?黄典诚(1986)指出:"以手取俘,犹恐其亡,系之以绳索,可无逃脱之患矣。然系之惟紧,方免意外。此紧之所以有'缠丝急'之义也。"黄先生认为"紧急"现为形容词,导致其囚俘义不为人们所知。他还指出闽南方言中称仆婢为[kan²],称孩儿为[kin²],本字当同为"紧"字无疑,[kin²]为"紧"之文读,[kan²]为"紧"之白读。如果黄先生的说法可以成立,那么"紧"字记录的本是名词,义为"囚俘",可以描述为"被捆绑得很牢很紧的囚俘"。《说文》说"缠丝急",解释的正是"紧"的引申义"不

---

① 关于形容词和副词的区分及兼类问题,参郭锐(2002:195)。

松弛",这正是名词"紧"的性状义。然后引申为"紧张、紧急、紧缩、坚强、结实、牢固、坚定、不放松、拮据、急骤、快速、急躁、紧要"等诸多形容词义项。先秦用例如:

(577)钩弦之造、戈戟之**紧**,其厉何若?(管子·问)

汉代以后用例如:

(578)脉法曰"沈之而大坚,浮之而大**紧**者,病主在肾"。(史记·扁鹊仓公列传)

(579)右脉口气**至紧小**,见瘕气也。(史记·扁鹊仓公列传)

(580)西方生燥,燥生金,其德清洁,其化**紧敛**,其政劲切。(素问·气交变大论)王冰注:"紧,缩也。"

(581)口湿**细紧线**以割之。(齐民要术·煮胶)

(582)秋毛**紧强**,春毛软弱,独用太偏,是以须杂。(齐民要术·养羊)

(583)上堂召大众,众举头,师曰:"南山风色**紧**。"(五灯会元·卷十六)

(584)皇帝恨兄心**紧切**,专使新来宣敕文。(敦煌变文·捉季布传文)

(585)楼上金风声**渐紧**,月中银字韵初调。(全唐诗·卷四五四·秋夜听高调凉州)

(586)这一个"凝"字**最紧**。(朱子语类·卷一一八)

(587)当日东南风起**甚紧**。(三国演义·第四十九回)

"紧"修饰谓词性成分时,义为"紧紧地、牢固地",是副词。如:

(588)懊恼今生貌不强,**紧**盘云髻罢红妆。(敦煌变文·欢喜国王缘)

(589)抛却身前义海,**紧**抱执一个黑山。(祖堂集·卷十八)

综上,"紧"也经历了"名→形→副"这样一个演变过程,即:

名(囚俘)→形(紧张、紧急、紧缩、牢固等)→副(紧紧地、牢固地、很、甚)

小结:"紧"在先秦还只能做谓语,属性值为1,是非定形容词。到魏晋以后才可以做定语、受程度副词修饰。

4.1.2.28 臭(物质属性)

"臭"一字异词:1. xiù,《集韵》许救切,去宥,晓;2. chòu,《广韵》尺救切，去宥，昌。

读 xiù 时，有名词义"气味"和动词义"闻、嗅"，究竟名词义在前还是动词义在前，各种辞书处理不一致。《汉语大字典》在 xiù 下将"闻，用鼻子辨别气味"摆在首位，将"气味的总称"放在第二位。《汉语大词典》在 xiù 下将"气味"义摆在首位，将"闻、嗅"义摆在第二位，与《汉语大字典》正好相反。

读 chòu 时，《汉语大字典》和《汉语大词典》的处理也不一样。《汉语大字典》所列首义是"香气"，其余各义依次是："秽恶难闻的气味""腐败、朽坏""丑、丑恶""狠狠地"。《汉语大词典》所列首义是"秽恶之气"，并注明"与'香'相对"。其余各义是："香；香气""引申为形容厌恶、狠毒的贬词"。不管是由"香气"引申为"秽恶难闻的气味"，还是反过来由"秽恶之气"引申为"香气"，还是这两个义项均由"气味"义引申而来，总之这两个义项都是名词义，可以概括为"香气或难闻的气味"①。如：

(590) 同心之言，其**臭**如兰。（周易·系辞上）
(591) 口之于味也，目之于色也，耳之于声也，鼻之于**臭**也，四肢之于安佚也；性也，有命焉，君子不谓性也。（孟子·尽心下）赵岐注："臭，香也。"
(592) 侧载**臭**茝，所以养鼻也。（史记·礼书）《索隐》引刘氏曰："臭，香也。"
(593) 一熏一莸，十年尚犹有**臭**。（左传·僖公四年）

以上"臭"是名词，义为"香气"。

(594) 故不知味者，以芬香为**臭**。（盐铁论·论灾）
(595) 与善人居，如入兰芷之室，久而不闻其香，则与之化矣；与恶人居，如入鲍鱼之肆，久而不闻其**臭**，亦与之化矣。（说苑·杂言）

以上"臭"是名词，义为"秽恶之气"。"臭"由"秽恶之气"再进一步引

---

① 一些中小型词典，如《古代汉语词典》（陈复华等编）、《王力古汉语字典》均不在"臭"(chòu)下列"香"义。

申,发展出"腐败、朽坏、丑、丑恶"等义,"臭"于是变为一个名、形兼类词。如:

(596)厨中有**臭肉**,则门下无死士矣。(说苑·尊贤)

(597)吾已为佛,子续为**臭虫**,是以笑之。(六度集经·卷六,T03)

(598)朽而不敛,谓之僵尸,**臭**而不收,谓之陈骴。(晏子春秋·内篇谏下)

(599)酤酒而酸,买肉而**臭**。(淮南子·说林训)

(600)酒暴熟者易酸,醢暴酸者易**臭**。(论衡·状留篇)

(601)工匠饥死,**长安皆臭**。(后汉书·隗嚣传)

(602)摇鼓生风,寒凉食物,**使之不臭**。(论衡·是应篇)

(603)鲍鱼,鲍,腐也,埋藏奄**使腐臭**也。(释名·释饮食)

(604)烧众名香,**勿令臭秽**。(摩诃僧祇律·卷二十八,T22)

再引申出"狠狠地"义,变为副词,演变的前提是"臭"修饰谓词性成分。如:

(605)揪着头发**臭**打一顿。(儒林外史·第六回)

总之,"臭"(chòu)的演变路径与"纯""亲"基本相同:

名词(香气、臭气)→形容词(腐败、朽坏、丑、丑恶)→副词(狠狠地)

小结:先秦时期的"臭"还不能肯定是形容词,至晚在汉代就已经由名词(秽恶之气)分化出形容词(气味臭)用法,能够做定语、做谓语,汉代以后还可以用于使令式。

4.1.2.29 浪(价值)

"浪"的本义是"波浪",《玉篇·水部》:"浪,波浪也。"也比喻象波浪一样的东西,如"林浪、麦浪"。水波涌起、波动亦可曰"浪",这时"浪"为动词。由于波浪具有波动、不稳定的特点,"浪"引申出"放荡、放纵、无拘无束"之义,"浪"变为形容词,如:

(606)**谑浪**笑敖,中心是悼。(诗·邶风·终风)毛传:"言戏谑不敬。"

(607)**夫子**以为**孟浪**之言,而我以为妙道之行也。(庄子·齐物论)

(608) 在步道上引手而取,勿听**浪**人踏瓜蔓,及翻覆之。(齐民要术·种瓜)

(609) **辣浪**相如,薄情卓氏。(西厢记诸宫调·卷五)

(610) 免役则皆**浮浪**之人。(朱子语类·卷一〇八)

形容词"浪"如果用来修饰谓词性成分,便逐渐演变为副词,有三种含义:(1)表示动作行为放荡不羁、无拘无束;(2)表示动作行为不慎重、随随便便;(3)表示动作行为不起任何作用,没有任何意义或结果。(参《古代汉语虚词词典》),各举1例:

(611) **浪游**轻费日,醉舞讵伤春。(全唐诗·卷三五一·酬娄秀才将之淮南见赠之什)

(612) 若言余**浪语**,请君看即知。(王梵志诗校注·卷三·若言余浪语)

(613) 娇爱容光在目前,列(烈)女忠贞**浪虚弃**。(敦煌变文·伍子胥变文)

综上,"浪"的演变轨迹仍然符合"名词→形容词→副词"这条语法化规律:

名(波浪)──→名(像波浪一样的东西)┬→动(水波涌起、波动)
                                  └→形(放荡、放纵)──→副(放浪、随便、白白地)

小结:"浪"在先秦一般构成复合词才能当形容词用,如"谑浪""孟浪","浪"作为形容词单用出现在六朝时期,如"浪人"。因此我们认为,"浪"在六朝时期才发展出形容词用法。

4.1.2.30 准(价值)

"准"的本义是"水之平",后引申指"测平的器具"。《说文》:"准,平也。"段注:"谓水之平也。天下莫平于水,水平谓之准,因之制平物之器亦谓之准。"《汉书·律历志上》:"准者,所以揆平取正也。"由此义引申为"标准、准则",名词。如:

(614) 程者，物之**准**也；礼者，节之**准**也。（荀子·致士篇）
(615) 以道德为丽，以仁义为**准**。（汉书·东方朔传）

由"标准"以引申出"使合乎标准、效仿、效法""依照、依据""测量、衡量、比照""符合、等齐、相当"等义，是比较自然的演变过程。这些都是动词义。

由"标准"还引申出"确切、确实""准确、正确"等形容词义，如：

(616) 长安城里，西门街上，有个卖卦先生，算得最**准**。（西游记·第九回）
(617) 那班妇女见老爷断的这等**准**，轰一声都围上来了。（儿女英雄传·第三十八回）
(618) 贾政道："这也好。不知**准不准**？"（红楼梦·第九十二回）

由"确切、确实、准确、正确"义进一步引申，便发展出"一定"义，成为副词，如：

(619) 主公再勿多言，来早**准**行。（三国演义·第六十三回）
(620) （杨雄）寻思："此一事**准**是石秀做出来的。"（水浒传·第四十六回）
(621) 这**准**是使猛了劲，岔了气了。（儿女英雄传·第六回）

综上，"准"的词义衍生过程如下：

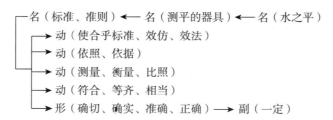

"准"由"标准、准则"义发展出"确切、准确"义，再发展出"一定"义，词类由名词变为形容词，再变为副词，再次验证了"名词→形容词→副词"这条语法化规律。

小结："准"晚至明清时期才发展为形容词，可以做谓语、受程度副词修饰。

4.1.2.31 小结

下面,我们将以上 30 例列表如下(每个词只列其名词义、形容词义和副词义):

表 4-2

词目	名词义	形容词义	副词义
要	纲要,要点,要诀	重要、主要	总归、终究、总之
亲	父母,亲戚,亲人	亲密、亲近	亲自
轻	轻车	分量不大、数量少、轻便的	轻率地、轻轻地
广	大屋	大、多、宽阔、宽宏	普遍地、广泛地、多
苦	苦菜	味苦,劳苦,困苦,痛苦	深、很、恳切、极力
疾	重病	来势迅猛快速	迅速、很快、尽力、竭力
固	牢固的、坚固的、险要的地方	牢固、坚固	确实、坚决、一再、必然
极	正梁,顶点,最高地位	最高的、极点的	很、最
虚	大丘,土山,废墟	空虚、虚假	凭空地、假装地
义	合宜的道德、行为或道理	合宜的、合乎正义的	按理
阴	不见阳光的地方、昏暗处、阴影	暗、隐密、阴险	暗地里、偷偷地、背地里
素	没有染色的丝织物	无色的、质朴无饰的	本来、素来、平素、向来
猛	健犬	凶猛、勇猛、猛烈、刚强	极力、尽情地、突然、忽然
群	羊群、物群、人群、群众	众多、许多	成群地,成伙地

续表

词目	名词义	形容词义	副词义
白	白色	白净、明亮、明白、显赫	徒然、白白地、无代价地
纯	未经染色的丝	不含杂质的、纯粹、纯正	全,都
空	孔穴	空虚	白白地
阜	土山	高、大、厚、盛、多	大、畅、盛
粗	糙米、粗粮	粗糙、粗疏、粗野、粗大	略微、大略、大体上
全	纯色玉	纯粹、完整、完美、齐全	都、全都、完全、很、非常
经	纺织物的纵向的纱或线	经久不变的、恒常、正常	经常、常常、曾经、已经
光	光线、光明、光亮、光彩	华美、有光泽的、洁净的、光滑的、不粗糙	仅仅、只是
洪	大水	大、盛、多	大、大量、大肆
牢	栏圈,监狱	坚固、牢固、经久	牢牢地
遽	传递紧急信息的快车	急速	立即、赶快
早	早晨	早先的、时间在先的	已经
紧	俘囚	紧张、紧急、紧缩、牢固	紧紧地、牢固地、很、甚
臭	臭气	腐败、朽坏、丑、丑恶	狠狠地
浪	波浪,像波浪一样的东西	放荡、放纵	放浪、随便、白白地
准	标准,准则	确切、确实、准确、正确	一定

符合"名词→形容词→副词"演变模式的例子还有很多,以上只是一部分。这些词的本义都是名词义,其词义结构可以描述为:［性质］＋［类属］(参施春宏 2001),当它们的"［性质］"义独立出来后,它就可以充当定语,具有修饰性或描述性,演变为形容词;当这些由名词演变而来的形容词用来修饰谓词性成分后,如果词义发生变化,可以认为它们已经变成了副词。

4.1.3 古汉语名转形的历程和语义类型

4.1.3.1 名转形是一个分期分批的转化过程

以上我们从历时的角度描写了古汉语中 60 个名词发展出形容词用法的过程。60 词中,有"精、众、神、尊、丰、要、亲、轻、广、苦、疾"等 11 个形容词在先秦时期就已经具备形容词的四项典型分布,是最典型形容词;有"文、昏、甘、黑、青、固、极、虚、义、阴、素、猛、群、白"等 14 个形容词在先秦时期就已经具备形容词的三项典型分布,是次典型形容词;有"黄、野、都、鄙、香、灵、晚、酸、练、纯、空、阜、粗、全、光、经"等 16 个形容词在先秦时期就已经具备形容词的两项典型分布,是不太典型的形容词;有"典、宝、毒、草、俗、膏、洪"等 7 个形容词一般只做定语,属性值为 1,属于非谓形容词;有"鬼、鲜、牢、遽、早、紧"等 6 个形容词一般只能做谓语,属性值为 1,属于非定形容词;有"臭、辣、浪、蓝、潮、准"等 6 个形容词在先秦时期还不是形容词,但是汉代以后陆续转变为形容词或者发展出形容词用法,如"臭"至晚在汉代就转为了形容词;"辣"和"浪"至晚在六朝时期就转为了形容词,在金代还成为一个复合形容词"辣浪";"蓝"至晚在唐代就转为了形容词,"潮"至晚在宋代就转为了形容词,"准"晚至明清时期才转为形容词。

从以上材料及数据可知,单音节名词向形容词演变或分化出形容词用法是一个分期分批的过程,60 词中有 53 个词在先秦时期已经具备形容词的功能,其中有 41 个至少具备两项语法分布,这说明先秦时期是单音节名词转为形容词的一个高峰时期。现代汉语时期,单音节名词转为形容词的例子又逐渐多起来,据初步调查,有"铁、板、木、柴、棒、鼓、肉、糟、面、油、粉、猴、牛、熊、皮、毛、头、海、洋、灰、土、坡、火、响、糠、瓢"等(见第六章)。现代汉语中双音节名词转为形容词的例子就更多了。这说明，现代汉语是名转形的又一高峰时期。

4.1.3.2 名转形的语义类型

下面，我们先来回顾一下 Dixon 不断补充和完善的和形容词联系的语义类型。Dixon(1977:31)将英语形容词类的基本成员分为 7 个普遍的"语义"类型。如下所述：

1. 度量(dimension)：big, large, little, small, long, short, wide, narrow, thick, fat, thin

2. 物质属性(physical property)：hard, soft, heavy, light, rough, smooth, hot, cold, sweet, sour

3. 色彩(colour)：black, white, red

4. 人类好恶(human propensity)：jealous, happy, kind, clever, generous, gay, cruel, rude, proud, wicked

5. 年龄(age)：new, young, old

6. 价值(value)：good, bad, proper, perfect, pure, excellent, fine, delicious, atrocious, poor

7. 速度(speed)：fast, quick, slow

Dixon(1977)指出以上 7 个基本语义类型在多数情况下总是被编码为形容词，其中年龄、度量、价值和色彩比物质属性、人类好恶和速度更为典型。

Dixon(1991)又将英语形容词的语义类型归纳为 10 类，除了上面列举的 7 类之外，又增补 3 类：

8. 难度(difficulty)：easy, difficult, tough, hard, simple

9. 限制(qualification)：definite, probable, true, possible, impossible, usually, normal, common, likely, certain, sure, correct, right, wrong, appropriate, sensible

10. 异同(difference)：like, unlike, similar, different

Dixon(2004)又结合其他语言的形容词，补充了和形容词有关的 3 个语义类型：

11. 数量(quantification)：all/whole，many，some，few，only，enough

12. 位置（position）：high，low，near，far/distant，right/left，strange，northern

13. 基数(cardinal number)：first，last

通过对古汉语名转形例证的细致观察，我们发现，由名词转来的形容词主要是以下几种语义类型：

1. 表示物质属性的形容词，如"酸、甘、苦、辣、香、臭、轻、牢、固、空、虚、光、阴、膏、毒、草、潮、鲜、紧"等。

2. 表示价值的形容词，如"精、粗、鄙、野、神、灵、文、昏、典、尊、俗、要、亲、义、素、猛、纯、都、全、经、准、鬼、浪、练"等。在名转形的例子中，表示价值的形容词最多。

3. 表示色彩的形容词，如"白、黑、黄、青、蓝、朱、丹、赭"等。唐瑛（2002）认为："随着汉语词汇的发展，表示具有某种颜色特征的事物的词汇，在意义演变过程中词的中心义素被有意忽略，而表示事物某种色彩特征的非中心义素得到突出，并取得中心义素的地位，颜色词便宣告诞生。这是汉语词义演变的一条规律。"

4. 表示度量的形容词，如"广、极、洪"等。

5. 表示速度的形容词，如"疾、遽"等。

6. 表示数量的形容词，如"众、群、阜、丰"等。

7. 表示时间的形容词，如"早、晚"等。

前5种都属于Dixon归纳的基本语义类型。为什么这些名词能够转为形容词呢？可能是因为这些名词的词义结构中逐渐凝固了一些比较常见的性质义。类型学的研究表明，这些性质义所从属的语义类型在多数情况下总是与一个而且是同一个词类相联系，这个词类通常就是形容词。因此，古汉语的名转形过程符合人类语言编码形容词的共性。

4.2 名转形的途径

4.2.1 转变途径之一:名词经由非谓形容词演变为形容词

4.2.1.1 非谓形容词的地位

张伯江(1995)曾勾勒出如下的词类连续统:

| 名词 | 非谓形容词 | 形容词 | 不及物动词 | 及物动词 |

李宇明(1996)和谭景春(1998)都曾指出,非谓形容词是名词向形容词转变过程中的关键环节。李宇明(1996)说:"非谓形容词是体词向谓词方向发展这一趋势中的关键一站,是沟通体词和谓词的接口。"谭景春(1998)说:"把名词当非谓形容词用,比较自然。因为做定语是名词的固有功能之一,只是语义上不知不觉地发生了变化,所以很容易被接受。当名词转变成非谓形容词,并站稳脚跟后,就有可能再前进一步,'很容易转变成一般形容词'(吕叔湘、饶长溶 1981)。因为做定语是形容词的主要功能之一,而且非谓形容词(表性质义)与形容词表示的语义非常接近,语义上已经奠定了基础。所以非谓形容词很容易像形容词那样从定语位置移到谓语位置,并受程度副词修饰。这样非谓形容词(做定语)就成了名词向形容词转变的中间过渡阶段。"

综上,由名词发展为非谓形容词,再发展为形容词,是一条可以成立的规律。

4.2.1.2 古汉语中的非谓形容词

由前面论述可以推知,既然古汉语中存在一大批由名词转来的形容词,而部分名词(不是全部)转变成形容词经历了非谓形容词这一阶段,那么古汉语中必然存在一批非谓形容词,其中有的发展为真正的形容词,有的还停留在非谓形容词的阶段。因此,要弄清古汉语名词向形容词转变的全貌,就需要将其中最重要的一站——非谓形容词——描写清楚。然而有关古汉语非谓形容词的研究却非常少见。唯有黄巽斋(1986)《名词用如形容词》一文,虽然没有用到区别词或非谓形容词的概念,但文章列举了一批古汉语中的非谓形容词,值得参考①。黄巽斋(1986)区分了名词用如形容词和名词演变为形容词,指出二者的区别是:

> 名词用如形容词,其本质特点,就是居于偏位的名词在句中不再具有指称事物的语法功能,而是提取该名词所指称事物的某一性状来形容被定语的事物。
>
> 名词用如形容词和由名词演变而来的形容词,既有联系又有区别。名词演变为形容词后,即取得形容词的一般性能,不但做定语,还做谓语,并可受副词的修饰等,而原名词所指称的实体则以原词为基干组词或另造新词。如精称精米,都称都会,蓝称蓝草,鄙称边邑,素称白绢,丹称朱砂等等。名词用如形容词,则只是在习惯的组合、特定的语言环境中才取得形容词表性状的功能,在通常的情况下则仍然是名词,这类名词之所以没有演变为形容词,是因为它们大都是根词,具有极大的稳固性。

下面结合该文的例子来讨论一个问题:哪些名词经由非谓形容词成功演变为形容词?哪些名词没有?为什么?

(一)成功演变为形容词的名词

黄巽斋(1986)列举的由名词演变而来的形容词有 15 个:朱、赭、素、精、粗、都、鄙、绮、蓝、丹、华、荣、秀、英、花。我们在 4.1 节描写了"典、草、毒、俗、膏、洪"等 6 个先秦时期的非谓形容词,它们到汉代或者魏晋六朝以后,陆续具备做谓语、受程度副词修饰的功能,因而演变为形容词。其中,"典、膏"到西汉以后才可以做谓语、受程度副词修饰,演变为形容词。"洪"到东汉以后可以做定语、做谓语,演变为形容词。"毒、俗"在六朝以后也可以受程度副词修饰、做谓语,演变为形容词。"草"在六朝以后可以

---

① 王前进(1983)《试论古汉语名词活用为形容词》列举了"才、敏、匠、文、名、经"6 个一般名词活用为形容词的例子。文章写得比较简略,而且还把名词做状语和名词活用为形容词放在一起讨论,有些不妥,故略而不具。

构成复合状态形容词如"草率",能自由做谓语、受程度副词修饰,演变为形容词。除此之外,在4.1节"转变个案"中属性值为4、3、2的40个形容词也是由名词成功转变而来的,其中有些是经由"名词—非谓形容词—形容词"的途径转变而来的。

(二)没有成功演变为形容词的名词

黄巽斋(1986)列举的用如形容词的名词有12个:马、牛、王、兔、鼠、雀、女、士、玉、霜、雪、云。这些用如形容词的名词都具备非谓形容词的特征:只能做定语,不能做谓语①。下面浓缩黄文举出的部分例子,然后加以讨论。

(622)马:蜩,**马蜩**(蜩中最大者为马蝉,见《尔雅·释虫》郭璞注,《尔雅校笺》);蚍蜉,大蚁(俗呼为**马蚍蜉**,见《尔雅·释虫》郭璞注,《尔雅校笺》);**马舄**,车前(今车前草,大叶长穗,见《尔雅·释草》郭璞注,《尔雅校笺》);葴,**马蓝**(今大叶冬蓝也,见《尔雅·释草》郭璞注,《尔雅校笺》);**马蚰**(《方言》卷十一)。

(623)牛:终,**牛棘**(即马棘也,其刺粗而长,见《尔雅·释木》郭璞注,《尔雅校笺》);莙,**牛藻**(似藻,叶大,江东呼为马藻,见《尔雅·释草》郭璞注,《尔雅校笺》)

(624)玉:惟辟**玉食**(尚书·洪范)、**玉颜**(全唐诗·卷四四二·板桥路)、**玉姿**(全唐诗·卷六十七·凤台曲)、**玉趾**(左传·僖公二十六年)、**玉面**(公羊传·宣公十二年)、**玉貌**(战国策·赵策)、**玉体**(战国策·赵策)、**玉臂**(全唐诗·卷二二四·月夜)、**玉手**(历代辞赋总汇·傅咸·扇赋)、**玉肌**(全唐诗·卷四五七·喜谈氏外孙女满月)、**玉颊**(全唐诗·卷二七三·早春曲)、**玉心**

---

① 有人可能会认为这些名词还能做主宾语,它们还是名词。但是我们认为"马、牛、王、兔"等12个做修饰性定语的名词已经变为非谓形容词,做主宾语的"马、牛、王、兔"等还是名词,它们虽然也能做定语,但却属于领属性定语,如"马迹"(左传·昭公十二年)、"马价"(战国策·燕策二)、"马首"(左传·襄公十四年)、"马体"(韩非子·喻老)、"马食"(韩非子·内储说下·六微)、"马蹄"(韩非子·外储说右上)、"马肉"(吕氏春秋·爱士),等等,这些"马"可以视为"马1"(名词);"马蜩""马蓝""马蚰"等组合中的"马"可以视为"马2"(非谓形容词)。

(全唐诗·卷一八四·怨情)、**玉露**(全唐诗·卷二三〇·秋兴八首)

(625)女：**女妻**(周易·大过)、**女墙**(释名·释宫室；全唐诗·卷三六五·石头城)、**女桑**(见《尔雅·释木》"女桑，桋桑"，郭璞注："今俗呼桑树小而条长者为女桑树。"《尔雅校笺》)、**女布**(潜夫论·浮侈)

(626)王：蟒，**王蛇**(蟒，蛇最大者，故曰王蛇。见《尔雅·释鱼》郭璞注，《尔雅校笺》)；**王鲔**(鲔之最大者，见《周礼·天官·渔人》郑玄注)；蒙，**王女**(钱大昕《十驾斋养新录》卷三"王女"："女萝之大者谓之王女，犹**王彗、王刍，**鱼有**王鲔**、鸟有**王睢**也。")

(627)兔：鶟，**兔轨**(兔，小也。见《尔雅·释鸟》，王闿运《尔雅集解》，《尔雅诂林》)

(628)鼠：**鼠莞**(郭璞注："鼠莞，纤细，似龙须，可以为席。蜀中出好者。"见《尔雅·释草》郭璞注，《尔雅校笺》)

(629)雀：蘥，**雀麦**[苗叶似小麦而弱，其实似穬麦而细，见《尔雅·释草》，《郝懿行义疏》(三)"释草"]

(630)霜：**霜毫**(宋书·礼志三)、**霜毛**(文选·鹤舞赋)

(631)雪：**雪趾**(宋书·礼志三)

(632)云：**云髻**(曹植集校注·洛神赋)

(633)士：**士夫**(周易·大过)

以上 12 个词，以"马、牛、玉、女、王"最为典型。当它们做定语时，并不是领属性定语，而是修饰性定语。这些非谓形容词做定语时，指称义淡化，突出的是其内在的属性义，如"马"和"牛"皆有"大"义，"玉"则有"美""尊贵""洁白、丰润""高洁""纯白的"等多种性质义，"女"则有"矮小""柔弱""精美"等性质义，"王"有"大"义，"兔""鼠""雀"皆为动物之小者，故都有"小"义。"霜""雪"有"白"义，"云"有"高"义，"士"有"年少"义。但是这些词后来仍然不能做谓语，停留在非谓形容词的阶段，有的甚至退回到原来的名词阶段，如"云、士"。

这 12 个词之所以没能转变为真正的形容词，除了黄巽斋所说的"这

类名词之所以没有演变为形容词,是因为它们大都是根词,具有极大的稳固性"之外,大概还有以下几点原因:

1. 它们所表示的性质义在当时的语言系统中已经有比较典型的形容词来表达,因此它们做定语表示修饰只是一种比喻义,语义上未能泛化,功能上未能扩展,导致它们最终未能演变为形容词。如"马、牛、王"皆有"大"义,"兔、鼠、雀"皆有"小"义,"霜、雪"有"白"义,"云"有"高"义,"士"有"年少"义,这些性质义可以分别用"大、小、白、高、少"等上古时期最典型形容词或次典型形容词来表达,"马、牛、王""兔、鼠、雀""霜、雪""云""士"只是在有限的组合中才能表示"大、小、白、高、少"义,离开具体的语言环境,它们仍然是名词。

2. 有的非谓形容词做定语不是单纯表示某一种性质义,而是表示多种性质义,这种复杂性导致人们在理解上的不确定性,这样的词也就很难成功演变为形容词。如"玉"有"美""尊贵""洁白、丰润""高洁""纯白"等多种性质义,"女"则有"矮小""柔弱""精美"等多种性质义,这种语义表达上的发散性使其很难与一种恒定的固有属性相联系,而性质形容词表达的正是事物所拥有的恒定属性,因此,"玉""女"很难演变为形容词。

3. 有些非谓形容词在演变为形容词之前就语素化了,成为某些复合词的词内成分,因而没有发展出做谓语的用法。我们在 4.1 节"转变个案"中列举了"宝、典、毒、草、俗、膏、洪"7 个非谓形容词,它们在先秦时期一般只做定语、不做谓语。除"宝"之外,其余 6 个词后来都发展出做谓语的用法,只有"宝"到后来一直不能做谓语,做定语很多,仍然停留在非谓形容词阶段。如:

(634) 被明月兮佩**宝璐**。(楚辞·九章·涉江)

(635) 阳虎归**宝玉**、大弓。(左传·定公九年)

(636) 宋桓司马有**宝珠**,抵罪出亡。(吕氏春秋·必己)

(637) 今有**宝剑**良马于此,玩之不厌,视之无倦。(吕氏春秋·博志)

(638) **宝镜**凌曙开,含虚净如水。(全唐诗·卷一四八·春镜)

(639) 秋思抛云髻,腰支胜**宝衣**。(全唐诗·卷二二五·即事)

(640) 天公不解防痴龙，玉函**宝方**出龙宫。(苏东坡全集·卷上·次韵子由清汶老龙珠丹)

(641) 灵牙**宝色**玉不如，上有无数光明珠。(永修历代诗词选·陪李公择观金地佛牙)

再看两个没有发展为形容词的非谓形容词"福"和"名"。

福：

(642) **福事**至则和而理，祸事至则静而理。(荀子·仲尼篇)

(643) 协成五命，申以**福应**。(汉书·王莽传中)

(644) 相师看见，怀喜而言："是儿**福相**。"(贤愚经·卷十一，T04)

其他如：福力、福地、福命、福星、福庭、福音、福气、福将、福运、福壤……

尽管"福"能够自由地做定语，但不能作为形容词(义为"有福的")做谓语，还停留在非谓形容词阶段，没有转变为真正的形容词。

名：

(645) 不疾学而能为天下魁士**名人**者，未之尝有也。(吕氏春秋·劝学)

(646) 由此为天下**名士**显人，以终其寿。(吕氏春秋·尊师)

(647) 因**名山**升中于天，因吉土以飨帝于郊。(礼记·礼器)

其他如：名工、名子、名王、名木、名水、名公、名文、名方、名邦、名臣、名地、名匠、名件、名色、名守、名花、名材、名作、名角、名言、名物、名法、名宗、名门、名姓、名城、名相、名笔、名品、名俊、名帅、名迹、名宦、名姝、名班、名马、名捕、名都、名根、名原、名倡、名师、名卿、名酒、名家、名宰、名书、名姬、名著、名区、名第、名族、名宿、名望、名将、名达、名贵、名答、名牌、名杰、名胜、名画、名媛、名业、名园、名硕、名种、名僧、名语、名驹、名辈、名篇、名德、名论、名器、名儒、名医、名识、名宝……(据《汉语大词典》)

和"福"一样，"名"也不能以形容词的身份做谓语，而只能作为及物动词(义为记载)做谓语。这说明"名"还停留在非谓形容词的阶段，没有转变为真正的形容词。

"宝、福、名"等非谓形容词在演变为真正的形容词之前,由于经常和其他语素构成复合词,它们所表达的性质义没有独立成词,而是逐渐语素化了。

4.2.2 转变途径之二:由"副+名"到"副+形"

4.2.2.1 "副+名"组合中的"名"的语义特征

施春宏(2001)将名词的语义成分分为两类:关涉性语义成分和描述性语义成分。二者大致分别相当于谭景春(1998)所说的"类属义素"和"性质义素",但不完全等同。施文指出,能够受副词修饰的名词的语义都由两个部分组成:一个表示性质,即描述性语义特征;一个表示类属,属于关涉性语义特征。它们的词义组成框架为:[性质]+[类属]。这其实又回到了谭景春(1998)的立场。施文指出:"有的名词的描述性语义特征已经从名词中独立出来,成为一个新的义项,实现了形容词的语法分布,这样就形成了兼类问题。有的名词自身的类属义最后隐退了,只剩下描述性语义特征,这就形成了转类问题。我们不认为名词不能与副词组合,或者说名词与副词组合都是一种临时活用现象。"施文的结论是:"凡是进入了副名组合中的名词都具有描述性语义特征;凡是具有描述性语义特征的名词都能在一定条件下进入副名组合中。"施春宏(2001)研究的虽是"副+名"组合,其实也相当于研究其中的"名"为何能够具备形容词的特征(受副词修饰),也即名词为何能用如形容词。他的核心观点就是因为这些名词的语义中都具有描述性语义特征,也就是谭景春(1998)所说的"性质义"、李宇明(1996)所说的"属性意义"。

我们认为,以上各家分别提出的"描述性语义特征""性质义""属性意义"等,都只是名词转变为形容词的语义基础,只是必要条件,而不是充分条件。换言之,不是所有具备这些语义基础的名词都能用如形容词或者转变为形容词。要解释转变的本质和诱因,还需要从认知的角度来解释。具体讨论见 4.3 节"名转形的认知解释"。

4.2.2.2　古汉语中的"副+名"组合

张谊生(1997)指出："但汉语没有形态变化,在名词后面附加'样、式、型、性、化、腔'等类后缀及'一样、似的'等比况助词,虽然也能表示相关的含义,但并不能真正改变名词的表义功能——使名词性状化。要想使名词的指称功能性状化,唯一可行的办法就是在名词前面附加程度副词,并且让这种副名结构充当谓语、述语或状语、补语、定语等表述成分或修饰成分。这样,以名词的性状化为基础的副名结构就形成了。"由此可知,"副+名"组合可以使名词性状化。如施春宏(2001)所述,"副+名"组合有两个后果:(1)名词的描述义独立,形成了兼类问题;(2)类属义隐退,只剩下描述义,形成了转类问题。

古汉语中也存在"副+名"组合,有一些是临时组合,有一些是惯常组合,后者导致名词发展出形容词义项,形成兼类或转类。不过,通过前加程度副词,或者直接做谓语的途径转变为形容词(如"鬼""鲜""牢""遽""早""紧"等非定形容词)的情况并不多。大多数名词是通过做定语的途径,发展出非谓形容词的用法,然后再发展出做谓语的用法,进而演变为形容词。下面对临时"副名"组合和惯常"副名"组合分别举例说明。

(一)临时组合

(648)有君子白皙鬒须眉,**甚口**。(左传・昭公二十六年)孔疏："**甚口**,大口也。"一说:**甚口**,甚有口才。

在"甚口"这个副名组合中,"口"的具体含义是什么并不明晰,只是表示与"口"的性状有关,既可能是"大口",也可能是"口辩"(蒋绍愚 1989:228)。如果是前者,那么"甚"是形容词,"口"是名词;如果是后者,那么"甚"是副词,"口"具有形容词性,义为"有口才"。由于这种用法只是昙花一现,"口"就没有发展出凝固性的"有口才"义。

(二)惯常组合

(649)车**甚泽**,人必瘁,宜其亡也。(左传・襄公二十八年)
(650)五殖之状,**甚泽**以疏、离坼以轮堵。(管子・地员)
(651)田车既好,四牡**孔阜**。(诗・小雅・吉日)

(652) 驷驖**孔阜**，六辔在手。公之媚子，从公于狩。（诗·秦风·驷
　　　驖）
(653) 朝甚除，田**甚芜**，仓甚虚。（老子·五十三章）
(654) 用力甚多，用财**甚费**，与民为雠。（晏子春秋·内篇谏下）

"泽""阜""芜""费"在先秦时期都已经由名词发展为形容词，可以做谓语、受程度副词修饰，但是不能做定语。它们既然不能做定语，则肯定不会通过非谓形容词的途径发展为形容词，而只可能是通过直接做谓语或前加程度副词的途径发展而来。在演变过程中，前加程度副词明确地凸显了这些名词词义结构蕴含的程度空间。

试比较下列三组由名词转来的形容词直接做谓语和前加程度副词做谓语的例子：

(655) 吾闻之，**国德**而邻于不修，必受其福。（国语·周语下）
(656) 若天所启，其在今嗣君乎！**甚德**而度。（左传·襄公三十一年）
(657) 冯简子能断大事，子大叔**美秀而文**。（左传·襄公三十一年）
(658) 光又**甚文**，将自同于先王。（左传·昭公三十年）
(659) 不如叔也，**洵美且武**。（诗·郑风·叔于田）
(660) 于是汤曰："吾**甚武**"，号曰武王。（史记·殷本纪）

"德""文""武"等词在先秦时期既可以做定语，也可以做谓语，还可以受程度副词修饰。但是它们单独做谓语时，形容词义难以凸显，如首例"国德"，韦昭特意作注"国德，己国有德也"，这样读者才理解"德"是"有德"之义，是形容词。第三例中，"文"和"美秀"对举，第五例中，"武"与"美"对举，"美、秀"是典型形容词，"文""武"的形容词性才得以在对举格式中彰显。而第二、四、六例中的"甚德""甚文""甚武"由于共处于只有形容词才能进入的"副+形"构式，因而更加清楚地凸显了其形容词义。表面上是"副+名"，其实这样的"名"已经转变为形容词。不过，转变的前提是要有频率保证，"副+名"反复多次，形容词义逐渐得到社会的承认，才能独立成词，而不再借助于特定的对举格式或者程度副词。

4.2.3 转变途径小结

综上所述,我们可以得出几点启示:

1. 名词向形容词方向的发展过程中,一部分名词经过了非谓形容词的阶段。非谓形容词不能做谓语,只能做定语,因此,一部分名词通过做定语发展为非谓形容词,然后功能扩展,从只能做定语到既能做定语又能做谓语(有的还能做补语、状语、主语、宾语),从而转变为真正的形容词。

2. 名词向形容词方向的发展过程中,一部分名词并没有经历非谓形容词阶段,而是直接做谓语或受程度副词修饰,经由初期的活用,慢慢发展为兼类,或者转变为形容词。这种情况可能更多,详细统计见第五章。

4.3 名转形的认知解释

4.3.1 已有的解释

目前国内关于认知语言学的研究已经逐步走向深入,认知语言学的一些重要研究领域,如功能主义的语言观、非客观主义的认知观、非自足的句法观、与经典范畴理论对立的原型范畴观、理想化认知模型、隐喻和转喻、句法的象似性问题等,既有综合性或专题性综述,也有具体的结合汉语实际的实证研究,相关文献见陈宁萍(1987),戴浩一(1988;1997),戴浩一、张敏(1998),陆丙甫(1989;2004a;2004b;2005),沈家煊(1993;1994;1995;1997;1999a;1999b),石毓智(1995;2000;2001;2008),王冬梅(2001),谢信一(1999),袁毓林(1995;1996;1999),张伯江(1994),张敏(1997;1998),等等,这里不再一一介绍,只是重点讨论有关名动形互转方面的认知解释。

4.3.1.1 关于动名互转的不对称现象

王冬梅(2001)将名转形归入名转动的范围一起考察,并从认知语法的角度对名动互转的种种不对称现象进行解释。其观点略述如下:

从名词相对动词承担的论元角色可将名词动化现象分为十一类：(1)工具转指动作；(2)材料转指制作(统计时归入第1类)；(3)处所转指放置；(4)地点转指动作(统计时与第3类合并)；(5)覆盖物转指覆盖；(6)填充物转指填充；(7)结果转指动作；(8)对象转指动作；(9)施事转指动作；(10)事物转指使成事物状(统计时归入第11类)；(11)事物转指具有事物的特性。共收集到362个例子(包括凝固和活用)。统计的结果是："事物转指具有事物的特性"最多，有141例，占39%。

文章从七个方面列举了动名互转存在的不对称现象，最后分别给出了解释。

第一，出现频率不对称。动词名化的出现频率远远高于名词动化的出现频率，前者是后者的57倍。这源于动词和名词在概念上的不对称。名词代表事物，动词代表关系，事物可以独立于关系而存在，而关系必须依赖相关的事物存在，关系概念和事物概念是一种抽象的整体和部分的关系。动词名化和名词动化本质上都是转喻的机制在起作用，动词名化是用整体转指部分，名词动化是用部分转指整体。转喻的基本规律是用显著的概念转指不显著的概念，一般情形下，整体比部分显著，因此，整体转指部分是自然的、常见的，部分转指整体是不自然的、不常见的。这就是在出现频率上动词名化总是多于名词动化的认知原因。王冬梅的这些观点的理论背景是 Langacker(1987;1991)、沈家煊(1999b)等的观点。

第二，动词名化和名词动化在转化机制上存在着不对称。动词名化一般只通过转喻实现，而名词动化经常既通过转喻又通过隐喻实现。这一点作者没有给出解释。

第三，转指项多少的不对称。动转名时一般只能转指与动作相关的某一类事物，而名转动时，同一个名词在不同的语境下可以转指与它相关的多类动作。这是因为一个名词所代表的事物有许多特征，当它转为动词时，可以凸显这个特征，也可以凸显那个特征。凸显的特征不同，转指的动作也不一样。动名互转在转指项多少上存在的不对称也和概念转喻的特点有关。动词名化是用关系转指事物，而某一关系中包含了哪些类事物是比较固定的，如破坏的概念包含的是破坏者和破坏物的概念。名词动化是用事物来转指关系,一个事物可以跟许许多多关系相联系,因此可能有多个转指对象。这也跟名词代表的事物有多方面的特征有关,凸显一个事物不同方面的特征,就会跟不同的关系相联系,从而转指不同的关系概念。

第四,词义和色彩上的不对称。即,跟动词名化不一样,名词动化后词义上会增加一些跟名词有关的意义;动词名化时色彩上没有发生变化,而名词动化时有些增加了形象色彩,有些增加了感情色彩。这是由于关系概念本身已经包含相关的事物概念,所以动词名化时在概念上并没有增加任何东西;相反,事物概念是独立于关系概念的,因此名词动化的结果总是要增加一些意义。由于人发出动作时往往带有某些目的,所以,名词动化会增加动作的目的义和动作的其他引申意义,如"窖白菜"增加了收藏义。名词代表的事物的特征和色彩也会成为增加的内容。

第五,形式标记上的不对称。动词名化的形式标记除了声调的变化以外,有较多的后缀,如"子、头、儿、人、物"等;而名词动化的形式标记较少,除了声调的变化以外,只有后缀"化"和类后缀"道"。这是由于名词动化时现场性较强,转化时对语言形式手段的依赖就比较弱,所以,名词动化一般不需要添加形式标记。

第六,音节上的不对称。动词名化时,发生转化的主要是双音节动词,而名词动化时,发生转化的主要是单音节名词。这种不对称跟现代汉语名词和动词自身的音节特点有关。现代汉语名词的特点是以双音节为主,动词的特点是以单音节为主。换言之,现代汉语中典型名词是双音节名词,典型动词是单音节动词。动词名化以双音节为主是因为双音节动词比单音节动词更接近于名词;名词动化以单音节为主是因为单音节名词比双音节名词更接近于动词。

第七,语体上的不对称。动词名化主要出现在主观性较强的语体中,而名词动化主要出现在现场性强的语体中。这是由于名词动化需要在原来的概念上增加一些东西,而要想使交际顺利完成,条件是这增加的东西成为说话者和听话者共同持有的概念。说话者和听话者处于同一个场景时,共有的背景知识较多,这一条件比较容易得到满足。所以,名词动化较多地出现在现场性较强的语体中。动词名化中的自指是说话人对一个认知框的观察角度发生变化,把关系本身视为抽象的事物,因此带有很大的主观性,这可能是动词名化在主观性较强的语体中出现较多的原因。

4.3.1.2 关于名词形容词化的原因和本质

为什么名词可以发展为非谓形容词(区别词),进而向形容词发展呢?对此,各家都有一些很好的解释。李宇明(1996)指出:

> 在名词充当属性定语的时候,其空间性在这一特定的语法槽中被明显削弱或完全消解,而原来比较隐蔽的属性意义则突显(salience)出来,成为表义的一个新的侧面(profile),从而造成名词表义功能的游移(shift)。……非谓形容词只是名词属性意义的显化和固化,是名词表属性做定语这种语法功能的特化。

谭景春(1998)将词义分为概念意义和性质意义,名词的词义包括性质义素和同类属义素,并指出:"名词性质义的强弱程度从强到弱的序列是:抽象名词＞指人名词＞指物名词＞专有名词。通过观察大量的名词,我们发现是否能够向形容词转变跟名词所包含的性质义有关,而且成正比。性质义越强转变的可能性越大,性质义越弱转变的可能性越小;因此,能够向形容词转变的名词,抽象名词最多,指人名词次之,指物名词再次之,专有名词最少。所以我们认为名词所包含的性质义是名词向形容词转变的语义基础。"[①]

这条规律在现代汉语中基本能够成立,但在上古汉语中却不一定能够成立。因为抽象名词主要是双音节的,而上古汉语名词以单音节具体名词为主,主要包括指人名词、指动物名词、指其他事物的名词。转为形容词的那些名词主要来自这些单音节名词,如前面罗列的60个转为形容词的名词都不是抽象名词。以上黄巽斋(1986)列举的12个非谓形容词,也都是指物名词和指人名词,没有抽象名词。上古汉语中,性状常常隐含于实体之

---

① 该文还指出,形转名是用某种性质指代具有那种性质的事物,如果从义素的角度看,形转名后义素有所增加;名转形是用具有某种性质的事物来表示那种性质,如果从义素的角度看,(具有性质义素的)名转形后义素有所减少。

中,名词转为形容词,是将隐含于实体的性状独立出来,借用原来的名词词形记录性状义,于是具体名词和由名词转来的形容词共享一形。

张国宪(2006c:58—68)在谭景春(1998)的基础上进一步探讨了名词形容词化的原因,他指出:"名词普遍具有性质意义,但现代汉语的语言事实表明,普遍携有性质义的名词并非都实现了形容词化。"他认为,定语是表现性质义的最佳语言环境,所以定语这一句法位置奠定了激活名词性质义凸显和固化的句法基础,但并不能认定定语位置上的名词就肯定区别词化或形容词化了,仍有固守名词词性的语法可能;性质义的固化和专化是鉴别名词区别词化的语义标准,区别词距形容词只有一步之遥,但这并不意味着区别词都能形容词化。那么,究竟是什么原因导致名词形容词化呢? 作者说:

> 我们可以说,性质义是名词形容词化的突破口和语义前提,由此引发了名词的区别词化甚至准形容词化。不过,名词形容词化的实现要经由程度空间认知理念的激活,否则将停留在区别词阶段,遏制其进一步的游移。

作者给出了引发名词形容词化的语义认知基础:

张国宪还指出,形容词化的实质是语法转喻,即用具体的事物来转喻抽象的东西,属于用部分转喻整体,转喻的实现需要有事物显著度的支撑,表现为"性质为某事物所拥有"是默认的,其默认程度越高,"事物"附带激活"性质"的可能性就越大,如"新潮、农民、阳光、阿Q"都有较高的显著度,所以可以转喻相关的性质。

总之,张国宪的观点可以总结为两点:(1)名词的性质义是名词形容词化的语义基础,而程度空间是名词形容词化得以最终实现的认知基础;(2)名词形容词化的诱因是名词的高默认值和高显著度,名词形容词化的本质是以部分转喻整体的语法转喻。

4.3.2 本书的看法

4.3.2.1 关于动名互转的不对称

王冬梅(2001)归纳的这些不对称现象以及对这些现象的认知解释给我们以很大启发,有些归纳和解释还是比较成功的,比如第二、第三、第五、第七等几方面。不过,有些解释也还值得商榷。下面从三方面进行分析。

首先,我们认为,名转形与名转动相比有很大的不同,二者不能放在一起考察。不少学者如 Bhat(1994)已经指出,名词表示指称,动词表示陈述,形容词表示修饰,Croft(1990)、Baker(2003)等学者认为名词、动词、形容词是语言共性。针对有些学者将形容词视为广义动词的一个次类,或者只将区别词视为地道的形容词而将大量的传统意义上的形容词排斥在范畴之外的观点和做法,张国宪(2006c:412)指出:"这种抹杀或降低形容词词类地位的语法观念与人的感知世界(认知)中聚现的事物、行为和性状这三种主要的客观世界的物象是不相称的。"作者认为做定语和做谓语为性质形容词的基本句法功能,这种复合句法功能的语法特点是由形容词在词类连续统中所处的地位(介于名词和动词的中间位置)决定的,它一方面表现出体词的句法特征,另一方面又表现出谓词的句法特征,折射出左邻右舍的相关性。正是汉语形容词迥异于名词和动词的复合句法功能为其词类地位奠定了坚实的基础。形容词语法功能的游移丝毫动摇不了形容词作为汉语词类家族中独立成员的资格。总之,形容词和名词、动词无论是在概念意义上,还是在句法功能上,都存在系列差别,形容词不是动词的一个次类,形容词和动词不宜合并。既然如此,将名转形归入名转动,势必掩盖二者之间的差异。

其次,我们认为,名转形并不是用部分转指整体,而是用整体转指部分。王冬梅所举的名词动化第十一类即是本书所说的名词转为形容词,分为凝固用法①和临时用法,前者又分为有标记和无标记两类。有标记主要是"名+化",如"钙化、欧化"等,无标记名转形有"土、木、火、铁、花、棒、帅、面、柴、绵、板、糟、港、鬼、神、海、肉、草、妖、精、野、俗、机械、自然、科学、理想、现实、规矩、硬棒"等。按照王冬梅的解释,"她们俩关系很铁"中,"关系铁"意思是"关系像铁一样(坚固)","铁"转指具有铁的特性——坚固。王冬梅的解释模式是,名词 A 转为形容词时,意思是"像 A 一样",如"鬼"转为形容词,意思就是"像鬼一样","神"转为形容词,意思就是"像神一样",其余例子依此类推。这样看来,名词动化似乎的确是增加了跟名词有关的意义或其他意义。这样理解,未免简单化了。这种解释的问题在于,作者没有对动化前的名词进行语义分析,而只是把它的语义整体上作为动化后形容词的一个部分来处理,这样自然就会得出名词动化是用部分来转指整体的结论。

按照我们的理解,"铁"可以理解为"一种坚固的金属","坚固"义是"铁"的概念义的一部分,是一种描述性语义特征。《现汉》(第五版)"铁"义项①是: 名 金属元素,白色,质硬,延展性强,纯铁磁化和去磁都很快,含杂质的铁在湿空气中容易生锈。是炼钢的主要原料,用途很广。义项③是: 形 形容坚硬;坚强;牢固:～拳|～汉子|～饭碗|他俩关系很～。从义项①到义项③,概念内容不是增加了,而是减少了,形容词"铁"只是抽取了名词"铁"中的"质硬"这一描述性语义特征,独立成词,义为"坚固"。因此,用"铁"转指"坚固",相当于用整体转指部分,而不是相反。因此,释义方法的不同是分歧之所在。

再次,王冬梅认为,名词动化时,发生转化的主要是单音节名词。王冬梅(2001)对《现汉》的统计数据是:动化名词共有 176 个(王冬梅 2003 改为 156 个),其中单音节 147 个(王冬梅 2003 改为 139 个),双音节 27 个(王冬梅 2003 改为 15 个)。这个数据包括名转动和名转形,如果单算名转形即第十一类"事物转指具有事物的特性",则单音节名词转为形容词只

---

① 王冬梅所说的凝固用法是以《现代汉语词典》(下文简称《现汉》)中列出转类后的义项为准。

有22例,双音节名词转为形容词只有7例(不包括带后缀"化"的例子)。

这些统计数据与实际情况不尽相符。我们统计了《现汉》(第五版)中将名词义项排列在前、形容词义项排列在后的那些词①,发现单音节名词转为形容词的有56个,双音节名词转为形容词的有157个,后者几乎是前者的三倍。我们的统计与王冬梅的统计相去甚远,尤其是双音节名转形的例子,王冬梅只列了7个,而我们找到了157例,这真是令人诧异。双音节名转形的例子如:

> 标准、策略、道德、关键、规范、规矩、规则、规律、经济、精灵、精神、礼貌、精要、理想、理智、矛盾、模范、能耐、气派、文明、系统、形象、幸福、遗憾、艺术、中庸、体面、傲气、大气、娇气、傻气、神气、爽气、土气、洋气、义气、景气、霉气、腥气、运气、诚心、痴心、黑心、花心、虔心、贪心、二心、悲情、痴情、纯情、热情、深情、霸道、草鸡、背运、村俗、道学、低调、典型、恶俗、芳香、极端、教条、经典、绝门、科学、灵光、另类、美貌、片面、人道、时尚、新潮、性感、正统、保险、传统、民主、现实、自然、自由、光明、机械、行家、下流、尖端……

至于临时活用为形容词的双音节名词就更多了。由此可见,是统计数据的失误导致了结论的可疑。我们认为,古汉语中,转为形容词的名词主要是单音节名词,但是现代汉语中,转为形容词的主要是双音节名词,单音节名词转为形容词主要继承自古代汉语。那么,双音节名词为什么会向形容词转化呢? 这一点,本节已经有所涉及,第六章还要进一步解释。

4.3.2.2 关于典型成员和边缘成员

王冬梅(2001)认为:

> 我们上面论证了典型的动词名词和音节的关系,即典型的动词是单音节动词,典型的名词是双音节名词,而一个词类中的典型部分

---

① 大部分情况下,如果《现汉》把名词义项排在形容词义项之前,就意味着形容词义项由名词义项发展而来,反之亦然。少数情况下,《现汉》有排列次序颠倒的。还有一种情况就是,名词义项和形容词义项之间没有任何联系。这些情况我们都排除在外了。

的功能是相对稳定的,处于边缘的部分才容易发生功能上的转变,所以,发生转化的动词主要是双音节动词,而发生转化的名词主要是单音节名词。

"词类中的典型部分的功能是相对稳定的,处于边缘的部分才容易发生功能上的转变",这似乎成为学界默认的一种常识。然而,我们发现,越是典型成员,可能越容易发生功能上的转变;越是边缘部分,可能越稳定。

先看名词。上古汉语中,典型的名词是单音节的,应该没有太大争议。张文国(2005:118)指出:"从音节上分,用作动词的名词可以有单音节和多音节之别,但以单音节的名词居多,且规律性强。"这就意味着,典型的名词容易转化为动词或者用作动词。我们知道,典型是一个相对的概念,同样是单音节名词,也存在典型和非典型之分,一般说来,高频单音节名词比低频单音节名词更为典型。因此,我们再来看看单音节名词中,能够用作动词或形容词的名词究竟是高频词还是低频词。张文国(2005)《古汉语的名动词类转变及其发展》一书从第十一章至第十七章结合先秦十三部文献分别描写了动物名词、器具名词、自然名词、形体名词、衣食名词、建筑名词、抽象名词等七类名词的词类转变及其发展,第十九章做了总结,共发现常用的单音节普通名词1217个,其中,通常只作名词使用的共971个,名动兼类词共246个。我们发现,这971个词中,除了少数高频词如"人、鸟、马、牛、羊、虎、鱼、父、兄、弟、姑、儿、孙、夫、妇、民、工、头、心、巾、布、豆、里、车、刀、江、河、湖、海、川、石、日、月、天、台、亭、井、户、室、年、才、地、功"等只能用作名词之外,其余大多数都是低频词,如"鸦、鹊、鸠、鸷、葵、薯、蟹、蟒、虱、蛤、蚌、麂、颐、颊、髯、膺、尻、喙、肺、腑、眶、絮、黼、醴、醪、酢、韭、囊、玺、罄、簋、邕、涧、雹、霰、薮、墼、厩、廪、窟、黝、勋、绪"等。246个能够名动两用的名动词中,绝大多数都是高频词,如"王、君、侯、臣、伯、官、友、宾、客、祖、宗、相、使、将、帅、囚、禽、兽、目、手、指、怀、体、面、背、皮、衣、服、冠、带、佩、结、饮、食、策、罗、鼓、枕、会、任、水、火、风、雨、雷、电、光、城、穴、舍、市、福、疾、病、法、制、礼、义、本、命、令、德、业、力、知、志、乐、位、列、罪、过、意、利"等。可见,低频单音节名词比高频单音节名词更稳定,前者一般只能用作名词,后者更容易兼有动词用法。上古汉语中,相对于单音节名词来说,双音节名词是非典型名词,而双音节名词很少能够兼有动词用法或者活用作动词,可见,越是非典型名词越稳定。

再看动词。张伯江(2002)发现马庆株(1988)开列的自主动词表中前十位高频自主动词"说、看、做、写、听、问、带、给、找、送"都能够找到非自主用法,因而不能确定地预测典型施事,而排在使用频率最后十位的动词"掘、供、锯、搀、奖、宰、传、评、枕、赏"却很难找到非自主用法,因而能够确定地预测典型施事。这是因为"一个动词越是使用频率高,其论元结构流动性就越大,也就不会总是跟一个固定的题元结构相联系","低频自主动词往往凝聚了语用规定内容、高频自主动词少有语用规定内容",后者往往是基本层次范畴,前者往往是基本层次范畴的下义范畴。文章最后总结出一条规律:越是高频的动词,其联系的论元的身份就越不易确定。动词对施事的预测性,取决于动词的语用规定性。我们知道,高频自主动词比低频自主动词更为典型,但后者联系的论元的身份更稳定,因而更能确定地预测典型施事。这说明,越是典型的动词,联系的论元身份越不稳定,反之亦然。

上古汉语中,典型的动词也是单音节的,其中一些高频单音节动词更是典型中的典型,它们也能转变为名词。如"饮、将、舍、司、帅、守、卫、使、相、质、树、食、饭、御、制、结、佩、服、盖、封、亲、军、塞、畜、种、俘"等(张文国 2005:61—69)。而我们很少看到低频单音节动词转变为名词的例子。这也说明越是典型成员越容易发生变化,越是边缘成员越稳定。

再看形容词。我们在本章描述了60个名词转为形容词的过程,发现这些名词大多是高频单音节名词,这60个名词中有11个成功地转为最典型的形容词,有13个转变为次典型形容词,这24个名词中,没有一个是低频词。可见,以往那种认为越是典型成员越稳定的观点需要反思。

我们在第三章鉴别380个单音性质形容词的过程中也发现,越是高频形容词,越是兼有动词用法。70个最典型的形容词中,只有"短、疾(迅速)、嘉、久、康、巧、壮、要(重要)"等8个词没有使动用法或带宾用法,也就是说,其余62个最典型形容词都有动词用法;而60个最不典型的形容词中,只有"崇、充、弘、憎、竭、均、亏、缺、审、慎、调"等 11 个词有使动用法,其余的 49 个形容词要么只能做定语,要么只能做谓语,要么只能受程度副词修饰,用法比较单一,相对来说也比较稳定。这说明,越是最典型的形容词,越能用作动词;越是最不典型的形容词,越发不能用作动词。

以上我们分别从上古汉语名词、现代汉语动词、上古汉语动词、上古汉语形容词等几个方面对比了高频单音节名词、动词、形容词和低频单音节名词、动词、形容词的语法表现,发现前者更容易发生词类转变,后者更稳定。因为前者相对于后者更为典型,所以得出的结论必然就是:一个词越典型,越容易发生改变;越边缘,越稳定。其中的原因是什么呢?初步的解释是,越是典型的成员,其显著度越高;显著度越高,也就越有可能发生转喻。而越是边缘成员,一方面显著度低,一方面使用频率低,它们发生改变的可能性也就越小。就语言学研究中的一些术语而言,越是常用的术语如"主语、宾语、施事、受事、话题、焦点"等,使用的频率越高,人们越是容易对其赋予新的内涵,对这些术语意义的解释空间也越大,不同人会获得不同的理解,其准确含义就难以界定。而一些低频边缘术语如"区别词""唯补词""使之被动用法""反宾为主"等,内涵和外延都容易确定,发生改变的可能性也就越小。

总之,上古汉语中的典型名词是单音节名词,现代汉语中的典型名词是双音节名词,它们中的一部分都有可能转变为动词或者形容词。

4.4 名转形的意义

4.4.1 编码方式的改变

我们认为,汉语名词向形容词的转化直接导致了传统"以声为纲、以形为目"的形声编码机制的瓦解,代之以"[性质]+[类属]"式双字组的编码方式,从而使得上古到中古时期修饰性偏正式复合词或短语激增。

名词向形容词的转变,其实就是名词词义结构中的"性质义"剥离出来,独立成词,但是并不构造新的词形,而是同形异词,这就形成了兼类词，如"牢"，既是名词，又是形容词。而有的名词的性质义独立成词后，其类属义隐退，名词用法逐渐消失，这个名词就转变成了形容词（参施春宏2002），如"精"和"粗"，其名词义"精米"和"糙米"后来消失了，它们变成了形容词。名词向形容词转变，实质就是"性质义"剥离出来独立成词的过程。

既然汉语名转形的实质就是"性质义"的剥离和独立，那么，为什么汉语名词的"性质义"需要剥离和独立呢？"性质义"独立成词有什么好处呢？

我们认为，汉语名词发生这样的演变必有其动因。其实，前哲时贤已经道出了部分原因。下面，我们列举几家的看法。

张清常（1991）《汉语的颜色词（大纲）》说（黑点为笔者所加，下同）：

> 《尔雅》成书于周秦之际，它并未把颜色词集中起来成个专题，只在《释天》记旗帜，在《释草》《释木》等篇零星谈到物体的颜色。
>
> ……《尔雅》在颜色方面所提供最有价值的材料乃是若干早已死亡的专词，它们是带颜色的对象，**却没有把颜色的概念分析出来而成为一个专词**，意义是某色某物。例如《释草》赤苗叫什么，白苗叫什么；《释木》赤棠叫什么；《释兽》白虎叫什么，黑虎叫什么。最突出的是那里面的马，因毛色的差异及所在位置的不同，致使有35种专名。……古人就由于马有这35种差异而造了35种马名，这些专名在古代文献中也属于罕见鲜用。
>
> ……**再次可以看出，使颜色从具体事物分离，抽象，概括，而后产生颜色词，这在人类语言发展过程中也是一次飞跃**。卸掉若干沉重累赘的旧词，增强了语言的表达能力。
>
> 形体和颜色不分家，合为一个概念，成为一个单音节的词，这种现象在《说文》里继续保留，但显然略少于《尔雅》。

徐通锵（2001）《编码机制的调整和汉语语汇系统的发展》说：

> 原来，**汉语对现实的编码以名物为基础，动作的意义寄生于名物之中，而性状类的意义，除了一些连绵字之外，接近于"无"**……现在，

"黑""白""大""小"这一类性状性的意义从不同的字族中抽象出来了,语言中就产生了一类表性状性意义的字,改变了原来编码体系中空间(名物)、时间(动作)、性状的结构不平衡状态。

这种隐含于各种具体事物之中的一般性、共同性意义抽象出来成为一个独立的概念之后,就加强了字的组合能力,可以与意义相关的字组合起来去表达某一种具体的概念。它给语汇系统带来的最直接的影响就是字数减少,不常用、意义偏窄的字多被淘汰,或只用于某一种特殊的场合,而从不同字族中抽象出来的、表一般性概念的字的使用频率和与其他字相组合表达具体概念的能力则大为增强,大体情况是:愈常用的字,其组合能力就愈强,所能组成的字组也越多。

胡敕瑞(2005a;2008)《从隐含到呈现》说:

张清常(1991)、张永言(1999)曾用具体例证论证了**早期汉语表颜色等性状的概念并不用独立字形来表达**。徐通锵(1997;2001)更进一步指出早期汉语除了一些表性状的联绵词外,可以说**"性状接近于无",表性状的概念大多隐含于具体的名物中**,如小犬为"狗"、小马为"驹"、小虎为"豞"等。由于不同的"音"可含相同的义(如"句、此、取、戋"等音共含"小"义)、相同的"音"又可表不同的义(如"叚"音既可表"大"又可表"红"义),为了减少声音表义的混杂及其过重的负担,就有必要将"音"中所含的性状抽象出来用一个特定的字来表示,结果便造成部分词语由单字码转化为双字组。

以上几家说法都有其合理之处,但是也都有可商之处。张清常(1991)似乎认为在《尔雅》中颜色词还没有独立出来,表示某种颜色必须依附于带颜色的物件。徐通锵(2001)似乎认为早期汉语连"黑""白""大""小"等性状义都尚未诞生,当然更没有其他一些独立表达性状的形容词。徐通锵(1997)《语言论》也表达过上述思想。胡敕瑞(2005a;2008)似乎对张清常(1991)和徐通锵(1997;2001)的观点表示认可。

伍宗文(2001)《先秦汉语复音词研究》则对此类看法提出了异议。针对徐通锵(1997)的观点,伍宗文(2001:389—392)说:

"字本位"论者之所以会认为上古汉语没有把颜色概念分离出来成为一个专词,根本原因恰好在于囿于字形,以"字"为"词"。……**但是,即使在先秦,词的意义也早就摆脱了记录它们的字形的束缚,表示动作行为与性质状态的词也不例外。……上古汉语词汇中大量的双音词或双音组合**(如"黄狗、黄发、黄龙、黄金、黄冠、黄泉、黄玉、黄雀、黄矢、黄牛、黄鸟、黄盖、黄犊"等),**其中表示性状的单音成分无疑已经突破记录它们的文字形符的藩篱分离出来。**

我们认为,伍宗文(2001)的说法是比较接近事实的。不过,远古汉语时期,表示性状的形容词并不很多。而到上古汉语时期,形容词正处于一个迅速的成长期。下面,我们来看看各家统计的不同时期的单音形容词数量:

殷墟甲骨文	据梁银峰(1998)	30
	据杨逢彬(2003)	11
西周金文	据管燮初(1981)	146
	据张玉金(2004)	大量增加
春秋—东汉	《诗经》(据向熹1986)	120
	《左传》(据陈克炯1994)	154
	《论语》(据李运益1993)	154
	《孟子》(据崔立斌2004)	214
	《晏子春秋》(据姚振武2005)	258
	《墨子》(据唐瑛2003)	328
	《楚辞》(据麻昌贵2004)	350
	《论衡》(据王秀玲2006)	361

上古汉语时期,表示"大小""多少""新旧""颜色"等基本性状义的形容词显然已经独立成词,不再依附于某一具备相关性状的事物。这些基本形容词在上古时期构成了大量的偏正式复合词或者短语,如:大NP、小NP、新NP、旧NP、黑NP、白NP、赤NP、黄NP、青NP、蓝NP、高NP,等

等。有的形容词做定语受限制，但是做谓语很常见，如 NP 多、NP 少，等等。它们同那些仅仅只靠一个字记录的词形成竞争关系，因其表意明确、构造自由、减少新增符号、降低记忆难度而取得优势，那种"以声为纲、以形为目"的形声编码机制于是渐渐萎缩。下面，我们结合《尔雅》的有关条目比较一下两种表述方式哪一种更为经济和有效：

赤		白		大		小	
虋 mén	赤苗	芑 qǐ	白苗	峘 huán	大山	岌 jí	小山
杜	赤棠	棠	白棠	澜	大波	沦	小波
楰	赤棟	棟 sù	白棟	魧 háng	大贝	鲯 jí	小贝
駁	赤李	榆	白枌	鰹 jiān	大鮦 tóng	鮵 duó	小鮦
蒉 kuì	赤苋	檟	白枣	魾 pī	大鳠 hù	鮡 zhào	小鳠

由上表可知，如果采用"以声为纲、以形为目"的形声编码机制，需要记忆二十个读音各不相同的字。如果采用"[性质]+[类属]"式双字组的编码方式，则只需记忆十六个不同的字，以及一条"[性质]+[类属]"规则即可。而且，根据这条规则，还可以充分利用"赤""白""大""小"等几个形容词去构造其他新的组合。"苗""棠""棟""李""苋""枌""枣""山""波""贝""鮦""鳠"等名词也可以再和其他形容词搭配，构造新词或短语。它们和形容词搭配越多，相互利用率就越高，所需记忆的字根就越少，类推的能力就显得越强，这种编码机制的优势就体现得越发明显。这种编码机制的优势反过来推动着汉语不断产生新的有较强搭配力的形容词，去构造更多的复合词或短语，从而取代传统的那种需要逐个记忆而且经常会造成表意不明的形声编码机制。这就是汉语名词和动词向形容词不断转化的根本动因和价值所在。

4.4.2 从综合到分析

部分名词变为形容词之后，不再表示名词义或由之引申而来的引申义，名词义或其引申义则改用一个包含这个形容词的双字音组合来表达，比如：

"轻"演变为形容词之后,不再表示本义"轻便的车",原来一个字"轻"即可表达的概念(轻便的车)到中古时期必须由一个双字组合"轻车"来表达;"轻"还可构成双字组合,如:轻玉、轻帆、轻舟、轻冰、轻步、轻兵、轻典、轻服、轻卒、轻军、轻荷、轻师、轻云,等等。

"精"演变为形容词之后,不再表示本义"精制的好米",本义后来用一个双字组合"精米"来表达;"精"还可构成双字组合,如:精手、精甲、精肉、精色、精志、精材、精兵、精言、精金、精理、精义、精铜、精稗、精铁,等等。

"广"本指"四周没有墙壁的大屋",演变为形容词之后,本义则由双音组合"广屋""广夏""大屋"或"广居"来表达;"广"还可构成双字组合,如:广土、广文、广车、广陌、广庭、广众、广道、广额、广会,等等。

"苦"的本义是"苦菜",演变为形容词之后,本义则改用"苦菜"来表达;"苦"还可构成双字组合,如:苦工、苦水、苦雨、苦味、苦命、苦酒、苦语、苦境,等等。

"固"的本义是险阻之处,即坚固的要塞,演变为形容词之后,本义则改用"固塞"来表达;"固"还可构成双字组合,如:固志、固命、固疾、固籍、固色、固阴、固宫,等等。

"甘"本义为"美味,美味的食物",引申指"甜味,甜味食物",当它演变为形容词之后,本义"美味"和引申义"甜味"则改用双字组合"甘味"来表达;"甘"还可构成双字组合,如:甘井、甘水、甘言、甘雨、甘果、甘肴、甘草、甘泉、甘酪,等等。

"毒"本义为"毒草",演变为形容词之后,"毒"不再表示本义,本义由双字组合"毒草"来表达;"毒"还可构成双字组合,如:毒口、毒手、毒矢、毒舌、毒物、毒气、毒酒、毒浪、毒箭、毒龙、毒药、毒蛊,等等。

"鲜"的名词义是"活鱼、新宰杀的鸟兽肉、刚收获的新鲜食物","鲜"演变为形容词之后,名词义改用"鲜鱼、鲜食"来表达;"鲜"还可构成双字组合,如:鲜毛、鲜文、鲜火、鲜血、鲜色、鲜花、鲜车、鲜果、鲜肴、鲜服、鲜风、鲜腊、鲜禽、鲜鳞,等等。

"潮"的本义是"潮水",演变成形容词"潮湿"之后,本义就用双字组合

"潮水"来表达;"潮"只在一些固定组合"涌潮、退潮、涨潮、回潮、弄潮"中表达"潮水"义;"潮"还可构成双字组合,如:潮气、潮银、潮地,等等。

"素"的本义是"白色生绢",演变为形容词之后,本义则用"素绢"来表达,"素"还可构成双字组合,如:素木、素水、素石、素色、素羽、素志、素性,等等。

"洪"本指大水,演变为形容词之后,本义由"洪水"来表达,"洪"只在"抗洪""防洪""分洪""发洪""山洪"等固定组合之中还表示本义;"洪"还可构成双字组合,如:洪名、洪波、洪威、洪泉、洪姿、洪恩、洪福、洪图、洪德、洪泽、洪钟、洪炉、洪宝、洪澜,等等。

上述名词转为形容词的例子说明,原来用一个名词即可表达的概念,后来改用一个"形+名"式的定中式复合词或短语来表达。这是一种从综合到分析的演变趋势。名转形在汉语由综合到分析的发展过程中起到了重要的推动作用。这些形容词从名词的怀抱中挣脱出来以后,重获新生,具有极强的生命力,能够修饰一系列名词,构成定中结构。因此,名转形对于汉语双音化的趋势也起到了重要的推动作用。

第五章

动词向形容词的转变

5.1 转变个案

5.1.1 由及物动词的反宾为主用法转变而来的形容词

5.1.1.1 疏

"疏"本义为"疏通,开浚,开通",《说文》:"疏,通也。"本是及物动词。如:

(1) 塞井夷灶,陈于军中,而**疏行首**。(左传·成公十六年)杜预注:"疏行首者,当陈前决开营垒为战道。"

(2) 禹**疏九河**。(孟子·滕文公上)

引申为"分布、陈列""分散、散开""清除、排除"等动词义,各举1例:

(3) 白玉兮为镇,**疏石兰**兮为芳。(楚辞·九歌·湘夫人)王逸注:"疏,布陈也。"

(4) 襄子**疏队**而击之,大败知伯。(淮南子·道应训)高诱注:"疏,分也。"

(5) 教之乐,以**疏其秽**而镇其浮。(国语·楚语上)韦昭注:

"疏,涤也。"

以上及物性的"疏"的词义结构中都包含一种致使义,即"使……分散、稀疏"。及物动词"疏"再经过反宾为主的用法,发展出"疏远""稀疏"等状态义,此时的"疏"还是不及物状态动词。例如:

(6)谄谀者亲,谏争者**疏**。(荀子·修身篇)

上例中的"疏"是"被疏远"义,也就是"关系不亲近"。由"距离较远"这种具体的概念映射到"关系疏远"这种比较抽象的概念,这是一种隐喻的手段。由于"疏"经常处于不及物谓语和定语的语法位置,其致使义逐渐淡化,状态义凸显,"疏"在上古逐渐转为形容词,义为"稀疏、稀少""疏远,不亲近""疏忽、松懈""久、长远"等,如:

(7)天网恢恢,**疏**而不漏。(老子·七十三章)高亨注:"疏,稀疏,不密。"

(8)故饥岁之春,幼弟不饟;穰岁之秋,**疏**客必食。(韩非子·五蠹)

(9)饭**疏食**饮水,曲肱而枕之,乐亦在其中矣。(论语·述而)

"疏"在上古还可以受程度副词的修饰,例如:

(10)其索之弥远者,其推之弥**疏**;其求之弥强者,失之弥远。(吕氏春秋·论人)

(11)亲之过大而不怨,是愈**疏**也。(孟子·告子下)

(12)吾犯此数患,亲交益**疏**,徒友益散,何与?(庄子·山木)

还可以用于比较句,例如:

(13)且王者之不作,未有**疏**于此时者也;民之憔悴于虐政,未有甚于此时者也。(孟子·公孙丑上)赵岐注:"言王政不兴久矣。"

(14)若地若天,孰**疏**孰亲?(韩非子·扬权)

还可以用于使令句,例如:

(15)慎其种,勿使数,亦无**使疏**。(吕氏春秋·辩土)

小结:"疏"在上古时期已经先由及物动词转变为形容词,可以做定语、做谓语、受程度副词修饰、用于比较句,属性值为4,是最典型的形容词。

5.1.1.2 通

"通"的本义是"到达、通到",本是不及物动词,可带处所宾语。《说文》:"通,达也。"《国语·晋语二》:"道远难通,望大难走。"韦昭注:"通,至也。"引申为"疏通、开通、沟通"等义。这些义项包含共同的核心义,即"使……通"。语法功能上相应变为及物动词。例如:

(16)**通四方之珍异**以资之,谓之商旅。(周礼·考工记)

(17)**通财货**,相美恶,辩贵贱,君子不如贾人。(荀子·儒效篇)

(18)〔季春之月〕**开通道路**,毋有障塞。(礼记·月令)

(19)万物至众,故博为之说以**通其意**。(淮南子·要略训)

"通"再通过反宾为主的用法,又发展为状态动词,例如:

(20)仲夏行冬令,则雹霰伤谷,**道路不通**,暴兵来至。(吕氏春秋·仲夏纪)

(21)通韩之上党于共、莫,**使道已通**,因而关之,出入者赋之,是魏重质韩以其上党也。(战国策·魏策三)

上两例中的"通",显然不能再理解为"到达、通到",而是"开辟、开通"。状态动词"通"再通过做定语和做不及物谓语的途径,发展出"通达的、畅通的、通顺的"等义,演变为形容词,例如:

(22)先列中国名山大川,**通谷**禽兽。(史记·孟子荀卿列传)

(23)故盛其车服,疾驱于**通道**大都。(《诗·齐风·载驱》序)

(24)遵**通衢**之大道兮,求捷径欲从谁。(文选·东征赋)

(25)出门无**通路**,枳棘塞中涂。(文选·咏史)

上面四例中,"通+名"不再是述宾式,而是定中式。

上述诸义再通过隐喻,由修饰具体的名词发展到修饰比较抽象的名词,引申出"通情达理的、精通的、通常的、普遍实用的、全部、整个"义,如:

(26)当桀纣而天下无**通人**,非知失也。(庄子·秋水)

(27) 上则能尊君,下则能爱民,物至而应,事起而辨,若是则可谓**通士**矣。(荀子·不苟篇)

(28) 夫颜回、季路、子夏、冉伯牛,孔子之**通学**也。(淮南子·精神训)

(29) 治于人者食人,治人者食于人,天下之**通义**也。(孟子·滕文公上)

(30) **通年**听婚,盖古正礼也。(全上古三代秦汉三国六朝文·论嫁娶时月)

上述诸例都做定语。也可以做谓语,例如:

(31) 我如京师,君居父丧;哭泣而拜,**言词不通**。(韩昌黎文集校注·祭穆员外文)

(32) 后进之士,得人而托之,则事业显而**爵位通**。(韩昌黎文集校注·送许郢州序)

(33) 越明年,**政通人和**,百废俱兴。(范文正公文集·岳阳楼记)

还可以受程度副词修饰,但是比较晚,例如:

(34) 前日身上略觉舒服,在大书架上翻书,看有一套琴谱,甚有雅趣,上头讲的琴理**甚通**,手法说的也明白,真是古人静心养性的工夫。(红楼梦·第八十六回)

(35) 他们黑板上写的口号,文理倒**很通顺**。(钱锺书:《围城》)

(36) 阿毛阿狗尚且说得**大通特通**,岂有咱们的文豪反而不呢,决不,决不。(俞平伯:《"标语"》)

小结:"通"的本义是"到达、通到",不及物动词,一般带处所宾语。后来通过带受事宾语引申出"疏通、开通、沟通"等义,是及物动词。再由及物动词的反宾为主用法发展为状态动词(开通、开辟),状态动词"通"再通过做定语和做不及物谓语的途径,发展出"通达的、畅通的、通顺的、通情达理的、精通的、显达的"等义,演变为形容词,具备形容词的三项功能(做定语、做谓语、受程度副词修饰),是属性值为 3 的形容词。这一转变过程从上古已经开始,一直持续到现代汉语时期。

5.1.1.3 治

上古时期,"治"也是一个强及物性动词,搭配的宾语十分广泛,直到中古时期也是如此。如:

(37)七月甲戌,齐子尾卒。子旗欲**治其室**。(左传·昭公八年)
(38)子不能**治子之身**,恶能**治国政**?(墨子·公孟)
(39)医无方术,云:"吾能**治病**。"(论衡·量知篇)

当"治"不带宾语时,最初是反宾为主的用法,"治"有被动义,如:

(40)是以形体不劳而**事治**,智虑不用而奸得。(韩非子·难三)

表示意念被动义的"治"同时也包含一定的结果状态义,因为动作完成以后就呈现出一定的状态,由"被治理"到"治理好了"再到"太平、安定",是一种十分自然的演变过程,"治"由此就从及物动词的反宾为主用法,中间经过状态动词,然后发展为形容词。"治"作为形容词,主要有下列几种形容词的典型分布,即:

1. 做定语,如:

(41)故象刑殆非生于**治古**,并起于乱今也。**治古**不然。(荀子·正论篇)
(42)吾闻古之士,遭**治世**,不避其任;遇乱世,不为苟存。(庄子·让王)
(43)故**至治之国**,有赏罚而无喜怒。(韩非子·用人)

"治古"就是"安定的古代、治理得好的古代","治世"就是"安定的社会、治理得好的社会"。最后一例中,"治"还可以受程度副词修饰,"治"为形容词无疑。

2. 做谓语,如:

(44)爱人不亲,反其仁;治人**不治**,反其智。(孟子·离娄上)
(45)明德慎罚,**国家既治**四海平。(荀子·成相篇)
(46)王能重王之国若此尺帛,则**王之国大治**矣。(战国策·赵策三)

3.用于比较句,如:

(47)"民孰与之众?"曰:"不如。""金钱粟孰与之富?"曰:"弗如。""国**孰与之治**?"曰:"不如。""相孰与之贤?"曰:"不如。""将孰与之武?"曰:"不如。""律令孰与之明?"曰:"不如。"(战国策·秦策五)

上例中,"治"和"众、富、贤、武、明"这些形容词排比对举使用,此类句子又是典型的比较句,"治"是形容词无疑。

小结:综合考虑上面三方面的因素,应该将先秦时期具有不及物性的"治"看成是形容词,形容词"治"和及物动词"治"并存。不过,"治"的这种形容词用法东汉以后就逐渐消失了,"治"由动形兼类词变为一个典型的他动词,这是一种"他动词化"的发展趋势。

5.1.1.4　困

"困"是"捆"的本字,本义是门槛。《晏子春秋·杂上二三》:"和氏之璧,井里之困也。良工修之则为存国之宝。"吴则虞集释引卢文弨曰:"《说文》:'梱,门橛也。捆,门梱也。'《荀子》以厥为梱,《晏子》以困为捆,皆谓门限。"杨树达《积微居小学述林·文字初义不属初形属后起字考》:"困为门梱,此初形初义也。"

由"门槛"义引申为"阻碍",进一步引申为"围困",变为及物动词,如:

(48)六三,**困于石**,据于蒺藜,入于其宫,不见其妻,凶。(周易·困)

(49)骊姬之谗,尔射余于屏内,**困余**于蒲城,斩余衣袪。(国语·晋语四)

(50)上明主法,下**困奸臣**,以尊主安国者也。(韩非子·奸劫弑臣)

"困"也有反宾为主的用法,如:

(51)而不知其故,虽当与不知同,**其卒必困**。(吕氏春秋·审己)

(52)亡国之音哀以思,**其民困**。(礼记·乐记)

(53)秦无亡矢遗镞之费,而天下**诸侯已困**矣。(新书·卷一·过秦上)

这些"困"既可以理解为"被困",也可以理解为"困窘、窘迫、穷尽、贫困"等义,变为状态动词。"困"还可以做定语,如:

(54)国无滞积,亦无**困**人。(左传·襄公九年)

(55)**困兽**犹斗,况国相乎?(左传·宣公十二年)

汉代以后可以受程度副词修饰,如:

(56)家贫,假贷无所得,乃北游燕、赵、中山,皆莫能厚遇,为客**甚困**。(史记·平津侯主父列传)

(57)然其士民又**甚贫困**,器械不简习,将恩不素结。(潜夫论·劝将)

(58)赐大而愈饥,多财而**愈困**,汉者所希心而慕也。(新书·匈奴)

(59)邯郸之民,炊骨易子而食之,可谓**至困**。(说苑·复恩)

(60)人病不能饮食,则身(羸)〔羸〕弱,(羸)〔羸〕弱**困甚**,故至于死。(论衡·论死篇)

(61)所以岁有不稔,便致**甚困**。(宋书·良吏传)

这时,我们可以认为"困"已经变为形容词。进一步引申则为"疲惫、疲乏想睡",如:

(62)其人**困极**,遍求子妇,无肯与者。(生经·卷四,T03)

(63)**牛困**人饥日已高,市南门外泥中歇。(全唐诗·卷四二七·卖炭翁)

(64)朝忙少游宴,夕**困**多眠睡。(全唐诗·卷四五二·张常侍池凉夜闲宴赠诸公)

(65)师云:"**困**则睡,健则起。"(祖堂集·卷十七)

小结:"困"在先秦由名词(门槛)发展为及物动词,义为"阻碍、围困";再通过反宾为主的用法,发展为状态动词,义为"被困"。可以做定语和谓语。到汉代以后,"困"可以受程度副词修饰,义为"困窘、窘迫、穷尽、贫困",由此演变为属性值为 3 的形容词。至晚在唐代,形容词"困"发展出"疲惫、疲乏想睡"的意思,现代汉语中类似"人很困,想睡"之类的用法就是这样发展而来的。

5.1.1.5 败

上古时期,他动词的"败"经常带宾语(有时还兼带介词补语),用于格式"(NP1＋A)＋败＋NP2(＋于 N)",有二义:1. 战败;2. 毁坏、使破毁,如:

(66)惠公之季年,**败宋师于黄**。(左传·隐公元年)

对于这样的用例,《经典释文》一般注成清声母的读音,如上例《释文》注音:"必迈反。败佗也,后仿此。"当"败"不带宾语时,用于格式"(NP＋A)＋败",有二义:"战败"和"毁坏",《释文》一般不注音。例如:

(67)此行也,**晋师必败**。(左传·宣公十二年)

上例中,"败"是状态动词,亦可称自动词。"败"的形容词用法当由此发展而来,主要有三种分布:

1. 做谓语:

(68)食不厌精,脍不厌细。食饐而餲,鱼馁而**肉败**,不食。(论语·乡党)
(69)卜徒父筮之,吉:"涉河,**侯车败**。"(左传·僖公十五年)

2. 做定语:

(70)齐人紫**败素**也,而贾十倍。(战国策·燕策)鲍彪注:"败,犹恶也。"
(71)嗜肉者,非腐鼠之谓也;嗜酒者,非**败酒**之谓也。(吕氏春秋·贵生)
(72)得所致,虽是**败物**,犹欲理而用之。(世说新语·排调)
(73)此三贤者,皆**败德**之人耳!(世说新语·识鉴)

3. 与其他自动词或形容词连用,如"穿败、臭败、朽败、烂败、败坏、败臭"等:

(74)譬犹衣食之于人也,初成鲜完,始熟香洁,少久**穿败**。(论衡·齐世篇)
(75)冷则穰覆还暖,热则**臭败**矣。(齐民要术·作豉法)

(76)此既水谷,窖埋得地气则**烂败**也。(齐民要术·水稻)

(77)非直滋味倍胜,又得夏暑不**败坏**也。(齐民要术·种桃柰)

小结:"败"在先秦时期已经由及物动词经由状态动词转为形容词,可以做定语、做谓语,属性值为2。

5.1.1.6 折

"折"在上古时期有两个读音。带宾语时读照母,《经典释文》注"之设反"或"之舌反"。不带宾语时,《经典释文》都不注音,这有两种可能:(一)作如字读,读市列切,禅母;(二)读"之设反"或"之舌反",照母。究竟读哪一个读音,《释文》没有交待。上古时期,"折"的及物用法几乎占了一半①,不及物用法约占三分之一,与其他动词连用约占十分之一,各举1例:

(78)王之不王,是**折枝**之类也。(孟子·梁惠王上)

(79)工匠不得施其技巧,故**屋坏弓折**。(韩非子·外储说左上)

(80)吾闻王室之礼无**毁折**,今此何礼也?(国语·周语中)

形容词"折"也是由反宾为主的用法发展而来,"屋坏弓折"中的"折"已经比较接近于形容词了。上古时期,"折"还可以做定语,但是用例较少,如:

(81)夫不谋治强之功,而艳乎辩说文丽之声,是却有术之士,而任**坏屋折弓**也。(韩非子·外储说左上)

上古时期的"折"常常不带宾语单独做谓语,搭配的当事主语有:栋、枝、矛戟、剑、车轴、木,等等,如:

(82)子于郑国,栋也。**栋折**榱崩,侨将厌焉,敢不尽言?(左传·襄公三十一年)

(83)又柔则锩,坚则折。**剑折**且锩,焉得为利剑?(吕氏春秋·别类)

---

① 我们调查的上古文献主要有十部:《左传》《国语》《论语》《孟子》《韩非子》《荀子》《战国策》《庄子》《吕氏春秋》《墨子》,其中《墨子》一书,我们删掉了一些后人的续作。合称"先秦十部文献",下同。

(84) 吾马病，**车轴折**，非大车驷马，吾固不出。（史记·范雎蔡泽列传）

(85) **木之折**也必通蠹，墙之坏也必通隙。（韩非子·亡征）

直到东汉乃至魏晋南北朝以后，"折"做定语和做补语的用法才逐渐增多，例如：

(86) 殷豫章与书，送一**折角**如意以调之。（世说新语·排调）

(87) 左捉破器，右持**折杖**。卑言求哀，从人乞丐。（贤愚经·卷九，T04）

(88) 雷电**击折**树木，发坏屋室，则龙见于外。（论衡·龙虚篇）

(89) 一弟子行，其一弟子捉其所当按摩之脚，以石**打折**。（百喻经·卷三，T04）

小结："折"在先秦还是及物动词，到东汉时期才转变为形容词，属性值为 2。

5.1.1.7 断

上古时期，"断"是一个强及物性动词，绝大部分"断"都带宾语，极少数不带宾语，约有十分之一的"断"用于连动式，各举 1 例：

(90) 公戟其手，曰："必**断而足**！"（左传·哀公二十五年）

(91) 援砺砥刀，利犹干将也，切肉**肉断而发不断**，臣之罪一也。（韩非子·内储说下）

(92) 晋倂捽搏，捶笞膑脚，**斩断**枯磔，藉靡后缚。（荀子·正论篇）

"断"不带宾语时，构成的组合形式有："婴之者断""切肉肉断而发不断""风靡骨断而发不断""物不断""手断"，这些"NP＋断"比较接近于描写句，"断"具有状态动词的特征。"断"和其他谓词连用时，使用的还是及物性的"断"，如："斩断""断割""断绝""击断"，等等。

两汉时期，"断"仍然具有强及物性，但东汉佛经中的"断"在继续保持强及物性的同时还显示出一些新的特点：1. "断"不带宾语而用来陈述主语状态的用例渐渐增多；2. "断"常常和显性致使标记"使""令"共现；

3. "断绝""断坏""断灭"等形式相继出现,更加凸现了其描写性,各举1例:

> (93) 无忧喜想,**生死根断**。(中本起经·卷上,T04)
> (94) 弊魔不能制**令得断**。(道行般若经·卷五,T08)
> (95) 脓血流溢,肢节**断坏**,屋室众具,皆似冢墓。(中本起经·卷上,T04)

在东汉注释语言中,"断"还可以做定语,这意味着"断"的形容词性开始凸显,如:

> (96) 兕虎在于后,随侯之珠在于前,弗及掇者,先避患而后就利。(淮南子·说林训)高诱注:"……出游于野,见大蛇断在地。随侯令医以续傅。**断蛇**得愈,去后,衔大珠报之。"

魏晋南北朝时期,"断"作为形容词可以自由地做谓语、做补语,如:

> (97) 破视其腹中,**肠皆寸寸断**。(世说新语·黜免)
> (98) 祜恶其言,遂**掘断**墓后,以坏其势。(世说新语·术解)

形容词"断"做定语的大量出现是在唐宋以后,如:

> (99) **断弦**由(犹)可续,情去意实难留。(敦煌变文·伍子胥变文)
> (100) 心如**断绳**,休去三界因果。(祖堂集·卷十九)
> (101) 师曰:"**断碑**横古路。"(五灯会元·卷十九)

小结:"断"在先秦还是及物动词,到东汉时期才转变为形容词,属性值为2。

5.1.1.8 绝

"绝"在上古多是"断绝、使灭绝"义,是及物动词。《说文·糸部》:"绝,断丝也。""断丝"是动宾结构,不是偏正结构。"绝"在先秦十部文献中单用带宾语的比例高达57%,如果算上他动性的"绝"省宾、"可绝"、"自绝"的用例,"绝"的他动用法占所有用法的比例就是61%,这还不包括"绝"和其他谓词连用带宾语的例子。因此我们说"绝"是一个强及物性动词。例如：

(102)且请**绝叔姬**而无**绝婚**，公许之。（左传·文公十二年）

(103)愿**出使**四国，必**绝其谋**。（战国策·秦策五）高诱注："绝，断也。"

(104)钟子期死，伯牙**破琴绝弦**，终身不复鼓琴。（吕氏春秋·本味）

当"绝"用于反宾为主句时，义为"断绝、灭绝、乏绝"，是不及物动词。如：

(105)驾而乘材，**两靷皆绝**。（左传·哀公二年）

(106)正冠而**缨绝**，捉衿而肘见，纳屦而踵决。（庄子·让王）

(107)民俗淫侈，则**衣食之业绝**。（韩非子·解老）

早在先秦时期，"绝"就和其他动词构成"V 绝"，如：

(108)奸绝我好（左传·成公十三年）；铄绝竽瑟（庄子·胠箧）；毁绝钩绳（庄子·胠箧）；剿绝其命（墨子·明鬼下）；断绝人之交（战国策·赵策二）；断绝韩之上地（战国策·韩策一）；粮食辍绝（墨子·非攻中）；饥饿乏绝（韩非子·诡使）；无时乏绝（吕氏春秋·当染）；振乏绝（吕氏春秋·季春纪）；资用乏绝（战国策·秦策一）；决绝之行（庄子·外物）；殄绝无类（吕氏春秋·明理）；圣王之道废绝（吕氏春秋·听言）；天子旷绝（吕氏春秋·开春）；主虽亡绝（战国策·秦策三）。

为什么及物性强的"绝"字多做下字呢？这与"绝"的词义结构有关，"绝"的词义结构中包含性状义，因而趋向于做连动式的下字。由于"绝"惯常充当下字，如果上字是动作性强的动词，就会压制"绝"的动作性，这样，"绝"的性状义就逐渐凸现，"V 绝"逐渐变为动结式，如：

(109)烧绝栈道（史记）、鬲绝胡与羌通之路（史记）、隔绝器物（史记）、谢绝宾客（史记）；仕路隔绝（论衡）；断绝道路（杂宝藏经·卷八，T04）；断绝王路（百喻经·卷三，T04）、断绝淫欲（百喻经·卷一，T04）。

从先秦开始，"绝"的及物性就在不断减弱。到六朝时期，"绝"的及物性已经十分微弱。有一些"绝"虽然携带了宾语，但是并不能说明及物性很强，如《史记》中的"绝嗣""汉军绝食"，《论衡》中的"孔子绝粮陈、蔡""在陈绝粮""不绝雷雨"等例，其实相当于"嗣绝""汉军食绝""孔子粮绝""雷雨不绝"；《齐民要术》中的"勿令绝火"其实相当于"勿令火绝"。六朝以后，这种动宾式很多都倒过来说成主谓式了。

"绝"早在先秦时期就可以做定语，但是一直比较少，如：

(110) 兴灭国，继**绝世**，举逸民，天下之民归心焉。(论语·尧曰)

(111) 圮地无舍，衢地合交，**绝地**无留，围地则谋。(孙子·九变篇)

"绝"后来发展出"超群的、过人的、独一无二的"义，变为形容词，多做定语。如：

(112) 逢蒙**绝技**于弧矢，班输榷巧于斧斤。(汉书·叙传上)

(113) 揆悬刀，骋**绝技**。(文选·射雉赋)

(114) 不拯招魂之病，则无为效越人之**绝伎**。(抱朴子外篇·嘉遁)

(115)〔桓谭〕少好学，遍治五经，能文，有**绝才**。(东观汉记·桓谭传)

(116) 吴之善书，则有皇象、刘纂、岑伯然、朱季平，皆一代之**绝手**。(抱朴子外篇·讥惑)

(117)〔孙亮〕常与爱姬四人，皆振古**绝色**。(拾遗记·吴)

(118) 云再拜，省诸赋皆有高言**绝典**，不可复言。(陆云集·与平原书)

(119) 至乃郑卫繁声，抑扬**绝调**，足使风云变动，性灵感召。(何逊集·七召)

(120) 征伶皆**绝艺**，选伎悉名姬。(全唐诗·卷四三六·代书诗一百韵寄微之)

(121) 若在道精熟，符录(箓)**最绝**，宇宙之内，无过叶净能者矣。(敦煌变文·叶净能诗)

最后一例中，"绝"受程度副词修饰。

"绝"在先秦也可以做状语，是副词。转变的理据正如段玉裁所说：

"绝则穷,故引伸为极,如言绝美、绝妙"。"绝"做状语,义为"非常",表示程度之甚,如:

(122)牛马**绝罢**,而相继死其所者相望。(管子·轻重甲)

(123)秦女**绝美**,王可自取,而更为太子取妇。(史记·伍子胥列传)

小结:"绝"在先秦时期还是及物动词,到汉代可以做定语、做谓语、做状语,演变为形容词,属性值为2。

5.1.1.9 穿

《说文·穴部》:"穿,通也。从牙在穴中。""穿"本是及物动词,本义是"穿孔、打洞",引申为"开凿、挖掘",再引申为"贯通、通过"等义,各举1例如下:

(124)谁谓鼠无牙?何以**穿**我墉?(诗·召南·行露)

(125)**穿凿垣墙**,狸步鼠窃,莫知谓谁。(论衡·答佞篇)

(126)三七日,以麻绳**穿**之,五十饼为一贯。(齐民要术·造神曲并酒)

"穿"如果出现在反宾为主的格式即"NP+穿"中时,"穿"就是对前面的当事主语的状态进行说明,强调衣物出现孔洞或破败、破旧,词义结构中没有致使义,及物性受到抑制,这样的不及物的"穿"义为"出现了孔洞,破败、破旧",是状态动词,如:

(127)衣弊**履穿**,贫也,非惫也。(庄子·山木)

(128)**冠虽穿弊**,必戴于头;履虽五采,必践之于地。(韩非子·外储说左下)

(129)古者**杆不穿**、皮不蠹,则不出于四方。(公羊传·宣公十二年)何休注:"穿,败也。"

(130)夜过半,**木城穿**。(汉书·陈汤传)

(131)如**囊穿**米出,橐败粟弃,则囊橐委辟。(论衡·论死篇)

(132)譬如有人,持器取水,一器**完牢**,二者**穿坏**。若用受水,**完者**恒满,**穿者**漏尽。(中本起经·卷下,T04)

以上几例中,"穿"要么单独做谓语,要么和其他词一起组成"穿弊、穿空、穿坏"做谓语。"穿"还可以做定语,但用例比较少。下例中,"完器"和"穿器"对举,都是定中结构,这时"穿"可以视为形容词了。例如:

(133)人闻道教,精进修勤,奉戒不违,严敕身口,喻如**完器**,所受无限。人闻道法,不受不信,加行谤毁,忘失人本,还入恶道,喻如**穿器**,无所盛贮。(中本起经·卷下,T04)

(134)左射狸首,右射驺虞,而贯革之射息也。(礼记·乐记)郑玄注:"贯革,**射穿**甲革也。"

(135)因为念他平日人还恭顺,亦就不肯在老头子跟前**揭穿**他的底子。(官场现形记·第五十二回)

最后两例中,"穿"做补语。

小结:先秦时期的"穿"是一个及物动词,到东汉以后,既可以做定语,也可以做谓语、做补语,这样的"穿"可以看作是形容词,属性值为 2。

5.1.1.10 裂

上古文献中,"裂"的及物用法占了近一半,带宾语时义为"剪裁、分裂、分解、分割、使分离"等,"裂"不带宾语约占十分之一,连用约占四分之一,各举 1 例如下:

(136)召使者,**裂裳帛**而与之,曰:"带其褊矣。"(左传·昭公元年)

(137)百人诚舆瓢,**瓢必裂**。(战国策·秦策三)

(138)今太后使者**分裂**诸侯。(战国策·秦策三)

先秦两汉时期,"裂"没有做定语和做补语的用法,说明"裂"还是一个地道的动词,形容词性还未显露。直到魏晋南北朝时期,"裂"才见到有做定语和做补语的用例,如:

(139)看有**裂处**,更泥封。(齐民要术·笨曲并酒)

(140)复作密计,候师垂至,**挽裂**衣裳。(贤愚经·卷十一,T04)

(141)或复**攫裂**其衣裳者,或有两手攫坏面者。(贤愚经·卷六,T04)

(142) 当以铁钩**斯裂**汝脑。(贤愚经·卷三,T04)
(143) 时舍利弗,便化作一金翅鸟王,**擘裂**噉之。(贤愚经·卷十,T04)

唐宋时期,形容词"裂"做谓语和补语十分常见,做定语则少见。如:

(144) 喊得**山崩石烈(裂)**,东西乱走,南北奔冲。(敦煌变文·庐山远公话)
(145) 如似画瓶,用盛粪秽,忽然**破裂**,一段乖张。(敦煌变文·维摩诘经讲经文)
(146) 圮良(杞梁)妇圣,**哭烈(裂)长城**。(敦煌变文·王昭君变文)
(147) 师曰:"甚么处不**震裂**?"(五灯会元·卷八)

小结:"裂"在先秦还是及物动词,经反宾为主的用法,发展为状态动词,到魏晋南北朝时期才通过做定语和做补语的用法转变为形容词,属性值为2。

5.1.1.11 残

上古时期,"残"与"杀""害"同义,及物性很强,带宾语达到一半左右。"残"也可以不带宾语,那多半是反宾为主的被动用法(不算"残"省略宾语的用例),约占四分之一。此外,"残"还可以和其他谓词连用,约占五分之一,连用时多做上字。各举1例如下:

(148)《诗》所谓"人之无良"者,其羊斟之谓乎!**残民**以逞。(左传·宣公二年)
(149) 猛则**民残**,残则施之以宽。(左传·昭公二十年)
(150) 所**残杀**无罪之民者,不可为万数。(吕氏春秋·禁塞)

上古时期,"残"做定语极为少见,仅见2例,分别是:

(151) 齐王怒曰:"若**残竖子**之类,恶能给若金?"(吕氏春秋·权勋)
(152) 春物之伤,或死之也,**残物**不伤,秋亦大长。(论衡·书解篇)

魏晋南北朝时期的佛经文献中,"残"表示"残杀,残害"义时,大都复合化了,构成的复音词或词组为:残害,残杀,残戮(以上见《贤愚经》);残

害,残杀,残贼,残暴(以上见《杂宝藏经》);残害(见《百喻经》)。很少再单用带宾语,带宾语只有1例:

(153)夫斗战法,以**残他**为胜。(杂宝藏经·卷二,T04)

"残"在魏晋南北朝时期有一个重大变化,就是表示"残余、剩余"或"残余物、剩余物"义突然增加很多。复合词"残余"多达10例(《贤愚经》7例;《杂宝藏经》3例)。"残"表示"残余的、剩余的"义时可以做定语,是形容词,用例最多,有:

(154)残金六瓶(贤愚经·卷三,T04);彼残千人(贤愚经·卷五,T04);残病(贤愚经·卷六,T04);残食(贤愚经·卷八,T04);残藏物(贤愚经·卷八,T04;卷九,T04);遗残众生(贤愚经·卷十二,T04);残肌肉眼舌之(贤愚经·卷一,T04);残肉(杂宝藏经·卷十,T04);残酒(杂宝藏经·卷二,T04)

举2例如下:

(155)持王**残酒**,以与夫人。(杂宝藏经·卷二,T04)
(156)遂便畜养,给与**残肉**。(杂宝藏经·卷十,T04)

由此可知,"残"的他动用法在汉代已经锐减,到六朝时期接近消失,与此相反,"残"和其他谓词连用的用例增多,变化最为迅速的是做定语的用法,至六朝时已经非常常见。

唐宋以后,"残"的动词用法更为少见,形容词用法占据主流,"残"做定语极为常见,如:残命;残饭;残雪;残年;才(残)云;残身;残火;残灯;残枝;残花;残霞;残气;残云;残机(以上均见《敦煌变文》和《祖堂集》)。"余残""凋残"多见,"残余"倒很少见。还出现了"摧残""战残"等动补式复合词或词组。下面各举2例如下:

(157)炉中莫使无**残火**,笼里休教暗烛灯。(敦煌变文·妙法莲华经讲经文三)
(158)师答云:"庭前**残雪**日轮消,室内游尘教谁扫?"(祖堂集·卷七)
(159)蛮奴领得**战残**兵士,便入城来。(敦煌变文·韩擒虎话本)

(160)**摧残**枯木倚青林,几度逢春不变心。(祖堂集·卷八)

小结:"残"在先秦还是及物动词,有反宾为主用法;到魏晋南北朝时期,他动用法锐减,做定语增多,义为"残余的、剩余的",转变为形容词,属性值为2。

5.1.1.12 砸

最后,我们再举一个现代汉语中正在向形容词转变的及物动词"砸"。这个词出现得较晚,估计在明代以后。如:

(161)这金子也不该拿与孩子,沉甸甸冰着他,一时**砸了他手脚**怎了!（金瓶梅·第四十三回）

(162)倘或**砸坏**了,叫他心里脸上怎么过的去?(红楼梦·第二十九回)

《现汉》(第5版)"砸":zá 动 (1)用沉重的东西对准物体撞击;沉重的东西落在物体上:～核桃|～地基|搬石头不小心,～了脚了。(2)打破:碗～了。(3)＜方＞(事情)失败:事儿办～了|戏演～了。

"砸"的及物性很强,用于连动式时,多用于上字,如:砸死、砸破、砸伤、砸折、砸碎、砸坏、砸毁、砸尽、砸痛、砸开、砸烂、砸断、砸倒、砸歪、砸塌、砸掉、砸中,等等。

"砸"的意义起变,是由于它用在反宾为主的句法环境中,如:

(163)锅**砸**了,屋子烧了,看来我也得死了。(余华:《活着》)

(164)霁红胆瓶,摔了;康熙青花全套餐具,**砸**了;铜器锡器,踹扁了;硬木家具,劈了。(汪曾祺:《皮凤三楦房子》)

(165)第一桩生意就**砸**了。(《人民日报》,1995年12月6日第11版)

(166)企业好不容易刚刚有了生气,万一全**砸**了,怎么办?(《人民日报》,1995年10月31日第10版)

(167)真**砸**了,挺好的人缘儿也没了!(杜仲华:《赵丽蓉的戏缘与人缘》)

"砸"不带宾语时,除了省略宾语的例子外,宾语大多跑到句首位置充当话题,"砸"对其进行阐述,动作性减弱,性状义突出。这时的"砸"是状态动词。

"砸"还经常构成"V砸"式动结式,如:"唱砸、弄砸、作砸、搞砸、办砸、干砸、捧砸、玩砸、演砸"等,V表示动作,"砸"表示一种不如意的结果。如:

(168)我可怕推选出的人不对劲,把事**作砸**了!(老舍:《方珍珠》第五幕,第十一卷)

(169)然而毕竟功力不深,偶尔也会把事情**搞砸**了。(《人民日报》,1995年2月3日第5版)

(170)我这副倒霉相,冒冒失失,好事儿也得**办砸**了,只能讨一顿臭骂!(陈建功、赵大年:《皇城根》)

有时,"V砸"经常和"V好"对举使用,说明"砸"已经具有形容词性,如:

(171)观众似乎也十分文明,**唱好唱砸**都有掌声。(《人民日报》,1995年12月7日第10版)

(172)**弄好**了,我光彩,**弄砸**了,他兜着。(叶广芩:《歪打正着的收获》,《作家文摘》1997c)

这两例中,"唱好"与"唱砸"对举、"弄好"与"弄砸"对举,"砸"有"坏"义,接近于形容词。这说明现代汉语中"砸"的及物性虽然还很强,但是它正在向形容词转化,只是还没有完成,属性值仅为1。如果"砸"能够做定语修饰名词性成分,"砸NP"优先被人们理解为定中结构而不是述宾结构的话,它就是一个地道的形容词了。

5.1.2 由不及物状态动词转变而来的形容词

5.1.2.1 破

"破"在上古时期本是不及物动词,《说文》:"破,石碎也。"不及物用法如:

(173) 风至苕折,**卵破子死**。(荀子·劝学篇)

(174) **毂已破碎**,乃大其辐。事已败矣,乃重太息。(荀子·法行篇)

"破"后来向两个方向演变:

一是通过使动用法发展为及物动词,义为"打破、攻破、击破"等,如:

(175) 焚符**破玺**,而民朴鄙。(庄子·胠箧)

(176) 燕攻齐,**齐破**。(战国策·齐策六)

(177) 昔者六晋之时,智氏最强,**灭破范、中行**。(战国策·秦策四)

二是通过做定语和做不及物谓语的用法发展为形容词,如:

(178) 燕昭王收**破燕**后即位,卑身厚币,以招贤者。(战国策·燕策一)

上例中,"破"虽然可以做定语,但这是作为及物动词来充当定语,"破燕"义为"被攻破的燕国",不过,理解为"残破的"也未尝不可。这种用法很少,仅在《战国策》中出现5例,即"破燕"(2次)、"破齐""破国""破军",中心语没有表示具体事物的名词。"破"做定语修饰一般具体事物而非表示国家的集体名词出现在东汉注释语言和佛经文献中,如:

(179) 蓬户瓮牖,揉桑为枢。(淮南子·原道训)高诱注:"编蓬为户,以**破瓮**蔽牖,揉桑条以为户枢。"

(180) 是身为譬如**破瓶**常漏。(道地经·卷一,T15)

(181) 于是净眼在**破墙**中藏,闻众人云云声,便于墙中倾顾盗视。(佛说兴起行经·卷上,T04)

这种用法的逐步增多,标志着东汉时期"破"的形容词性逐步增强。因此,我们可以说,"破"在东汉时期已经成为一个动、形兼类词。到魏晋南北朝时期,"破"作为形容词可以自由地做定语、做谓语、做补语,如:

(182) 邓曰:"有愧于叔达,不能不恨于**破甑**!"(世说新语·黜免)

(183) 不踏即枯涸,**皮破**即青润。(齐民要术·种葵)

(184) 炒鸡子法:**打破**,著铜铛中,搅令黄白相杂。(齐民要术·养鸡)

小结:"破"在先秦还是不及物动词(破碎),后来向两个方向演变:一是在上古通过使动用法发展为及物动词(使……破碎;击破;攻破;打破);二是到东汉时期发展为形容词,可以做属性定语和不及物谓语,属性值为2。

5.1.2.2 碎

"碎"在上古本是不及物动词,义为"碎裂、破碎"。《说文》:"碎,䃺也。"段注:"䃺,各本作磨,其义迥殊矣。磨所以碎物,而非碎也。今正。《米部》曰:'糳,碎也。'二篆为转注。"《广雅·释诂一》:"碎,坏也。"《玉篇·石部》:"碎,散也,破也。"不及物用法如:

(185)若鸷鸟之击也,搏攫则殪,中木则**碎**。(吕氏春秋·决胜)

后来向两个方向发展:一是通过使动用法发展为及物动词,义为"使……破碎",如:

(186)适有蚊虻仆缘,而拊之不时,则缺衔、毁首、**碎胸**。(庄子·人间世)

不及物动词"碎"进一步发展,就演变为形容词,如

(187)即以**碎宝**满钵置宝笼中。(摩诃僧祇律·卷二十九,T22)

(188)轻尘**碎石**,远增嵩岱之高。(魏书·张彝传)

(189)彼尚不能自止其颠蹶,亦安能救我之**碎首**哉!(抱朴子外篇·交际)

(190)或得**杂碎丹方**,便谓丹法尽于此也。(抱朴子内篇·金丹)

(191)洪年二十余,乃计作**细碎小文**,妨弃功日,未若立一家之言,乃草创子书。(抱朴子外篇·自叙)

以上5例都做定语。

(192)夫**事碎**,难治也。(淮南子·泰族训)

(193)吏多苛政,政教**烦碎**。(汉书·薛宣朱博传)

以上2例都做谓语。

(194)然冠婚饮射,何**烦碎之甚**邪!(抱朴子外篇·省烦)

(195) 津液通流,细滑**微碎**,无有形貌。(生经·卷二,T03)

以上 2 例都受程度副词修饰。

结合以上三方面的表现,我们可以比较肯定地说:在汉代以后,"碎"由不及物动词发展为次典型形容词,属性值为 3。此外,"碎"还有几方面的语法功能:

用于使令式:

(196) 有扣头而死者,未有**使头破首碎**者也。(论衡·儒增篇)

(197) 糜,䭫也,饭而磨之**使䭫碎**也。(释名·释饮食)

(198) 上二味,以绵缠**捶令碎**。(金匮要略方论·卷十)

用于动结式:

(199) 遂**椎碎之**,自裹以进休,休乃受。(汉书·王莽传上)

(200) 时将北征,以虎魄治金创,上大悦,命**捣碎**分付诸将。(宋书·武帝下)

(201) 褚飞石掷之,所值皆**摧碎**。(三国志·魏书十八·许褚传)

(202) 留此置主衣,政是兴长疾源,可即时**打碎**。(南齐书·高帝纪下)

(203) 取饧如鸡子大,**打碎**,和草饲马,甚佳也。(齐民要术·养牛、马、驴、骡)

用于隔开式:

(204) 琵琶弦上韵春莺,羯鼓杖头**敲玉碎**。(敦煌变文·维摩诘经讲经文一)

即便"碎"演变成了形容词,及物动词"碎"仍然没有消失,仍然存在,如:

(205) 诸风并兴,截筋**碎骨**,孔窍都塞。(六度集经·卷三,T03)

"破碎"和"碎"一样,既可以带宾语,也可以不带宾语,体现出作格性,如:

(206)至郡,遂案宁氏,尽**破碎其家**。(史记·酷吏列传)
(207)便于道中,卒遇暴风,**破碎其船**。(贤愚经·卷十,T04)

以上"破碎"带宾语。以下不带宾语:

(208)毂已**破碎**,乃大其辐。(荀子·法行篇)
(209)已断枝便**破碎**,已**破碎**便劈。(七处三观经·卷一,T02)

"粉碎"原本不带宾语,为形容词,后来又经由使动用法发展为及物动词,各举1例:

(210)数日中,果震柏**粉碎**,子弟皆称庆。(世说新语·术解)
(211)但我从王庄芬同志那里出来,就**粉碎了我原来的想象**。(茹志鹃:《高高的白杨树·在社会主义的轨道上》)

小结:"碎"在先秦本是不及物动词,义为"碎裂、破碎"。后来向两个方向发展:一是通过使动用法发展为及物动词(使……破碎),上古已完成;二是到魏晋时期由不及物动词发展为形容词,可以做定语、做谓语、受程度副词修饰,属性值为3,是次典型形容词。

5.1.2.3 坏

《说文·土部》:"坏,败也。"《王力古汉语字典·序》明确指出:"'坏'的本义是房屋倒塌。"可见,"坏"本是不及物动词。"坏"由房屋倒塌发生概念隐喻,指"古代各种行为准则、道德规范和各种礼节的衰败",如:

(212)君子三年不为礼,礼必**坏**。(论语·阳货)皇侃疏:"坏是渐败之名。"

不及物状态动词"坏"向两个方向发展:一是通过使动用法发展为及物动词,如:

(213)**坏大门**及寝门而入。(左传·成公十年)
(214)军惊而**坏都舍**。(吕氏春秋·察今)

二是通过做不及物谓语和做定语用法的增多发展为形容词。各举3例:

(215) 诸侯贰,则**晋国坏**;晋国贰,则**子之家坏**,何没没也?(左传·襄公二十四年)

(216) 宋有富人,天雨**墙坏**。(韩非子·说难)

(217) 涅涅时作团,大如梨许。亦数年**不坏**。(齐民要术·养羊)

(218) 谓其家曰:必筑**坏墙**,是不善,人将窃。(韩非子·说林下)

(219) 是却有术之士,而任**坏屋折弓**也。(韩非子·外储说左上)

(220) 种不求多,唯须良地,故墟新粪**坏墙垣**乃佳。(齐民要术·蔓菁)

汉代以后,"坏"还可以受程度副词修饰,如:

(221) 秦惠文王剖贤人之腹,刑法**大坏**。(新论·琴道)

(222) 两人深相结,吕氏谋**益坏**。(汉书·郦陆朱刘叔孙传)

小结:先秦时期的"坏"本是不及物动词,义为"房屋倒塌",后来向两个方向发展:一是在上古通过使动用法发展为及物动词(毁坏、破坏);二是在上古晚期由不及物动词发展为形容词(毁坏、变质),可以做定语、做谓语、受程度副词修饰,属性值为 3。"坏"的形容词用法后来迅速发展,而及物动词用法到宋代以后逐渐减少。

5.1.2.4 废

《说文·广部》:"废,屋顿也。"《玉篇·广部》:"废,大屋顿也。"《尔雅·释诂下》:"废,舍也。"郝懿行《尔雅义疏》:"废者,屋之废也。"从这些解释来看,"废"本是一个不及物动词,意思是"屋子坏了",由此引申为"废弃、坏乱、废止、休止、丧失"等义。

同"坏"的发展模式一样,不及物状态动词"废"向两个方向发展:

一是通过使动用法发展为及物动词,义为"废弃、黜免",如:

(223) 晋胥克有蛊疾,郤缺为政。秋,**废胥克**,使赵朔佐下军。(左传·宣公八年)

(224) 从上依世则**废道**,违上离俗则危身。(说苑·敬慎)

二是通过做不及物谓语和做定语用法的增多发展为形容词。如:

(225)王者行之**废**,强大行之危,小弱行之灭。(吕氏春秋·壹行)高诱注:"废,坏也。"

(226)往古之时,四极**废**,九州裂。(淮南子·览冥训)高诱注:"废,顿也。"

(227)既上车,轴折车**废**。(汉书·临江闵王荣传)颜师古曰:"废,坏也。"

(228)本立而道行,本伤而**道废**。(淮南子·主术训)

以上是做不及物谓语的用例。

(229)信于令,则时无**废功**。(国语·晋语四)

(230)谨权量,审法度,修**废官**,四方之政行焉。(论语·尧曰)杨伯峻注引清赵佑《四书温故录》:"或有职而无其官,或有官而不举其职,皆曰废。"

(231)名邑**废邑**困殖之地必尽知之。(管子·地图)

(232)故官无**废法**,臣无隐忠,而百姓大说。(晏子春秋·内篇谏下)

(233)治无怨业,居无**废民**,此圣人之得意也。(晏子春秋·问上)

(234)臣致禳于君,则曰:"致**废衣**于贾人"。(礼记·少仪)

(235)背水阵为绝地,向阪阵为**废军**。(尉缭子兵书·天官)

以上是"废"在先秦文献中做定语的用例。汉代以后,"废"做定语更加多见,如:

(236)故国有亡主,而世无**废道**。(淮南子·主术训)

(237)故千人之群无绝梁,万人之聚无**废功**。(淮南子·主术训)

(238)禹无**废功**,无**废财**,自视犹觖如也。(淮南子·缪称训)

其他如:废功(淮南子·齐俗训;又说苑·权谋;又三国志·魏书二十八·钟会传)、废事(淮南子·泰族训)、废物(吴越春秋·王僚使公子光传)、废文(太平经合校·卷五十一)、废业(三国志·魏书一·武帝纪)、废田(南齐书·刘怀慰传)。

由此可见,"废"在上古就具有形容词的部分语法分布,可以做谓语、

做定语,属性值为 2。"废"还可以用于使令式,如:

(239)夫进贤之难者,贤者用且**使己废**,贵且使己贱,故人难之。(战国策·楚策三)

(240)穷乡多曲学:小辩害大智,巧言**使信废**,小惠妨大义。(说苑·谈丛)

(241)至**使王法废**而不行,盖大奸之魁也。(魏书·释老志)

小结:先秦时期的"废"本是不及物动词(屋子坏了),后来向两个方向发展:一是通过使动用法发展为及物动词(废弃、黜免),二是由不及物动词发展为形容词(坏、衰败、被废弃的、多余无用),可以做定语、做谓语,属性值为 2。形容词"废"和及物动词"废"一直并存至今。

5.1.2.5　定

"定"本是不及物动词,义为"安定"。《说文·宀部》:"定,安也。"例如:

(242)六年,**秦岁定**。(国语·晋语三)韦昭注:"定,安也,谷熟则民安。"

(243)其动也天,其静也地,**一心定**而王天下。(庄子·天道)成玄英疏:"物不能挠,谓之为定。"

"定"也向两个方向发展:

一是在上古通过使动用法发展为及物动词,义为"平定、平息;使……安定",如:

(244)共武之服,以**定王国**。(诗·小雅·六月)郑玄笺:"定,安也。"孔疏:"故当克胜而安定王国也。"

(245)反而**定三革**,偃五兵。(荀子·儒效篇)杨倞注:"定,息也。"

二是魏晋以后通过做定语的用法发展为形容词,义为"固定的、确定的"。如:

(246)非若天地有常候,山川有**定止**也。(抱朴子外篇·清鉴)

(247)《晋阳秋》词直而理正,咸称良史焉…盛写两**定本**,寄于慕容儁。

(晋书・孙盛传)

(248)今以臣历推之,刻如前,窃谓至密,永为**定式**。(宋书・律历志下)

其他如:定名(新语・怀虑)、定位(南朝梁・刘勰:《文心雕龙・明诗》)、定制(三国志・魏书三・明帝纪)、定例(抱朴子内篇・至理)、定法(魏书・礼志一)、定性(敦煌变文・维摩诘经讲经文三)、定居(全唐诗・卷二三二・将别巫峡赠南卿兄)、定限(宋书・颜竣传)、定则(三国志・魏书二十一・傅嘏传)、定格(南齐书・褚渊传)、定期(三国志・吴书十三・陆逊传)……

"定"在现代汉语中多组成双音词"固定、稳定、安定、确定",可受程度副词修饰,如:

(249)他心中那些小小愿望既已破碎,现在是用着些**不十分固定**的,较比远大的志愿来补充。(老舍:《蜕》第九卷)

(250)然而,我们不能不欣羡,不断的国内外炮火,竟没有把周作人的茶庵、茶壶,和茶碗打碎呢,特殊阶级的生活是**多么稳定**啊。(阿英:《吃茶文学论》,陈平原编《茶人茶话》)

(251)我心中**不十分安定**,一直到回在家中还是这样。(老舍:《黑白李》第八卷)

(252)"偶然"的缺点依旧尚留在我印象中,而且**更加确定**,然而却不能保护我什么了。(沈从文:《水云》)

小结:"定"在先秦是不及物动词,义为"安定",后来向两个方向发展:一是在上古通过使动用法发展为及物动词(使……安定;平定、平息);二是魏晋以后通过做定语的用法发展为形容词(固定的、确定的),属性值为2。现代汉语时期,"固定、确定、稳定、安定"等双音词可以受程度副词修饰。

5.1.2.6 活

"活"本是不及物动词,义为"存活、生命存在"。如:

(253)播厥百谷,实函斯**活**。(诗・周颂・载芟)郑玄笺:"活,生也。"

(254)右军觉,既闻所论,知无**活理**。(世说新语・假谲)

(255)若今不得,王法难犯,我曹徒类,永无**活路**。(贤愚经·卷三,T04)

后两例中,"活"虽然做定语,但却是以不及物动词的身份做定语,不是形容词做定语。不及物动词"活"后来向两个方向发展:

一是通过使动用法发展为及物动词,义为"救活,使……生命存在",此义一直到宋代以后才逐渐消失。如:

(256)**活我**,吾与女璧。(左传·哀公十七年)

(257)正如医者治病,其心岂不欲**活人**?(朱子语类·卷一三〇)

二是通过做定语和做不及物谓语的用法发展为形容词,义为"有生命的、活的""灵活、不呆板、有生气"等义,如:

(258)著**活蟹**于冷糒瓮中一宿。(齐民要术·作酱等法)

(259)世上无**活人**,黄泉无死汉。(五灯会元·卷十九)

(260)吴兵见之,以为**活人**,望风先走。(三国演义·第一二〇回)

(261)师父啊,你放**活人**的性命还不救,昧心拜佛取何经?(西游记·第八十回)

(262)我如今聚村叟,会诗友,噗的是**活鱼**新酒。(新校元刊杂剧三十种·关大王单刀会·第二折)

(263)也只积得那死水,那源头**活水**不生了。(朱子语类·卷一二〇)

以上做定语。以下做谓语:

(264)烟湿树姿娇,雨余**山态活**。(全唐诗·卷五二〇·池州送孟迟先辈)

(265)这道理**甚活**,其体浑然,而其中粲然。(朱子语类·卷一一七)

(266)他一个个都会些武艺,**手脚又活**,把长老扯住,顺手牵羊,扑的掼倒在地。(西游记·第七十二回)

小结:"活"在上古本来也是不及物动词(存活、生命存在),后来向两个方向发展,一是通过使动用法发展为及物动词(救活、使……生命存在),这在上古就已经完成;二是发展为形容词,义为"有生命的、活的""灵活、不呆板、有生气"等义,可以做定语、做谓语、受程度副词修饰,属性值为3。这一过程到唐宋时期才实现。

5.1.2.7 响

本义是"回声",泛指声音,名动引申,发展出"发出声音""使发出声音"义。魏晋以后,"响"由动词义引申出"声音洪亮""清楚"等义,可以做谓语、做定语、受程度副词修饰。例如:

(267)鸣条律畅,飞音**响亮**。(文选·魏都赋)

(268)要荒承指,若**响亮**之和绝音。(抱朴子外篇·君道)

(269)千众乐音齐**响亮**,万般花木自芬芳。(敦煌变文·维摩诘经讲经文三)

(270)众岭猿啸重,空江**人语响**。(全唐诗·卷一四八·湘中纪行·浮石濑)

(271)你跪着我,再磕一百二十个**大响头**。(警世通言·玉堂春落难逢夫)

(272)**声响**神清,必益夫而发福。(金瓶梅·第二十九回)

(273)高赞叫乐人住了吹打,听时一片风声,吹得**怪响**。(醒世恒言·钱秀才错占凤凰俦)

(274)昨儿个半夜里,戛戛几声**甚响**。(俞平伯:《古槐梦遇》)

(275)飞得很低,声音**很响**,来而复去,去而复来,正在石门湾的上空兜圈子。(丰子恺:《告缘缘堂在天之灵》)

(276)假使有钱,他便去押牌宝,一堆人蹲在地面上,阿Q即汗流满面的夹在这中间,声音他**最响**。(鲁迅:《阿Q正传》,《鲁迅全集》)

为什么"响"可以由"(使)发出声音"引申出"声音洪亮""清楚"义呢?我们初步推测有两个原因:

1. "响"的本义是"回声",中古以前,"响"多构成"声响""响声""音响"等同义或近义复合词,中古以后,"响"多和"亮"连用,导致其词义被"亮"所感染,因而具有了"洪亮"之义。

2. 中古以后,"响"与"声""音"在语义上逐渐分工明确,前者主要用来指"洪亮清楚的声音",后者则可以指各种声音。前者进一步发展,其性质义"洪亮清楚"独立出来之后,"响"便发展为一个形容词。试看:

(277)太祖后改树表柱,柱忽龙鸣,**响震山谷**,父老咸志之云。(南齐书·祥瑞志)

(278)大呼山东,**响动流沙**。(后汉书·杜笃传)

(279)抚琴动操,欲**令众山皆响**。(宋书·隐逸传)

(280)王略恢而庙胜,车徒发而**雷响**。(魏书·李谐传)

(281)蜀兵营中,四下**炮响**,鼓角齐鸣。(三国演义·第七十二回)

上述5例中,"响"指比较大的响声,或指发出比较大的响声,仍然为名词或者动词。在《三国演义》《西游记》和《金瓶梅》等文献中,"响"还经常用于"锣响、鼓响、弓弦响、响彻遏云霄、打得钟响、刮答刮答怪响"等组合形式中,无疑都是比较大的声响。"响"的这种语义特点使其具备了向形容词转变的语义基础,当做谓语的"响"前面受程度副词修饰后,其性质义就凸显出来,表现出一定的程度空间,由此演变为形容词。

5.1.2.8 死

"死"在上古是不及物动词,也有使动用法,但是使用频率比较低,属于活用,"死"没有发展为及物动词。先秦30部文献中,"死"共有3000例左右,而使动用法不超过10例,故可以视为活用。如:

(282)荀息曰:"**死吾君**而杀其孤,吾有死而已,吾蔑从之矣!"(国语·晋语二)

(283)**死吾父**而专于国,有死而已,吾蔑从之矣。(左传·襄公二十一年)

(284)不吊吾丧,不忧吾哀,是**死吾君**而弱其孤也。(吕氏春秋·悔过)

(285)当此之时,邾娄人常被兵于周,曰:"何故**死吾天子**?"(公羊传·昭公三十一年)

"死"在先秦文献中做谓语非常多,如:

(286) 又曰:"**鹿死**不择音。"(左传·文公十七年)

(287) **牛死**,乃不郊,犹三望。(公羊传·宣公三年)

(288) 尝人**人死**,食狗**狗死**,故诛太子。(吕氏春秋·上德)

(289) **吾父死**而益富。(左传·襄公二十一年)

(290) **马死**,则使其贾粥之,入其布于校人。(周礼·夏官·趣马)

"死"在先秦文献中做定语也有不少,如:

(291) 林有朴樕,野有**死鹿**。(诗·召南·野有死麕)

(292) 宋之庖丁好解牛,所见无非**死牛**者;三年而不见生牛。(吕氏春秋·精通)

(293) 周文王使人抇池,得**死人**之骸。(吕氏春秋·异用)

(294) 且夫孤老冻馁,而**死狗**有祭,鳏寡不恤,死狗有棺。(晏子春秋·内篇谏下)

(295) 夫不得父之教而更葬母,是欺**死父**也。(战国策·齐策一)

(296) 所求者生马,安事**死马**而捐五百金?(战国策·燕策一)

既然"死"在先秦既有"鹿死、牛死、人死、狗死、父死、马死"等主谓式,也有"死鹿、死牛、死人、死狗、死父、死马"等对应的定中式,那么"死"可以视为属性值为2的形容词,义为"失去生命的、死的"。不过,这样的"死"还比较接近于状态动词。当"死"的搭配对象由人和动物扩展为其他无生事物,语义上就由"失去生命"义发展为抽象的"死板、不灵活、至死不变的、熄灭的、阻塞不通的、黯淡无光的、失去知觉的"等义,这时"死"才变为比较典型的形容词,如:

(297) 东注之水,生水也。北注之水,**死水**。不流,**死水**也。(孙膑兵法·地葆)

(298) 形固可使如槁木,而心固可使如**死灰**乎?(庄子·齐物论)

(299) 居无近绝溪、群冢、狐虫之所近,此则**死气**阴匿之处也。(博物志·第一卷·五方人民)

(300) 〔游道〕与顿丘李奖一面,便定**死交**。(北史·宋繇传)

(301) 师便喝云:"**死水**无鱼,徒劳下钩。"(祖堂集·卷九)

(302)不想死心眼儿的遇见**死心眼儿**的了,只见安公子气昂昂的高声说道:"姑娘,不可如此!"(儿女英雄传·第九回)

"死"晚至现代汉语时期才可以受程度副词修饰,意思是"不灵活、程度深"。如:

(303)她是逗着小福子玩呢,谁想弄假成真,小福子的**心眼太死**。(老舍:《骆驼祥子》)
(304)但人家名额**限制得也很死**,没有过硬的关系,想进去比登天还难。(刘震云:《一地鸡毛》,梁鸿鹰主编《新中国70年优秀文学作品文库·中篇小说卷》)
(305)我也到王先生家去,回头跟老爷同回家。你别**睡得太死**!(钱锺书:《围城》)
(306)但是人家失窃,多在四更左右,这时天最黑,人也**睡得最死**。(汪曾祺:《故里杂记》)

小结:"死"在先秦时期可以做定语、做谓语,可以视为属性值为2的形容词,但是比较接近于状态动词。后来由不及物状态动词发展为形容词,可以做定语修饰无生事物,意义核心是"不灵活、固定不变的"。现代汉语时期,"死"进一步虚化,义为"程度深",可受程度副词修饰。

5.1.2.9 疯

"疯"本是名词,指头风病,《集韵·平东》:"疯,头病。"《字汇·广部》:"疯,头疯病。"后泛指神经错乱,精神失常,变为动词,可以做谓语和定语,例如:

(307)你看贤妹说话,怎么专为客来才说?却不**疯**了?(西游记·第七十三回)
(308)宝玉笑道:"可不我**疯**了?往虎口里探头儿去呢!"(红楼梦·第六十二回)
(309)那老僧也只当一句**疯话**,便不介意,也不再回,只叫献茶。(西游记·第十六回)
(310)将道人肩上褡裢抢了过来背着,竟不回家,同了**疯道人**飘飘而

去。(红楼梦·第一回)

"疯"又引申指"任性放荡,不受管束或无节制地嬉笑哄闹","疯"仍然是动词。例如:

(311)众人恁得你苦,你却在这里**疯**!快上山去!(水浒传·第七十四回)

(312)你只是**疯**罢!院子里花儿也不浇,雀儿也不喂,茶炉子也不弄,就在外头逛!(红楼梦·第二十七回)

(313)你怎么一年老似一年,还是这样忙叨叨**疯婆儿**似的?(儿女英雄传·第二十二回)

(314)宝钗笑道:"呆香菱之心苦,**疯湘云**之话多。"(红楼梦·第四十九回)

前两例中"疯"做谓语,动词意味比较重;后两例中"疯"做定语,形容词意味比较重。"疯"还发展出做补语的用法,表示程度之甚,演变为形容词。例如:

(315)难道我**闲疯**了,咱们几个人吃酒听唱的不乐,寻那个苦恼去?(红楼梦·第二十六回)

(316)他**穷疯**了的人,什么事作不出来,况且他又着这满理,不告等请不成。(红楼梦·第六十八回)

(317)好老太太,你别搅我了!没把个妹妹**急疯**了!(儿女英雄传·第三十五回)

小结:"疯"由名词(头风病)发展为动词(神经错乱,精神失常),又引申为"任性放荡,不受管束或无节制地嬉笑哄闹"义,仍然是动词,在近代汉语时期可以做定语和谓语。由于"疯"经常做定语,逐渐发展出"任性的、无拘无束的、无节制的"义,接近于形容词。到现代汉语时期,"疯"经常做补语,表示程度之甚,演变为形容词。

5.1.3 动词通过"语用推理语义化"发展为形容词①

5.1.3.1 湛/沉/沈

《说文》:"沈,陵上滴水也。"段玉裁《说文解字注》:"谓陵上雨积停潦也。古多假借为湛没之湛,如《小雅》'载沈载浮'是。"《说文》:"湛,没也。"段注:"古书浮沈字多作湛。湛沈古今字。'沉'又'沈'之俗也。"由此可知,"湛"是古字,"沈"是今字,"沉"又是"沈"的俗字。"湛"的意思是"沉没",本为不及物动词。

孙玉文(2000:289)指出:"(沈)原始词,义为没入水中,与'浮'相对,动词,直深切(平声)。滋生词,义为使(人或物)没入水中,动词,直禁切(去声)。"

由此可知,"沉"本是不及物动词。例如:

(318) 天下莫不**沉**浮,终身不故;阴阳四时运行,各得其序。(庄子·知北游)

(319) 今以木击木则拌,以水投水则散,以冰投冰则**沉**。(吕氏春秋·论威)

后来向两个方向发展:

一是通过使动用法发展为及物动词。如:

(320) 施氏逆诸河,**沉**其二子。(左传·成公十一年)杜预注:"沉之于河。"

(321) **沉**璧以质。(国语·晋语四)

二是通过转喻发展为形容词。物体下沉的场景可能会引发这样的语用推理:物体如果沉到水底,一方面,物体的位置通常比较深;另一方面,物体可能比较重。"沉"于是由"沉没、下沉"引申为"深"和"重"义,可见,这种语义演变是一种由语用推理促发的转喻过程。例如:

---

① 关于"语用推理语义化",参吴福祥(2007)。

(322)决江疏河,洒**沉**澹灾,东归之于海,而天下永宁。(汉书·司马相如传下)颜师古注:"沉,深也。"

(323)注**沉**穴而海漏,射悬涂而电飞。(鲍参军集注·观漏赋)

(324)怀慰至郡,修城郭,安集居人,垦废田二百亩,决**沉**湖灌溉。(南史·刘怀慰传)

再由具体到抽象,引申为"程度深、深沉、低沉、感觉沉重、时间长"等义,这些意义的共同点是"深、长"。这是一种隐喻过程。如:

(325)口辩者其言深,笔敏者**其文沉**。(论衡·自纪篇)

(326)尔时众生食地味已,**身体沉重**,光明即灭。(摩诃僧祇律·卷一,T22)

(327)忽忽的火燎胸膛,**身沉体重**难回项,口干舌涩,声重言狂。(新校元刊杂剧三十种·闺怨佳人拜月亭·第二折)

(328)忠年老血衰,箭疮痛裂,**病甚沉重**。(三国演义·第八十三回)

以上做谓语。以下做定语:

(329)去秋以来,**沉雨**跨年。(四部文明·魏晋南北朝文明卷·省刑疏)

(330)托飘风之习习,冒**沉**云之蔼蔼。(陆机集·行思赋)

(331)叨职未久,首岁便婴疾笃,尔来**沉**瘤,频经危殆,弥深忧震。(南齐书·褚渊传)

(332)良以休运甫开,**沉**疾方被,虽宿恩内积,而安私外简。(宋书·刘延孙传)

(333)天上寡**沉**厄,无处张穗帷。(全唐诗·卷三九四·汉唐姬饮酒歌)

(334)**沉**谋藏未露,邻境帖无喧。(全唐诗·卷五七三·寄沧州李尚书)

"沉"的"分量重"义稍晚于"深"义,例如:

(335)夫翚翟备色,而翾翥百步,肌丰而**力沉**也。(文心雕龙·风骨)

(336) 恰道罢见太师铁锁**沉枷**在身。(新校元刊杂剧三十种·东窗事犯·第四折)

(337) 那人正低了头走，肩膀上**行李又沉**，走得满头大汗。(儿女英雄传·第十四回)

"沉"用于比较句比较晚，清代才见到，如：

(338) 这叉爬子**比俺那里铁锨还沉**，那里罩的过他？(红楼梦·第四十回)

小结："沉"本是不及物动词，意思是"沉没、下沉"，后来向两个方向发展：1. 在上古时期通过使动用法发展为及物动词（使……沉下去）；2. 东汉以后发展为形容词，义为"深、程度深、深沉、低沉、感觉沉重、时间长"，可以做定语、做谓语、受程度副词修饰。六朝以后，"沉"又由引申出"分量重"义，但是用得比较少，到近代汉语时期才逐渐增多。在转变过程中，先是通过转喻起变，然后通过隐喻扩散。

5.1.3.2 浮

"浮"的本义是"漂在液体表面或空中，漂浮"，是不及物动词，可做定语和谓语，如：

(339) 足游**浮云**，背凌苍天，尾偃天间，跃啄北海。(晏子春秋·外篇第八)

(340) 放余辔兮策驷，忽飙腾兮**云浮**。(楚辞·九思·伤时)

不及物动词"浮"也向两个方向发展：一是通过使动用法发展为及物动词，如：

(341) 夫差弗是也，赐之鸱夷而**浮之江**。(战国策·燕策二)

二是通过做定语和做不及物谓语转变为形容词。转变的过程中，转喻发挥了重要作用。漂在空中的物体给人的印象可能是比较轻，这是一种语用推理促发的转喻过程，语用推理语义化的结果就是"浮"引申出"轻"义，如：

(342) 先时者必长以蔓,**浮叶**疏节,小筴不实。(吕氏春秋·审时)陈奇猷校释:"此'浮叶'犹言叶轻也。"

(343) 重类应沉,而南海有浮石之山;轻物**当浮**,而牂柯有沉羽之流。(抱朴子内篇·论仙)

第二例正是这种语用推理的证据。"浮"再通过隐喻,由具体到抽象,修饰"学、说、文、词、心、俗"等抽象名词,语义上相应变为"浮躁、轻浮、浮薄、浅薄、空虚"等义,既可以做定语,也可以做谓语,如:

(344) 是以明君修政作壹,去无用,止**浮学**事淫之民,壹之农。(商君书·农战)

(345) 所以然者,听奸臣之**浮说**,不权事实。(韩非子·存韩)

(346) 其弟子日益愚蔽无知,反多入**浮文**,使君洽眩乱。(太平经合校·卷九十七)

(347) 先帝诏书,禁人上事言圣,而间者章奏颇多**浮词**。(后汉书·显宗孝明帝纪第二)

(348) 日暮且回去,**浮心**恨未宁。(全唐诗·卷三七六·游石龙涡)

(349) 直躬易媒孽,**浮俗**多瑕疵。(全唐诗·卷四四四·同微之赠别郭虚舟炼师五十韵)

(350) **晚俗浮丽**,历兹永久,每思惩革,而民未知禁。(南齐书·武帝纪)

(351) 贵戚子弟未经戎役,至于衔杯跃马,**志逸气浮**。(魏书·路思令传)

(352) 人生**浮且脆**,猋若晨风悲。(鲍参军集注·松柏篇)

当"浮"的上述意义凝固以后,语义泛化,搭配面更广泛,又可以修饰一些具体名词,义为"不必要的、四处漂泊的、在外流浪的、外露的"等。如:

(353) 盖不以本臧给末用,不以民力共**浮费**,别公私,示正路也。(汉书·毋将隆传)

(354) 旅雁方南过,**浮客**未西归。(鲍参军集注·吴兴黄浦亭庾中郎别)

(355) 其犂不著处,颙地令起,斫去**浮根**,以蚕矢粪之。(齐民要术·种桑柘)

(356) **浮人**若云归,耕种满郊岐。(全唐诗·卷一六八·赠徐安宜)

近代汉语时期,"浮"的"轻浮、浮躁"程度义更加凸显,可受程度副词修饰,也可构成复音词,如:

(357) 愿子笃实**慎勿浮**,发愤忘食乐忘忧。(苏东坡全集·卷上·代书答梁先)

(358) 因说科举所取文字,多是**轻浮**,不明白着实。(朱子语类·卷一〇九)

(359) 若论前日之事,竟是姑娘**太浮躁**了些,别人不知宝玉那脾气,难道咱们也不知道的。(红楼梦·第三十回)

(360) 苏小姐只等他正式求爱,心里怪他**太浮**太慢。(钱锺书:《围城》)

(361) 那些不着边际的话。那**太浮浅**了!(老舍:《四世同堂》)

(362) 有些知青思想一直**很浮动**,总惦着返城。(冯骥才:《一百个人的十年》)

(363) 他说改霞**有点浮**,不像生宝那样踏实。(柳青:《创业史》第一部结局)

小结:"浮"在上古是不及物动词,义为"漂浮、浮动",可以做定语和谓语;上古时期"浮"向两个方向发展,一是发展为及物动词(使……浮),二是经过语用推理促发的转喻过程,发展为形容词,义为"轻";再通过隐喻,由具体到抽象,引申出"浮躁、轻浮、浮薄、浅薄、空虚"等义,可做定语和谓语。到中古时期,"浮"进一步虚化,引申出"不必要的、四处漂泊的、在外流浪的、外露的"等义。近代汉语时期,形容词"浮"的程度空间彰显无疑,能接受多个程度副词的修饰。

5.1.3.3 透

"透"的本义是"跳跃"。《说文新附·辵部》:"透,跳也。"本是不及物动词,可带处所宾语。如:

(364)飞泳骋**透**,胡可根源。(谢灵运集·山居赋)

(365)哀猿**透**却坠,死鹿力所穷。(全唐诗·卷二一八·泥功山)

(366)妃知不免,乃**透**井死。(南史·后妃传下·元帝徐妃)

引申为"奔走、逃走",如:

(367)放水一激,急踰三峡,事穷奔**透**,自然沉溺。(南齐书·垣崇祖传)

(368)史进、石秀等六人,不曾**透**得一个出来,做一堆儿都被射死在关下。(水浒传·第一一八回)

"透"经常带处所宾语,于是引申为"通过、穿过、透过",发展为及物动词。如:

(369)孟虬等继至,虏乃散走,**透**河①死者甚多。(宋书·颜师伯传)

(370)头中锋铓陪垅土,血溅戎尸**透**战袄。(敦煌变文·张议潮变文)

再引申为抽象义"透漏、显露",如:

(371)其父王更切堤坊(提防),恐虑**透漏**。(敦煌变文·太子成道变文四)

(372)远柳绿含烟,土膏**才透**,云海微茫露晴岫。(全宋词·感皇恩)

由"透过、穿过"进一步引申为"达到充分的程度""彻底、清楚"义,发展为形容词。演变的原因也是由于语用推理:某物体若要穿过、透过另一物体,必须深入到比较充分的程度才能实现。形容词"透"多做谓语和补语,不做定语。如:

(373)某看此甚久,终未**透彻**。(五灯会元·卷二十)

(374)一则资质浑厚,却于道理上**不甚透彻**。(朱子语类·卷一一五)

(375)截银河,侵北斗,挦押栏杆光**冷透**。(敦煌变文·双恩记)

(376)若**看得透**,道上座有来由。(五灯会元·卷十)

(377)刘知远,频冷笑,忙呼左右。准备列群刀,一言**说透**。(刘知远诸宫调·君臣弟兄子母夫妇团圆弟十二)

---

① 《宋书》(中华书局,1974年)1994页作"迁河",误。

(378) 东坡《刑赏论》大意好,然意阔疏,**说不甚透**。(朱子语类·卷一三〇)

(379) 每一次**看透**一件,便觉意思长进。(朱子语类·卷一〇四)

(380) 只见那小仙报道:"师父,油锅**滚透**了。"(西游记·第二十五回)

小结:"透"产生于六朝以后,本义是"跳跃",是不及物动词。后来向两个方向发展:一是在中古时期"透"通过带宾用法发展为及物动词(通过、穿过、透过),二是在唐宋以后,表示"透过、穿过"的动词"透"通过语用推理,引申出"达到充分的程度"义,发展为形容词,进一步引申出"彻底、清楚、极"等程度义。能够做谓语、受程度副词修饰。

5.1.3.4 飘

本义是"疾风、旋风、回风、暴风",名词。《说文》:"飘,回风也。"《尔雅·释天》:"回风为飘。"郭璞注:"旋风也。"《诗·大雅·卷阿》:"有卷者阿,飘风自南。"毛传:"飘风,回风也。"《诗·小雅·何人斯》:"彼何人斯,其为飘风。"毛传:"飘风,暴起之风。"

"飘"由名词引申为动词,义为"轻柔的物体在空间飞扬、浮动、飘荡",是不及物动词。如:

(381) 夫谷之雨,犹复云(布)〔雨〕之亦从地起,因**与疾风俱飘**。(论衡·感虚篇)

(382) 氛氲溶以天旋兮,**蜺旌飘**而飞扬。(后汉书·张衡传)

(383) 往年**龙舟飘荡**,隔在南岸,圣躬蹈危,臣下破胆。(三国志·魏书十二·鲍勋传)

(384) **旌盖飘摇**,远涉淮、泗、风尘惨烈,无乃上劳?(南齐书·宗室传)

上述例子中,"飘"搭配的当事是具体名词"谷""蜺旌""龙舟""旌盖"。

(385) **此生飘荡**何时定,一缕鸿毛天地中。(全唐诗·卷四四〇·风雨晚泊)

(386) 布知是貂蝉,**神魂飘荡**。(三国演义·第八回)

(387) 张昭等见孔明**丰神飘洒**,器宇轩昂,料道此人必来游说。(三国演义·第四十三回)

上述例子中,"飘"搭配的当事是抽象名词"此生""神魂""丰神","飘"包含"不稳定、飘逸、不可捉摸"的意思。"飘"的词义由具体到抽象,是通过隐喻的手段实现的。这时的"飘荡""飘洒"已经接近于形容词,但还不能受程度副词修饰。再如:

(388)其**人性本虚飘**,言过其实,巧于词色,善于言谈。(金瓶梅·第三十三回)

(389)高干大这回是**太飘**了。(欧阳山:《高干大》第十章)

(390)她感到走在身旁这人的脚步声与众不同,**那声音很飘忽**。(余华:《世事如烟》)

(391)赵府的全眷都很焦急,打着呵欠,或恨**阿Q太飘忽**,或怨邹七嫂不上紧。(鲁迅:《阿Q正传》,《鲁迅全集》第一卷)

(392)所以我们看晋人的画象和那时的文章,见他衣服宽大,不鞋而屐,以为他一定是很舒服,**很飘逸**了的,其实他心里都是很苦的。(鲁迅:《魏晋风度及文章与药及酒之关系》,《鲁迅全集》第三卷)

(393)"进来!"温都太太**很飘洒**的说。(老舍:《二马》第一卷)

上述例子中,"飘、虚飘、飘逸、飘忽、飘洒"搭配的当事虽然既有抽象名词"人性",也有具体名词"高干大""声音""阿Q""温都太太"和代词"他",但是"飘"并非表示这些当事名词或代词代表的事物在空中飘荡或浮动,而是更加抽象,主要是描述人的性格、声音的特征及说话的方式等,这时,"飘"及其组成的复音词可以受程度副词修饰,已经由不及物动词演变为形容词。

小结:"飘"在上古本是名词,义为"暴风、回风、旋风"。中古时期,通过名动引申发展为动词,义为"轻柔的物体在空间飞扬、浮动、飘荡"。近代汉语时期,通过概念隐喻过程,"飘"的词义由具体到抽象,并构成复合形容词"飘荡""飘洒"等。现代汉语时期,"飘"的词义进一步虚化,用来描述人的性格、声音的特征及说话的方式等,"飘"及其组成的复音词可以受程度副词修饰。

5.1.3.5 吵

"吵"产生于唐代,本义是"喧哗、喧嚷",是不及物动词。如《敦煌变文·董永变文》:"人生在世审思量,暂时吵闹有何方?"引申为"争吵",常见的组合是"吵闹""闹吵""争吵""吵嚷"。如《敦煌变文·金刚丑女因缘》:"推得精怪出门,任他到舍相抄(吵)。"此外,"吵"还构成状态形容词"吵吵""闹吵吵"。

"吵"由动词"争吵、吵闹"义发展出形容词义"声音嘈杂扰人",可以受程度副词修饰,例如:

(394) 嗯,这地方**太吵**,太显眼。(王朔:《空中小姐》,《当代》1984 年第 2 期)

(395) 早上**外面又吵**,没睡好。(王朔:《一半是火焰,一半是海水》,中国作家协会创作研究室编《贞女 1986 年编上》)

(396) 这个地方**太吵**,睡不着。(曹禺:《日出》第一幕)

为什么"吵"能够发展为形容词呢?我们推测可能也是语用推理导致的结果。试看:

(397) 他本想忍一个盹儿,可是听外面**吵得太凶**了,只好勉强的走出来。(老舍:《四世同堂》第五卷)

(398) 若赶上办丧事,那就不单交通要断绝,而且大锣大鼓的敲打三天三夜,**吵得连死人都睡不安**,而活人都须陪着熬夜。(老舍:《民主世界》第九卷)

(399) 有时还会**吵得面红耳赤**,破口大骂。(王朔:《浮出海面》,《当代》1985 年第 6 期)

(400) 还要谈军需品的分配份额,杨重和艾克**吵得很厉害**。(王朔:《你不是一个俗人》,载《收获》1992 年第 2 期)

(401) 任你**吵得地暗天昏**,他只我行我法。(儿女英雄传·第三十四回)

(402) 柔嘉想自己把方家种种全跟姑妈说谈过,幸亏她没漏出来,否则鸿渐更要**吵得天翻地覆**,他最要面子。(钱锺书:《围城》)

(403) 通常马利华是不撕稿子的,平常也就是**吵到摔砸个锅碗瓢盆的程度**。(徐坤:《热狗》)

(404) 小姑娘们激动地同声回答起来,**吵成一片**,结果一句也听不清。(刘心武:《班主任》)

从以上句子可以看出,"吵"具有 2 个特点:(1)程度严重,如前 4 例;(2)场面嘈杂混乱,如后 4 例。由于"吵"经常用于这样的情景,就会引发这样的一种语用推理:如果出现争吵,可能吵的程度比较重,场面也比较嘈杂。这种语用推理语义化后,"吵"在词义上就发生转变,显现出一定的程度义,因而可以受程度副词的修饰。在我们检索的语料中,共找到 25 例"大吵"的例子,只找到 2 例"小吵"的例子,说明"吵"的词义结构中的确包含"程度重"的意思。这 2 例是:

(405) 追算不清,可能赔上**小吵**一次。(钱锺书:《围城》)

(406) 可是婚后不时有**大争小吵**。(池莉:《一丈之内》,《张家口晚报》2019.06.28 第 A14 版:美文;又《〈读者〉三十五年精华文丛·读者的生活》)

小结: "吵"本是动词,义为"喧哗、喧嚷",是不及物动词。引申为"争吵、吵闹",再经语用推理,语义上演变为"声音嘈杂扰人",可以做谓语、受程度副词修饰。现代汉语时期才开始这样的转变。

5.1.3.6 闹

"闹"始现于汉魏佛经,唐代比较常见,意思是"吵闹、争吵",是不及物动词。例如:

(407) 人众**总闹**,以火投薪。(生经·卷二,T03)

(408) **闹翻**扬子渡,蹋破魏王堤。(全唐诗·卷四五六·三月三日祓禊洛滨)

(409) 诸人莫**闹**,听说些些。(敦煌变文·茶酒论)

(410) 人生在世审思量,暂时**吵闹**有何方?(敦煌变文·董永变文)

由"吵闹、争吵"义引申为"喧闹、嘈杂"义,发展为形容词。演变的机制当和"吵"类似。可以做定语、做谓语、受程度副词修饰，例如：

(411) 夜寒眠半觉，鼓笛**闹嘈嘈**。(全唐诗·卷三四五·潭州泊船呈诸公)

(412) 金甲胗胧，银鞍焕烂，腾踏山林，奔波**闹乱**。(敦煌变文·伍子胥变文)

(413) 中者兜率陀天，**不寂不闹**。(敦煌变文·八相变)

(414) 出家儿心地本清凉，怎禁得直恁般**闹攘**。(新校元刊杂剧三十种·陈抟高卧·第四折)

(415) 想这一场，胡主仗，你家**热闹**我凄凉。(新校元刊杂剧三十种·散家财天赐老生儿·第三折)

(416) 怎走的街尘**闹杂**，有甚观瞻。(汤显祖全集·紫钗记·玉工伤感)

以上做谓语，既有单用的，也有组成复合词的。如：

(417) 高枝**闹叶**鸟不度，半掩白云朝与暮。(全唐诗·卷二六一·题巴州光福寺楠木)

(418) 看取开眼贼，**闹市**集人决。(全唐诗·卷八〇六·诗三百三首)

(419) 疑杀天下老禅和，笑倒**闹市**古弥勒。(五灯会元·卷十八)

(420) 他曾为友报仇杀人，提头直出**闹市**，数百人不敢近。(三国演义·第十回)

(421) 将写下的数张字纸，抛向帅府前左右街市**闹处**。(水浒传·第一〇八回)

以上做定语。以下受程度副词修饰：

(422) 已上之天则极泰，已下之天则**极闹**。(敦煌变文·太子成道经)

(423) 我闻长安**甚闹**，你还知否？(五灯会元·卷五)

(424) 闻说长安**甚大闹**，汝还知也无？(祖堂集·卷四)

(425) 内人神经衰弱，打牌的声音**太闹**，所以不打。(钱锺书：《围城》)

(426) 实话实说吧，我觉得**有点太闹**了。(姚扣根：《电视剧片段解读》)

小结："闹"本为不及物动词，义为"吵闹、争吵"，引申为"喧闹、嘈杂"义，功能上具备形容词的三项典型分布（做定语、做谓语、受程度副词修饰）。转变过程在唐代已经完成。

5.1.3.7 重

孙玉文（2007：102）对"重"的变调构词有详细研究，现略述如下：

"重$_1$"的变调构词脉络为：原始词，义为重叠起来，动词，直容切（平声）。滋生词，义为重量大，与"轻"相对，形容词，直陇切（上声）。"重$_1$"的变调构词，周秦已经存在；唐五代开始，"重"的上声一读已变成去声，因为此时汉语全浊声母上声字已变成了去声，跟"重$_2$"滋生词混同。由"重量大"一义词义构词，义为重量，名词。由"重量大"一义词义构词，义为倚重，看重，吝惜，动词，是意动构词。

"重$_2$"的变调构词脉络为：原始词，义为重叠起来，动词，直容切（平声）。滋生词，义为增加，加上，动词，柱用切（去声）。由"重"的"增加，加上"一义词义构词，构成下列新词：(1) 义为频繁多次，反复，形容词；(2) 义为更加，又，副词；(3) 义为行军或旅行时由部队或个人携带的物资或家属，财产，名词。因为是"加"在集体或个人上面的，故得滋生。"重$_2$"的变调构词当来自上古。"重"的"增加，加上"一义以及"频繁多次""更加"等义后来在口语中消失了；又因为以上诸义跟平声读法相近，故后人变读为平声，不读去声。

由以上分析可知，"重"由动词（义为"重叠起来"，读平声）滋生出两个形容词：一个义为"重量大"，读上声；另一个义为"频繁多次，反复"，读去声。因此，我们将"重"作为动词转为形容词的例子。

小结："重"的语义演变可以用转喻来解释。一方面，把某些物体"重叠起来"可以引发这样的语用推理：如果物体重叠在一起，可能分量比较重；另一方面，重叠物体一般需要反复多次才能完成。这种语用推理使得"重"凝固了"重量大"和"频繁多次，反复"等语用义。在语法功能上，表示"重量大"义的形容词在先秦已经由动词转变而来，具备形容词的4种典型语法分布，是最典型形容词。例证见第三章附录。

5.1.3.8 堵

"堵"是古代计算墙壁面积的计量单位名。《说文》:"堵,垣也。五版为一堵。"引申指"墙壁",如《庄子·盗跖》:"为欲富就利,故满若堵耳。"成玄英疏:"堵,墙也。"然后由"墙壁"义引申为"堵塞、阻挡",这是通过转喻实现的,因为"墙壁"的功能之一就是"阻挡"。"堵"在语法功能上相应变为及物动词。如:

(427)这妖精**把前门堵**了,一定有个后门出入。(西游记·第八十六回)

再通过隐喻手段,由具体到抽象,"堵"的对象扩展到说话者的言语,如:

(428)老爷听了就生了气,说二爷拿话**堵老爷**。(红楼梦·第四十八回)

(429)他们不愿说话,愤怒**堵住他们的口**;不说,心中又要爆裂。(老舍:《蜕》)

动词"堵"又通过由语用推理促动的转喻过程发展出"闷、憋气"义和"(交通)拥堵"义。推理过程是:如果口被堵或者心被堵,则一定处于憋闷或惊慌状态;车辆被堵或者道路被堵,那么路上的交通状况一定很糟糕,很拥堵。这些语用推理语义化的结果就导致"堵"的词义结构里面凝固了"闷、憋气"义和"(交通)拥堵"义。例如:

(430)我简直的没话可说,心里头一劲儿地要笑,又**有点堵得慌**。(老舍:《柳屯的》第八卷)

(431)我要不跟他说说,心里**堵得慌**。(《现代汉语词典》)

(432)父亲还说,觉着心里被什么**堵得都快透不过气儿**了。(梁晓声:《冉之父》)

(433)前一阵大北窑那儿修路,车**堵得厉害**。(刘心武:《公共汽车咏叹调》,《〈小说月报〉第 2 届百花奖获奖作品集》)

(434)火车站**很堵**,请绕道而行。

以上例句中，前4例中的"堵"还是状态动词，最后一例中的"堵"可以受程度副词修饰，已经演变为形容词。不过，"堵"还不能做定语，不能说"一条堵街""堵车都熄火了"，如果一定要做定语，则必须加标记，说成"一条很拥堵的街""堵住的车都熄火了"。

小结："堵"由量词（计算墙壁面积的计量单位）发展为名词（墙壁），然后名动引申，引申出"堵塞、阻挡"义。此义再经由隐喻，形成"堵嘴""堵口"等组合，实际上并不是用实物把嘴或口堵住，而是通过某种努力阻止对方发表意见。"堵塞、阻挡"义又经过语用推理促动的转喻，发展出"闷、憋气"义和"（交通）拥堵"义，当表达此义的"堵"可以接受程度副词修饰时，就演变为形容词了。不过它还停留在非定形容词阶段。

5.1.3.9 挤

"挤"的本义是"推挤（使坠）""排挤（使出）"（释义根据《汉语大字典》）。《说文》："挤，排也。"《广雅·释诂三》："挤，推也。"《正字通·手部》："挤，推之使坠也。"本是及物动词。如：

(435) 小人老而无子，知**挤于沟壑**矣。（左传·昭公十三年）杜预注："挤，队（坠）也。"

(436) 汉军却，**为楚所挤**。（史记·项羽本纪）裴骃集解："瓒曰：'排挤也。'"

由上述动作义虚化，引申出抽象的"陷害、排挤""毁坏、损伤"义，例如：

(437) 故其君因其修以**挤之**，是好名者也。（庄子·人间世）

(438) 刘氏孤弱，王氏擅朝，**排挤宗室**。（汉书·薛宣朱博传）

"挤"原本表示"推"义，为何引申出"拥挤"义（动词义）呢？试看：

(439) 帝与王伏至四更，露水又下，腹中饥馁，**相挤而哭**。（三国演义·第三回）

(440) 次日，徐州百姓，**拥挤府前**哭拜曰："……"（三国演义·第十二回）

上例中的"相挤而哭",肯定不能理解为"相推而哭",相反是"相拥而哭"的意思;"拥挤府前"也不能理解为"拥推府前"。我们知道,"推"的结果是使分开、使分离,"挤"的结果是使靠拢、使靠紧,二者正好相反,如何能这样用呢?我们认为,动词"挤"由"推"义发展为"拥挤、挤在一起"义,可能是通过转喻实现的。"挤"可以是"在一起互相推"。后来,"互相推"义淡化,"在一起"义突出,这其实是用部分代表整体的转喻手段。也可以解释为忽略某个中心义素而突出另一个修饰性义素的引申途径。"很多人在一起"不就是动词"挤"或"拥挤"的词义吗?

动词"挤"或"拥挤"又经过如下的语用推理发展出形容词义,即:如果很多人在一起互相推挤,则场面一定比较拥挤。这种语用推理导致"挤"的词义结构中逐渐包含了"拥挤"义(形容词义)。这种语用推理能够发生,是由于"挤"常常用于下面的一些典型场景,如:

(441) 拜寿的**挤破了门**了,快拿面来我们吃。(红楼梦·第六十二回)
(442) 这一挤,**挤得张亲家老爷没地方儿站**。(儿女英雄传·第四十回)
(443) 除夕,街上**挤满**了人。(老舍:《北京的春节》第十四卷)
(444) 但从火车上下来的人,却吵成一片,**挤成一堆**。(庐隐:《秋光中的西湖》,《庐隐散文集》)
(445) 这车厢仿佛沙丁鱼罐,里面的人紧紧**挤得身体都扁**了。(钱锺书:《围城》)
(446) 我们归心如箭,只好认晦气坐上去,车内当然**挤得很**了。(凌叔华:《登富士山》,《游记选》)
(447) 船小**人挤**,一路上只听见嚷:"……"(钱锺书:《围城》)

当表示"拥挤"义的"挤"接受程度副词的修饰时,表明它已经具备一定的程度义,语法功能上相应地变为形容词。例如:

(448) 因为这边**略略的挤**,便觉得那边**十分的疏**了。(朱自清:《桨声灯影里的秦淮河》)
(449) 硬座车厢里很热、很味儿、**很挤**。(铁凝:《遭遇礼拜八》,铁凝《铁凝小说精粹》)

(450) 十三个人在船上**实在太挤**了！（沈从文：《老伴》）

(451) 我告诉他,拖车**太颠太挤**,何妨坐头等。（郑振铎：《悼夏丏尊先生》）

小结："挤"本义是"推""排",引申为抽象的"陷害、排挤""毁坏、损伤"义。表示"排""推"的动词"挤"通过转喻发展为"（很多人）拥挤、挤在一起"义,仍然为动词。后者再通过语用推理语义化的转喻过程发展出形容词义"拥挤",可以做谓语、受程度副词修饰。形容词用法出现于现代汉语时期。

5.2 动转形的途径及其认知解释

通过上面 30 个动转形个案的描写和分析,我们总结出动转形的三个途径：

5.2.1 及物动词—不及物状态动词—形容词

及物动词通过反宾为主用法,发展为不及物状态动词,然后通过做定语和做不及物谓语的用法,发展为形容词,这是第一条重要途径。在这个转变过程中起作用的是"结果状态焦点化"（或称"终端焦点化"）的认知倾向。

5.2.1.1 词义分解

上面列举的"疏、通、治、困、败、折、断、绝、穿、裂、残、砸"等 12 个及物动词,它们一开始都有较强的及物性,能够支配宾语代表的人或物,对其产生影响,使其状态发生改变。这些及物动词的词义结构中包含着强致使义,如果用词义分解的理论[①]来分析这些动词,它们的词义结构可以表示为（A 代表由动词转变而来的形容词）：

---

① 有关词义分解理论,可参 Dowty(1979)、Larson(1988,1991)、Huang(1988,1992,1994,1997)、黄正德(2008)、Hale and Keyser(1993,2002)、Chomsky(1995)、Jackendoff(1990)、影山太郎(2001)等。

[CAUSE[BECOME[A]]]

上述12个动词在各自发展过程中,都具有反宾为主的用法,如"谏争者疏""使道已通""事治""吴既败矣""屋坏弓折""肉断""两靷皆绝""其卒必困""木城穿""瓢必裂""民残""锅砸了"等。在这些"NP+V"结构中,动词都有两解的可能:一是理解为意念被动用法;二是理解为状态动词。后者的词义结构可以表示如下:

[BECOME[A]]

状态动词再通过做定语、做不及物谓语和受程度副词修饰的用法,进一步凸显这些词的性质状态义及其程度空间,使其形容词性逐渐明显,形容词地位渐渐巩固。上述12个词都能做不及物谓语,后来能够做定语的有11个("砸"还在演变之中,尚不能做定语);能够受程度副词修饰的有"疏、通、治、困",其余的都还不能;能够用于比较句的只有"疏"和"治"。这说明,动转形的步伐也不是完全同步的,有的转变彻底,有的进程较慢,有的则刚刚开始。而形容词"治"到东汉以后就逐渐消失了。

5.2.1.2 结果状态焦点化

及物动词经由不及物状态动词演变为形容词,我们认为促动这一转变过程的是"结果状态焦点化"的认知倾向。影山太郎(2001)在解释英语中的完了形容词和日语中的"～た(ta)"类动词的生成过程时提出了"结果状态焦点化"这一说法[①]。下面介绍这一观点。

英语中的完了形容词(即-ed形容词)由动词构成,也称"形容词性被动"(adjectival passive),与常见的"动词性被动"(verbal passive)相区别。如:

(452)a broken glass(一只被打碎了的玻璃杯);a well-known fact(一个被大家所熟知的事实);an amused look(一个有趣的眼神)

日语中的"～た(ta)"类动词如:

---

① 本节例子转引自影山太郎(2001)。

(453)枯れた草（枯草）；錆びたナイフ（锈刀）；腐つた卵（臭蛋）

影山太郎(2001)先介绍了 Levin and Rappaport(1986)的研究。转述如下：

Levin and Rappaport(1986)认为形容词性的被动是在论元结构中形成的,可用下列公式来表示：

(454)Levin and Rappaport(1986)：**将直接域内论元域外论元化**

"域外论元化"简而言之是从宾语到主语的格提升。例如：

(455)John didn't sell the goods. ⟶ The goods are unsold. / unsold goods

Levin and Rappaport(1986:654)指出这个规则不仅适用于及物动词,而且也可以扩大到适用于非宾格动词①,但非作格动词不能。例如：

(456)wilted lettuce（枯萎的菜叶）；fallen bottle（掉落的瓶子）；rotted tails（腐烂的尾巴）

(457) * a danced girl；* a cried children，* the twinkled stars

影山太郎(2001)指出非宾格动词和非作格动词的这种不同可以用词汇概念结构的不同来进行解释。非作格动词和非宾格动词的概念结构如下：

(458)a. 非作格动词　[x ACT]
　　　b. 非宾格动词　[BECOME[y BE AT-z]]

影山太郎(2001)指出,BECOME 表示达成(achievement),只有包含这个概念的动词才有资格构成完了形容词;-ed 后缀表示随着状态变化的逐步积累,到达最终阶段时产生出一种特定的结果状态或结果位置；英语的-ed形式和日语的"～た"形式都是用来表示到达某种结果状态的,而这种结果状态是状态变化到达极点(culmination)的结果。这些变化可以图示如下：

(459)结果状态的焦点化：行为…＞变化…＞结果状态⟶行为…＞

---

① 影山太郎(2001)《动词语义学》翻译本叫"非对格动词",本书一律改称"非宾格动词"。

变化…＞**结果状态**

影山太郎(2001)最后提出了"结果状态焦点化":

说话者的角度从行为出发到变化,再到结果状态,最后,结果状态被焦点化以得到认知意义上的强调突出。这样,到达结果前的行为和变化的过程就必然被推入背景(background),在语言表现上几乎失去价值。

因此,我们可以说结果状态的焦点化这一认知作用是在英语和日语中都可以见到的一种共同现象。这可能是因为在任何一种语言中,人类生活中的事件和行为是否已经完了具有十分重要的意义,而且人们也已经从生理上形成了区别完了和未完了的特殊反应机制。

他指出英语的-ed形式属于概念结构,日语的"～た"属于句法结构,但在结果状态焦点化这一功能上,两者是有共性的。-ed最典型的是接在及物动词之后,"～た"接在不及物动词之后要多于接在及物动词之后。

古川裕(2002:154)也提出了"终端焦点化"的认知倾向①:

我们认为,人们面对一个事件(event)的起承转结,往往要重视其终结,相对轻视其起因。换句话来说,重视终点(终结)而轻视起点(起因),看来是人类普遍的认知倾向,我们把这样的认知倾向叫做"终端焦点化"(end-focusing)。

我们认为,汉语及物动词转为形容词也基本上可以用"结果状态焦点化"的认知倾向来解释。及物动词带宾语表示的是**一种行为**,其反宾为主用法表示的是一种**状态的变化**,用于反宾为主的动词变为状态变化动词,状态变化若达到极点,就呈现出**结果状态**。凝固了这种结果状态的形容词在句法上的变化就是可以做定语、自由做不及物谓语(用于反宾为主时还受到一些限制,比如常见于对举格式等)、受程度副词修饰。

及物动词不带宾语,成为状态变化动词,再发展为形容词,这条演变

---

① 古川裕(2002)《起点指向和终点指向的不对称性及其认知解释》,载徐烈炯、邵敬敏主编《汉语语法研究的新拓展》(一),浙江教育出版社。

路径可能是一条比较普遍的规律。下面看英语中的一些例子:

(1)break ～ break ～ broken

(1a)及物动词,(使)破,裂,碎:He broke the chocolate in two.

(1b)状态动词,破,裂,碎:All the windows broke with the force of the blast.

(1c)形容词,破损的,伤残的,残缺的,出了毛病的:The TV's broken.

(2)close ～ close ～ closed

(2a)及物动词,关,关闭,闭上:She closed the gate behind her.

(2b)状态动词,关闭;不开放:The doors open and close automatically. / What time does the bank close?

(2c)形容词,关闭,封闭的,不开放:The museum is closed on Mondays.

(3)crack ～ crack ～ cracked

(3a)及物动词,砸开,破开,砸碎,打碎:She cracked an egg into the pan.

(3b)状态动词,破裂,裂开,断裂:Her lips were dry and cracked.

(3c)形容词,破裂的,有裂纹的:He suffered cracked ribs and bruising.

(4)open ～ open ～ open

(4a)及物动词,开,打开,开启:Mr. chen opened the car door for his wife.

(4b)状态动词,开了,打开了:The door opened and Alan walked in.

(4c)形容词,开放的,敞开的;张开的,张着的:She had difficulty keeping her eyes open.

(5)shatter ～ shatter ～ shattered

(5a)及物动词,(使)破碎,碎裂:The explosion shattered all the windows in the building.

(5b)状态动词,破碎,碎裂;粉碎,破灭:My whole world shattered into a millon pieces.

(5c)形容词,遭受极大打击:The experience left her feeling absolutely shattered.

以上五个动词,均有带宾语的及物用法、不带宾语的状态动词用法和形容词用法,其演变脉络清晰可见,各大辞书均设立形容词义项,可见由及物动词经由状态动词发展为形容词这一词类演变规律是客观存在的,不仅仅只是汉语的特例,而很可能是很多语言的共性。

5.2.2　不及物状态动词—形容词

5.2.2.1　"疏"类动词和"破"类动词的定性

"破、碎、坏、废、定、活、响、死、疯"等 9 个动词都是不及物动词,除"响、死、疯"之外,其余 6 个动词在上古汉语时期都有较多的及物用法,有的甚至超过了不及物用法,如"破、活、定、废"等。这些动词在上古既有不及物用法,也有及物用法,因而具有作格性,有的学者如魏培泉(2000)称之为"作格动词"①。

"破""败"等自他两用的动词在上古究竟是及物动词还是不及物动词学术界是有争议的,李佐丰(1983;1994a;1994b)将"破、败"等动词看作自动词,而蒋绍愚(2001)从动词的语义、动词带宾语的频率以及判断外动词的四项语法功能标准等多个角度综合考虑,认为"破""灭""伤""败""坏""解""折"等词所带的宾语是受事宾语,它们是外动词,不是内动词。

影山太郎(2001:146)指出英语中的动词从及物和不及物的角度可以归纳出三种类型:

　　a. 只有及物用法的,如:assassinate(暗杀)
　　b. 只有不及物用法的(非宾格动词),如:happen(发生)、appear(出现)
　　c. 两种用法都有的(作格动词),如:open(开)、break(打碎)、increase(增加)

对于 c 类不及物和及物同形的动词,国外大致有三种意见:

---

① 提出或研究汉语作格动词的主要有 Cikoski(1978a;1978b),吕叔湘(1987),顾阳(1996),徐杰(1999),易福成(1999),杨素英(1999),魏培泉(2000;2001),张林(2001),何元建、王玲玲(2002),陈昌来(2003),汤廷池(2002a;2002b),王晖辉(2002),大西克也(2004),宋亚云(2014),等等。所谓作格动词就是同时具有使动及物和自动不及物用法的一类动词。这类动词能自由地出现在两种句式中:及物小句 AVO 和不及物小句 SV,并且不及物小句的主语 S 在语义角色上认同于及物小句的宾语 O,而不认同于 A。

1. 此类动词以不及物动词为基本,及物动词是不及物动词加上使役概念衍生而成的,如 Lakoff(1970)、Chomsky(1970:215)、Pinker(1989:130)等。Guerssel et al. (1985)为这一使役化归纳的概念结构如下:

不及物动词的使役化分析
不及物动词 break:y come to be BROKEN
及物动词　　break:y cause (y come to be BROKEN)

2. 有人认为,不及物动词和及物动词只不过是个别动词的不同用法而已,如 Fillmore(1968)、Jackendoff(1990:252)、Marantz(1984:180)等。

3. 影山太郎(2001:150—154)提议把英语的作格动词用于使役结构视为基本用法,进而通过反使役化(anti-causativization)引导出不及物动词。open 类作格动词的概念结构如下:

open:[x CONTROL [y BECOME[y BE OPEN]]]

影山太郎指出,如果使役者(x)和变化对象(y)不同指,那么动词便为及物动词(She opened the door);如果变化对象被看成和使役者同指,那么就能得到不及物动词句(The door opened)。此时,CONTROL 不是使役(cause),而是表示主语因其本身的性质,对状态变化有某种"责任"。这就是所谓的"反使役化"。反使役化可以用下面的公式来表述:

概念结构的反使役化:

[x CONTROL [y BECOME [y BE AT-z]]] ⟶ [x = y CONTROL [y BECOME[y BE AT-z]]]

影山太郎指出,这种分析方法和 Levin and Rappaport(1994;1995)提出的由及物动词导出不及物动词的反及物化(detransitivization)方案较为类似,也和 Langacker(1991:332)的认知语法分析方法非常接近。

那么,上古汉语中"破、碎、坏、废、定、活"等动词的及物用法和不及物用法,究竟哪一种是基本用法呢?如果将这些动词看成是不及物动词,那么其及物用法就是通过"使役化"手段衍生出来的;如果将这些动词看成是及物动词,那么其不及物用法就是通过"反使役化"(或称"反及物化")

手段衍生出来的。换言之,不及物动词加上域外论元(使役者)便成为及物动词,反之,及物动词去掉域外论元便成为不及物动词(影山太郎 2001:145)。

我们认为,这个问题不能一刀切,应该具体分析。影山太郎曾指出:

> 英语的不及物动词和及物动词之间的转变方式几乎只有一种方式,即以及物动词(使役结构)为基点,通过"反使役化"衍生出作格不及物动词(break、open、shut 等);而在日语中,及物动词转变为不及物动词有"反使役化"和"脱使役化"两种操作,而将不及物动词转变为及物动词的"使役化"也很发达。(影山太郎 2001:146)

> 英语基本上只有在使役结构上通过反使役化衍生出不及物动词这一单向操作。这是因为现代英语没有变换词汇层次上的态(VOICE)的后缀……与英语不同,日语有特定的后缀,可以进行双向的态(VOICE)的转化,即及物动词转化为不及物动词,不及物动词转化为及物动词。(影山太郎 2001:220)

汉语中既有"反使役化",也有"使役化",前者使得及物动词发展为不及物动词,如上举"疏、通、治、困、败、折、断、绝、穿、裂、残、砸"等 12 个及物动词;后者使得不及物动词发展为及物动词,如"破、碎、坏、废、定、活"等 6 个不及物动词。为什么说前者本是及物动词、后者本是不及物动词呢?这有几点考虑:

1. 我们结合《说文》的释义、各种注释类文献的解释、先秦文献中及物用法和不及物用法的使用频率对比综合判断"疏"类 12 个动词是及物动词,"破"类 6 个动词是不及物动词。

先看"疏"类 12 个动词。

(460)《说文》:"疏,通也。""绝,断丝也。""穿,通也。""败,毁也。""残,贼也。""折,断也。从斤断草,谭长说。""断,截也"。

(461)《尔雅·释言》:"割,裂也。"邵晋涵《尔雅正义》:"裂,说文作列,分解也。"

结合上述解释及先秦文献中的用法,上面的 8 个动词可以定为及物动词,不及物用法是反使役化的结果。

"通"在《说文》中的解释是"达也"。这说明它本是不及物动词。但是,我们认为"通"的状态动词用法(如"道路不通")是通过其及物用法(开通道路)的反宾为主用法发展而来的,后者又是由表示"到达"的"通"发展而来的。即:

(462)通:不及物动词(到达、通到)—→及物动词(流通、疏通、开通、沟通)—→不及物状态动词(开辟、开通)—→形容词(通达的、畅通的、通顺的)

《说文·口部》:"困,故庐也。"这个解释不能告诉我们"困"是及物动词还是不及物动词。"困"是"捆"的本字,本义是"门槛"。由本义不可能一下子引申出"困窘、穷困"的意思,而只能通过"门槛－阻碍－围困－困窘、穷困、窘迫、贫困－疲惫、疲乏"这样的引申脉络一步步演变。

《说文》:"治,水。"这个解释对于判断及物还是不及物也不顶用。《玉篇·水部》:"治,修治也。"《广韵·至韵》:"治,理也。"结合这些注释以及"治"在先秦的表现,可以肯定其及物用法是基本的,不及物用法是派生的。

前面8个动词,加上"通、困、治",共11个动词,它们的及物用法是基本的。"砸"出现很晚,结合《现代汉语词典》的解释及其用法,可知"砸"也是及物动词。

再看《说文》对"破、碎、坏、废、定"5个词的解释:"破,石碎也。""碎,䃺也。""坏,败也。""废,屋顿也。""定,安也。"

由这些注释可知,"破、碎、坏、废、定"是不及物动词①,及物用法是使役化的结果。

再看"活"。

《说文》:"活,水流声。"《诗·周颂·载芟》:"播厥百谷,实函斯活。"郑玄笺:"活,生也。"《广韵·末韵》:"活,不死也。"

---

① 宋亚云《汉语作格动词的历史演变及相关问题研究》中鉴于"破"在上古超强的及物性而将其视为及物动词,不及物用法是通过反宾为主用法发展而来的。这样就和《说文》的说法不一致。本书倾向于认为"破"本为不及物动词,及物用法是使役化的结果。

结合这些解释，可以初步认定，"活"本是不及物动词，虽然在先秦 10 部文献①中 41 例"活"的使动用法有 25 例，高达 61%，但是我们认为，在使动用法盛行的上古汉语中，这种情况并非完全不可能。"死"是不及物动词，无需多言。总之，"破"类 6 个动词的不及物用法是基本的，及物用法是衍生的。

2. 如果我们将"疏"类动词（"砸"除外）如同"破"类 6 个动词一样，都视为不及物动词，它们的及物用法都是"使役化"所导致的，这不仅和《说文》等训诂材料的解释相违背，而且"反宾为主"这一说法也将毫无容身之地，更为重要的是，我们将无法合理解释这些"疏"类动词在上古文献中及物用法一律占压倒性优势的现象。因此，"疏"类动词视为及物动词似乎更为妥当。

3. 如果我们将"破"类动词（"死"除外）如同"疏"类动词一样，都视为及物动词，它们的不及物用法都是"反使役化"所导致的，这不仅和《说文》等训诂材料的解释相违背，而且"使动用法"这一说法也将毫无容身之地。因此，"破"类动词视为不及物动词似乎更为妥当。

总之，汉语中既有所谓的"反使役化"，也有"使役化"，这是汉语不同于英语而部分接近于日语的特点。Dixon and Aikhenvald（2000）在 *Changing Valency* 一书中总结了部分语言减价的几种途径（被动 passive，反被动 antipassive，反身化 reflexive，交互转换 reciprocal 和反使役 anticausative）和增价的几种途径（述题化 applicative② 和使役化 causative）。及物动词可以通过减价手段发展出不及物用法，不及物动词可以通过增价手段发展出及物用法，因此，及物和不及物的相互转化可能是人类语言的一种共性。

5.2.2.2 "破"类动词向形容词的演变

上一节我们论证了"破、碎、坏、废、定、活"等动词是不及物动词。它们可以向两个方向演变，一是通过使役化，也即通过使动用法发展为及物

---

① 详细统计见笔者博士论文《汉语作格动词的历史演变及相关问题研究》。
② 所谓述题化就是指一些外围格成分如工具、处所等占据宾语的位置使动词搭配的论元增加一个，动词也增加一价（Dixon and Aikhenvald 2000:13）。这有点类似于汉语"写毛笔、听耳机、飞上海"之类的用法。

动词;二是通过做定语、做不及物谓语的用法以及受程度副词修饰的途径,发展为形容词。前者是进一步强化其动作义,后者是进一步削弱其动作义。"破"类动词分别用于不及物状态动词、及物动词、形容词时,其相应的词义结构可以简单地表示为:

(463) 不及物动词：卵**破**子死。　[BECOME[**破**]]
(464) 及物动词：　　焚符**破**玺。　[CAUSE[BECOME[**破**]]]
(465) 形容词：　　　以**破**瓮蔽牖。[**破**]

"破"类不及物动词的发展脉络当为:

(466) 及物动词 ⟵ 不及物动词 ⟶ 形容词

"疏"类及物动词的发展脉络当为:

(467) 及物动词 ⟶ 不及物动词 ⟶ 形容词

张国宪(2006c)曾指出:

假如把性质形容词、状态形容词和变化形容词置入"名词—形容词—动词"的连续统中去解释,我们可以对现代汉语的连续统作如下的描述:

名词　区别词　性质形容词　状态形容词　变化形容词　不及物动词　及物动词
_____

最不易受时间变化　　　　　　　　　　　　　　　　最易受时间变化
空间性最强　　　　　　　　　　　　　　　　　　　时间性最强

如果我们截取这个图示的右半部分,把性质形容词、状态形容词和变化形容词合并为形容词,就会得到这样的发展脉络:形容词—不及物动词—及物动词。这和上面总结的"疏"类及物动词的发展脉络是一致的。

综上,"疏"类和"破"类的形容词化,究其实质,都是由不及物动词发展为形容词,准确地说,都是由不及物状态变化动词发展为形容词。因此,"结果状态焦点化"的认知动因,同样适用于"破"类动词的形容词化。

5.2.3　通过语用推理发展而来的形容词

我们发现,在汉语史中,还有一些动词发展为形容词不能用"结果状态焦点化"的认知动因来解释。这些动词中,既有及物动词,如"重、堵、挤";也有不及物动词,如"飘、吵、闹";还有本为不及物动词,后通过使动用法发展为及物动词的,如"沉、浮、透"。这 9 个动词向形容词的演变,我们初步认为它们都是通过语用推理的途径发展为形容词的。

比如,"沉"本是不及物动词,意思是"沉没、下沉",由此义发展为"深"义和"重"义,似乎不是"结果状态焦点化"的结果。这里涉及的语用推理是:下沉的东西位置可能比较深,分量可能比较重,这种语用推理语义化的结果就导致"沉"的词义结构中凝固了"深"义和"重"义,其他各义基本上都是这两个意思的发展变化。前面所举《抱朴子内篇·论仙》中"重类应沈……轻物当浮"的例子就是这种语用推理的最好诠释。"浮"发展为"轻"义,也是语用推理的结果:漂浮的物体分量可能比较轻。"透"由"透过、穿过"义引申为"达到充分的程度""彻底、清楚"义,可能也是由于语用推理,前面已经阐述,此不赘。其他 6 个动词"重、堵、挤、飘、吵、闹"也都可以用语用推理来解释。

5.3 动转形的意义

如上所述,"疏"类动词和"破"类动词从上古到中古有一个共同的发展趋势,就是向形容词演变。现在,我们将"疏"类和"破"类合称"V$_{破类}$"。上古后期,"S＋V$_{破类}$"和"V$_{中性}$＋V$_{破类}$"式激增,"V$_{破类}$"的状态义得以独立出来,当它们可以做定语和不及物谓语时,基本上可以视为形容词,但还不是典型的形容词(除非像"疏"一样具备形容词的四项典型分布)。"V$_{破类}$"变为形容词的意义在于:

1."V$_{破类}$＋NP"被优先理解为定中结构,而不是述宾结构。胡敕瑞(2005b)《动结式的早期形式及其判定标准》指出"破 NP""坏 NP""碎 NP""折 NP"在上古都是述宾结构,而到东汉则有不少变为偏正结构。胡先生称之为"作饰语",其实就是做定语。"V$_{破类}$＋NP"发生重新分析的原因就在于"破"类动词已经转变为形容词。

2."V$_{中性}$＋V$_{破类}$"也开始重新分析,由连动式变为动结式。同时或稍后,"$V_{中性}+V_{破类}+NP$"成为一个具有高度能产性的句法槽。"$V_{破类}$"变为形容词后,吸引了与之功能类似的不及物动词的填入,导致动结式东汉以后大量产生。

3. "$V_{破类}$"变为形容词后,及物性减弱,原来的"$V_{破类}+NP$"要么改用"$NP+V_{破类}$"式表达,要么改用"$V_{中性}+V_{破类}+NP$"的形式表达。对于后者来说,等于用一个词组替换了原来的一个词;换言之,原来由一个词表达的内容,后来换用一个词组来表达。蒋绍愚(1989)《古汉语词汇纲要》指出这是一种从综合到分析的发展趋势。

第六章

现代汉语中的名动转形现象考察

6.1 概说

本章中收集到的近 400 个名动转形的例子主要来自《现代汉语词典》(第五版)(以下简称《现汉》)[①]。《现汉》标注词类的原则是：在区分词与非词的基础上给单字条目、多字条目标注词类。单字条目在现代汉语中成词的标注词类，不成词的语素和非语素字不做任何标注。单字条目中的文言义，只给数词、量词、代词、副词、介词、连词、助词、叹词、拟声词标注词类，名词、动词、形容词不作任何标注。多字条目除词组、成语和其他熟语等不作任何标注外，一律标注词类(见《现汉》"凡例")。

不少词在《现汉》中，同时标注了"名"和"形"、"动"和"形"，

[①] 本章所说的现代汉语形容词，如果不做特殊说明，一般是指性质形容词，不包括形容词的两个附类：状态词和属性词。本章还把涉及的形容词在《现汉》和《现代汉语规范词典》(以下简称《规范》)中的释义进行了对比。有少数词，如"规律"，《现汉》没有列举形容词义项，《规范》有，我们认为应该根据《规范》的释义视为名转形的例子。有少数词，《现汉》和《规范》义项排列均不妥，我们进行了调整，如"威严""芬芳"，形容词义项在名词义项之前，而"威风""威武""芳香"又正好相反，我们认为"威严""芬芳"的名词义项当置于形容词义项之前，以取得一致；"点滴"也是如此。有少数词，其形容词用法仅存在于书面语中，如"灵怪""影响""中庸""晦明""骨鲠"等；或者《规范》并未列举形容词用法，如"巴结"；或者《规范》标注为"动"或"副"，如"非礼""相左""碍难"，我们不录这样的词。

有的还同时标注了"名""动"和"形",这给我们判断哪些名词和动词转变为了形容词提供了线索。一般来说,如果名词或动词义项排列在前,形容词义项排列在后,可以初步视为后者由前者发展而来。或者,某个字分为两个词条,词条1标注为名词或动词,词条2标注为形容词,则后者也往往由前者发展而来。必须指出的是,有时候排在前面的义项是常用义项,但不一定比后面的义项更早,如"附属"本是动词,义为"依附归属",如《后汉书·西域传·莎车》:"匈奴单于因王莽之乱,略有西域,唯莎车王延最强,不肯附属。"但是《现汉》将它的属性词用法(如"附属小学""附属工厂")排在首位,把动词用法排在第二位,这是考虑到属性词用法在现代汉语中更为常见。再如"异性",名词义项指"异性的人或事物",形容词义项为"性别不同的;性质不同的",是属性词,是由名词义项发展而来的。《现汉》把形容词义项排在首位,也是考虑到这个义项更常见。因此,虽然有些词的形容词义项排在首位,名词或者动词义项排在其后,但形容词义项却是由排在后面的名词或动词义项发展而来的。如果只是找名词义项在前、形容词义项在后的例子,就会遗漏这种情况。还有一种相反的情况是,名词或动词义项虽然排在形容词义项之前,也是因为前者更为常见,但从演变脉络来看,前者是由后者发展出来的。有时候我们很难辨别《现汉》义项排列的标准,即某个义项排在首位究竟是由于后面的义项是由它发展而来的,还是因为它更为常见。毋庸讳言,笔者对此调查不够全面,疏漏之处在所难免。我们全部统计了《现汉》中的这些词条,分为单音节和双音节名动转形两大类,单音节又分为单音节名词转变为形容词和单音节动词转变为形容词,双音节又分为双音节名词转变为形容词和双音节动词转变为形容词。下面分开讨论。

6.2 单音节名动转形

6.2.1 单音节名词转变为形容词

《现汉》中,名词义项排在形容词义项之前的单音节词有54个。根据名词的语义类别,大致可以分为六类:

1. 自然现象、自然物,13 个,即:海、洋、潮¹、灰、土、火、花¹、草²、光、毒、素、糠、阴。

2. 日常用品、食物,13 个,即:铁、板¹、木、柴、棒、鼓、肉、瓢、糟、面、油、粉、精。

3. 人类、动物、鬼神,13 个,即:亲、贼¹、派¹、猴、牛¹、熊²、皮、毛、头、鬼、神、妖、灵。

4. 方位、处所、时间,9 个,即:左、右、中、村、家¹、野、牢、早、晚。

5. 感觉,3 个,即:腥、酸¹、热。

6. 形状、度量,3 个,即:圆、寸、值。

在这些名词中,有的早在先秦时期就已经具备形容词用法,到现代汉语时期,名词用法和形容词用法都依然存在,《现汉》因此同时标注了"名/动"和"形",如"神、亲、精、素、阴、光、野、灵、晚、草、毒、牢、早、鬼、贼、热、木、左、腥、中、圆"等;有的在汉魏以后就已经具备形容词用法,如"洋、妖、酸、寸、土、铁"等;有的在唐代以后就已经具备形容词用法,如"海、灰、花、板、家、粉"等;有的在宋元时期就已经具备形容词用法,如"村、油、潮、头、毛"等;有的直到现代汉语时期才具备形容词用法,如"火、糠、瓢、柴、棒、鼓、肉、糟、面、派、猴、牛、熊、皮、右、值"等。下面分四个时期来讨论。

6.2.1.1 承自上古汉语时期(先秦)

上述 54 个词中,我们在第四章中已经详细描写了"神、亲、精、素、阴、光、野、灵、晚、草、毒、牢、早、鬼"等 14 个词由名词转为形容词的过程,此不赘。此外,还有"热、腥、木、贼①、左、中、圆"等 7 个名词在上古也兼有形容词的用法,而且名词用法和形容词用法一直持续到现代汉语时期,《现汉》因此兼注"名"和"形"。下面分别列举它们在先秦时期的形容词用法(释义及词类标注见《现汉》):

热

(1)如水益深,如火**益热**。(孟子·梁惠王下)

---

① "贼"在先秦有两个形容词义项,即"暴虐,狠毒"义和"诈伪,狡黠"义,现代汉语中,前者消失了,后者还保留着。在某些方言中,"贼"还发展出"很,十分"义,表示程度相当高,是副词。

(2) 吾朝受命而夕饮冰,我其**内热**与?(庄子·人间世)

腥

(3) 大飨之礼,尚玄酒而俎**腥**鱼,大羹不和,有遗味者矣。(礼记·乐记)

(4) 其味辛,其臭**腥**。(礼记·月令)

木

(5) 刚、毅、**木**、讷,近仁。(论语·子路)何晏《集解》引王肃曰:"木,质朴。"

(6) 几矣,鸡虽有鸣者,已无变矣。望之似**木鸡**矣,其德全矣,异鸡无敢应者,反走矣。(庄子·达生)

贼

(7) 保利弃义谓之**至贼**。(荀子·修身篇)

(8) 为主而**贼**,为父母而暴,为臣下而不忠,为子妇而不孝。(管子·形势解)

左

(9) 且冢卿无路,介卿以葬,不亦**左**乎?(左传·昭公四年)

(10) 执**左**道以乱政,杀。(礼记·王制)郑玄注:"左道,若巫蛊及俗禁。"孔颖达疏:"卢云左道谓邪道。地道尊右,右为贵……故正道为右,不正道为左。"

中

(11) 头颈必**中**。(礼记·玉藻)郑玄注:"头容直。"

(12) 斲挚必**中**,胶之必均。(周礼·考工记·弓人)

圆

(13) 其粟**圆**而薄糠。(吕氏春秋·审时)高诱注:"圆,丰满也。"

(14) 凡阵有十:有方阵,有**圆**阵。(孙膑兵法·十阵)

6.2.1.2 承自中古汉语时期(汉①、魏晋南北朝、隋)

在第四章中,我们指出"臭"至晚在汉代就已经由名词(秽恶之气)分

---

① 西汉是上古到中古的过渡时期,东汉是中古汉语的开端,隋代是中古汉语的结束时期。

化出形容词(气味臭)用法;"辣"在六朝时期才由名词变为形容词,"浪"作为形容词单用出现在六朝时期。① 此外,还有几个词也是在中古时期才发展出形容词用法,如"洋、妖"的形容词用法产生于汉代以后,"酸、寸、土、铁"的形容词用法约产生于魏晋时期或稍后。下面分别列举它们在这一时期的形容词用法:

洋

(15)盖闻中国有至仁焉,**德洋**恩普,物靡不得其所。(汉书·司马相如传下)

妖

(16)近之既**妖**,远之有望。(文选·神女赋)

(17)美女**妖**且闲,采桑歧路间。(曹植集校注·美女篇)

酸

(18)苍茫曙月落,切戾晓风**酸**。(答何秀才诗)

(19)及后主薨,后自为哀辞,文甚**酸切**。(陈书·皇后传·后主沈皇后)

寸

(20)**寸情**百重结,一心万处悬。(玉台新咏·望织女)

(21)丹心**寸意**,愁君未知。(汉魏六朝小说选·续齐谐记·会稽赵文韶)

(22)**寸刃**不能刊长洲之林。(抱朴子外篇·广譬)

土

(23)其**土人**所以推锋执锐,无反顾之心者,为臣属于汉故也。(后汉书·虞诩传)

(24)夫民之性也,各有所禀。生其山川,习其**土风**。(后汉纪·卷九)

铁

(25)别遣**铁骑**二百,迎吏官属。(三国志·魏书·阎温传)

(26)攸之素蓄士马,资用丰积,至是战士十万,**铁马**二千。(宋书·沈攸之传)

---

① 不过,现代汉语中,"臭"和"辣"的名词义消失,"浪"的形容词用法很少,只见于"浪笑、浪游"等组合中,成为形容词性语素。因此,对于这三个词,《现汉》没有同时标注"名"和"形"。

6.2.1.3 承自近代汉语时期(唐—清)

第四章指出了"蓝"大约到唐代才由名词分化出形容词用法,"潮"在宋代以后才由名词分化出形容词用法,"准"晚至明清时期才发展为形容词①。此外,"海、灰、花、板、家、粉"等几个词的形容词用法大约产生于唐代,"村、油、头、毛"等几个词的形容词用法大约产生于宋代至明清时期。下面分别列举它们在这一时期的形容词用法:

海

(27) 河目**海口**,共看说法之精神。(全宋文·鹅湖巳老住温州净光疏)

灰

(28) 时有物大如水牛,**灰色**卑脚。(晋书·郭璞传)

(29) **心灰**不及庐中火,鬓雪多于砌下霜。(全唐诗·卷四四一·冬至夜)

(30) 虽然是运不齐,他可也**志不灰**。(元曲选校注·第三册·举案齐眉)

花

(31) 翠眉桃脸潜消瘦,玉貌**花容**顿改春。(敦煌变文·父母恩重经讲经文一)

(32) 连枝**花样**绣罗襦,本拟新年饷小姑。(全唐诗·卷四四八·绣妇叹)

板

(33) 树栽嗤汉帝,**桥板**笑秦皇。(全唐诗·卷五三九·玄微先生)

(34) 七言律,对不属则偏枯,太属则**板弱**。(唐音癸签·卷三·诗薮·近体中)

(35) 宝玉道:"这**太板腐**了。莫若'有凤来仪'四字。"(红楼梦·第十七回)

---

① 《现汉》把"蓝"的形容词义置于名词义之前,大概是由于前者比后者常用。"准"的"测平的器具"义消失,因而《现汉》没有标注"名"。《现汉》"潮"下兼注"名"和"形"。

家

(36)有异鸟如鹤,红色,集讲堂,驯狎如**家禽**焉。(梁书·处士传·何胤)

(37)三藏道:"这獐鹿想是太保**养家**了的?"(西游记·第十三回)

(38)他别想着俗语说的"**家花**那有野花香"的话,他要信了这个话,可就大错了。(戚蓼生序本石头记·第六十七回)

粉

(39)**粉翅**两悠扬,翩翩过短墙。(花间集·卷八·玉蝴蝶)

村

(40)拟提社酒携**村**妓,擅入朱门莫怪无。(全唐诗·卷四五六·令公南庄花柳正盛欲偷一赏先寄二)

(41)有那**村**知县,硬自捉缚,须要他纳。(朱子语类·卷四)

(42)他骂道孙二穷厮煞是**村**,便待要赶出门。(全元曲·卷七·杀狗劝夫)

油

(43)未嫌满院**油头**臭,蹋破苔钱最恼人。(山谷内集诗注·卷十四·又戏题下岩)

(44)三藏道:"何为**油嘴油舌**?"(西游记·第三十六回)

(45)这京城里做买卖的人,未免太**油腔滑调**了。(二十年目睹之怪现状·第七十二回)

头

(46)**头醋**不酽彻底薄。(水浒传·第五十一回)

(47)酒乃僧家**头一戒**,贫僧自为人,不会饮酒。(西游记·第十二回)

(48)直到第二日要发童生案,**头一晚**才想起来。(儒林外史·第七回)

毛

(49)西方**毛怪**,闻我的手段,不敢伤我师父。(西游记·第二十七回)

(50)〔孙行者〕纵云赶上,骂了几声**毛鬼**道:"你怎么有话不来直说,却那般变化了,演样老孙?"(西游记·第三十二回)

(51)日无光而**毛**,天不昏而睡。(袁中郎诗文选注·雾中望山)

6.2.1.4 现代汉语时期(清末至今)

"火、糠、柴、棒、鼓、肉、瓤、糟、面、派、猴、牛、熊、皮、右、值"等16个词直到现代汉语时期才发展出形容词用法。下面分别列举它们的形容词用法,各举1例:

(52)哪一所大学里,都有那么一伙嬉皮士。他们玩贵族**玩得很火**。(梁晓声:《表弟》)

(53)"这萝卜好!还不**糠**……"他趁咽下一口时,这样赞扬。(张贤亮:《绿化树》)

(54)这个小孩儿**太柴**了。(《现代汉语词典》)

(55)想想看,没了臭水,没了臭味,没了苍蝇,没了蚊子,噢,**太棒**了!(老舍:《龙须沟》第十一卷)

(56)于是把皮球在脚下用力捣毁它,任是怎样捣毁,皮球仍是**很圆**,**很鼓**,后来到祖父面前让他替我踏破!(萧红:《蹲在洋车上》)

(57)这西瓜瓤儿**太肉**,不好吃。(《汉语大词典》)

(58)石柱,你的插秧技术真不**瓤**嘛!(童边:《新来的小石柱》第十一章)

(59)倘去凿壁,事情就**更糟**。(鲁迅:《且介亭杂文·难行和不信》,《鲁迅全集》第六卷)

(60)这土豆是厂里开了片荒地自己种的,很沙,也**很面**。(梁晓声:《钳工王》)

(61)还是拿银行说吧,我亲眼见,洋鬼子再学一百年也赶不上中国人。洋鬼子**不够派儿**。(老舍:《取钱》第十四卷)

(62)这孩子**多猴**啊!(《现代汉语词典》)

(63)甭犯**牛劲**,我是直心眼,有一句说一句!(老舍:《骆驼祥子》第三卷)

(64)人**熊**被人欺,马**熊**被人骑。(陈登科:《活人塘》十五)

(65)有时我很**皮**,会故意去拍打水面,想溅出一片水花来。(朱文泉:《叶珍:一个平凡而又伟大的母亲》)

(66)杨献珍秘书代"戴帽"杨是中共资深理论家,思想被认为一贯很**右**,出言尖刻。(黎泽济:《文史消闲录》)

(67) 我觉得这四年汉语学得很**值**,将来谁能离得开语言呢?(张承志:《北方的河》)

6.2.1.5 小结

《现汉》中,有 54 个单音节词同时标注"名"和"形",而且"名"在前、"形"在后,我们视为名转形的例证。我们在第四章中详细描写了其中 15 个词的转变过程(神、亲、精、素、阴、光、野、灵、晚、草、毒、牢、早、鬼、潮),其中,除"潮"的形容词用法产生于宋代以外,其余的 14 个词的形容词用法都见于先秦时期。本章中,我们对另外 39 个词的名转形过程也进行了研究,大致确定了它们发展出形容词用法的时代,即:"热、腥、木、贼、左、中、圆"7 个名词、"洋、妖、酸、寸、土、铁"6 个名词、"海、灰、花、板、家、粉、村、油、头、毛"10 个名词、"火、糠、瓢、柴、棒、鼓、肉、糟、面、派、猴、牛、熊、皮、右、值"16 个名词分别在上古汉语时期、中古汉语时期、近代汉语时期和现代汉语时期发展出形容词用法,有的兼具做谓语、做定语、受程度副词修饰三项功能,有的具备两项,有的则只能做定语或只能做谓语。

总之,结合第四章和本章可知,《现汉》中记录的由单音节名词发展而来的 54 个形容词中,有 21 个见于上古汉语时期,有 6 个见于中古汉语时期,有 11 个见于近代汉语时期,有 16 个见于现代汉语时期。因此,《现汉》中记录的名转形现象,不是在现代汉语时期一下子突然产生的语法现象,而是早在上古汉语时期就已经开始,经由中古汉语、近代汉语,直到现代汉语时期,逐渐积累而形成的。

在发展过程中,各时期的名形兼类词,呈现出四种情形:(一)名词义和形容词义都保留至今,如"神、野、亲、光、牢、俗、草、香"等;(二)名词义消失,仅剩形容词义,如"准"的名词义"测平的器具","粗"的名词义"糙米,粗粮","苦"的名词义"苦菜","纯"的名词义"未经染色的丝","尊"的名词义"盛酒的礼器","广"的名词义"四周没有墙壁的大屋",到现代汉语时期都消失了,仅剩下形容词义;(三)形容词义消失,仅剩名词义,如"典"的形容词义"可以作为典范的、典雅、古朴、不俗"消失,仅剩下名词义"经籍、典范性书籍";(四)名词义和形容词义都消失,或者只是在复合词中作为语素得到保留,如"经"的形容词义"经久不变的、恒常、正常"后来消失,只是在复合词如"经典"中还得到保留,名词义"纺织物的纵向的纱或线"也消失了。"阜"的名词义"土山"和形容词义"高、大、厚、盛、多",在现代汉语时期都不再常用了。"练"的名词义"生丝"和形容词义"精选的、精锐的、精良的、美好的",现代汉语中也都消失了。对于(二)(三)(四)三种情况,《现汉》中都不会同时标注"名"和"形"。因此,仅仅从《现汉》出发,还不能全面发现汉语史上名转形的大量例证。在第四章中,我们实际上是从先秦出发,看哪些名词在上古就已经发展出了形容词用法;在本章中,我们实际上是着眼于现代汉语这个共时层面,看哪些名词在这一时期还兼有名、形两种用法,然后再往前看,探讨其形容词用法究竟产生于何时。因此,第四章属于由源探流,本章属于由流溯源,二者互为补充。

6.2.2 单音节动词转变为形容词

《现汉》中,动词义项排在形容词义项之前的单音节词有 38 个①。根据形容词义项的语义类别,大致可以分为四类:

1. 表示人或事物某种不好的结果或状态:败、坏、残、破、碎、废、绝、背²。

2. 表示人或事物某种好的结果或状态:成、顺、对、到、行。

3. 表示人的某种身体或精神状态:困、疯、死、活、憋、愣、胀、烫。

4. 表示某种场景或动作状态:吵、闹、堵、挤、飘、浮、沉、通、穿、透、定、响、冲、抠、拧、逗、总。

6.2.2.1 转变时间

以上 38 词中,第五章已经详细描写了其中的"败、坏、残、破、碎、废、绝、困、疯、死、活、吵、闹、堵、挤、飘、浮、沉、通、穿、透、定、响"等 23 个动词转为形容词的过程。其余 15 个动词(背²、成、顺、对、到、行、憋、愣、胀、烫、冲、抠、拧、逗、总)转为形容词的大致时间如下:

---

① 有少数词,其动词义项排在形容词义项之前,但动词义项或形容词义项仅见于某些方言中,故暂不收入,如"焗、趁、得、恣、损"等。

顺：先秦时期就已经产生形容词用法①，一般只做谓语，很少做定语。如：

(68) 名不正，则言不**顺**，言不**顺**，则事不成。(论语·子路)

(69) 故曰斩而齐，枉而**顺**，不同而一，夫是之谓人伦。(荀子·荣辱篇)有条理。

(70) 致明而约，**甚顺**而体，请归之礼。(荀子·赋篇)

(71) 臣东周之鄙人也，窃闻王义**甚高甚顺**。(战国策·燕策一)

(72) 及颍川吏民有行义者爵，人二级，力田一级，贞妇**顺**女帛。(汉书·宣帝纪)

总：汉魏时期产生形容词用法，一般只做定语，不做谓语。如：

(73) 书，《五经》之**总名**也。(论衡·正说篇)

(74) 是则**总章**无常曲，大庖无定味。(抱朴子外篇·辞义)

(75) 赐之大路。(左传·襄公二十四年)杜预注："大路，天子所赐车之**总名**。"

到：魏晋时期产生形容词用法，一般只做谓语，不做定语。如：

(76) 今郡太守改服责己，为民祈福，精诚**恳到**，未有感彻。(后汉书·谅辅传)

(77) 仲业渊长，雅性**清到**，宪章古式，绸缪典诰。(全上古三代秦汉三国六朝文·征士颂)

(78) 谁谓会浅，义深**情到**。(魏书·列女传)

(79) 性**率到**，鲜狎人物。(南齐书·高逸传)

背：宋元时期产生形容词用法，一般只做谓语，不做定语。如：

---

① 《说文》："顺，理也。"《汉语大字典》据此认为"顺"的本义是道理，排在首位，大误。段玉裁说："理者，治玉也。玉得其治之方谓之理，凡物得其治之方皆谓之理。理之而后天理见焉，条理形焉，非谓空中有理，非谓性即理也。顺者，理也，顺之所以理之，未有不顺民情而能理者。"(《说文解字注》，浙江古籍出版社 1998 年)由此可知，"顺"本是动词，是"理之使顺"的意思，后演变为形容词。

(80) 师曰:"山僧**耳背**。"(五灯会元·卷三)

(81) 妹子你莫**耳朵背**错听了。(全元曲·第九卷·争报恩)

(82) 这两把都没和,他失云了自信,而越打越慌,**越背**。(老舍:《四世同堂》第四卷)

对:明清时期产生形容词用法,一般只做谓语或补语,不做定语。如:

(83) 若**说不对**,便是假书。(水浒传·第三十九回)

(84) 你这相貌稀奇,声音**不对**,是那里来的,这般村强?(西游记·第六十八回)

(85) 他不在家,或是属相生日**不对**,所以先说与兄弟了。(红楼梦·第五十七回)

(86) 等我诊了脉,听我说了,看是**对不对**。(红楼梦·第八十三回)

(87) 我问了问他,他说姓尹,从淮安来,那弓合砚台倒**说得对**。(儿女英雄传·第十七回)

憋:明清时期产生形容词用法,一般只做谓语,不做定语。如:

(88) 平安儿,我不言语,**憋的我慌**。(金瓶梅·第三十五回)

(89) 这么凉爽的天,他的胸脯又是那么宽,可是他觉到空气仿佛不够,胸中**非常憋闷**。(老舍:《骆驼祥子》第三卷)

胀:明清时期产生形容词用法。汉代的"胀"还是不及物动词,义为"膨胀",如:

(90) 人或咽气,气满**腹胀**,不能屡饱。(论衡·道虚篇)

(91) 妇人怀娠六七月,脉弦发热,其胎**愈胀**。(金匮要略方论·卷二十)

明清时期,"胀"由不及物状态动词发展为形容词,指"身体内壁受到压迫而产生的不适之感",一般只做谓语,不做定语。如:

(92) 各依所用的咒语念一念,**眼胀头痛**,脑门皆裂。(西游记·第八回)

(93) 他依旧生痛,痛得竖蜻蜓,翻筋斗,耳红面赤,**眼胀身麻**。(西游记·第十四回)

(94)肝家血亏气滞者,必然胁下**疼胀**,月信过期,心中发热。(红楼梦·第十回)

(95)袭人起来,便觉身体发重,**头疼目胀**,四肢火热。(红楼梦·第十九回)

烫:清代产生形容词用法,一般只做谓语,不做定语。如:

(96)只听安公子在院子里说道:"嚄,嚄,**好烫**! 快开门!"(儿女英雄传·第九回)

(97)张老端过茶来,公子连忙站起来要接,见没茶盘儿,摸了摸那茶碗又**滚烫**,只说:"你老人家叫他们倒罢。"(儿女英雄传·第三十七回)

拧:清代产生形容词用法,一般只做谓语和补语,不做定语。如:

(98)我是把两样东西的名儿**记拧**了!(儿女英雄传·第三十八回)

(99)你可别认成《三国演义》上的诸葛亮七擒孟获,《水浒》上的吴用智取生辰纲,作成圈套儿来汕你的,那可就**更拧**了!(儿女英雄传·第十九回)

(100)倒是**弄拧**了一笔账,算到此刻还没有闹清楚。(二十年目睹之怪现状·第二十六回)

(101)他想说"狗嘴里长不出象牙",**说拧**了,说成"象嘴里长不出狗牙",引得大家哄堂大笑。(《现代汉语词典》)

(102)两个人**越说越拧**。(《现代汉语词典》)

(103)我从那以后就退出一切组织,跟学校的关系**特别拧**。(冯骥才:《一百个人的十年》)

成:现代汉语时期产生形容词用法,一般只做谓语,不做定语。如:

(104)嗐! 院子都扫完了? 你**真成**! 请请你!(老舍:《骆驼祥子》第三卷)

(105)我们一对一个的喝起来了,老家伙**真成**,陪着我喝了五个,一点不含忽!(老舍:《二马》第一卷)

(106)他可**真成**! 什么都难不住他。(《现代汉语词典》)

行：现代汉语时期产生形容词用法，一般只做谓语，不做定语。如：

(107) 要不我先好歹的教着他？我可是**不很行**呀！（老舍：《善人》第八卷）

(108) 你可**真行**！祁大爷！你的嘴比蛤蜊还关得紧！（老舍：《四世同堂》第五卷）

(109) 共产党啊，是**真行**！听说，三海、后海、什刹海，连九城的护城河，都给挖啊！（老舍：《龙须沟》第十一卷）

愣：现代汉语时期产生形容词用法，一般只做谓语和补语，很少做定语。如：

(110) 小顺儿**吓愣**了，忙跑到祖母屋里去。（老舍：《四世同堂》第四卷）

(111) 有时甚至显得**有点愣**，不那么精灵。（汪曾祺：《汪曾祺小说集：大淖记事》）

(112) 开车小心点，别**那么愣**。（《现代汉语词典》）

(113) 论**愣劲**儿，有的比我还愣；论猛劲儿，有的比我还猛。（魏巍：《东方》，《魏巍文集》第5卷）

冲：现代汉语时期产生形容词用法，义为"劲头足、猛烈、不礼貌"，一般只做谓语，不做定语。如：

(114) 伙计，咱平常**挺冲的**啊，这会儿还等什么呢！（陈建功：《丹凤眼》）

(115) "土地分红"这件事儿，他们背后闹得**挺冲**。（浩然：《艳阳天》第十三章）

(116) 检查组的头头是个大干部，说话**很冲**，爱训人。（鲍昌：《芨芨草》，《儿童短篇小说选4》）

(117) 胖护士大声提醒赵胜天，口气**挺冲**。（池莉：《太阳出世》，《女作家文存·池莉文集》）

抠：现代汉语时期产生形容词用法，一般只做谓语，很少做定语。如：

(118) 你怎么**那么抠**呵？看怕什么？（王朔：《给我顶住》，《花城》1990年第6期）

(119) 他这**抠老头**别的都舍不得花钱,买人参可舍得。(祖慰:《爱神的相似定理》,《花城》1981 年第 6 期)

逗:现代汉语时期产生形容词用法,一般只做谓语,不做定语(加标记则可以)。如:

(120) 就是一块儿的小,小孩儿们,老那个吵架,**特逗**。(1982 年"北京话调查"资料,来自北京大学 CCL 语料库)

(121) 有些话说得**很逗**,但不是"隔肢"人,不"贫"。(汪曾祺:《云致秋行状》)

(122) "是么?"林蓓笑弯了腰,"你说得**真逗**。"(王朔:《顽主》,《收获》1987 年第 6 期)

(123) 那人**挺逗**的,拉着我和我聊了半天。(王朔:《橡皮人》,《青年文学》1986 年第 11 期)

(124) 她觉得我舅舅很逗,自己也**很逗**,这种生活非常之好。〔王小波:《2015》,《花城中篇小说精选(上)》〕

(125) 她想起了一件往事,一件**挺逗挺逗的**往事。(鲁光:《中国姑娘》,《生命写真·鲁光纪实作品 16 篇》)

总之,结合第五章和本章可知,《现汉》中记录的 38 个由单音节动词转变而来的形容词中:上古汉语时期已经转为形容词的有 7 个:通、败、坏、废、死、浮、顺;中古汉语时期已经转为形容词的有 11 个:困、绝、穿、残、破、碎、定、响、沉、总、到;近代汉语时期已经转为形容词的有 11 个:活、疯、透、飘、闹、背、对、憋、胀、烫、拧;现代汉语时期已经转为形容词的有 9 个:吵、堵、挤、成、行、愣、冲、抠、逗。

6.2.2.2 功能特点

上面 15 个由动词转来的形容词,除了"总"只做定语、不做谓语比较特别之外,其余 14 个词基本上只做谓语,很少做定语,有的甚至完全不做定语。它们基本上属于非定形容词。它们较少做定语与其来源有关。因为它们是由动词转变而来的形容词,动词最重要的功能就是做谓语,它们尽管转变为了形容词,动词性减弱,属性义增强,但是其基本功能尚未发生根本性的变化,依然以做谓语为主。我们发现,那些由动词转变而来的形容词,如果转变的程度越深,则做定语的频率就越高,换言之,如果动词转变为比较典型的形容词,则做定语的可能性越大。如第五章描写的"疏、通、治、困、碎、坏、活、浮、重"等由动词变来的形容词,它们的属性值比较高(至少为3),是比较典型的形容词,它们都能够比较自由地做定语。而"到、背、对、憋、胀、烫、拧、成、行、愣、冲、抠、逗"这些在近代汉语时期或现代汉语时期才产生的形容词,由于作为形容词使用的时间比较短,尚未发展成熟,因而还多半停留在做谓语的阶段,有少数可以直接做定语(愣劲、抠老头),大多数一般要添加标记才能做定语,如"挺逗挺逗的往事"(不能说"逗往事")。

6.3 双音节名动转形

6.3.1 双音节名词转变为形容词

6.3.1.1 构造方式

1. 定中式,72个:傲气、大气、娇气、傻气、神气、土气、洋气、义气、腥气、景气、运气、爽气、霉气、草鸡、灵光、兴头、噱头、滑头、行家、小样、诚心、痴心、黑心、花心、虔心、贪心、二心、悲情、痴情、纯情、热情、深情、霸道、人道、背运、幸运、土俗、村俗、恶俗、反感、性感、尖端、先端、上乘、一流、下流、美貌、威风、雄辩、逊色、辣手、低调、虚荣、本分、贤德、另类、时尚、新潮、片面、全面、实惠、实际、现实、正统、道学、教条、典型、极端、绝门、万方、排场、壮观。

2. 并列式,57个:策略、道德、本真、端详、风趣、精神、礼貌、理想、理智、精灵、灵异、精要、能耐、冲动、气派、神异、威武、威严、文明、幸福、体面、标准、关键、芬芳、芳香、概略、隔膜、规范、规矩、规则、规律、和平、经济、矛盾、偏枯、系统、形象、玄虚、遗憾、艺术、光彩、光辉、光亮、光明、光耀、利害(厉害)、孤寡、模范、友好、冠冕、粗粝、村野、点滴、机械、细软、枝蔓、经典。

3. 状中式,3个:后来、后生、前卫。
4. 主谓式,3个:民主、自然、自由。
5. 述宾式,2个:保险、传统。
6. 结构式不明,1个:科学。

6.3.1.2 语义特征与语法功能

一、语义特征

我们知道,并非所有定中式和并列式双音节名词都能转为形容词,那么,究竟哪些定中式、并列式双音节名词最有可能转为形容词呢?换言之,转为形容词的定中式和并列式双音节名词具有什么样的语义特征呢?

(一)转为形容词的双音节名词多是抽象名词

谭景春(1998)曾指出"能够向形容词转变的名词,抽象名词最多,指人名词次之,指物名词再次之,专有名词最少",因为"名词性质义的强弱程度从强到弱的序列是:抽象名词＞指人名词＞指物名词＞专有名词。……是否能够向形容词转变跟名词所包含的性质义有关,而且成正比。性质义越强转变的可能性越大,性质义越弱转变的可能性越小"。我们发现,以上138个词中,由专有名词转来的形容词一个也没有,由指物名词转来的形容词有11个,即:冠冕、粗粝、村野、点滴、机械、细软、枝蔓、尖端、先端、草鸡、小样。由指人名词转来的形容词有8个:孤寡、模范、友好、后生、前卫、滑头、罗锅、行家。谭景春认为指人名词比指物名词性质义要强,因此指人名词转为形容词的数量要比指物名词多。从我们的统计来看,结果正好相反,指物名词转为形容词的数量更多,尤其是在由单音节名词转为形容词的54个词中,指人名词只有2个"亲、贼",其余绝大多数都是指物名词。这一点可能是由于谭先生统计不全所致。双音节指物名词和指人名词都是具体名词,共有19个,剩下的119个都是抽象名词①。由此可见,由抽象名词转来的形容词数量最多这一点是没有争议的。为什么抽象名词转为形容词数量最多?这一点谭景春(1998)有详细

---

① "矛盾"虽然本来是具体名词,义为"古代两种作用不同的武器矛和盾",但是转为形容词的不是这个名词义项,而是在由它进一步引申而来的名词义"因认识不同或言行冲突而造成的隔阂、嫌隙"的基础上发展而来的,因此我们视之为抽象名词。

解释,此不赘。

(二)转为形容词的名词多是用于无指意义

张伯江(1998:32—35)指出,尽管生命度低的名词往往更容易活用,但是生命度的解释是有局限的,因为有些生命度高的具体名词也能活用,如"尔欲吴王我乎?"(左传·定公十年)中的"吴王","真够雷锋的哎!"中的"雷锋"。这些名词之所以能够活用,"在于它们在一定场合中获得了无指意义","可以说,从有指意义衍生出无指意义是名词活用的先决条件"。①

上面所列双音节138个名转形的例子中,高生命度的指人名词有"模范、孤寡、友好、后生、前卫、滑头、罗锅、行家"8个,低生命度的指物名词有"点滴、冠冕、粗粝、村野、机械、细软、枝蔓、尖端、先端、草鸡、小样"11个,这19个名词都是具体名词。当它们在一定的语境中并不实指某个具体的人或者某种具体的事物,而主要用来表现其内在的性质意义时,它们离形容词就更近了一步。如"模范"本指"值得学习的、作为榜样的人",但是在"模范人物""模范事迹"等定中组合中,"模范"因为处于修饰语位置,不再实指某个具体的人,而是凸显此类人的品性:"值得学习的、作为榜样的",久而久之,该词便增殖出形容词功能。再如"点滴",原指"一点一滴",如清·李斗《扬州画舫录·草河录上》:"摇之,中有水声,斟之无点滴。"(《汉语大词典》举例)又用来比喻零星的事物,如陈毅《示丹淮并告昊苏小鲁小珊》:"应知学问难,在乎点滴勤。"(《汉语大词典》举例)当"点滴"用于修饰语位置时,不再实指"一点一滴"或"零星的事物",而是凸显其内在的性质义"零星的、微小的",如"重视别人的~经验"。(《现代汉语词典》举例)

(三)由双音节名词转变而来的形容词大多表示对人或事物的描述或评价

上面的所列138个形容词,大多表示对人或事物的描述或评价,如

---

① 张伯江指出:"当一个名词的表现对象是话语中的某个实体,说话人不仅看重该词的内涵,更看重其外延的时候,这个名词就是有指成分;如果说话人仅使用内涵义,而不顾及外延的时候,该名词就是无指成分。"例如"他想媳妇都想疯了",如果"媳妇"仅指"女性配偶"这样一种概念,并不指称哪个具体的人,就是无指用法;如果"媳妇"指的是实实在在的一个人,是有指用法。

"策略、冲动、道德"等并列式双音节形容词，以及"～气、～心、～情、霸道、人道、背运、幸运"等定中式双音节形容词，而很少有表示度量(大、小、长、宽、高等)、物质属性(冷、热、轻、重、酸、甜等)、色彩(白、黑、红、黄、蓝、绿等)、年龄(新、旧、老、少等)、速度(快、慢等)等基本语义类型的形容词。表示对人或事物的描述或评价，属于比较复杂的概念，度量、物质属性、色彩、年龄、速度等基本语义类型属于比较简单的概念。复杂的概念常常被编码为更为复杂的形式(通常是双音节)，简单的概念就用比较简单的单音节形式来编码。从认知语言学的角度来看，这也体现了语言符号的一种像似性。

二、语法功能

上述138个由名词转变而来的形容词的语法功能可以分为四种情况：
(一)只能做定语①、不能做谓语的有14个②；
(二)既能做定语、又能做谓语的有40个；
(三)不能做定语、只能做谓语的有85个；
(四)只能做状语的只有1个"概略"(《规范》标为"副词")。

也就是说，由名词转变而来的138形容词中，能做谓语的共有125个③。其中有85个形容词都不能做定语，这说明它们肯定不是通过做定语的途径转变为形容词的。谭景春(1998)认为名转形的途径主要有三种：间接转变、省略转变、直接转变。间接转变就是一部分名词通过非谓

---

① 我们这里说的"做定语"是指不加"的"直接做定语。下同。
② 这14个只能做定语的形容词是：孤寡、模范、点滴、粗粝、细软、冠冕、尖端、先端、后来、光辉、悲情、道学、贤德、土俗。按道理，其中有些词如"模范、尖端、先端、后来"等应该标注为"形属性词"，《现汉》却没有这样做，不能不说是一种疏漏。其他10个词不能做谓语，应该标注为"名"还是"形属性词"，值得进一步讨论。
③ 《现汉》中，由双音节名词转来的只能做定语的属性词共有77个，即：白色、边缘、常规、处女、大概、大路、大牌、低层、顶尖、地下、动态、多头、反面、刚性、钢铁、高层、高度、高龄、高压、根本、古典、红色、后进、环保、黄花、黄金、黄色、灰色、机关、基本、家用、锦绣、静态、客座、空头、空中、口头、老牌、老爷、连环、露天、绿色、名誉、全价、柔性、三角、深层、深度、生死、首席、所有、桃色、外围、卫星、夕阳、现役、羡余、信用、星级、阳光、野鸡、义务、英雄、友邻、原来、远门、朝阳、正面、正义、正宗、直线、职业、中性、重头、专业、传统、经济。它们还没有成功转变为形容词，故不纳入讨论。

形容词(做定语)转为形容词,省略转变就是指由于动词省略造成的名转形,直接转变就是指没有经过前两种途径而直接由名词向形容词转变。谭先生还指出第三种转变途径最困难,由此转来的形容词数量也最少。

我们认为,直接转变最容易,通过这种途径转来的形容词数量最多。因为我们看到大量的名词并没有通过做定语的用法先发展为非谓形容词,再发展为形容词,它们也不是通过省略转变的途径发展为形容词,而是通过直接添加程度副词,先经由临时的活用,再通过高频使用,逐渐转为形容词。临时活用的例子如著名的"很淑女""很中国",高频使用成功转为形容词的例子如"很矛盾""很形象""很遗憾""很艺术""很神气""很景气""很霸道""很低调""很全面""很滑头"。我们没有看到"很有矛盾""很有形象""很有遗憾""很有艺术""很有神气""很有景气""很有霸道""很有低调""很有全面""很有滑头"等类似的添加动词的说法,因此,"矛盾"等也不会是通过省略动词造成的形容词。

6.3.2 双音节动词转变为形容词

6.3.2.1 构造方式

1. 并列式,76个:安顿、败坏、保守、闭塞、蔽塞、吵闹、沉落、低落、动荡、烦扰、放纵、浮荡、浮泛、腐败、腐烂、腐朽、浪荡、零落、破落、失落、麻痹、糜烂、拘泥、拘束、决绝、抠搜、抠唆、扭捏、密集、漂浮、多余、概括、辩证、成熟、搭配、鼓舞、含蓄、划算、活动、激扬、讲究、开放、开化、开展、考究、肯定、宽慰、历练、明达、明了、平靖、平均、平整、铺排、契合、清整、实用、舒展、松动、调和、通透、统一、突出、团结、团圆、温存、喜欢、晓畅、隐蔽、隐秘、拥挤、踊跃、悠游、支离、尊敬、尊重。

2. 述宾式,66个:发火、盖帽儿、挨边、靠边、沾边、碍事、费事、管事、省事、成功、吃劲、吃嘴、抽象、出格、出活、出名、触目、倒灶、到位、得力、乏力、负责、革命、跟脚、过时、合用、狠心、闹心、讲理、说理、进步、经久、绝情、克己、刻板、乐意、卖命、拿人、怕人、努力、绕远儿、认真、入神、伤神、上镜、失望、随便、听话、务实、下饭、下酒、消闲、泄气、用功、无味、没劲、有劲、有数、顶数、仗义、着忙、超前、落后、红眼、活络、专制。

3. 状中式,16个:不成、不合、不堪、不行、没治、高昂、高涨、难堪、少见、深入、详悉、过敏、武断、专断、相当、板结。

4. 补充式,5个:集中、落实、调匀、贴近、投入。

5. 主谓式,2个:自觉、自足。

6. 结构式不明,3个:对付、唐突、小心。

6.3.2.2 语义特征与语法功能

一、语义特征

(一)由并列式动词转来的双音节形容词,同义或类义并列居多,反义并列十分罕见。

上述由双音节动词转变为形容词的例子中,并列式的有76个,它们全部是同义或类义并列,几乎没有反义并列。6.2.1.1节所列双音节名词转为形容词的例子中,并列式有57例,除了"利害"是由反义并列名词发展为形容词之外[①],也都是同义或类义并列,没有反义并列。据张博(1999)统计,先秦时期同义并列占并列式总词数的53.71%,类义并列占37.05%,反义并列占9.24%。据杨吉春(2007)的研究,古今反义复词的语法属性都有单一词性和多重词性之分,在单一词性反义复词中,现代名词性和动词性的词数都比先秦要高,而形容词性则相反,先秦比现代高。这说明先秦形容词性的反义复词到了现代可能转化为了其他词性。该文还把反义复词产生的历史层次大致分为4大阶段:上古(先秦两汉)、中古(魏晋至唐)、近古(宋元明清)、现代。反义复词产生的历时层次的数量百分比为:上古75%>中古17%>近古7%>现代1%。曾丹(2007)根据构成语素的不同语法属性,列举了三类反义复合词:(1)由名语素构成的反义复合词有94个,没有1个是形容词[②];(2)由动语素构成的反义复合词有88个,除了"利害"由名词演变为形容词之外,其余都不是形容词;(3)由形语素构成的反义复合词有63个,没有1个是形容词,重点讨论的"好歹、多少、长短、反正、高低、高下"等形式要么变为名词,要么变为副

---

① 关于"利害"和"厉害"的成词与演变的详细考察,见丁喜霞(2006:314—327)。
② 曾丹把很多类义复合词都看成是反义复合词,因此找到的数量比较多,如"春秋、手足、质量"等。

词,却没有变为形容词。

由以上的一些研究可知:(1)反义并列复合词本来就少(张博 1999);(2)反义并列复合词从古到今越来越少(杨吉春 2007);(3)无论是并列名语素、动语素还是形语素,都难以构成形容词性的反义复合词(曾丹 2007)。这是为什么呢?

关于这一点,周法高(1972)已经注意到,他说:"名词或谓词的二字平行组合,义同或义近的两个成分构成复词的远比相反义或义不相近的两个成分构成复词的要多。"董秀芳(2002:121)也指出:"两个并列项在语义上相似的并列短语比并列项在意义上相对或相反的一类更容易成词。"董秀芳(2002:122)的解释是:"两个语义接近的形式,在概念领域内的距离比两个语义相反或相对的形式近,根据距离相似原则,应该具有更近的形式距离,因而也就更容易粘合成词。表达相反、相对意义的并列项由于在概念领域的距离比较远,相应地就在形式上保持较大的距离,因而不容易词汇化,只有当其在功能上发生了转类、在意义上转指包融对立的两极的上位概念之后,才会成为词。"

董秀芳的说法只能解释为什么反义复合词比同义或类义复合词少,而不能解释为什么在已经词汇化的反义复合词中,形容词性的反义复合词除"利害"之外几乎没有。

我们认为,这可能和反义复合词的成词途径有关。曾丹(2007)指出,反义复合词的词汇化途径一般有两个:(1)通过其中一个成分语义的失落来完成词汇化;(2)通过转喻的方式来完成词汇化。

先看途径(1)。有些反义复合词(记为 AB)在发展过程中,既可以失落成分 A 的语义,也可以失落成分 B 的语义,而 A 与 B 正好是相反的,这势必给表义带来混淆和麻烦。列如"多少"的组成成分分别是"多"和"少",原来都是形容词性的,成词后"多少"有时表示"多、许多",如(以下例子都摘自《汉语大词典》):

(126)今郡国被刑而死者岁以万数,天下狱二千余所,其冤死者**多少**相覆,狱不减一人,此和气所以未洽者也。(汉书·刑法志)

(127)南朝四百八十寺,**多少**楼台烟雨中。(全唐诗·卷五二二·江

南春）

(128) 且人一日间此心是**多少**私意,起**多少**计较都不会略略回心转意去看,把圣贤思量,不知是天地间做甚么也!（朱子语类·卷一一七）

(129) 毕竟历过**多少**间阻,无限风波,然后到手,方为希罕。（二刻拍案惊奇·卷九）

有时又表示"少、少许",如：

(130) 徒乐浪,道死。（三国志·魏书九·夏侯玄传）裴松之注引晋孙盛《魏氏春秋》："汝等虽佳,才具不多,率胸怀与会语,便自无忧,不须极哀,会止便止。又可**多少**问朝事。"

还可以表示"或多或少;稍微",如：

(131) 以留郡本国图校今石文,文字**多少**不同。（搜神记·卷七）

还可以表示"数量的多少",如：

(132) 陶公性检厉,勤于事。作荆州时,敕船官悉录锯木屑,不限**多少**。（世说新语·政事）

(133) 至炀帝,赐其民锦线冠,饰以金玉,文布为衣,左右佩银蕙,长八寸,以**多少**明贵贱。（新唐书·东夷传·日本）

与单音节词相比,双音节词本来以表义精确取胜,而"多少"既可以表示"多、许多"义,又可以表示"少、少许"义,还可以表示"或多或少;稍微"义及"数量的大小"义,这种表义的复杂性(尤其是表达正好相反的两个意思)就会令说者和听者莫衷一是。因此,"多少"表示"多、许多"义和"少、少许"义的用法后来被淘汰了,保留下来的只有"或多或少;稍微"义及"数量的大小"义(见《现代汉语词典》)。

再看途径(2)。通过转喻途径实现词汇化的反义复合词,一般都是通过某个语义场的对立两极 A 和 B 来转喻其上位义场的概念,如"买卖",原来是一个并列短语,表示正好相反的两种交易行为"买进"和"卖出"。后来转指"生意,商业经营",这是"买"和"卖"的上位概念,具有很强的指称性,"买卖"变为了反义复合名词。曾丹也指出：

"买"和"卖"本是相对的动作行为。凝固成词后,它的词性发生了转换,从动词词组变为了反义复合的名词,它的意义也由构成成分语义的简单相加融合为一个不可分割的整体,指的是包含着"买卖"关系的上位概念"商业经营"。

因此,两个并列的动语素如果发生转喻,实际上发生了由陈述到指称的变化,结果往往会造成复合名词,如"购销、收支、出纳、盈亏、裁缝"等。两个并列的名语素更是会构造出复合名词来,如"父母、男女、春秋"等。如果并列两个形语素 A 和 B,如果发生转喻,也会转指 A 和 B 的上位概念,如"好"和"歹",分别指"好的结果或结局"和"不好的结果或结局","好歹"成词后就转指"结果或结局"。我们知道,转指的结果是用来指称事物,而指称一般是名词的功能,因此表示转指的词语 AB 往往就是名词性的,而不是形容词性的,因为形容词一般表示修饰,而不是指称。如"大小、多少、长短、方圆、老少"等反义复合词,分别转指各自的上位概念"形体、数量、长度、面积、年龄","大小"等反义复合词都是名词性的。

(二)由述宾式动词转来的双音节形容词多表示隐喻义或转喻义

董秀芳(2002:175)指出:"动宾式双音词的语义特点是其中动词成分的动作性弱,宾语成分的具体性低,动词成分对宾语成分的影响度小。"为什么动宾式双音词会具有这些语义特征呢?她的解释是:"动宾式双音词中动词成分和宾语成分之所以具有上述的语义特征,是因为这些语义特征都不是典型的动宾短语的组成成分所具有的,当这些特征出现时,动宾组合的句法性就被降低了,就可以走上词汇化的道路。因而共时状态下动宾式双音词所具有的这些特征,实际上反映出的是动宾短语词汇化过程中所必须受到的语义条件限制。"窥其文意,大概是说具备这些语义特征的动宾短语更容易词汇化,因此已经词汇化的动宾式双音词就必然具备这些特征。我们要问:为什么具备这些语义特征的动宾短语更容易词汇化呢?董秀芳认为,动作性弱的动词是非典型动词,"当动词不是其范畴内的典型成员时,其句法特征就减弱了,就更有可能与其后的宾语粘合为词"(董秀芳 2002:177);具体性低的名词是非典型名词,"与具体名词相比,由于抽象名词更多地依赖于语境,其语义独立性差。在动宾式结构中,如果宾语成分是抽象名词,那么可以设想,对它的语义提取要比具体名词更多地依赖与其相连的动词,其语义在更大程度上要靠动词的语义来激活,这就使得抽象名词宾语与动词更紧地联系在一起,慢慢地就可能在大脑中形成一个储存单位,而不再作为两个分立的单位。具体名词由于具有更大的语境独立性,其语义更容易直接被提取,因而不大容易与动词合并成一个储存单元。这就是宾语成分具体性弱的动宾短语更容易成词的原因。"(P178—179)董秀芳还进一步指出,由于动宾式双音词中动词的动作性弱,宾语的具体性低,二者之间的影响度小,因此动宾式双音词就不具备 Hopper and Thompson(1984)提出的检验及物性程度的 10 个原型特征中的近一半特征,如不具备(1)动作(action);(3)瞬时;(6)参与者的个体性;(7)宾语完全受作用;等等。这样,整个结构的及物性就比较低,因而就有可能被判为不及物结构。

结合董秀芳的这些论述,我们再来看看述宾式形容词构成成分的语义特征。从述语的角度来看,上面列举的 66 个述宾式形容词中,组成述语的动词性成分主要包括以下几类:

(1)带受事或对象宾语的动词性成分:如"盖帽儿、吃嘴、刻板、克己、拿人、闹心、吃劲、抽象、革命、卖命、管事、碍事"中的动词性成分"盖、吃、刻、克、抽、革、卖、拿、闹、管、碍"。虽然它们的动作性都比较强,但是由于在一定的语境中,做宾语的名词要么是无指用法,如"帽、嘴、板、己、人、心"并不实指某个具体人或物;要么是具体性低的抽象名词,如"劲、象、命、事",因此动词性成分难以对宾语产生影响,其动作性就大大减弱了,这样的述宾式就不再是强调述语对宾语产生影响的述宾式,而产生了隐喻或者转喻义。如用"盖帽儿"这个动作过程来转喻动作的质量好,"盖帽儿"于是演变为形容词。"刻板"本指"在木板或金属板上刻字或图"这个一板一眼、缺乏变化的具体动作,后来发生概念隐喻,比喻人的脸部肌肉动作没有变化,从而衍生出"呆板没有变化"义,"刻板"于是演变为形容词。其他词也可以作类似分析。

(2)带使动宾语的动词性成分:如"出活、出名、入神、伤神、绝情、成功、省事、费事、发火、泄气、消闲、活络、专制、倒灶、狠心、怕人、乐意、红眼"中的动词性成分。这些动词性成分中,有些在上古动作性较强,如"出、入、伤、绝、成、省、费、发、泄、消、活、倒"等都有较多的使动用法,表示使宾语怎么样。但是到现代汉语时期,使动用法不再能产,这些述宾式只是历史的遗存而已,换言之,这些动词性成分在现代汉语中已经逐渐减少或丧失了使动用法,动作性也迅速减弱,整个述宾式也不再是常规而且能产的述宾式(如"打人、吃饭、喝水"等),而是获得了超出字面的含义。如"出活"在现代汉语中可以表示"干出活儿",强调动作有了结果。在一定的语境中,"出活"发生转喻,用动作有了结果表示动作效率高,"出活"于是发展出形容词用法。又如"倒灶",本指"灶倒了",语本汉扬雄《太玄经·灶》:"灶灭其火,惟家之祸。"后来用"倒灶"这个具体的动作来隐喻抽象的"垮台、败落"义,再通过语用推理,进一步引申出"时运不济,倒霉"义,推理的过程是:如果"垮台、败落",则很可能是由于"时运不济,倒霉"。"倒灶"就是这样一步步发展出形容词用法的。

(3)位移或接触类动词性成分:如"进步、到位、经久、过时、超前、落后、出格、绕远儿、上镜、下饭、下酒、跟脚、触目、挨边、靠边、沾边"中的动词性成分。其中,通过隐喻发展出形容词用法的有:进步、到位、过时、超前、落后、出格、跟脚、挨边、靠边、沾边;通过转喻发展出形容词用法的有:经久、绕远儿、上镜、下饭、下酒、触目。

(4)有无、得失类动词性成分:如"有劲、没劲、有数、无味、乏力、得力、失望"中的动词性成分。一方面,"有、无、没、乏、得、失"等动词的动作性比较弱,另一方面,述宾式中的宾语"劲、数、味、力、望"等名词性成分都是具体性比较低的抽象名词,这样的述宾式当然就是非常规的述宾式,因而获得了非常规的含义,如"有劲"不仅指"有力气",还可以隐喻指"兴致浓,有趣";"无味"不仅指"没有滋味",还可以隐喻指"没有趣味";"乏力"不仅指"没有力气",还可以隐喻指"没有能力"。"失望"不仅指"失去信心,没有希望",还可以转喻"不愉快";"得力"不仅指"得到益处",还可以转喻"做事能干";"有数"不仅指"知道数目",还可以转喻"数目不多"。

(5)其他类动词性成分:如"讲理、说理、听话、用功、努力、认真、随便、务实、负责、仗义、着忙、合用、顶数"中的动词性成分。"讲理、说理、听话、用功、努力、认真、随便、务实、负责、仗义、着忙"都是用动作过程来转喻动作者的态度、品性或状态。"合用、顶数"则是通过动作本身来转喻事物的性能或价值。

二、语法功能

上述 168 个由动词转变而来的形容词的语法功能也可分为四种情况：

（一）只能做定语、不能做谓语的只有 3 个①：浪荡、团圆、尊敬。

（二）既能做定语、又能做谓语的有 22 个。

（三）不能做定语、只能做谓语的有 142 个②。

（四）只能做状语的只有 1 个：相当。

也就是说，在由动词转来的形容词中，能做谓语的共有 164 个。这说明，由动词转来的形容词的主要功能就是做谓语。

6.4 单双音节名动转形之比较

先看下面关于单双音节名动转形数量的统计表：

表 6-1

转变类别	单音节	双音节	合计
名转形	54	138	192
动转形	38	168	206
合计	92	306	398

由上面的统计表可知，单音节名动转形只有 92 例，双音节名动转形

---

① 《现汉》把这三个词标注为 形，值得商榷。因为它们只能做定语，要么标注为 形 属性词"，要么标注为 形。此外，《现汉》中，由双音节动词转来的只能做定语的属性词共有 30 个，即：标定、当家、调干、定点、定期、对应、仿真、否定、辅导、附带、关门、加料、兼任、看家、空心、历任、历时、联合、漫天、人为、私立、速效、所有、现任、相对、信托、虚拟、应用、直属、肯定。它们也没有成功转变为形容词，因此也不纳入讨论。

② 少数还能兼做状语，如"概括"。

共有 306 例,后者是前者的三倍之多。那么,为什么双音节名动转形要远远多于单音节名动转形呢?关于这一点,学术界有一些探讨。不过,目前的探讨主要是针对单音节名词和动词与双音节名词和动词在功能上的差异,没有单独讨论单双音节名动转形。

王灿龙(2002)曾指出:"对于一种语言来说,绝大部分单音节词是最原始的词,同时也是最稳固、使用频率最高的词。"他指出现代汉语单音节词从认知语义方面来看具有三个方面的特点:1. 表示基本层次范畴;2. 具有原型性;3. 具有较强的口语色彩。从总体上来说,单音节名词的语义大都很具体、很直接、很明晰;双音节名词的语义一般都较间接、较抽象、较模糊,单音节名词具有典型的名词语法特征,而这些单音节名词作为语素构成或参与构成的双音节名词,其语法特征却有所丧失,或者说弱化了。这种情况对于由并列式或补充式构成的复合名词来说,尤为突出。双音节动词跟单音节动词在基本层次范畴和原型性方面同样也有较明显的对立,单音节动词具有典型的动词语法特征,而由这些单音节动词作为语素参与构成的双音节动词,其动词的语法特征都弱化或部分丧失了[1]。总之,王灿龙的核心观点是,因为单音节名词和动词是典型的名词和动词,所以更稳固;因为双音节名词和动词是非典型的名词和动词,所以语法特征容易发生弱化或丧失。

我们认为,王灿龙的说法值得商榷。王冬梅(2001;2005)认为典型的名词是双音节名词,这与王灿龙的观点正好相反。王冬梅(2005:198)发现单音节名转动的例子多(有 139 列),双音节名转动的例子少(只有 15 例),给出的解释是:因为双音节名词是典型名词,所以不容易起变;单音节名词是非典型名词,所以容易起变[2]。而王灿龙(2002)发现双音节名词的语法特征比单音节名词更容易弱化或者丧失,给出的解释是:因为单

---

[1] 支持王灿龙(2002)观点的还有李泉(2005)、吴为善(2008)。

[2] 王冬梅认为双音节名词是典型名词的理由是:(1)高频词中双音节名词比重比较大;(2)单音节名词的活动受限制;(3)名词的双音化倾向;(4)吕叔湘(1963)、冯胜利(1996;1998)等学者提出的证据;(5)中英文互译的证据(英汉互译时,动词大多翻译成单音节词而名词化形式大多翻译成双音节词)。

音节名词是典型名词,所以不容易起变化;双音节名词是非典型名词,所以容易起变化。一位说典型的名词是单音节的,一位说典型的名词是双音节的,二王的说法互相矛盾。

　　以上的分歧意见在某种程度上暴露了认知语法的一些不足之处,我们认为,单音节名词和动词与双音节名词和动词在句法、语义及语用等方面的确存在一系列差异,但是能否仅仅从典型性方面简单加以解释,还需要十分谨慎。就目前的研究来看,至少还应该结合语义特征和韵律特征等多方面的因素加以综合考虑。张国宪(1989a;1989b;1989c;1990a;1990b;1994)的系列论文曾指出单音节动作动词和双音节动作动词在句法功能、语义功能和语用功能等方面存在一系列差异,双音节动词有功能增殖倾向。张国宪(1994)进一步解释了为什么双音节动词比单音节动词容易功能增殖,以及为什么内部构成方式相同、使用频率相等的双音节动词其功能增殖状况仍有差异。原因是:1.动词的义项愈少愈容易增殖转化;2.动词的动作性强度越弱,越容易向指称转化。单音节动词具有义项多、动作性强度高等语义特征,因而不容易功能增殖,双音节动词则相反,因而更容易功能增殖。[①] 这种解释有一定的道理。不过,这个问题还有待于进一步深入研究。

　　[①] 在这一点上,王灿龙(2002)的观点又与张国宪(1994)的观点正好相反,王说:"跟单音节词相比,双音节词的义项却大多比较单一。……词的义项越多,词就越活跃,它与其他语言单位组合的机会就越多;相反,词的义项越少,词就越'拘谨',它与其他语言单位组合的机会就越少。"既然双音节词比较"拘谨",为何比更活跃的单音节词更容易发生语法特征的弱化或丧失呢?

第七章

结　语

在汉语三大实词系统中,名词和动词是独立的、开放的词类系统,但形容词类是否独立、是开放的还是封闭的词类系统,至今还有争议。国外有些语言学家认为,汉语中的形容词根本不是一个独立的词类,它们不过是动词而已(如 McCawley 1992),还有人认为现代汉语的形容词是动词的一个次类,因而主张将形容词合并到动词中去(如 Chao 1968、卢英顺 1999 等)。但是我们听到更强有力的声音是:现代汉语中的形容词是一个独立的词类范畴!(如程工 1999、张国宪 2006c 等)以上分歧正如程工所说,"对形容词是否存在这一问题的看法实际上是国际语言学界争论的一个缩影"。本书写作的动因之一就是为了通过对汉语形容词的具体研究,对这个具有国际性争议的问题做一个正面的回应。

众多语法学者的研究结果表明,现代汉语中的形容词的确是一个独立的词类范畴,可以用形式和意义结合的方法将形容词一一鉴别出来;形容词的下位分类也日趋精密和完善,形容词的跨语言比较正在开展,形容词的语义分析逐渐深入。一批有关现代汉语形容词研究的论著令人目不暇接、倍感欣慰,如朱德熙(1956;1993),朱德熙、卢甲文、马真(1961),吕叔湘(1965;1966),贺阳(1996a;1996b),郭锐(2001;2002),张伯江(1997),马庆株(1995),马真、陆俭明(1997),胡明扬(1987),吕叔湘、饶长溶(1981),李宇明(1996),杨宽仁(1985),陆俭明(1989),张宝林(1996),周国光(1995),黄国营、石毓智(1993),沈家煊(1997),程工(1998),胡明扬主编(1996;2004),王启龙(2003),李泉(2005),李劲荣(2004),刘丹青(2005a),蔺璜(2002),石毓智(2003),张国宪(2006c),郑娃妍(2006),殷世宇(2003),张军(2002),蔡旭(2003),陈川(2006),等等。

　　有关古汉语形容词的研究成果也日渐丰富,**既有关于各个词类的通论性或综合性研究**,如:杨逢彬(2003),郭锡良(2000),殷国光(1997),张玉金(2004),管燮初(1981),管燮初(1994),易孟醇(2005),崔立斌(2004),姚振武(2005),易福成(1999),孙菊芬(2003)等;**也有专论形容词的文章**,如:杨逢彬(2001),余贞皎(2002),巫称喜(2001),杨建国(1979;1982),杨飞(2007),陈克炯(1979;1994),黄彩庆(2001),徐琴(2006),张树芹(2007),赵金铭(1982),车艳妮(2006),王军(2004),甘斐哲(2005),曹雅玉(2005),唐德正(2005),杨丽(2003),汪强(2007),麻昌贵(2004),黄晓冬(2002),郎翠(2007),唐瑛(2002;2003;2005),唐瑛、唐映经(2004),李艳红(2004),王秀玲(2005;2006),马予超(2005),丁建川(2007),冯淑仪(1994),李大星(1989),程娟(1999),等等。

　　然而,在汗牛充栋的关于形容词的研究成果中,我们只发现了少数几篇系统研究形容词历史演变的文章,如:郭锡良(2000)《先秦汉语名词、动词、形容词的发展》、孙薇(2003)《单音节形容词做定语和谓语的历时性考察》和石锓(2004)《汉语形容词重叠形式的历史发展》,这不禁令人颇感意外。我们在"绪论"中提到,杨逢彬(2001;2003)发现甲骨卜辞中的形容词只有十几个,只占名动形三类总数的1％;而现代汉语中的单音形容词则多达300多个(参李泉2005:23);根据郭锐(2002:192)的统计,在43330词中,形容词有2355词,占5.4％,如果只统计名动形三类词,形容词所占比例会更高。一个随之而来的问题就是:在汉语三千多年的发展过程中,形容词是怎样由一个比较封闭的类逐渐发展为开放的类？换言之,数千形容词是怎样一步步诞生的？这是本书写作的又一个动因。

　　鉴于形容词与名词、动词存在"剪不断、理还乱"的纠葛,本书第三章本着形式和意义结合的理念,采用了四条鉴别形容词的跨语言标准,即:

(一)受程度词(主要是程度副词)修饰;(二)用于比较结构,表示比较义;(三)做定语,表示修饰义;(四)做谓语,表示描述义。本书用这四条标准结合上古汉语30部文献,在广泛调查400个左右的候选词共10万多个例句的基础上,综合权衡疑似形容词的那些词,最终鉴别出380个单音形容词,发现有70个形容词符合全部标准,属性值为4,是最典型的形容词;有112个形容词符合其中的三条标准,属性值为3,是次典型形容词;有138个形容词符合其中的两条标准,属性值为2,是不太典型的形容词;有60个形容词只符合一条标准,属性值为1,是最不典型的形容词。从最典型的形容词到最不典型的形容词,形成一个形容词性依次减弱的连续统。

  上面的工作为研究形容词的历史演变打下了一个坚实的基础,有了这个基础,我们才能进一步讨论:哪些词在先秦还不是形容词,汉代以后转变为了形容词;哪些形容词的属性值在不断上升、哪些在下降?上古汉语中的哪些形容词到汉代以后消失了?不同历史时期的形容词体系有何不同、整体语法功能有何变化?在第三章中,我们回答了部分问题,比如,汉语形容词在汉代以后的整体发展趋势是:1.做定语增多;2.受程度副词修饰增多;3.用于比较句增多;4.用于使令式增多;5.做V2和做补语增多;6.复音形容词增多;7.使动用法和意动用法减少;等等。有些问题暂时还不能回答,但是,如果我们能够运用这些标准把不同时期的形容词一一鉴别出来,贯通汉语史的形容词历史演变研究也就指日可待。这是本书写作的第三个动因。

  第四章和第五章是本书重心所在。我们分别描写了60个名转形和30个动转形的个案,在此基础上,试图总结出名动转形的途径,对其做出合理的认知解释,揭示名动转形的意义。研究表明,名转形的途径主要有两条:一是由名词发展为非谓形容词,再发展为形容词;二是由"副+名"演变为"副+形"。从认知的角度来看,在名转形过程中,转喻起着重要作用。和以往的有些研究(如王冬梅2001)不同,我们认为名转形是用整体转喻部分,而不是相反。同时,有些名转形还伴随着概念隐喻过程。名转形带来了汉语编码机制的重大改变,直接导致了传统"以声为纲、以形为目"的形声编码机制的瓦解,代之以"[性质]＋[类属]"式双字组的编码方式,从而使得上古到中古时期修饰性定中式复合词或短语激增。这种编码机制的优势反过来推动着汉语不断产生新的有较强搭配力的形容词,去构造更多的复合词或短语,从而取代那种需要逐个记忆而且经常会造成表意不明的传统形声编码机制。这就是汉语名词和动词向形容词不断转化的根本动因和价值所在。名转形的例子还说明,原来用一个名词即可表达的概念,后来改用一个"形＋名"式的定中式复合词或短语来表达。这是一种从综合到分析的演变趋势。名转形在汉语由综合到分析的发展过程中起到了重要的推动作用,对汉语双音化的趋势也起到了重要的推动作用。

　　动转形的途径主要有三条:一是及物动词通过反宾为主用法发展为不及物状态变化动词,然后通过做定语、做不及物谓语、受程度副词修饰等途径发展为形容词;二是由不及物状态变化动词转为形容词;三是部分及物动词和不及物动词通过语用推理的途径转变为形容词。第一条和第二条途径可以合并,即:由不及物状态动词转变为形容词。在分析及物动词经由不及物状态变化动词发展为形容词的过程中,我们还利用词义分解理论来分析动转形过程中伴随的语义演变,利用"结果状态焦点化"的认知倾向来解释动转形的动因和机制。我们还指出,汉语既有"反使役化"(即"反宾为主")手段,也有"使役化"(即"使动用法")手段,前者使及物动词转变为不及物动词,后者使不及物动词转变为及物动词,这一特点与日语更为接近,而不同于英语。动转形的意义主要表现在三个方面:1. "V$_{破类}$＋NP"被优先理解为定中结构,而不是述宾结构;2."V$_{中性}$＋V$_{破类}$"也开始重新分析,由连动式变为动结式;3."V$_{破类}$"变为形容词后,原来由一个词表达的内容,后来换用一个词组来表达。这也是一种从综合到分析的趋势。因此,动转形也是汉语由综合向分析发展的重要推动力量。

　　在第六章中,我们对《现汉》中记录的 400 个名动转形的例子进行了分析。文章将单双音节分开统计,其中,单音节名转形 54 例,单音节动转形 38 例;双音节名转形 140 例,双音节动转形 168 例。研究指出,由单音节名词发展而来的 54 个形容词中,有 21 个见于上古汉语时期,有 6 个见于中古汉语时期,有11个见于近代汉语时期,有16个见于现代汉语时期。由单音节动词转变而来的38个形容词中:上古汉语时期已经转为形容词的有6个,中古汉语时期已经转为形容词的有11个,近代汉语时期已经转为形容词的有11个,现代汉语时期已经转为形容词的有10个。因此,《现汉》中记录的单音节名、动转形现象,不是在现代汉语时期一下子突然产生的语法现象,而是早在上古汉语时期就已经开始,经由中古汉语、近代汉语,直到现代汉语时期,逐渐积累而形成的。在由双音节名词转变而来的140个形容词中,定中式有72个,并列式有57个,其他构造方式的共只有11个。语义方面,转为形容词的双音节名词多是抽象名词,多用于无指意义,由双音节名词转变而来的形容词大多表示对人或事物的描述或评价;功能方面,由名词转变而来的140个形容词中,能做谓语的共有125个,不能直接做定语有85个,说明它们不是通过做定语的用法转变而来的,而是通过直接转变的途径转变而来的。由双音节动词转变而来的168个形容词中,并列式有76个,述宾式有66个,其他构造方式只有26个。语义方面,由述宾式动词转来的双音节形容词多表示隐喻义或转喻义;由并列式动词转来的双音节形容词,同义或类义并列居多,反义并列罕见,这是由于:1.通过其中一个成分语义的失落来完成词汇化的反义复合词表意不明确,容易引起混淆,因而少见;2.通过转喻的方式来完成词汇化的反义复合词一般都是通过某个语义场的对立两极A和B来转喻其上位义场的概念,实际上发生了由陈述到指称的变化,结果往往会造成复合名词,而不是复合形容词。功能方面,由动词转来的形容词中,能做谓语的共有164个。结合308个由双音节名词和动词转变而来的形容词可知,能做谓语的共有289个,这说明,由双音节名词和动词转来的形容词的主要功能就是做谓语。最后还指出,双音节名动转形要远远多于单音节名动转形,要做出合理解释,必须结合单双音节名词动词的语义特征、语法功能和韵律特征来解释,仅仅从认知的角度来解释是不够的,否则便有可能做出完全相反的解释。

限于时间和篇幅,还有一些研究没能在本书中展开,如:名动转形的跨语言研究、汉语名动转形的古今对比研究,名、动转形与形转名、动的对比研究,等等。又如,现代汉语中的双音节名、动转形现象为何爆发式增长？哪些名词和动词最容易转变为形容词？能否预测？等等。

我们希望本书的研究能够起到抛砖引玉之效,使更多的研究者投入到名动转形及相关研究中去。这也是本书写作的根本动因。

征引文献

中土文献

白居易集,［唐］白居易著；喻岳衡点校,岳麓书社,1992年。
抱朴子内篇校释,［晋］葛洪著；王明撰,中华书局,1985年。
抱朴子外篇校笺（上、下）,［晋］葛洪著；杨明照撰,中华书局,1991年。
北齐书,［唐］李百药撰,中华书局,1972年。
北史,［唐］李延寿撰,中华书局,1974年。
兵书经典卷/尉缭子兵书,尉缭撰,线装书局,2012年。
博物志,［晋］张华撰；范宁校证,中华书局,1980年。
曹参军集注,［南朝宋］鲍照著；钱仲联,增补集说校,上海古籍出版社,1980年。
曹操集,［三国魏］曹操著,中华书局,1959年。
曹植集校注,［三国魏］曹植著；赵幼文校注,人民文学出版社,1984年。
陈书,［唐］姚思廉撰,中华书局,1974年。
春秋繁露义证,［西汉］董仲舒著；苏舆撰,钟哲点校,中华书局,1992年。
楚辞补注,［战国］屈原等著,刘向编集；洪兴祖补注,中华书局,1985年。
大戴礼记今注今译,［汉］戴德撰；高明译注,商务印书馆,1977年。
东观汉记校注,［东汉］刘珍等撰；吴树平校注,中州古籍出版社,1987年。
东塾读书记,［清］陈澧,上海古籍出版社,2012年。
敦煌变文校注,黄征、张涌泉校注,中华书局,1997年。
儿女英雄传,［清］文康著,上海古籍出版社,1991年。
二十年目睹之怪现状（注释本）,［清］吴趼人著；高书平注,崇文书局,2015年。
法言注,［西汉］扬雄著；韩敬撰,中华书局,1992年。
范文正公文集,［北宋］范仲淹著,商务印书馆,1937年。

方言校笺,附索引,[西汉]扬雄著;周祖谟校笺,中华书局,1993年。
公孙龙子译注,[战国]公孙龙;谭业谦撰,中华书局,1997年。
古列女传,[汉]刘向编撰,中华书局,1985年。
官场现形记(注释本),[清]李宝嘉著;高书平注,崇文书局,2015年。
观堂集林(外二种),王国维著,河北教育出版社,2001年。
管子校注(全三册),[战国]管仲著;黎翔凤撰;梁运华整理,中华书局,2004年。
鬼谷子,[周]鬼谷子撰;[南朝梁]陶弘景注,中国书店,1985年。
国语,上海师范学院古籍整理组校点,上海古籍出版社,1978年。
过目难忘:古代平民诗选粹,汪超宏选编,花城出版社,2001年。
韩非子集释,[战国]韩非著;陈奇猷校注,上海人民出版社,1974年。
韩昌黎文集校注,[唐]韩愈著;马通伯校注,古典文学出版社,1957年。
寒山诗注(附拾得诗注),项楚注,中华书局,2000年。
汉书,[后汉]班固等著,中华书局,1962年。
汉魏六朝小说选,徐震堮选注,上海古典文学出版社,1955年。
汉魏南北朝诗选注,郭预衡,辛志贤,聂石樵等选注,东方出版中心,2020年。
何逊集,[南朝梁]何逊著,中华书局,1980年。
红楼梦,[清]曹雪芹、高鹗著,人民文学出版社,1973年。
后汉纪校注,[晋]袁宏撰;周天游校注,天津古籍出版社,1987年。
后汉书,[南朝宋]范晔撰;[唐]李贤等注,中华书局,1965年。
花间集/花间集补/尊前集,[后蜀]赵崇祚,[明]温博辑,辽宁教育出版社,1998年。
花月痕,[清]魏秀仁著;晓蓓,茜子校点,齐鲁书社,1998年。
淮海词笺注,[北宋]秦观著;杨世明笺,四川人民出版社,1984年。
淮南子注,[西汉]刘安著;[东汉]高诱注,上海书店,1986年。
积微居小学述林,杨树达著,中华书局,1983年。
嵇中散集,[三国魏]嵇康著,重校精印《汉魏六朝百三名家集》,扫叶山房发行。
剑南诗稿校注,[宋]陆游撰;钱仲联,马亚中主编;涂小马校注,陆游全集校注,浙江教育出版社,2011年。
江文通集汇注,[南朝梁]江淹著;[明]胡之骥注;李长路,赵威点校,中华书局,1984年。
金匮要略论注,[汉]张仲景著;[清]徐彬注;《四库医学丛书》本,上海古籍出版社,1994。
金瓶梅词话,[明]兰陵笑笑生著;陶慕宁校注,人民文学出版社,2000。

近代汉语语法资料汇编(元代明代卷),刘坚、蒋绍愚主编,商务印书馆,1995年。
晋书(全10册),[唐]房玄龄等撰,中华书局,1974年。
旧唐书,[后晋]刘昫等撰;廉湘民等标点,吉林人民出版社,1995年。
历代辞赋总汇·先秦汉魏晋南北朝卷(第1册),马积高主编,湖南文艺出版社,
　　2014年。
梁简文帝集校注,[南朝梁]萧纲著;肖占鹏,董志广校注,南开大学出版社,2015。
梁书,[唐]姚思廉撰,中华书局,1973年。
列子,[晋]张湛注,上海书店,1986年。
刘伯温集(上),[明]刘基著;林家骊点校,浙江古籍出版社,2016年。
刘知远诸宫调,[元]刘知远,文物出版社,1985年影印金刻本。
柳宗元集,[唐]柳宗元著,中华书局,1979年。
六十种曲(六),章培恒主编;江巨荣、李平整理,山东画报出版社,2004年。
六韬;鬼谷子,王喜卡译注,光明日报出版社,2014年。
陆机集,[晋]陆机撰;金涛声点校,中华书局,1982年。
陆云集,[晋]陆云撰;黄葵点校,中华书局,1988年。
论语正义,[清]刘宝楠著,河北人民出版社,1988年。
论衡校释,[东汉]王充著;黄晖撰,中华书局,1990年。
洛阳伽蓝记校注,[北魏]杨衒之撰;范祥雍校注,上海古籍出版社,1978年。
吕氏春秋译注,[秦]吕不韦撰;张双棣等译注,吉林文史出版社,1986年。
明人诗话要籍汇编,第3册,诗话卷,陈广宏,侯荣川编校,复旦大学出版社,2017年。
明诗三百首,王立言选注,百花文艺出版社,2018年。
墨子间诂,[清]孙怡让撰;孙启治点校,中华书局,2001年。
南齐书,[南朝梁]肖子显,中华书局,1972年。
欧阳修集编年笺注,[北宋]欧阳修著;李之亮笺注,巴蜀书社,2007年。
齐民要术校释(第二版),(北魏)贾思勰著;缪启愉校释,中国农业出版社,1998年。
潜夫论笺校正,[汉]王符著;[清]汪继培笺;彭铎校正,中华书局,1985年。
全上古三代秦汉三国六朝文,[清]严可均校辑,中华书局,1958年影印本。
全唐诗,[清]彭定求等编,中华书局,1960年。
全宋词,马兴荣,刘乃昌,刘继才主编,辽宁人民出版社,1997年。
全宋诗,傅璇琮等主编;北京大学古文献研究所编,北京大学出版社,1991年。
全宋文,曾枣庄,刘琳主编,上海辞书出版社;安徽教育出版社,2006年。
全元曲,徐征,张月中,张圣洁,奚海主编,河北教育出版社,1998年。

人物志,[三国魏]刘劭著;吴家驹译注,江苏人民出版社,2019年。
儒林外史,[清]吴敬梓著;张彗剑校注;程十发插图,人民文学出版社,1958年第一版。
三国演义,[明]罗贯中著,人民文学出版社,1972年。
三国志,[晋]陈寿著,中华书局,1959年。
三言二拍,[明]冯梦龙著,天津古籍出版社,1997年。
山谷诗注(一至四册),[北宋]黄庭坚撰,中华书局,1985年。
山海经校注(增补修订本),袁珂校注,巴蜀书社,1993年。
伤寒论注释,[东汉]张机撰;[晋]王叔和编;[金]成无己注;《四库医学丛书》本,上海古籍出版社,1994年。
商君书注译,[战国]商鞅著;高亨注译,中华书局,1974年。
慎子全译,[战国]慎到著;高流水译注,贵州人民出版社,1996年。
十驾斋养新录,钱大昕撰,商务印书馆,1935年。
石头记(戚蓼生序本),曹雪芹著,北京:人民文学出版社,1975年。
十三经注疏,阮元校勘本,浙江古籍出版社,1998年。
十一家注孙子校理,[春秋]孙武撰;[三国]曹操等注;杨丙安校理,中华书局,1999年。
拾遗记(10卷),[晋]王嘉撰;[南朝梁]萧绮录;齐治平校注,中华书局,1981年。
史记,[汉]司马迁著,中华书局,1959年。
世说新语译注,[刘宋]刘义庆撰;张万起、刘尚慈译注,中华书局,1998年。
释名疏证补,[汉]刘熙著;[清]王先谦撰集,上海古籍出版社,1984年。
水浒全传(120回本),[明]施耐庵,人民文学出版社,1954年。
水经注校,[北魏]郦道元注;王国维校,上海人民出版社,1984年。
睡虎地秦墓竹简,睡虎地秦墓竹简整理小组,文物出版社,1990年。
说郛(全12册),[明]陶宗仪纂,中国书店,1986年。
说苑校证,[西汉]刘向撰;向宗鲁校证,中华书局,1987年。
四部文明·魏晋南北朝文明卷,文怀沙主编,陕西人民出版社,2007年。
宋史,[元]脱脱著,中华书局,1987年。
宋书,[南朝梁]沈约,中华书局,1974年。
搜神记,[晋]干宝著;张觉、肖家邦注译,湖南岳麓书社有限责任公司,2020年。
苏东坡全集,[宋]苏轼著;邓立勋编校,黄山书社,1997。
素问,何文彬等编,中国医药科技出版社,1998年。

隋书,[唐]魏征等撰,中华书局,1973年。
孙膑兵法,银雀山汉墓竹简整理小组编,文物出版社,1975年。
太平经合校(全二册),王明编,中华书局,1960年。
太平广记,[宋]李昉等编,韩冰等校点;中国盲文出版社,1998年。
汤显祖全集(1—4集),[明]汤显祖著,北京古籍出版社,1999年。
唐音癸签,[明]胡震亨著,古典文学出版社,1957年。
桃花扇,[清]孔尚任著,崇文书局,2019年。
陶渊明集,[晋]陶潜著;王瑶编注,作家出版社,1956年。
王梵志诗校注,项楚校注,上海古籍出版社,2010年。
王国维遗书,王国维著,上海古籍书店,1983年。
尉缭子,李谊校注,四川社会科学出版社,1986年。
魏书,[北齐]魏收,中华书局,1974年。
文心雕龙注释,[南朝梁]刘勰著;周振甫注,人民文学出版社,1981年。
文选,[南朝梁]萧统编;[唐]李善注,中华书局,1977年。
文字声韵训诂笔记,黄侃著,上海古籍出版社,1983年。
无名氏杂剧选,张纯道选注,安徽文艺出版社,1988年。
吴越春秋,[汉]赵晔撰;[元]徐天祜音注;苗麓校点;辛正审订,江苏古籍出版社,1999。
五灯会元(上中下),[宋]普济撰,中华书局1984年。
西京杂记译注,[晋]葛洪撰;吕壮译注,上海三联书店,2013年。
西厢记,[元]王实甫编,浙江古籍出版社,2011年。
西游记,[明]吴承恩著,人民文学出版社,1980年。
谢灵运集,[南朝宋]谢灵运著,中华文学百家经典,时代文艺出版社。
谢宣城全集,[南朝齐]谢朓著;陈冠球编注,大连出版社,1998。
新校元刊杂剧三十种(全二册),徐沁君校点,中华书局,1980年。
新书校注,[汉]贾谊撰;阎振益、钟夏校注,中华书局,2000年。
新唐书,[宋]欧阳修、宋祁撰,中华书局,1975年。
新序详注,[汉]刘向撰;赵仲邑注,中华书局,1997年。
新语校注,王利器撰,中华书局,1986年。
荀子集解,[战国]荀况著,[清]王先谦撰,沈啸寰、王星贤点校,中华书局,1988年。
颜氏家训集解(增补本),[北齐]颜之推撰;王利器集解,中华书局,1993年。
盐铁论校注(定本,全二册),[汉]桓宽注;王利器校注,中华书局,1992年。

晏子春秋集释,吴则虞辑释,中华书局,1982年。

扬雄文集笺注,扬雄著;郑文笺注,巴蜀书社,2000年。

夷坚志(文白对照全译本,下),[宋]洪迈原著;李宏主编.九州图书出版社,1998年。

逸周书校补注译(修订本),黄怀信著,三秦出版社,2006年。

永修历代诗词选,高宗华编著,百花洲文艺出版社,2017年。

庾度支集,[南朝梁]庾信著,清光绪十八年(1892)善化章经济堂刊《汉魏六朝百三名家集》本。

原本老乞大,见李泰洙《〈老乞大〉四种版本语言研究》附录《〈老乞大〉四种版本句节对照》,语文出版社,2003年。

元典章·刑部,李崇兴、祖生利校点,山西古籍出版社,2004年。

元曲选校注(第3册·上),王学奇主编,河北教育出版社,1994年。

元稹集(全二册),[唐]元稹撰;冀勤点校,中华书局,1982年。

袁中郎诗文选注,[明]袁宏道著;任亮直选注,河南大学出版社,1993年。

原刊《老乞大》,郑光主编,外语教学与研究出版社,2000年。

玉台新咏,中国书店,1986年。

乐府诗集,[宋]郭茂倩编,中华书局,1979年。

曾巩集,[宋]曾巩著;朱国富,谢若水整理,国际文化出版公司,2020年。

战国策,[西汉]刘向集录,上海古籍出版社,1998年。

战国纵横家书,马王堆汉墓帛书整理小组编,文物出版社,1976年。

中论,黄素标点,泰东图书局,1929年。

周密集(第3册),[宋]周密著;杨瑞点校,浙江古籍出版社,2015年。

庄子集解,[清]郭庆藩撰;王孝鱼点校,中华书局,1961年。

朱子语类(全八册),[宋]朱熹著;黎靖德编,王星贤点校,中华书局,1994年。

祖堂集,[南唐]静、筠二禅师编,上海古籍出版社,1994年。

佛经文献

阿閦佛国经,据《大正藏》No.313。

百喻经,据《大正藏》No.209。

般舟三昧经,据《大正藏》No.417。

道行般若经,据《大正藏》No.224。

道地经,据《大正藏》No.607。

法显传校注,[东晋]法显撰;章巽校注,上海古籍出版社,1985年。
佛说伅真陀罗所问如来三昧经,据《大正藏》No.624。
佛说成具光明定意经,据《大正藏》No.630。
佛说内藏百宝经,据《大正藏》No.807。
高僧传,[梁]释慧皎撰;汤用彤校注;汤一玄整理,中华书局,1992年。
高僧传,据《大正藏》No.2059。
高僧法显传,据《大正藏》No.2085。
金刚经,据《大正藏》No.235。
六度集经,据《大正藏》No.152。
妙法莲花经,据《大正藏》No.262。
摩诃僧祇律,据《大正藏》No.1426。
七处三观经,据《大正藏》No.150A。
生经,据《大正藏》No.154。
太子瑞应本起经,据《大正藏》No.185。
贤愚经,据《大正藏》No.202。
修行本起经,据《大正藏》No.184。
杂宝藏经,据《大正藏》No.203。
中本起经,据《大正藏》No.196。
撰集百缘经,据《大正藏》No.200。

现当代作品

爱神的相似定理,祖慰著,陕西人民出版社,1984年。
巴金全集(第一卷),人民文学出版社,1986年。
班主任,刘心武著,译林出版社,2013年。
北方的河,张承志著,山东文艺出版社,2001年。
表弟,梁晓声著,长江文艺出版社,2001年。
曹禺选集,人民文学出版社,2004年。
陈建功小说选,陈建功著,北京出版社,1985年。
吃茶文学论,阿英著,载陈平原编《茶人茶话》,生活·读书·新知三联书店,2012年。
电视剧片段解读,姚扣根著,文汇出版社,2010年。
东方,载《魏巍文集·第5卷》,魏巍著,广东教育出版社,1999年。

杜鹏程小说选,杜鹏程著,成都:四川人民出版社,1984年。
丰子恺作品集,丰子恺著,昆明:云南人民出版社,1999年。
浮出海面,王朔著,《当代》1985年第6期。
高高的白杨树,茹志鹃著,上海文艺出版社,1959年。
高玉宝,高玉宝著,人民文学出版社,2005年。
给我顶住,王朔著,《花城》1990年第6期。
公共汽车咏叹调,刘心武著,《〈小说月报〉第2届百花奖获奖作品集》,百花文艺出版
　　社,2001年。
皇城根,陈建功、赵大年著,作家出版社,1992年。
活着,余华著,上海文艺出版社,2004年。
芨芨草,鲍昌著,《儿童短篇小说选4》,四川少年儿童出版社,1984年。
空中小姐,王朔著,《当代》,1984年第2期。
老舍文集,老舍著,人民文学出版社,1980至1991年16卷本。
柳青文集(上),柳青著,陕西人民出版社,1991年。
庐隐散文集,庐隐著,北方文艺出版社,2019年。
鲁迅全集,鲁迅著,人民文学出版社,2005年。
茅盾全集·第八卷(小说八集),人民文学出版社,1985年。
你不是一个俗人,王朔著,《收获》1992年第2期。
欧阳山文集(第4卷),欧阳山著,花城出版社,1988年。
钳工王,梁晓声著,载胡凡编《二十世纪华夏精品珍藏 刺青时代》,接力出版社,
　　2003年。
冉之父,梁晓声著,长江文艺出版社,2001年。
热狗,徐坤著,安徽文艺出版社,2015年。
人民日报,1995年。
沈从文散文选,人民文学出版社,2004年。
世事如烟,余华著,新世界出版社,1999年。
铁凝小说精粹,铁凝著,四川人民出版社,1998年。
歪打正着的收获,叶广芩著,作家文摘,1997年。
顽主,王朔著,《收获》1987年第6期。
汪曾祺全集(小说卷),汪曾祺著;邓九平编,北京师范大学出版社,1998年。
汪曾祺小说集:大淖记事,汪曾祺著,时代文艺出版社,2018年。
王蒙文存(第17卷),人民文学出版社,2003年。

2015,王小波著,载《花城中篇小说精选(上)》,花城出版社,2001年。
围城,钱锺书著,人民文学出版社,2005年。
文史消闲录,黎泽济著,百花洲文艺出版社,2002年。
橡皮人,王朔著,《青年文学》1986年第11期。
萧红选集,人民文学出版社,2004年。
新来的小石柱,童边著,人民文学出版社,1975年。
新中国70年优秀文学作品文库(中篇小说卷),梁鸿鹰主编,中国言实出版社,2019年。
血色黄昏,老鬼著,中国工人出版社,1989年。
艳阳天,浩然著,华龄出版社,1995年。
杨朔文集(中),杨朔著,山东文艺出版社,1995年。
叶珍:一个平凡而又伟大的母亲,朱文泉著,江苏凤凰文艺出版社,2022年。一百个人的十年(首卷),冯骥才著,江苏文艺出版社,1991年。
一半是海水一半是火焰,王朔著,中国作家协会创作研究室编《贞女1986年编上》,时代文艺出版社,1988年。
一丈之内,池莉著,载《张家口晚报》2019.06.28第A14版:美文;又载《〈读者〉三十五年精华文丛·读者的生活》,新星出版社,2016年。
游记选,凌叔华著,香港文化供应社,1947年。
俞平伯全集(第2卷),俞平伯著,花山文艺出版社,1997年。
张贤亮自选集,张贤亮著,宁夏人民出版社,1986年。
赵丽蓉的戏缘与人缘,杜仲华著;牛群摄影,中国文联出版公司,1997年。
郑振铎文集(第3卷),人民文学出版社,1983年。
中国姑娘,鲁光著《生命写真·鲁光纪实作品16篇》,华东师范大学出版社,1998年。
朱自清选集,人民文学出版社,2004年。

工具书

尔雅诂林,朱祖延主编,湖北教育出版社,2014年。
尔雅集解,[清]王闿运撰,岳麓书社,2010年。
尔雅校笺,周祖谟撰,江苏教育出版社,1984年。
尔雅义疏,[清]郝懿行撰,中国书店,1982年。
尔雅正义,[清]邵晋涵撰,上海古籍出版社,2002年。
故训汇纂,宗福邦、陈世铙、萧海波主编,商务印书馆,2003年。

广雅疏证,[清]王念孙著,中华书局,2004年。
汉语大词典,罗竹风主编,上海辞书出版社,1997年。
篇海类编,[明]宋濂撰,[明]屠隆订正,上海古籍出版社,1996年。
说文广义校订,[清]吴善述撰,同治十三年刊本。
宋本广韵,永禄本韵镜(第21版),[宋]陈彭年等编,江苏教育出版社,2008。
宋本玉篇,[梁]顾野正著,北京市中国书店,1983年。
正字通,[明]张自烈撰,[清]廖文英编,董琨整理,中国工人出版社,1996年。
说文解字,[东汉]许慎撰,中华书局,1963年。
说文解字注,[东汉]许慎撰;[清]段玉裁注,上海古籍出版社,1981年。
说文解字注笺,[清]徐灏撰,续修四库全书:第197册,上海古籍出版社,1995年。

参考文献

论文集、专著、期刊论文、会议论文

安俊丽(2004)《动词直接做定语的界定及分析》,《淮海工学院学报》第1期。
伯纳德·科姆里(1989)《语言共性和语言类型》,沈家煊译,北京:华夏出版社。
车艳妮(2006)《〈诗经〉中单音节形容词的语用考察》,《井冈山学院学报》第5期。
陈昌来(2003)《现代汉语语义平面问题研究》,上海:学林出版社。
陈克炯(1998)《先秦程度副词补论》,《古汉语研究》第3期。
陈克炯(1979)《〈左传〉形容词简析》,《华中师院学报》第4期。
陈克炯(1994)《〈左传〉形容词的考察和非定形容词的建立》,载高思曼、何乐士主编《第一届国际先秦汉语语法研讨会论文集》,长沙:岳麓书社。
陈宁萍(1987)《现代汉语名词类的扩大——现代汉语动词和名词分界限的考察》,《中国语文》第5期。
陈 群(2006)《近代汉语程度副词研究》,成都:巴蜀书社。
程 工(1998)《从跨语言的角度看汉语中的形容词》,《现代外语》第2期。
程 工(1999)《语言共性论》,上海:上海外语教育出版社。
程 娟(1999)《〈金瓶梅〉复音形容词结构特征初探》,《中国语文》第5期。
储泽祥等(2002)《汉语联合短语研究》,长沙:湖南大学出版社。
储泽祥、刘街生(1997)《"细节显现"与"副+名"》,《语文建设》第6期。
崔立斌(2004)《〈孟子〉词类研究》,开封:河南大学出版社。
崔艳蕾(2004)《性质形容词再分类》,《词类问题考察续集》,胡明扬主编,北京:北京语言大学出版社。
崔应贤等(2002)《现代汉语定语的语序认知研究》,北京:中国社会科学出版社。

大西克也(2004)《施受同辞刍议——〈史记〉中的"中性动词"和"作格动词"》,In Kenichi Takashima & Jiang Shaoyu（eds.）*Meaning and Form：Essays in Pre-Modern Chinese Grammar*, Muenchen：LINCOM GmbH（《意义与形式-古代汉语语法论文集》(高岛谦一、蒋绍愚主编)。

戴浩一(1997)《汉语的词类转变和汉语构词的羡余原则》,《中国境内的语言暨语言学》第3期。

戴浩一(1988)《时间顺序和汉语的语序》,《国外语言学》第1期。

戴浩一、张　敏(1998)《汉语名词和动词的认知语言学研究》,《中国语言学论丛》第三辑,北京：北京语言文化大学出版社。

刁晏斌(2007)《试论"程度副词＋一般动词"形式》,《世界汉语教学》第1期。

丁喜霞(2006)《中古常用并列双音词的成词和演变研究》,北京：语文出版社。

董为光(2004)《汉语词义发展的基本类型》,武汉：华中科技大学出版社。

董秀芳(2002)《词汇化：汉语双音词的衍生和发展》,成都：四川民族出版社。

方一新(1994)《〈世说新语〉词语拾诂》,《杭州大学学报》第1期。

冯胜利(1996)《论汉语的"韵律词"》,《中国社会科学》第1期。

冯胜利(1998)《论汉语的"自然音步"》,《中国语文》第1期。

冯淑仪(1994)《〈敦煌变文集〉和〈祖堂集〉的形容词副词词尾》,《语文研究》第1期。

冯英(1991)《试论先秦汉语使动用法和使令兼语式的发展顺序》,《云南师范大学学报》第1期。

傅懋勣(1942)《现代汉语动词形容词介词为一类说》,《中国文化研究汇刊》卷二。

高育花(2007)《中古汉语副词研究》,合肥：黄山书社。

葛佳才(2005)《东汉副词系统研究》,长沙：岳麓书社。

古川裕(2002)《起点指向和终点指向的不对称性及其认知解释》,载徐烈炯、邵敬敏主编《汉语语法研究的新拓展》(一),杭州：浙江教育出版社。

顾　阳(1996)《生成语法及词库中动词的一些特性》,《国外语言学》第3期。

管燮初(1981)《西周金文语法研究》,北京：商务印书馆。

管燮初(1994)《〈左传〉句法研究》,合肥：安徽教育出版社。

桂诗春(1995)《从"这个地方很郊区"谈起》,《语言文字应用》第3期。

郭沫若(1954)《金文丛考·金文余释》,北京：人民出版社。

郭　锐(2001)《汉语形容词的划界》,《中国语言学报》第10辑。

郭　锐(2002)《现代汉语词类研究》,北京：商务印书馆。

郭锡良(2000)《先秦汉语名词、动词、形容词的发展》,《中国语文》第3期。

韩玉国(2004)《现代汉语形容词再分类》,《词类问题考察续集》,胡明扬主编,北京:北京语言大学出版社。
何乐士、敖镜浩、王克仲、麦梅翘编著(1979)《文言虚词浅释》,北京:北京出版社。
何元建、王玲玲(2002)《论汉语使役句》,《汉语学习》第4期。
贺　阳(1996a)《形容词与不及物动词的区分》,《词类问题考察》,胡明扬主编,北京:北京语言学院出版社。
贺　阳(1996b)《性质形容词作状语情况的考察》,《语文研究》第1期。
胡敕瑞(2005a)《从隐含到呈现(上)》,《语言学论丛》第31辑,北京:商务印书馆。
胡敕瑞(2005b)《动结式的早期形式及其判定标准》,《中国语文》第3期。
胡敕瑞(2008)《从隐含到呈现(下)》,《语言学论丛》第38辑,北京:商务印书馆。
胡明扬(1987)《北京话形容词的再分类》,《北京话初探》,北京:商务印书馆。
胡明扬主编(1996)《词类问题考察》,北京:北京语言学院出版社。
胡明扬主编(2004)《词类问题考察续集》,北京:北京语言大学出版社。
黄彩庆(2001)《谈〈左传〉中形容词活用为名词现象》,《广西右江民族师专学报》第2期。
黄典诚(1986)《释"紧"》,《辞书研究》第3期。
黄国营、石毓智(1993)《汉语形容词的有标记和无标记现象》,《中国语文》第6期。
黄　珊(1996)《古汉语副词的来源》,《中国语文》第3期。
黄晓冬(2002)《〈荀子〉单音节形容词同义词的类别和多组同义词的意义关系》,《北京化工大学学报》第4期。
黄巽斋(1986)《名词用如形容词》,《湖南师范大学社会科学学报》第4期。
黄正德(2008)《从"他的老师当得好"谈起》,《语言科学》第3期。
蒋绍愚(1989)《古汉语词汇纲要》,北京:北京大学出版社。
蒋绍愚(2001)《外动、内动和使动》,《语言学论丛》第23辑,北京:商务印书馆。
蒋绍愚(2004)《受事主语句的发展与使役句到被动句的演变》,in Ken-ichi Takashima & Jiang Shaoyu (eds.) *Meaning and Form: Essays in Pre-Modern Chinese Grammar*, Muenchen: LINCOM GmbH(《意义与形式—古代汉语语法论文集》,高岛谦一、蒋绍愚主编)。
蒋绍愚(2014)《从＜左传＞中的"P(V/A)＋之"看先秦汉语的述宾关系》,《历史语言学研究》第八辑,北京:商务印书馆。
黎锦熙(1924/1983)《新著国语文法》,北京:商务印书馆。
黎路遐(2013)《定指代词"其"的发展》,《中国语文》第5期。

李大星(1989)《〈水浒传〉的重叠式形容词》,《吉林大学社会科学学报》第 5 期。
李杰群(1986)《"甚"的词性演变》,《语文研究》第 2 期。
李晋霞(2003)《论格式义对"V 双＋N 双"定中结构的制约》,《中国语文》第 2 期。
李晋霞(2004)《论动词的内部构造对动词直接做定语的制约》,《语言教学与研究》第 3 期。
李晋霞(2008)《现代汉语动词直接做定语研究》,北京:商务印书馆。
李宇明(1996)《非谓形容词的词类地位》,《中国语文》第 1 期。
李运益主编(1993)《论语词典》,重庆:西南师范大学出版社。
李佐丰(1983)《先秦汉语的自动词及其使动用法》,《语言学论丛》第十辑,北京:商务印书馆。
李佐丰(1994a)《文言实词》,北京:语文出版社。
李佐丰(1994b)《先秦的不及物动词和及物动词》,《中国语文》第 4 期。
李佐丰(1996)《古代汉语教学中的使动和活用》,《中国语文》第 2 期。
梁银峰(1998)《甲骨文形容词研究》,《重庆师专学报》第 1 期。
林延君(1997)《"名词用如形容词"摭谈》,《社会科学探索》第 6 期。
蔺　璜(2002)《状态形容词及其主要特征》,《语文研究》第 2 期。
刘丹青(1996)《词类和词长的相关性——汉语语法的"语音平面"丛论之二》,《南京师大学报》第 2 期。
刘丹青(2002)《汉藏语言的若干语序类型学课题》,《民族语文》第 5 期。
刘丹青(2005a)《形容词和形容词短语的研究框架》,《民族语文》第 5 期。
刘丹青(2005b)《语言类型学与汉语研究》,载刘丹青主编《语言学前沿与汉语研究》,上海:上海教育出版社。
刘景农(1994)《汉语文言语法》,北京:中华书局。
刘钧杰、李行健(2007)《八百汉字意义源流探索》,北京:中国广播电视出版社。
卢英顺(1999)《汉语中的动词和形容词宜合为一类》,《烟台师范学院学报》第 2 期。
陆丙甫(1989)《汉语定语的分类及其顺序》,《华文世界》第 4 期。
陆丙甫(2004a)《作为一条语言共性的"距离－标记对应律"》,《中国语文》第 1 期。
陆丙甫(2004b)《汉语语序的总体特点及其功能解释》,《庆祝〈中国语文〉创刊 50 周年学术论文集》,北京:商务印书馆。
陆丙甫(2005)《语序优势的认知解释:论可别度对语序的普遍影响》,《当代语言学》第 1、2 期。
陆俭明(1989)《说量度形容词》,《语言教学与研究》第 3 期。

吕叔湘(1942/1990)《中国文法要略》,《吕叔湘文集(第一卷)》,北京:商务印书馆。
吕叔湘(1963)《现代汉语单双音节问题初探》,《中国语文》第1期。
吕叔湘(1965)《形容词使用情况的一个考察》,《中国语文》第6期。
吕叔湘(1966)《单音形容词用法研究》,《中国语文》第2期。
吕叔湘(1987)《论"胜"和"败"》,《中国语文》第1期。
吕叔湘、饶长溶(1981)《试论非谓形容词》,《中国语文》第2期。
吕雅贤(1992)《从先秦到西汉程度副词的发展》,《北京大学学报》第5期。
麻昌贵(2004)《〈楚辞〉中形容词特点论略》,《贵州民族学院学报》第1期。
[清]马建忠(1898/1983)《马氏文通》,北京:商务印书馆。
马清华(2005)《并列结构的自组织研究》,上海:复旦大学出版社。
马庆株(1995)《多重定名结构中形容词的类别和次序》,《中国语文》第5期。
马庆株(1988)《自主动词和非自主动词》,《中国语言学报》第3期,北京:商务印书馆。
马真、陆俭明(1997)《形容词作结果补语情况考察》(一)(二)(三),《汉语学习》第1、4、6期。
孟琮等(1999)《汉语动词用法词典》,北京:商务印书馆。
齐沪扬等(2004)《与名词动词相关的短语研究》,北京:北京语言大学出版社。
裘锡圭(1979)《殷墟甲骨文研究概说》,《中学语文教学》第6期。
邵桂珍(2000)《语法的"副+名"和修辞的"副+名"》,《暨南学报》第5期。
沈家煊(1993)《句法的象似性问题》,《外语教学与研究》第1期。
沈家煊(1994)《"语法化"研究综观》,《外语教学与研究》第4期。
沈家煊(1995)《"有界"与"无界"》,《中国语文》第5期。
沈家煊(1997)《形容词句法功能的标记模式》,《中国语文》第4期。
沈家煊(1999a)《转指和转喻》,《当代语言学》第1期。
沈家煊(1999b)《不对称和标记论》,南昌:江西教育出版社。
施春宏(2001)《名词的描述性语义特征与副名组合的可能性》,《中国语文》第3期。
施春宏(2002)《试析名词的语义结构》,《世界汉语教学》第4期。
石毓智(1995)《时间的一维性对介词衍生的影响》,《中国语文》第1期.
石毓智(2000)《语法的认知语义基础》,南昌:江西教育出版社。
石毓智(2001)《肯定和否定的对称与不对称》,北京:北京语言文化大学出版社。
石毓智(2003)《形容词的数量特征及其对句法行为的影响》,《世界汉语教学》第2期。
石毓智(2008)《认知能力与语言学理论》,上海:学林出版社。
司显柱、李晓虹(1996)《英语名词转类形容词与名词派生形容词辨析》,《山东外语教学》第 1 期。
宋亚云(2014)《古汉语作格动词的历史演变研究》,北京:北京大学出版社。
孙菊芬(2003)《论〈马氏文通〉前的清代"形容词"研究》,《株洲师范高等专科学校学报》第 3 期。
孙玉文(2000)《汉语变调构词研究》,北京:北京大学出版社。
孙玉文(2007)《汉语变调构词研究》(增订本),北京:商务印书馆。
谭景春(1998)《名形词类转变的语义基础及相关问题》,《中国语文》第 5 期。
谭景春(2001a)《从临时量词看词类的转变与词性标准》,《中国语文》第 4 期。
谭景春(2001b)《关于由名词转变成的形容词的释义问题》,《辞书研究》第 1 期。
汤廷池(2002a)《汉语派生动词"—化"的概念结构和语法功能》,《中国语文研究》第 1 期,香港。
汤廷池(2002b)《汉语复合动词的"使动与起动交替"》,《语言暨语言学》第三卷第三期,台北:"中研院"语言学研究所(筹备处)。
唐德正(2005)《〈庄子〉的状态形容词研究》,《广西社会科学》第 8 期。
唐贤清(2004)《〈朱子语类〉副词研究》,长沙:湖南人民出版社。
唐　瑛(2002)《〈墨子〉颜色形容词研究》,《渝西学院学报》第 1 期。
唐　瑛(2005)《〈墨子〉同义形容词研究》,《宁夏大学学报》第 6 期。
唐　瑛、唐映经(2004)《〈墨子〉性质形容词研究》,《成都纺织高等专科学校学报》第 2 期。
汪　强(2007)《〈论语〉单音节形容词研究》,《毕节学院学报》第 2 期。
王灿龙(2002)《句法组合中单双音节选择的认知解释》,《语法研究和探索》(十一),北京:商务印书馆。
王冬梅(2005)《动名互转的不对称现象及成因》,《现代汉语语法的功能、语用、认知研究》,沈家煊主编,北京:商务印书馆。
王冬梅(2003)《动名互转的不对称现象及成因》,《语法研究和探索》(十二),北京:商务印书馆。
王改改(2004)《关于形容词修饰名词的自由度的考察》,《词类问题考察续集》,胡明扬主编,北京:北京语言大学出版社。
王光全(1993a)《动词直接做定语时的语法位置》,《中国语文》第 1 期。
王光全(1993b)《动词做定语的几个问题》,《吉林师范学院学报》第 2 期。
王　惠(2004)《现代汉语名词词义组合分析》,北京:北京大学出版社。
王　力(1980)《汉语史稿》,北京:中华书局。

王　力(1984)《中国语法理论》,《王力文集》第一卷,济南:山东教育出版社。
王　力(1990)《汉语词汇史》,《王力文集》第十一卷,济南:山东教育出版社。
王　宁(2008)《汉语双音合成词结构的非句法特征》,《江苏大学学报》第1期。
王启龙(2003)《现代汉语形容词的计量研究》,北京:北京语言大学出版社。
王前进(1983)《试论古汉语名词活用为形容词》,《求索》第4期。
王仁强(2006)《认知视角的汉英词典词类标注实证研究》,上海:上海译文出版社。
王希杰(2005)《名词的意义》,载王未主编《语言学新思潮》,北京:中国社会科学出版社。
王秀玲(2005)《〈论衡〉形容词活用作名词现象浅述》,《天府新论》第S2期。
魏培泉(2000)《说中古汉语的使成结构》,《"中研院"史语所集刊》第七十一本,第四分册,台北。
魏培泉(2001)《"弗"、"勿"拼合说新证》,《"中研院"史语所集刊》第七十二本,第一分册,台北。
魏培泉(2004)《汉魏六朝称代词研究》,台北:"中研院"语言学研究所。
巫称喜(2001)《甲骨文形容词初探》,《韩山师范学院学报》第3期。
吴福祥(2007)《汉语方所词语"後"的语义演变》,《中国语文》第6期。
吴辰峰(2006)《〈史记〉虚词通释》,济南:齐鲁书社。
吴为善(2008)《同形异构体V+N的复合化及其整合效应》,《语法研究和探索》(十四),北京:商务印书馆。
伍宗文(2001)《先秦汉语复音词研究》,成都:巴蜀书社。
向　熹(1986)《诗经词典》,成都:四川人民出版社。
谢信一(1999)《组成认知语法初探》,《中国语言学论丛》第二辑,北京:北京语言文化大学出版社。
邢福义(1962)《关于副词修饰名词》,《中国语文》第5期。
邢福义(1997)《"很淑女"之类说法语言文化背景的思考》,《语言研究》第2期。
徐　丹(2005)《谈"破"——汉语某些动词的类型转变》,《中国语文》第4期。
徐　杰(1999)《两种保留宾语句式及相关句法理论问题》,《当代语言学》第1期。
徐通锵(1997)《语言论:语义型语言的结构原理和研究方法》,长春:东北师范大学出版社。
徐通锵(2001)《编码机制的调整和汉语语汇系统的发展》,《语言研究》第1期。
杨逢彬(2001)《关于殷墟甲骨卜辞的形容词》,《古汉语研究》第1期。
杨逢彬(2003)《殷墟甲骨卜辞词类研究》,广州:花城出版社。

杨吉春(2007)《汉语反义复词研究》,北京:中华书局。
杨建国(1979)《先秦汉语的状态形容词》,《中国语文》第6期。
杨建国(1982)《元曲中的状态形容词》,《语言学论丛》第9辑,北京:商务印书馆。
杨宽仁(1985)《论非定形容词》,《语言研究》第2期。
杨荣祥(2005)《近代汉语副词研究》,北京:商务印书馆。
杨树达(1983)《积微居小学述林》,北京:中华书局。
杨素英(1999)《从非宾格动词现象看语义与句法结构之间的关系》,《当代语言学》第1期。
杨永林(2000)《试析现代汉语中"程度性副词+非程度性形容词化名词短语"结构》,《现代外语》第2期。
姚振武(2005)《〈晏子春秋〉词类研究》,开封:河南大学出版社。
易孟醇(2005)《先秦语法》,长沙:湖南大学出版社。
殷国光(1997)《〈吕氏春秋〉词类研究》,北京:华夏出版社。
尹世超(2002a)《动词直接做定语与名词中心语的类》,《语文研究》第2期。
尹世超(2002b)《动词直接做定语与动词的类》,《语法研究和探索》(十一),北京:商务印书馆。
[日]影山太郎(2001)《动词语义学》,于勤、张勤、王占华译,北京:中央广播电视大学出版社。
于根元(1991)《副+名》,《语文建设》第1期。
余贞皎(2002)《甲骨卜辞所见形容词之考辨》,《殷都学刊》第1期。
袁毓林(1995)《词类范畴的家族相似性》,《中国社会科学》第1期。
袁毓林(1996)《话题化及相关的语法过程》,《中国语文》第4期。
袁毓林(1999)《定语顺序的认知解释及其理论蕴涵》,《中国社会科学》第2期。
袁毓林(2005)《基于隶属度的汉语词类的模糊划分》,《中国社会科学》第1期。
张宝林(1996)《唯谓形容词的鉴别标准与语法功能》,《词类问题考察》,北京:北京语言学院出版社。
张　博(1999)《组合同化——词义衍生的一种途径》,《中国语文》第2期。
张伯江(1994)《词类活用的功能解释》,《中国语文》第5期。
张伯江(1997)《性质形容词的范围和层次》,《语法研究和探索》(八),北京:商务印书馆。
张伯江(1998)《名词功能游移研究》,载邵敬敏主编《句法结构中的语义研究》,北京:北京语言文化大学出版社。

张伯江(2002)《施事角色的语用属性》,《中国语文》第 6 期。
张伯江、方 梅(1996)《汉语功能语法研究》,南昌:江西教育出版社。
张传启(1983)《从古汉语两个名词连用的考查中看名词活用为形容词》,《黄冈师专学报》第 1 期。
张 笛(2004)《关于动词直接做定语的几个问题》,《湖州师范学院学报》第 6 期。
张国宪(1989a)《"动+名"结构中单双音节动作动词功能差异初探》,《中国语文》第 3 期。
张国宪(1989b)《单双音节动作动词充当句法成分功能差异考察》,《淮北煤师院学报》第 3 期。
张国宪(1989c)《单双音节动作动词语用功能差异探索》,《汉语学习》第 6 期。
张国宪(1990a)《单双音节动作动词搭配功能差异研究》,《上海师范大学学报》第 1 期。
张国宪(1990b)《"V 单"短语和"V 双"短语探异》,《淮北煤师院学报》第 4 期。
张国宪(1994)《双音节动词功能增殖探讨》,《语法研究与语法应用》,北京:北京语言学院出版社。
张国宪(1997)《"V 双+N 双"短语的理解因素》,《中国语文》第 3 期。
张国宪(2000)《现代汉语形容词的典型特征》,《中国语文》第 5 期。
张国宪(2006a)《性质形容词重论》,《世界汉语教学》第 1 期。
张国宪(2006b)《性质、状态和变化》,《语言教学与研究》第 3 期。
张国宪(2006c)《现代汉语形容词功能与认知研究》,北京:商务印书馆。
张建中(1990)《〈史记〉的使动用法和"使""令"类兼语式》,《广西师范大学学报》第 4 期。
张 灵(2001)《动词"打"的论元结构和句法特点》,《湘潭师范学院学报》第 4 期。
张 敏(1997)《从类型学和认知语法的角度看汉语重叠现象》,《国外语言学》第 2 期。
张 敏(1998)《认知语言学与汉语名词短语》,北京:中国社会科学出版社。
张清常(1991)《汉语的颜色词(大纲)》,《语言教学与研究》第 3 期。
张文国(2005)《古汉语的名动词类转变及其发展》,北京:中华书局。
张贻惠(1957)《古汉语语法》,武汉:湖北人民出版社。
张谊生(1990)《副名结构新探》,《徐州师范学院学报》第 3 期。
张谊生(1996)《名词的语义基础及功能转化与副词修饰名词》,《语言教学与研究》第 4 期。
张谊生(1997)《名词的语义基础及功能转化与副词修饰名词》(续),《语言教学与研究》第 4 期。

张谊生(2004)《现代汉语副词探索》,上海:学林出版社。

张永言(1999)《语文学论集(增补本)》,北京:语文出版社。

张玉金(2004)《西周汉语语法研究》,北京:商务印书馆。

赵金铭(1982)《〈诗经〉中的形容词研究》,载程湘清主编《先秦汉语研究》,济南:山东教育出版社。

赵元任(1979)《汉语口语语法》,北京:商务印书馆。

周法高(1972)《中国古代语法:构词篇》,台北:"台联"国风出版社。

周国光(1995)《现代汉语形容词配价研究述评》,《汉语学习》第 2 期。

朱德熙(1993)《从方言和历史看状态形容词的名词化》,《方言》第 2 期。

朱德熙、卢甲文、马真(1961)《关于动词形容词"名物化问题"》,《北京大学学报》第 4 期。

朱德熙(1956)《现代汉语形容词研究》,《语言研究》第 1 期。

朱德熙(1982)《语法讲义》,北京:商务印书馆。

朱冠明(2007)《"之"的衰落及其对句法的影响》,第六届国际古汉语语法研讨会暨第五届海峡两岸汉语语法史研讨会论文。

朱景松(2003)《形容词重叠式的语法意义》,《语文研究》第 3 期。

邹韶华(1986)《名词在特定环境中的语义偏移现象》,《中国语文》第 4 期。

Backhouse, Anthony E. 1984. Have all the adjectives gone? *Lingua* 62.

Backhouse, Anthony E. 2004. Inflected and Uninflected Adjectives in Japanese, In R. M. W. Dixon and Alexandra Y. Aikhenvald(eds.). *Adjective Classes: A Cross-Linguistic Typology*, Oxford: Oxford University Press.

Baker, Mark C. 2003. *Lexical Categories: Verbs, Nouns, and Adjectives*. Cambridge: Cambridge University Press.

Bhat, D. N. S. 1994. *The Adjectival Category: Criteria for Differentiation and Identification*. Amsterdam: Benjamins.

Bhat, D. N. S. 2000. Word class and sentential functions. In Vogel & Comrie(eds). *Approaches to the Typology of Word Classes*. Berlin: Mouton de Gruyter.

Chao, Yuen Ren. 1968. *A Grammar of Spoken Chinese*, 吕叔湘译《汉语口语语法》, 北京:商务印书馆,1979.

Chomsky, N. (1970) Remarks on nominalization. In R. Jacobs and E. Rosen-baum (eds.). *Readings in English Transformational Grammar*. Waltham, MA:

Ginn, 184—221.
Chomsky, Noam. 1995. *The Minimalist Program*. Cambridge, Massachusetts: MIT Press.
Cikoski, John S. 1978a. An Outline Sketch of Sentence Structures and Word Classes in Classical Chinese—*Three Essays on Classical Chinese Grammar*: I. *Computational Analyses of Asian & African Languages* no. 8.
Cikoski, John S. 1978b. An Analysis of Some Idioms Commonly Called "Passive"in Classical Chinese—*Three Essays on Classical Chinese Grammar*: III. *Computational Analyses of Asian & African Languages* no. 9.
Comrie, Bernard. 1975. Polite plurals and predicate agreement, *Language* 51: 406—418.
Croft, William. 1990. *Typology and Universals*. Cambridge: Cambridge University Press.
Croft, William 1991. *Syntactic Categories and Grammatical Relations*. Chicago: University of Chicago Press.
Croft, William. 2000. Parts-of-speech as language universals and as language-particular categories. In Vogel & Comrie(eds.). *Approaches to the Typology of Word Classes*. Berlin: Mouton de Gruyter.
DENG, X., WANG, Q., and Li. J. 1996. A statistical study of special adjectives, in Vol. 1 of *Pan-Asiatic Linguistics: Proceedings of the Fourth International Symposium on Languages and Linguistics*. Salaya, Thailand: Institute of Language and Culture for Rural Development, Mahidol University at Salaya.
Dixon, R. M. W. 1977. Where have all the adjectives gone? *Studies in Language* 1:19—80.
Dixon, R. M. W. 1982. *Where Have All the Adjectives Gone?* Berlin: Mouton.
Dixon, R. M. W. 1991. *A New Approach to English Grammar: On Semantic Principles*. Oxford: Clarendon Press.
Dixon R. M. W. 2004. Adjectives Classes in Typological Perspective, in R. M. W. Dixon and Alexandra Y. Aikhenvald (eds.). *Adjective Classes: A Cross-Linguistic Typology*, Oxford: Oxford University Press.
Dixon, R. M. W. & Alexandra Y. Aikhenvald. 2000. Introduction, In Dixon, R. M. W. & Alexandra Y. Aikhenvald (eds). Changing Valency: *Case Studies in*

Transitivity, Cambridge : Cambridge University Press.

Dowty, David R. 1979. *Word Meaning and Montague Grammar*. Dordrecht: Reidel Publishing Company.

Givon, Tamly. 1970. Notes on the semantic structure of English adjectives, *Language* 46: 816—37.

Givon, Tamly. 1979. *On Understanding Grammar*. New York: Academic Press.

Givon, Tamly. 1984. *Syntax: A Functional-typological Introduction*, Vol. 1, Amsterdam-Philadelphia: John Benjamins.

Hajek, John. 2004. Adjectives classes: what can we conclude? In R. M. W. Dixon and Alexandra Y. Aikhenvald (eds). *Adjective Classes: A Cross — linguistic Typology*, Oxford: Oxford University Press.

Hale, Kenneth & Samuel Jay Keyser. 1993. On Argument Structure and the Lexical Expression of Syntactic Relations, in *The View from Building 20: Essays in Linguistics in Hornor of Sylvain Bromberger*. Cambridge, MA: MIT Press.

Hale, Kenneth & Samuel Jay Keyser. 2002. Prolegomenon to a Theory of Argument Structure. Cambridge, MA: MIT Press.

Hockett, C. E. 1958. *A Course in Modern Linguistics*. New York: Macmillan.

Hopper, P. L. & S. A. Thompson. 1984. The discourse basis for lexical categories in universal grammar, *Language* 60: 703—752.

Huang, C.-T. J. 1982. *Logical Relations in Chinese and the Theory of Grammar*. Dordrecht: Fofis Publications.

Huang, C.-T. J. 1988. Wo pao de kuai and Chinese phrase structure. *Language* 2.

Huang, C.-T. J. 1992. Complex predicates in control, In Richard. Larson, Sabine Iatridou, Utpal Lahiri, James Higginbotham (eds.). *Control and Grammar*, Dordrecht: Kluwer Academic Publishers.

Huang, C.-T. J. 1994. Verb movement and some syntax-semantics mismatches in Chinese. *Chinese Languages and Linguistics* 2.

Huang, C.-T. J. 1997. On lexical structure and syntactic projection. *Chinese Languages and Linguistics* 3.

Jackendoff, Ray. 1990. *Semantics Structures*. Cambridge, MA: MIT Press.

Lakoff, G. 1987. *Women, Fire, and Dangerous Things: What Categories Reveal about the Mind*. Chicago: Chicago University Press.

Langacker, Ronald. 1987. *Foundations of Cognitive Grammar*, Vol. 1: *Theoretical Prereuisites*. Stanford: Stanford University Press.

Langacker, Ronald. 1991. *Foundations of Cognitive Grammar*, Vol. 2: *Descriptive Application*. Stanford: Stanford University Press.

Larson, Richard K. 1988. On the double object construction. *Linguistic Inquiry* 3.

Larson, Richard K. 1991. Promise and the theory of control. *Linguistic Inquiry* 1.

Lehmann. 1990. Towards the lexical typology, in William Croft, Keith Denning and Suzanne Kemmer (eds.). *Studies in Typology and Diachrony*, 161—185.

Levin, Beth & Malka Rappaport Hovav. 1986. The formation of adjectival passives. *Linguistic Inquiry* 4.

Levin, Beth & Malka Rappaport Hovav. 1994. A preliminary analysis of causative verbs in English. *Lingua* 92.

Levin, Beth & Malka Rappaport Hovav. 1995. *Unaccusativity: At the Syntax-Lexical Semantics Interface*. Cambridge, MA: MIT Press.

Li, Charles N. & Sandra A. Thompson. 1981. *Mandarin Chinese: A Functional Reference Grammar*. Berkeley and Los Angeles: University of California Press.

Lyons, John. 1968. *Introduction to Theoretical Linguistics*. Cambridge: Cambridge University Press.

McCawley, J. D. 1992. Justifying Part-of-speech Assignments in Mandarin Chinese, *Journal of Chinese Linguistics*, Vol. 20, No. 2. 中译文载《国外语言学》1994年第4期。

Nichols, Johanna. 1986. Head-marking and dependent-marking grammar. *Language* 62: 56—119.

Quirk, R., S. Greenbaum, G. Leech and J. Svartvik. 1972. *A Grammar of Contemporary English*. London: Longman Group Ltd.

Rijkhoff. 2000. Where can a language have adjectives? An implicational universal, in Vogel & Comrie(eds.). *Approaches to the Typology of Word Classes*. Berlin: Mouton de Gruyter.

Rosch, E. 1978. Principles of categorization, in Eleanor Rosch and Barbara B. Lloyd. (eds.) *Cognition and Categorization*. New York: Lawrence Erlbaum.

Rosch, Eleanor and Barbara B. Lloyd. 1978. *Cognition and Categorization*, Hillsdale, N. J.: Lawrence Erlbaum.

Ross, J. R. 1972. The category squish: Endstation Hauptwort, in P. Parenteau et al. (eds.). Papers from the eighth regional meeting of the Chicago linguistic society, 316—328. Chicago: The University of Chicago, Dept. of Linguistics.

Schachter, Paul. 1985. Parts-of-speech systems, In Timothy Shopen(ed.), Vol 1, 3—61.

Shopen, Timothy(ed.). 1985. *Language Typology and Syntactic Description. Vol. 1: Clause Structure, Vol. III: Grammatical Categories and the Lexicon*. New York : Cambridge University Press.

Taylor, J. R. 1989. *Linguistic Categorization: Prototypes in Linguistic Theory*. Oxford: Clarendon Press.

Vogel, Petra A. & Bernard Comrie (eds). 2000. *Approaches to the Typology of Word Classes*. Berlin: Mouton de Gruyter.

Wetzer, Harrie. 1996. *The Typology of Adjectival Predication*, Berlin: Monton de Gruter.

Xu, W. 1988. *Capturing the Adjective in Chinese*. Ms. Canberra: Australian National University.

学位论文

蔡　旭(2003)《现代汉语里的事物形容词和动作形容词》,苏州大学硕士学位论文。
曹雅玉(2005)《〈庄子〉单音节形容词同义关系研究》,河北师范大学硕士学位论文。
陈　川(2006)《单音节形容词修饰名词的结构方式及其原则》,四川大学硕士学位论文。
丁建川(2007)《〈世说新语〉名词、动词、形容词研究》,山东大学博士学位论文。
甘斐哲(2005)《〈庄子〉形容词语法研究》,广西师范大学硕士学位论文。
郎　翠(2007)《〈晏子春秋〉形容词研究》,山东师范大学硕士学位论文。
雷瑭洵(2020)《先秦汉语形容词的句法语义研究》,北京大学博士学位论文。
李晋霞(2002)《现代汉语定中"V双＋N双"结构研究》,中国社会科学院博士学位论文。
李　泉(2005)《单音形容词原型性研究》,北京语言大学博士学位论文。
李劲荣(2004)《现代汉语状态形容词的认知研究》,上海师范大学博士学位论文。
李艳红(2004)《〈汉书〉单音节形容词同义关系研究》,四川大学博士学位论文。

马予超(2005)《〈世说新语〉形容词研究》,四川师范大学硕士学位论文。
石　锓(2004)《汉语形容词重叠形式的历史发展》,中国社会科学院博士学位论文。
宋亚云(2005)《汉语作格动词的历史演变及相关问题研究》,北京大学博士学位论文。
唐　瑛(2003)《〈墨子〉形容词研究》,西南师范大学硕士学位论文。
孙　薇(2003)《单音节形容词做定语和谓语的历时性考察》,湖南师范大学硕士学位论文。
王冬梅(2001)《现代汉语名动互转的认知研究》,中国社会科学院博士学位论文。
王旰辉(2002)《现代汉语 NP1＋V＋NP2 与 NP2＋V 同义句式中 V 及相关问题研究》,北京大学中文系硕士论文。
王　军(2004)《上古汉语形容词词汇语义特征及语义分类研究——〈庄子〉形容词词汇语义特征和组合功能测查》,北京师范大学博士学位论文。
王秀玲(2006)《〈论衡〉形容词研究》,四川大学硕士学位论文。
魏培泉(1990)《汉魏六朝称代词研究》,台湾大学博士论文。
徐　琴(2006)《〈国语〉形容词语法试述》,广西师范大学硕士学位论文。
许艳辉(2006)《现代汉语名词的形容词用法研究》,四川大学硕士学位论文。
杨　飞(2007)《今文〈尚书〉形容词研究》,扬州大学硕士学位论文。
杨　丽(2003)《从〈论语〉〈孙膑兵法〉看先秦汉语名词、动词、形容词句法功能的多样化和复杂化》,陕西师范大学硕士学位论文。
殷世宇(2003)《形容词独立存在的鉴定标准》,天津师范大学硕士学位论文。
易福成(1999)《〈孙子兵法〉谓词句法和语义研究》,北京大学博士学位论文。
张　军(2002)《单双音节意欲形容词句法语义特征考察》,华中师范大学硕士学位论文。
张树芹(2007)《〈韩非子〉反义形容词研究》,河北师范大学硕士学位论文。
郑娃妍(2006)《现代汉语形容词量的认知模式考察》,复旦大学博士学位论文。
曾　丹(2007)《反义复合词形成演变的认知研究》,浙江大学博士学位论文。

致 谢

本书是在我 2006 年 9 月进入中国社会科学院语言研究所博士后站期间撰写的出站报告的基础上修改而成的。回想当初进站的时候，我的研究计划还很模糊，一度对博士论文依依不舍，想继续深入研究下去。这时候，老师们给了我中肯的建议，希望我不要原地踏步，要有所创新。老师们的期望和要求给了我莫大的鼓舞和动力。进站以后，我一边加强理论学习，一边摸索新的研究课题。在语言所，我旁听了刘丹青教授、吴福祥教授主讲或主持的课程。在课堂上受到很多启发，难以枚举。每年定期举行的语言所"青年演讲会"和"高研演讲会"精彩纷呈，令人期盼。此外，语言所的学术沙龙给我们带来了一场场精彩的学术演讲和学术讨论，社科院大量的外文文献也给我的研究带来了极大的方便。在这种浓浓的学术氛围中，我的一些认识得到了深化，零散的想法得到了串联。在 2007 年 5 月举行的语言研究所"青年演讲会"上，我做了题为"汉语名动转形的历史考察"的学术报告，得到了多位专家的指正和肯定，使我进一步坚定了研究这个课题的决心。在此，我要非常感谢导师曹广顺先生！他总是细心地听取我的写作思路，在表示理解和支持的同时，又毫不客气地指出问题之所在，使我少走了很多弯路。没有他的指导和鼓励，我是难以顺利完成这本书稿的。

我要真诚地感谢语言所近代汉语研究室的吴福祥、杨永龙、赵长才、祖生利、李明、朱冠明诸位师友对我的指点和帮助。两年来,我有充分的时间得以与诸位先生近距离接触,他们刻苦严谨的治学精神和诚恳谦虚的待人之道,是我永远学习的榜样!我要衷心感谢语言所古代汉语研究室的董琨、姚振武、孟蓬生、王志平等多位先生对我在学习、研究和生活中的关心和帮助!我还要特别感谢语言所沈家煊、张伯江、张国宪、方梅等多位先生,他们关于形容词的研究论著启人心智,发人深思。我常常顺藤摸瓜,循着后面的参考文献不断阅读,逐步掌握了国内外有关形容词研究的基本现状,对其中的一些分歧意见也有了初步了解。我还要深深感谢北京大学的蒋绍愚、张联荣、张双棣、宋绍年、杨荣祥、孙玉文、邵永海、胡敕瑞、刘子瑜等诸位先生对我的鞭策和鼓励,他们一直关心我的家庭、学业和工作,让我感动不已!我还要郑重感谢中国博士后科学基金会给予我资助,感谢语言所人事处的戴老师对我的帮助!古汉室赵志峰博士后对我也帮助很多,北京大学出版社责任编辑宋思佳一丝不苟,反复审读,认真校改;我的研究生母尚帆、王彦琳、邹瑾、梁宇聪、朱玉伟、孙艺欣帮我通读书稿,核对例句,校出了不少错误,在此一并致谢!

最后,我要无比感谢我的父母、我的妻子和女儿!多年来,他们一直默默支持我的学术研究,承担着家庭的重担,使我能安心地学习、专注地研究。如今,父母已年近八旬,女儿已快研究生毕业,妻子照顾老人、教育孩子、操持家务,含辛茹苦,任劳任怨,我要加倍感谢她!

作者

2024 年 10 月 18 日

于北大肖家河教工住宅

北大中国语言学研究丛书

王洪君　郭　锐　主编

《普通话"了$_1$""了$_2$"的语法异质性》
范晓蕾　著

《白语方言发声的变异与演化》
汪锋　等　著

《玛丽玛萨话语法研究及标注文本》
李子鹤　著

《汉语方言的共时分类与历史层次》
李小凡　著

《汉语名词和动词向形容词转变的历史考察》
宋亚云　著